REBSORTEN UND IHRE WEINE

JANCIS ROBINSON

REBSORTEN UND IHRE WEINE

FOTOS VON
PETER OBERLEITHNER

DEUTSCH VON
WOLFGANG KISSEL

HALLWAG VERLAG
BERN UND STUTTGART

Die Originalausgabe ist unter dem Titel
JANCIS ROBINSON'S GUIDE TO WINE GRAPES
bei Oxford University Press, Walton Street,
Oxford OX2 6DP (England), erschienen.

This translation of JANCIS ROBINSON'S GUIDE TO
WINE GRAPES originally published in English in 1996 is
published by arrangement with Oxford University Press.

© Jancis Robinson, 1996
© Deutsche Ausgabe: Hallwag AG, Bern, 1997
Alle deutschen Rechte vorbehalten

Lektorat: Eva Meyer
Umschlag und Gestaltung: Robert Buchmüller
Satz und Druck: Hallwag AG, Bern
Bindung: Grollimund AG, Reinach

ISBN 3-444-10497-9

INHALT

WOZU SO VIELE TRAUBENSORTEN? 6

AUF DIE TRAUBE KOMMT ES AN 7

Wie unterscheiden sich Traubensorten? 8

Verschnitte 9

Die Rebenfamilie 10

Die Reblaus, die Plage des Weinbaus 11

Veredelungsunterlagen 11

Schädlinge und Krankheiten 12

Die 20 meistangebauten Rebsorten 14

Glossar 15

Zum Gebrauch 18

REBSORTEN VON A BIS Z 19

DIE TRAUBEN HINTER DEN NAMEN 221

Dank und Quellenangaben 248

WOZU SO VIELE TRAUBENSORTEN?

Alle, die heute Wein erzeugen, verkaufen und genießen, achten mehr denn je auf die Traubensorten, aus denen dieses einzigartige Getränk der Sinnenfreude entsteht. Immer mehr Erzeuger erkennen, wie wichtig es ist, welche Rebsorte wo wächst, und erproben zunehmend neue Kombinationen oder für die jeweilige Gegend neue Traubensorten, aber sie forschen auch bewußt nach alten Rebsorten, die besonders guten Most liefern können, oder nach obskuren, vielleicht schon in Vergessenheit geratenen Trauben, die es wert sein könnten, gehegt und gepflegt zu werden. Hinzu kommt eine ungeheure Auswahl an Neuzüchtungen, die in den letzten hundert Jahren für ganz bestimmte Zwecke oder Voraussetzungen geschaffen wurden.

Immer mehr Weinflaschen tragen infolgedessen auf dem Hauptetikett oder auf der Rückseite die Namen der Traubensorten, deren vergorener Saft in ihnen enthalten ist – für uns Verbraucher sind das sehr nützliche und aufschlußreiche Informationen. Einmalig ist das Verzeichnis der vielen hundert Weine, die nur geographische Bezeichnungen tragen, wie es vor allem in Frankreich so gern gehandhabt wird, und die zusammen mit den Traubensorten, die hinter diesen Namen stehen, auf den letzten Seiten aufgeführt sind.

Auf jeden Fall sollte dieses Buch also imstande sein, schon ehe der Korken unwiderruflich gezogen ist, wenigstens einige Anhaltspunkte dafür zu geben, wie ein bestimmter Wein schmecken wird. Es enthält die Namen von über 800 Rebsorten, viele davon Synonyme, unter denen eine Traube in verschiedenen Teilen der Welt des Weins auftritt. Zu einem nicht geringen Teil liegen Spannung und Frustration beim Zusammenstellen eines Leitfadens wie des vorliegenden in den faszinierenden Mysterien der Rebsortenerkennung.

Dieses Buch soll die Vielfalt vor Augen führen, die trotz der unablässig drohenden Gefahr der Internationalisierung doch in den Weinbergen der Welt immer noch existiert. Es versucht, manche Rätsel zu entwirren und die Weinfreunde in aller Welt daran zu erinnern, daß es gilt, das größte Geschenk, das der Wein uns bietet, mit Sorgfalt zu bewahren: den Abwechslungsreichtum.

AUF DIE TRAUBE KOMMT ES AN

Jede Flasche Wein enthält den vergorenen Saft vieler hundert Trauben. Kommt es denn darauf an, um welche Traubensorte es sich handelt? Nachdrücklich sei es gesagt: ja.

Die verschiedensten Dinge haben Einfluß auf den Weingeschmack:

der Wetterverlauf (manchmal auch die wirtschaftlichen Verhältnisse) in dem Jahr, in dem die Trauben gelesen wurden (**Jahrgang**), aber auch im vorausgegangenen Jahr;

die Art und Weise, wie der Wein bereitet (**Vinifizierung**) und wie er vor und sogar noch nach der Abfüllung gepflegt wird (**Ausbau**);

die Art und Weise, wie die Reben gepflanzt, kultiviert, geschnitten, gestaltet und behandelt werden (**Weinbergpflege**);

und, besonders wichtig, das Umfeld, worin die Reben wachsen:
– **Boden** und **Unterboden**, insbesondere alles, was mit Wasserabzug und Fruchtbarkeit zusammenhängt;
– Lage, Himmelsrichtung, Gefälle und Höhe des Geländes (**Topographie**);
– das allgemein in der Region herrschende Klima (**Makroklima**);
– die Verhältnisse in der näheren Umgebung des Weinbergs, die sich auf den Reifeverlauf auswirken können, z. B. das Vorhandensein von Seen oder Wäldern (**Mesoklima**);
– und schließlich die Verhältnisse in unmittelbarer Nähe jeder einzelnen Rebe (**Mikroklima**).

Die Franzosen fassen alle diese Boden- und Klimaelemente kurzerhand in einem einzigen eleganten, geheimnisumwitterten, unübersetzbaren Begriff zusammen: **Terroir**.

Viele der feinsten Weine dieser Welt bringen diese lokalen Verhältnisse, dieses Terroir, überzeugender zum Ausdruck als die reine Rebsorte. Sie entstehen von den Traubensorten, die sich über Jahrhunderte hinweg in dieser Umgebung großartig bewährt haben, und die Erzeuger sehen in der Traube nur ein Mittel, das dem *genius loci* zum Ausdruck verhilft, nicht aber die Botschaft selbst. Weine dieser Art stellen jedoch höchstens 5 % – die teuersten 5 % – aller Weine dieser Welt dar. Aber nicht nur sie, sondern auch ihre weniger vom Schicksal begünstigten Nachbarn bauen ganz auf **geographische Bezeichnungen**, d. h., sie kommen allein unter dem Namen des Orts oder der Gegend ihrer Entstehung auf den Markt. Bordeaux, Soave und Rioja sind drei berühmte Beispiele.

Der gewöhnliche Sterbliche unter den Weinfreunden kennt sich nun allerdings mit den oben genannten Faktoren, ausgenommen dem Jahrgang, nicht ohne weiteres aus, und selbst wenn er durch aufwendiges Forschen herausbringt, in welche Himmelsrichtung der Weinberg sich senkt und wieviel oolithischer Kalkstein sich in seinen Tiefen befindet, dann sagt ihm das wohl kaum sehr viel darüber, wie der betreffende Wein schmeckt.

Für einen bestimmten, entscheidenden Einflußfaktor trifft das nicht zu: die **Traubensorten**, aus denen die Weine entstehen.

Die verschiedenen Rebsorten haben unterschiedliches Laub, ihre Trauben sind verschieden in Größe und Form und sehr verschieden im Geschmack; sie liefern ganz unterschiedlichen Saft und demzufolge auch unterschiedlichen Wein. Das ist der Grund, weshalb immer häufiger auf dem Haupt- oder Rückenetikett die Namen der Trauben verzeichnet sind, aus denen der betreffende Wein gewonnen wurde. Bei fast allen Weinen aus der Neuen Welt richten sich die Namen nach den ihnen zugrunde liegenden Traubensorten, ob es sich nun beispielsweise um reinen Chardonnay, Cabernet Sauvignon oder Pinot Noir oder um Mischungen wie Semillon/Chardonnay, Cabernet Sauvignon/Shiraz oder Merlot/Pinot Noir handelt.

Diese Art von **Sortenbezeichnung** kam um die Mitte des 20. Jh. in den Vereinigten Staaten auf und erlangte im Verlauf des kalifornischen Weinbooms in den 1970er Jahren große Popularität. Sie hat bei den Millionen von neuen Weinverbrauchern, die sich in der verwirrenden Vielzahl immer komplizierterer geographischer Begriffe und Markennamen nicht mehr zurechtfinden, eindeutig Anklang gefunden. Wer sich an die Traubennamen hält, hat nun eine einfache Möglichkeit, in die Tausende von Weinen, unter denen er wählen soll, Ordnung zu bringen, und noch einfacher wird es ihm dadurch gemacht, daß vielen Weinen nur eine Handvoll der populärsten Traubensorten zugrunde liegt. Diese Konzeption bewährt sich derart gut, daß auch immer mehr Weine aus der Alten Welt nun Hinweise auf die Traubensorten geben, aus denen sie gewonnen worden sind, sei es nun ein Vin de Pays, der die einzige Traubensorte, aus der er besteht, stolz auf dem Hauptetikett vorweist, oder sei es ein Wein mit geographischer Bezeichnung, auf dessen Rücketikett die Traubensorten genannt werden, die in ihn eingegangen sind.

Die Kenntnis der allgemeinen Eigenschaften der Traubensorten, die einem Wein zugrunde liegen, bildet einen wichtigen Schritt zum Verständnis des Weins selbst. Natürlich spielt das Umfeld, das Terroir, oft eine wichtige Rolle bei der Ausbildung des Weincharakters; kennt man jedoch die von der Traube, seinem Hauptbestandteil, zu erwartenden Geschmackscharakteristiken schon im voraus, dann ist das eine große Hilfestellung bei der Wahl eines Weins. Auch führt die größere Beachtung der Traubensorten (noch im vorigen Jahrhundert kaum üblich) zu vermehrten Experimenten mit noch unvertrauten Rebsorten selbst an besonders hartnäckig in der Tradition verhafteten Stellen der Weinwelt.

Wie unterscheiden sich Traubensorten?

Unterschiedliche Rebsorten sehen unterschiedlich aus, d.h., sie unterscheiden sich nicht nur in den Trauben und Weinen, die sie hervorbringen, sondern schon in ihrem Äußeren. Hierauf baut die Wissenschaft der Ampelographie, die Rebenkunde, auf, die den physischen Charakteristiken der verschiedenen Rebsorten bis ins kleinste Detail nachgeht, also nicht nur die reifen Beeren untersucht (die ja lediglich ein, zwei Wochen im Jahr verfügbar und kaum zu konservieren sind), sondern vor allem das Laub, das sich am leichtesten studieren und exakt einordnen läßt. Im 19. Jh. schrieben mehrere Wissenschaftler monumentale ampelographische Werke. Vialas und Vormorels zwischen 1902 und 1910 entstandene Beschreibung aller damals bekannten Rebsorten mit Aufzählung ihrer Synonyme umfaßt sieben dicke Bände. Die italienische Ausgabe von Dalmasso und Cosmo (1960 bis 1966) hat fünf Bände. Der Vater der modernen Ampelographie ist Pierre Galet, der an der Universität von Montpellier lehrte. Er hat einen unvergleichlichen Wissensbestand über die französischen Rebsorten zusammengetragen, und seine Schüler Paul Truel und Jean-Michel Boursiquot haben die ganze Welt bereist, um mysteriöse Reben zu identifizieren.

Rebsorten lassen sich andererseits auch nach ihren Anbaucharakteristiken einordnen, z. B. danach, ob sie früher oder später austreiben, blühen und ihre Frucht zur Reife bringen, ob sie besonders wuchskräftig sind, ob sie eine Neigung zu Übererträgen zeigen, wenn sie nicht daran gehindert werden, ob sie besonders anfällig oder resistent gegenüber bestimmten Schädlingen, Krankheiten oder Gefahren wie Verrieseln oder Winterkälte sind und ob sie schließlich auf eine bestimmte Form des Rebschnitts ansprechen.

Hinzu kommt, daß auch die Charakteristiken der Trauben und Beeren unterschiedlich sind und dadurch einen bedeutenden Einfluß auf die daraus gekelterten Weine ausüben. Manche Trauben, beispielsweise die von Grenache, besitzen ausgesprochen zähe Stiele, so daß die Sorte maschinell nur schwer zu ernten ist. Unmittelbare Auswirkungen auf den Wein haben beispielsweise kleine, dickschalige Beeren (sie geben viel Farb- und Geschmacksstoffe ab) oder aber verhältnismäßig viele Kerne (hoher Tanningehalt).

Für den Weinliebhaber liegt jedoch der wichtigste und aufregendste Unterschied zwischen den Hunderten von Traubensorten, die für die Weinerzeugung genutzt werden, darin, daß jede ihre eigene Geschmackspersönlichkeit besitzt. Der Sinn des alphabetischen Verzeichnisses der Rebsorten, das den Hauptteil dieses Buchs ausmacht, ist der, diese kostbaren und faszinierenden Unterschiede zu würdigen und darzulegen.

Verschnitte

Ein Wein, der von einer einzigen Traubensorte gekeltert wird, ist weder besser noch schlechter als einer, der einen Verschnitt aus zwei oder mehr Traubensorten darstellt. Manche der feinsten Weine der Welt (Château Latour und Dom Pérignon) sind stets Verschnitte, manche andere dagegen (Château Pétrus und Romanée-Conti) entstehen nur von einer einzigen Sorte (Merlot bzw. Pinot Noir).

Die meisten großen Bordeaux-Rotweine aus dem Médoc und aus Pessac-Léognan (früher ein Teil von Graves) sind Verschnitte, in denen Cabernet Sauvignon dominiert und durch unterschiedliche Anteile von Merlot, Cabernet Franc, manchmal auch Petit Verdot und gelegentlich ein wenig Malbec, ergänzt wird. Diese Mischung wird oft als Bordeaux-Verschnitt, Cabernet/Merlot-Verschnitt oder in Kalifornien als «Red Meritage» bezeichnet. Dabei gilt es zu beachten, daß sich diese klassischen Verschnittformeln nicht nur deshalb entwickelt haben, weil sich die beteiligten Traubensorten geschmacklich oder strukturell ergänzen (Merlot füllt das von Cabernet vorgegebene Gerüst schön mit «Fleisch» aus), sondern auch, weil diese Sorten sich in anbautechnischer Hinsicht gegenseitig stützen: Verlaufen Blüte, Fruchtansatz und Reife bei der einen Sorte unbefriedigend, können die anderen meist für einen Ausgleich sorgen, weil sie zu anderen Zeiten blühen und reifen.

Die Rebsorten, die für die großen trockenen Weißweine von Pessac-Léognan und die süßen Weißweine von Sauternes angebaut werden, sind Sémillon und Sauvignon Blanc (für die Süßweine zusätzlich ein wenig Muscadelle). In Kalifornien wird diese Mischung «White Meritage» genannt, und überall in der Welt füllen Weinerzeuger das, was dem Sauvignon Blanc in der Mitte fehlt, mit etwas Sémillon auf.

Das traditionelle Champagnerrezept besteht aus Pinot Meunier, Chardonnay und Pinot Noir (in der Reihenfolge der aktuellen Bestandsgrößen). Auch hierbei spielt Zweckmäßigkeit eine Rolle. Pinot Noir bringt Gewichtigkeit und Langlebigkeit, Chardonnay Delikatesse, Säure und Aroma ein. Diese beiden Rebsorten zusammen können großartige Weine zuwege bringen, aber in den kühleren Gegenden der Region gelangt Pinot Noir nicht zuverlässig zur Reife, also wird an seiner Stelle der früher reifende, weniger für Verrieseln anfällige Meunier angepflanzt; er liefert sehr fruchtige Jungweine. Diese Kombination wird auch von Schaumweinherstellern außerhalb der Champagne getreulich beibehalten. Allerdings fällt in Kalifornien und Australien an Stellen, wo es warm genug ist, um den Pinot Noir gut ausreifen zu lassen, der Meunier meist weg.

Schließlich gibt es noch das klassische Rhône-Rezept – eigentlich eine traditionelle Erlaubnis, alles, was an der Rhône und im Languedoc an Trauben wächst, zusammenzumischen: Syrah, Grenache Noir, Mourvèdre, Cinsaut und in gewissem Umfang auch Carignan. Inzwischen entwickelt sich auch eine weiße Version dieses Rezepts, so daß interessante Verschnitte von Viognier, Marsanne, Roussanne, Rolle und Grenache Blanc in allen erdenklichen Formen nicht nur im Süden Frankreichs, sondern auch in Kalifornien und Australien entstehen.

Immer mehr neue Verschnitte erscheinen auf dem Markt, und nicht alle beruhen allein auf dem angestrebten Geschmack des resultierenden Weins. Die Weinerzeuger müssen stets den von der Mode diktierten Vorlieben für die eine oder andere Rebsorte auf den Fersen bleiben, aber es dauert doch gut drei Jahre, bis neue Reben einen nutzbaren Ertrag bringen (es sei denn, man pfropft alte Reben auf neue Sorten um). Die schwankende Mode bringt jedoch immer wieder Knappheiten oder Überschüsse bei einzelnen Traubensorten und infolgedessen auf kommerzieller Zweckmäßigkeit beruhende Verschnitte mit sich. Semillon Chardonnay, kurz SemChard, gehört zu dieser Art (Semillon ist zwar ungerechterweise aus der Mode, wird aber als Mittel zum Zweck akzeptiert, wenn es darum geht, den berühmten Chardonnay aufs Etikett zu bringen). Dasselbe Prinzip gilt für Colombard Chardonnays, Chenin Blanc Chardonnays und sogar Chenin Colombard Semillon Chardonnays.

Sind auf einem Etikett mehrere Traubensorten angegeben, dann sollten sie in der Reihenfolge ihres jeweiligen Anteils am Verschnitt stehen.

Die Rebenfamilie

Die Weinrebe, im wesentlichen ein Klettergehölz, gehört zu der größeren botanischen Familie der *Vitaceae*, die noch Hunderte von anderen Pflanzen umfaßt, u. a. den Wilden Wein (der ja traubenähnliche kleine Beeren trägt und dessen Laub dem Weinlaub nicht unähnlich ist). Die Botaniker unterteilen diese Familie in etwa ein Dutzend **Gattungen**. Die Gattung, zu der die Weinrebe gehört, heißt *Vitis*, und diese unterteilt sich wiederum in viele verschiedene **Arten** oder Spezies. Die wichtigsten sind nachstehend nach ihrer geographischen Herkunft geordnet aufgeführt. Die verschiedenen Mitglieder der einzelnen Arten sind die uns wohlvertrauten **Rebsorten**.

EUROPÄISCHE UND NAHÖSTLICHE ARTEN	
Vitis vinifera	*Vitis longii*
	Vitis monticola
	Vitis riparia
	Vitis rufomentosa
	Vitis rupestris

NORDAMERIKANISCHE ARTEN	
Vitis aestivalis	NORDAMERIKANISCHE MUSCADINIA-ARTEN
Vitis berlandieri	
Vitis californica	*Vitis munsoniana*
Vitis candicans	*Vitis rotundifolia*
Vitis caribaea	
Vitis cinerea	ASIATISCHE ARTEN
Vitis cordifolia	
Vitis girdiana	*Vitis amurensis*
Vitis labrusca	*Vitis coignetiae*
Vitis linecumi	*Vitis thunbergii*

Fast alle heute produzierten Weine entstehen von der Spezies *Vitis vinifera*, der einzigen Art, die in Europa, möglicherweise aber auch im Nahen Osten (oder sogar in Madagaskar) ihren Ursprung hat. Die *Vinifera*-Varietäten heißen deshalb auch Europäer Reben. Die meisten der vielen hundert Rebsorten in diesem Buch und alle populäreren Weinreben gehören zur Spezies *vinifera*; nur einige, meist Züchtungen, haben amerikanische oder asiatische Gene in ihrer Abstammung.

Eine durch Züchtung aus mehreren Varietäten einer Spezies entstandene Rebsorte wird als **Kreuzung** bezeichnet. In Anbetracht des relativ kühlen Klimas und der Begünstigung hoher Reifegrade durch das Weingesetz sind in Deutschland eifrig Neuzüchtungen geschaffen worden, die oft auf extrem frühe oder extrem gute Reife ausgelegt sind.

Neue Rebsorten, die von Varietäten verschiedener Spezies gezüchtet wurden, nennt man **Hybriden**, manchmal auch interspezifische Kreuzungen. **Amerikanische Hybriden** sind Rebsorten, die entweder absichtlich oder häufiger auch zufällig durch Kreuzungen von Wildpflanzen, jedoch ausschließlich von Mitgliedern amerikanischer Spezies entstanden. **Französische Hybriden** wurden am Ende des 19. und Anfang des 20. Jh. durch Kreuzung von *Vinifera*- und Amerikaner Reben gezüchtet, um Resistenz gegen Mehltau oder die furchtbarste Plage des Weinbaus der Welt, die Reblaus, zu erreichen.

Viele amerikanische Rebsorten, vor allem solche, die von *Vitis labrusca* abstammen, bringen Trauben mit einem auffallend moschushaften Geschmack hervor, der von barmherzigen Weinkostern als «Walderdbeeressenz», sonst aber als «Fuchston» bezeichnet wird; er tritt besonders ausgeprägt in der im Staat New York populären Sorte Concord in Erscheinung. In den USA wachsen viele Rebenspezies wild, ein Phänomen, das auf die ersten europäischen Siedler tiefen Eindruck machte.

Die im Südosten der USA und in Mexiko anzutreffende Spezies Muscadinia gilt als botanisch mit den übrigen nicht unmittelbar verwandt. Viele Muscadinia-Varietäten haben ausgesprochen runde Blätter und tragen kleine Trauben mit großen Beeren, deren Saft auffallend schleimig ist und nach Moschus riecht. Die einzige Muscadinia-Sorte, die im Bewußtsein des modernen Weinfreunds einen Platz finden dürfte, ist die Scuppernong, allerdings nur in bestimmten Gegenden.

Aber selbst innerhalb der Rebsorten gibt es noch Unterschiede. Einige Reben mit dunklen Beeren, z. B. Pinot Noir, Carignan, Aspiran, Grenache, Sangiovese und Terret, haben sich im Lauf der Jahrhunderte als besonders anfällig für **Mutation** erwiesen. Sie degenerieren auf eine Weise, daß aus ihnen ähnliche Rebsorten, jedoch mit anderen Attributen, entstehen; das bezieht sich vor allem auf die Farbe der Beerenhaut. In Frankreich werden diese Formen durch die Bezeichnungen Noir (schwarz), Gris (grau), Blanc (weiß), Rose (rosa),

Vert (grün), Rouge (rot) und dergleichen unterschieden, z. B. Pinot Blanc, Pinot Gris.

Und schließlich sind für die vielen hundert Einzelsorten wieder jeweils unterschiedliche **Klone** identifiziert worden. Gegen Ende des 20. Jh. haben sich umfangreiche Bemühungen darauf gerichtet, aus einer Rebsorte ganz bestimmte Einzelpflanzen herauszusuchen, die in der einen oder anderen Hinsicht besonders gute Eigenschaften aufweisen. Dabei war hoher Ertrag nur allzuoft ein wichtiges Kriterium, ansonsten wurde auch Resistenz gegen Krankheiten und gegen ungünstige Umweltbedingungen, zum Glück schließlich aber auch die Weinqualität zugrunde gelegt. Diese Pflanzen wurden dann im Rahmen der sogenannten **Klonenselektion** mit Hilfe von unzähligen Edelreisern vermehrt.

Die Reblaus, die Plage des Weinbaus

Verständlicherweise versuchten die europäischen Siedler, von den Trauben, die sie in Nordamerika vorfanden, Wein zu bereiten. Zu ihrer Überraschung schmeckte dieser Wein jedoch sehr eigenartig, ganz anders als die Weine, die sie gewohnt waren. Schließlich ließen sie *Vinifera*-Reben aus Europa kommen, konnten aber gar nicht begreifen, warum diese nicht gedeihen wollten.

Um die Mitte des 19. Jh. reisten viele Europäer über den Atlantik hin und her. Manche an Botanik Interessierte brachten in besonders dafür gebauten Glaskästen Pflanzen aus Amerika mit. Im Rückblick weiß man heute, daß mit mindestens einer dieser Pflanzen eine winzige Laus herübergekommen sein muß, die in den Weinbergen Europas schließlich eine Katastrophe hervorrufen sollte.

Die amerikanischen Reben hatten längst Resistenz gegen die **Reblaus** entwickelt, doch die europäischen Reben waren wehrlos. Die Winzer – zuerst an der südlichen Rhône, dann in ganz Frankreich und schließlich weit darüber hinaus – sahen mit Schrecken, wie ganze Rebenbestände aus unerklärlichen Gründen abstarben. Die Laus, die sich auf so zerstörerische Weise an den Rebwurzeln gütlich tut, wurde zwar bald entdeckt, doch viele Jahre hindurch schien die Zukunft des europäischen Weinbaus unrettbar verloren, bis schließlich eine Lösung gefunden wurde. Es wurde nämlich entdeckt, daß man *Vinifera*-Reben nur auf Wurzelstöcke einer reblausfesten amerikanischen Rebe zu pfropfen brauchte, dann brachte die so entstehende Pflanze Frucht und Wein mit *Vinifera*-Geschmack, während ihr Wurzelwerk gegenüber dem Angriff der Reblaus unempfindlich blieb.

Manche Teile der Welt, z. B. Südaustralien und Chile, sind bisher von der Reblaus verschont geblieben, und die Winzer dort sparen viel Zeit und Kosten, weil sie bloß Stecklinge in den Boden zu pflanzen brauchen, anstatt viele tausend Veredelungen ausführen und dann darauf warten zu müssen, ob diese auch «angehen». In relativ neuen Weinbauregionen wie Neuseeland, Oregon und England, in denen es die Reblaus zwar gibt, wo sie aber ihr Vernichtungswerk noch nicht vollbringen konnte, entschließen sich viele Weinerzeuger einfach dazu, erst einmal unveredelte Reben zu pflanzen und dadurch Geld zu sparen. Auch ist bekannt, daß die Reblaus in Sandboden nicht leben kann, und das hat in manchen Gegenden ebenfalls Einsparungen ermöglicht.

Veredelungsunterlagen

Der weitaus meiste Wein entsteht jedoch von *Vinifera*-Reben, die auf speziell für diesen Zweck gezüchtete Wurzelstöcke veredelt wurden; diese **Veredelungsunterlagen** bieten heute eine ganze Reihe unterschiedlicher Eigenschaften. In einer Gegend, die besonders von Spätfrösten bedroht ist, kann der Winzer eine Unterlagsrebe wählen, die das Wachstum einer ansonsten früh austreibenden Rebsorte verzögert. Auf sehr fruchtbaren Böden ist eine Unterlage, die auf natürliche Weise das Laubwachstum einschränkt, für alle Winzer, denen es vor allem auf Qualität und nicht so sehr auf Quantität ankommt, die vernünftige Wahl. (Bis in die 1980er Jahre lautete die Parole Quantität; heute möchten die meisten Winzer wohl am liebsten Qualität und Quantität zugleich maximieren.) Es stehen heute auch Veredelungsunterlagen zur Verfügung, die spezifische Resistenz gegen Nematoden (kleine Erdwürmer) besitzen, oder aber gegen Dürre wenig empfindlich sind oder hohen Kalk- oder Salzgehalt im Boden vertragen.

Veredelungsunterlagen tragen als Bezeichnung gewöhnlich Nummern und die Namen der Züchter, von denen sie – meist am Ende des 19. und Anfang des 20. Jh. – geschaffen wurden; am verbreitetsten sind 1613, 161–49, 1616 und 3309 Couderc, Dog Ridge, 333 Ecole de Montpellier, Fercal, Harmony, 5BB Kober, 41B, 101–14 und 420A Millardet, 1103 Paulsen, 99 und 110 Richter, Riparia Gloire de Montpellier, 140 Ruggeri, Rupestris St-George, Schwarzmann, SO4 und 5C Teleki.

Alle Veredelungsunterlagen haben die eine oder andere amerikanische Rebe im Stammbaum, aber auch die Amerikaner Reben sind unterschiedlich reblausresistent. Die reblausfestesten Arten sind *Vitis riparia, rupestris* und *berlandieri*, und auf ihnen beruhen auch die Unterlagsreben mit höchster Resistenz gegen die Reblaus. Bei manchen Veredelungsunterlagen, die auch Gene europäischer Reben besitzen, so z. B. AXR 1 (Aramon × Rupestris), eine in den Weinbergen Nordkaliforniens wegen ihres Ertragreichtums verbreitet angepflanzte *Vinifera-rupestris*-Hybride, hat sich eine katastrophal geringe Reblausresistenz herausgestellt.

Schädlinge und Krankheiten

Der bekannteste Schädling mag zwar die Reblaus sein, sie ist aber bei weitem nicht der einzige. Milben, Nematoden, aber auch Vögel, Kaninchen und sogar Kängurus setzen den jungen Reben zu oder schädigen Laub und Frucht und beeinträchtigen den Reifeprozeß. Zahlreiche Insekten tun sich an Blättern und Früchten gütlich; noch mehr Schaden aber richten sie dadurch an, daß sie für die Ausbreitung gefährlicher Rebenerkrankungen wie der Blattrollkrankheit oder der gefürchteten Pierceschen Krankheit sorgen.

Die Qualität und Quantität des Weins, den eine Rebe hervorbringt, wird durch viele Rebkrankheiten beeinträchtigt, ob sie nun von Bakterien, Pilzen oder Viren verursacht werden. Als bakterielle Erkrankungen sind vor allem Nekrose und Mauke zu nennen. Die Piercesche Krankheit ist dagegen eine unheilbare Viruserkrankung, die von in der Nähe von Wasserläufen lebenden Zikaden übertragen wird und in Kalifornien, Mittel- und Südamerika viele Weinberge vernichtet. Am häufigsten aber sind von Pilzen verursachte Erkrankungen; sie können jedoch dank der Arbeit der Pflanzenschutzmittelindustrie behandelt werden.

Vor dem Reblausbefall waren die Weinberge von Bordeaux schon von dem ebenfalls aus Nordamerika eingeschleppten **Echten Mehltau** (Oidium) stark mitgenommen worden, für den viele europäische Rebsorten (u. a. Pinot Noir, Merlot, Riesling) besonders anfällig sind. Es wurde aber schließlich entdeckt, daß der Echte Mehltau durch Besprühen mit Schwefel unter Kontrolle gehalten werden kann. Der **Falsche Mehltau** (Peronospera) kam kurz nach der Reblaus aus Nordamerika nach Europa und bildet noch heute in den Weinbaugebieten im nördlicheren Europa, wo hohe Luftfeuchtigkeit herrscht, im Sommer eine Bedrohung. Regen im August ist in französischen Weinbergen stets das Signal zum Spritzen mit blauem Kupfersulfat, der sogenannten Bordeauxbrühe. Weitere gefährliche Pilzkrankheiten sind **Esca** und **Eutypiose**, die beide das Holz der Reben angreifen.

Der Pilz jedoch, der dem Weinfreund am deutlichsten zum Bewußtsein kommt, ist **Botritis cinerea**. Befällt er unter ungünstigen Witterungsbedingungen die noch nicht voll ausgereiften Trauben, dann verursacht er **Graufäule** und kann vor allem bei Rotweintrauben, deren Pigmente er verdirbt, die ganze Ernte ruinieren. Dünnschalige Beeren platzen gern auf, so daß ihr Saft oxidiert und seine Frische und viel von seinem Geschmack einbüßt. Dicht mit dünnschaligen Beeren besetzte Trauben, z. B. die von Merlot, Pinot Noir und Sémillon, sind am empfindlichsten.

Befällt Botrytis dagegen vollreife, gesunde Weißweintrauben unter ganz bestimmten Voraussetzungen (Morgendunst, gefolgt von warmen, sonnigen Nachmittagen), die seine Entwicklung zur erwünschten Form der **Edelfäule** begünstigen, dann übt er wahre Magie aus. Zwar verwandelt er die Trauben in unansehnliche, aschgrau verschimmelte Bündel, aber er bewirkt hohe Zuckerkonzentration und entfaltet besondere Eigenschaften, denen die Entstehung herrlicher, langlebiger Weine, die als **edelfaul** oder **edelsüß** bezeichnet werden, zu verdanken ist.

Durch das Pfropfen wurde das Risiko der Übertragung von Krankheiten durch mit Viren infizierte Pflanzen praktisch verdoppelt. Seit daher das

Rebsorte (Synonyme in Klammern)	Anbaufläche in ha (geschätzt)	Hauptländer
Airén W	423 100	Spanien
Garnacha R (Grenache, Cannonau)	317 500	Spanien, Frankreich
Carignan R (Mazuelo, Carignane)	244 330	Frankreich
Ugni Blanc W (Trebbiano)	203 400	Frankreich, Italien
Merlot R	162 200	Frankreich, Italien
Cabernet Sauvignon R	146 200	Frankreich, Bulgarien, USA
Rkatsiteli W	128 600	Georgien, Rußland, Ukraine, Bulgarien
Monastrell R (Mourvèdre, Mataro)	117 800	Spanien, Frankreich
Bobal R	106 200	Spanien
Tempranillo R (Cencibel, Ull de Llebre, Tinta Roriz)	101 600	Spanien, Portugal
Chardonnay W	99 000	USA, Frankreich, Australien, Italien
Sangiovese R (Nielluccio)	98 900	Italien, Korsika
Cinsaut R (Cinsault)	86 200	Frankreich, Südafrika
Welschriesling W (Laski/Olasz Rizling, Graševina, Riesling Italico)	76 300	Ex-Jugoslawien, Ungarn, Rumänien
Catarratto W	75 400	Italien (Sizilien)
Aligoté W	71 800	Rußland, Ukraine, Moldova, Bulgarien
Muscat of Alexandria W (Moscatel de Málaga, Gordo, Hanepoot)	66 900	Spanien, Australien, Südafrika
Pinot Noir R (Spätburgunder)	62 500	Frankreich, Moldova, Deutschland, USA
Sauvignon Blanc W	60 700*	Frankreich, Moldova, Ukraine
Chenin Blanc W (Steen)	53 900	Südafrika, USA, Frankreich

* Die Ziffer beruht auf der unbewiesenen Annahme, daß es sich bei dem in Chile angebauten Sauvignon zum größten Teil nicht um Sauvignon Blanc handelt, die gesamten Bestände in Osteuropa dagegen dieser Sorte angehören.

Veredeln zur Regel geworden ist, haben sich die Auswirkungen von Viruskrankheiten auf den Weinbau in aller Welt beträchtlich verstärkt. Sie sind in der Hauptsache wirtschaftlicher Natur und kommen dem Winzer eher zum Bewußtsein als dem Weinfreund (der beim Anblick der herrlichen Herbstfärbung eines Weinbergs kaum daran denkt, daß sie vor allem dem Blattrollvirus zuzuschreiben ist). Eine ebenfalls verbreitete Viruskrankheit, die viele Reben und schließlich auch den von ihnen hervorgebrachten Wein beeinträchtigt und vor allem den Cabernet Sauvignon bedroht, ist die Reisigkrankheit.

Die Anfälligkeit der einzelnen Rebsorten für alle diese Krankheiten ist unterschiedlich; das gilt auch für Erkrankungen, die von Mycoplasmen verursacht werden, z.B. die Flavescence Dorée («Goldgelbe Vergilbung»), unter der vor allem Chardonnay und Riesling leiden.

Wein trinken ist nicht schwer, gesunde Trauben heranziehen dagegen sehr.

Die 20 meistangebauten Rebsorten

Es wäre unmöglich, die Rebsorten nach der Menge des von ihnen produzierten Weins zu ordnen, denn diese ist von ganz unterschiedlichen Einflüssen in verschiedenen Teilen der Welt abhängig und schwankt deshalb von Jahr zu Jahr stark. Auch wäre es unmöglich festzustellen, wie viele Rebstöcke einer bestimmten Sorte angebaut werden. Die Weinbaustatistiken halten vielmehr fest, wie groß die Fläche ist, die eine Rebsorte besetzt hält. In der Tabelle Seite 13, die weitgehend auf den von Patrick W. Fegan von der Chicago Wine School zusammengestellten Weinbaustatistiken beruht, sind die Rebsorten deshalb in der Reihenfolge der von ihnen eingenommenen Anbaufläche aufgeführt.

Es ist durchaus keine Überraschung, daß die verbreitetsten Rebsorten Spaniens an der Spitze dieser Tabelle stehen, denn in Süd- und Zentralspanien, wo es im Sommer sehr trocken ist und Bewässerung bis noch vor kurzem untersagt war, sind die Reben in außerordentlich großen Abständen gepflanzt. Eine weitere Komplikation besteht darin, daß es die Spanier mit dem regelmäßigen und zuverlässigen Aktualisieren ihrer Weinbaustatistiken nicht allzu genau nehmen; das gilt übrigens auch für die Russen, deren Rebflächen eher geschätzt werden mußten, denn die letzten Weinbaustatistiken Rußlands stammen aus dem Jahr 1989.

GLOSSAR

Amerikanische Hybridrebe Eine Kreuzung zwischen Amerikaner und Europäer Reben. Siehe Seite 10.

Ampelographie Rebenkunde, die Wissenschaft der Erkennung und Beschreibung von Rebsorten anhand äußerer Merkmale, v.a. der Blätter.

Baumé In Australien übliches Maß für den Reifegrad von Trauben.

Blattrollkrankheit Viruskrankheit. Siehe Seite 12.

Botrytis cinerea Ein Schimmelpilz, der eine unerwünschte Form der Fäule – die Graufäule – und eine erwünschte, zur Entstehung hochfeiner süßer Weißweine führende Form – die Edelfäule – hervorrufen kann. Siehe Seite 12.

Brix In den USA gebräuchliches Maß für den Reifegrad von Trauben.

Chaptalisation In kühleren Weinbaugegenden geübte Praxis, bei der dem Most im Gärtank Zucker beigemischt wird, um alkoholstärkeren (nicht süßeren) Wein zu erzielen.

Coulure Siehe Verrieseln.

Cultivar In Südafrika gebräuchlicher Begriff für Reb- oder Traubensorte.

Echter Mehltau Pilzkrankheit. Siehe Seite 12.

Edelfäule Erwünschte Form von *Botrytis cinerea*.

Eiche Die am häufigsten für die Herstellung von Weinfässern verwendete Holzart ist berühmt für ihren günstigen Einfluß auf die Geschmacksentfaltung vieler Weine.

Ertrag Die Ausbeute an Lesegut bzw. Wein, meist ausgedrückt in Hektoliter pro Hektar (hl/ha).

Erziehung Die Gestaltung einer bestimmten Wuchsform der Rebe, meist um Pflegearbeiten zu erleichtern.

Extrakt Die in einem Wein enthaltenen Feststoffe, d.h. praktisch alles außer Wasser und Alkohol.

Falscher Mehltau Pilzkrankheit. Siehe Seite 12.

Faßausbau Aufbewahrung eines Weins im Faß zwischen Gärung und Abfüllung, wobei er im Beisein kleiner Luftmengen eine natürliche Stabilisierung erfährt und möglicherweise, je nach Alter und Größe des Fasses und der Dauer des Ausbaus, Geschmacksstoffe und Tannin aus dem Holz in sich aufnimmt.

Faßgärung Bei hochwertigen Weißweinen ist es üblich, den Gärprozeß in kleinen Fässern ablaufen zu lassen.

Französische Hybridrebe Durch Kreuzung amerikanischer mit europäischen Reben entstandene Rebsorte.

Fruchtansatz Im Frühsommer unmittelbar nach der Blüte setzt der befruchtete Teil der Blüten Beeren an. Je größer dieser Anteil ist, desto stärker fällt der Ertrag aus.

Fruchtfleisch Das fleischige Innere der Traube liefert den größten Teil des im Traubensaft enthaltenen Wassers und Zuckers sowie der Säuren. Außer bei rotfleischigen *Teinturier*-Sorten ist das Fruchtfleisch unabhängig von der Farbe der Beerenhaut stets hell bis grau.

Fuchston Charakteristische Geschmacksnote der Trauben und Weine amerikanischer Rebsorten, v. a. von *Vitis labrusca* und einiger ihrer Hybriden. Die für diesen oft störenden Geschmack verantwortliche chemische Verbindung ist Methylanthranilat.

Gärung Der Prozeß der Umwandlung von Zucker im Traubenmost zu Alkohol im Wein durch die Tätigkeit von Hefen.

Geschmacksstoffe Für die Geschmacksempfindung wichtige Substanzen, die oft in nur geringen Konzentrationen im Fruchtfleisch und insbesondere in der Schale der Trauben vorhanden sind und in ihrer Gesamtheit den Geschmackseindruck einer Traubensorte bestimmen. Beispielsweise sind Methoxypyrazine für den kräuterhaften Geschmack von Sauvignon Blanc und Monoterpene für den blumigen Geschmack von Muskateller, Gewürztraminer und Riesling verantwortlich.

Hefesatzaufrühren Der nach dem Gärprozeß im Faß verbliebene Hefesatz (Geläger) wird insbesondere während des Ausbaus faßvergorener Weißweine aufgerührt, um diesen kräftigeren Geschmack zu verleihen.

Hybride Eine durch Kreuzung verschiedener Spezies gezüchtete Rebsorte.

Jahrgang Das Jahr der Entstehung eines Weins bzw. des ihm zugrunde liegenden Leseguts.

Kerne Der Teil der Traube, der das Tannin enthält. Beim Keltern wird darauf geachtet, die Kerne nicht zu beschädigen, um das Austreten von Bitterstoffen zu vermeiden.

Kleinbeerigkeit (Millerandage) Durch mangelhafte Befruchtung – oft infolge ungünstigen Wetters – verursachte Unregelmäßigkeit beim Fruchtansatz, die dazu führt, daß in einem Fruchtstand Beeren stark unterschiedlicher Größe vorkommen.

Klon Von einer nach bestimmten Attributen ausgewählten Mutterpflanze vermehrte Spielart einer Rebsorte. Siehe Seite 11.

Kohlensäuremaischung Eine Technik zur Bereitung sehr fruchtiger, früh trinkreifer Rotweine, bei der kein Zerkleinern der Frucht stattfindet, so daß sich der Gärprozeß im Inneren der Beeren abspielt.

Kreuzung Eine von Elternreben derselben Spezies entstandene Neuzüchtung.

Laubdach Der über der Erde befindliche Teil der Rebe, insbesondere das Laub.

Laubpflege Auf bestimmte Zwecke, meist auf die Optimierung des Fruchtbehangs und der Weinqualität abgestimmte Maßnahmen zur Manipulation des Laubdachs.

Malolaktische Säureumwandlung Während oder nach der alkoholischen Gärung stattfindender bakterieller Säureabbau, bei dem die scharfe Apfelsäure in die mildere Milchsäure umgewandelt wird.

Millerandage Siehe Kleinbeerigkeit.

Mostgewicht Süßegrad bzw. Zuckergehalt des Traubenmosts.

Mutation Genetische Veränderung, bei bestimmten Rebsorten vor allem der Fruchtfarbe. Siehe Seite 10.

Öchsle Deutsches Maß für den Reifegrad der Trauben.

Pflanzdichte Die Anzahl von Weinstöcken auf einer Flächeneinheit – eine wichtige Kenngröße im Weinbau.

Reblaus Rebenschädling. Siehe Seite 11.

Rebschnitt Unbestreitbar die für die Weinqualität ausschlaggebende Tätigkeit im Weinbaujahr; die Rebe wird im Winter auf eine gewisse Zahl von Augen zurückgeschnitten, die den Ertrag des nächsten Jahres bestimmt. Obwohl noch andere Faktoren im Spiel sind, erbringen doch im Ertrag eingeschränkte Reben in der Regel konzentrierteren Wein.

Reisigkrankheit Viruskrankheit. Siehe Seite 14.

Säuren Eine Gruppe chemischer Verbindungen, die dem Wein pikante, erfrischende Art verleihen. Die im Traubensaft am häufigsten vorkommenden Säuren sind die Weinsäure und die Apfelsäure.

Schale Die Beerenhaut der Traube enthält den Hauptanteil der bei Rotwein insgesamt, bei Weißwein nur zum Teil erwünschten Geschmacks-, Farb- und Gerbstoffe.

Stiel Der verholzte Teil des Fruchtstands der Rebe weist starken Gehalt an oft strengen Tanninen auf und wird deshalb vor dem Gärprozeß mit Hilfe einer Entrappmühle teilweise oder ganz entfernt.

Tannin Der in den Traubenkernen, -schalen und -stielen vorkommende, vom schwarzen Tee her als herbe Geschmackssubstanz bekannte Gerbstoff; er trägt zur Konservierung von Rotweinen während der Flaschenreife bei.

Umveredeln Aufpfropfen einer neuen Rebsorte auf im Weinberg eingewurzelte Weinstöcke; eine zunehmend verbreitete Praxis.

Veredeln Im weitesten Sinn das Einsetzen eines Teils einer (edleren) Pflanze in eine andere, so daß diese sich vereinigen und gemeinsam weiterwachsen. Im Weinbau handelt es sich meist um das Aufpfropfen einer europäischen Ertragsrebe auf eine oft wegen ihrer Reblausfestigkeit gewählte Unterlagsrebe.

Veredelungsunterlage Eine speziell als Wurzelstock für eine auf sie zu veredelnde Ertragsrebsorte bestimmte Unterlagsrebe. Siehe Seite 11.

Verrieseln (Coulure) Mangelhafter Fruchtansatz, der den Ertrag eines Jahres beträchtlich mindern kann. Nach der Blüte fällt, vor allem bei unbeständigem kühlem Wetter, ein großer Teil der in Entstehung begriffenen Beeren ab. Manche Rebsorten sind hierfür anfälliger als andere.

Vinifera Eine Rebenspezies europäischen Ursprungs; in sie fallen fast alle bekannten Rebsorten.

Vitis Die Gattung Rebe. Siehe Seite 10.

Wüchsigkeit Die natürliche Trieb- und Wuchskraft der Rebe.

Zucker Die im Verlauf des Reifevorgangs in der Traube angesammelten Kohlenhydrate werden durch den Gärprozeß in Alkohol umgewandelt.

ZUM GEBRAUCH

Um die Informationen in diesem Buch zu nutzen, sucht man am besten zunächst auf dem Haupt- bzw. Rückenetikett der Weinflasche, die man vor sich hat, nach Hinweisen auf die Traubensorte(n). Sind dort keine zu finden, kann man in dem Kapitel «Die Trauben hinter den Namen» Seite 221 nachschlagen.

Im alphabetischen Verzeichnis der Rebsorten sind Querverweise auf andere Stichwörter durch KAPITÄLCHEN, Synonyme und Subvarietäten durch **Fettdruck** gekennzeichnet.

Es wurde viel Mühe darauf verwendet, die neuesten statistischen Zahlen aufzuspüren. Allerdings ist dabei zu beachten, daß beispielsweise die französischen Weinbaubehörden nur etwa alle zehn Jahre eine Erhebung durchführen; die letzte hat im Jahr 1988 stattgefunden.

Tafel- und Rosinentraubensorten haben nur dann Aufnahme gefunden, wenn sie auch zur Weinerzeugung herangezogen werden.

Zeichenerklärung

- Dunkle Trauben; sie werden meist zur Gewinnung von Rotwein genutzt, können aber durch frühzeitiges Entfernen der Traubenschalen aus dem Most auch zu Rosé- und sogar Weißwein verarbeitet werden.

- Helle Trauben; sie werden zur Erzeugung von Weißwein genutzt. Die Traubenschalen sind nicht stark genug gefärbt (obwohl sie manchmal kräftig hellrot aussehen), um die Gewinnung von Rotwein zu ermöglichen.

Vor Stichwörtern, die nur Synonyme anderer Rebsorten darstellen, steht meist kein Traubensymbol. In solchen Fällen ist unter dem angegebenen Hauptnamen zu erfahren, ob es sich um eine dunkle oder helle Traubensorte handelt.

Die Skala gibt an, in welche Qualitätsklasse der typische Wein einer Rebsorte fällt. Die Einteilung von einfach bis ausgezeichnet geschieht von links nach rechts.

bedeutet einfachsten Wein

bedeutet unterschiedlichen Wein von der einfachsten bis zu der feinsten Qualität

Bei sehr wenig bekannten beziehungsweise sehr seltenen Rebsorten wurde die Bewertungsskala weggelassen.

Anmerkung: Es darf nicht vergessen werden, daß sehr alte Weinstöcke auch mittelmäßiger Sorten hochkonzentrierte Weine hervorbringen können. Beispielsweise ist die achtbare Qualität bester Weine von Aramon und Carignan im Languedoc nicht unbedingt als typisch für die allgemeinen Qualitäten dieser Rebsorten anzusehen. Umgekehrt gibt es auch von den allergroßartigsten Rebsorten enttäuschende Weine als bedauerliche Zeugnisse für mangelnde Sorgfalt oder Unwissenheit und gar Profitgier – manchmal für alle drei gleichzeitig.

REBSORTEN VON A BIS Z

ABOURIOU Wenig bekannte und allmählich aussterbende Rotweinrebsorte in Südwestfrankreich. In der AC Côtes du Marmandais und in mehreren roten Vins de Pays Südwestfrankreichs ist sie noch zugelassen. Sie erregte 1976 internationales Aufsehen, als der französische Ampelograph Paul Truel in Edelreisern, die von Kalifornien unter der Bezeichnung «Early Burgundy» nach Australien geliefert worden waren, die Sorte Abouriou erkannte. Allerdings wurde sie inzwischen weitgehend gerodet, um marktgängigeren Sorten Platz zu machen.

AGHIORGHITIKO, AGIORGITIKO Die edle griechische St.-Georgs-Rebe, auch als Mavro Nemeas bekannt, ist die Hauptsorte des Weinbaugebiets Nemea. Ihr körperreicher, ausdrucksvoller Wein ergibt mit anderen Traubensorten zusammen gute Verschnitte (vor allem mit weiter im Norden in Metsovo gewachsenem Cabernet Sauvignon den populären Tafelwein Katoi) sowie Roséweine gehobener Qualität. Die Aghiorghitiko-Traube liefert allgemein fruchtige, manchmal etwas säurearme Weine. Trauben aus höheren Lagen in Nemea können jedoch auch langlebige Rotweine hervorbringen. Die Sorte ist nach XYNOMAVRO die zweitmeist angebaute Rotweintraube Griechenlands.

AGLIANICO Süditalienische Rebe griechischer Herkunft (der Name geht auf *ellenico* = hellenisch zurück). Ihre Hochburg liegt in den Gebirgsprovinzen Avellino und Benevento in Kampanien sowie Potenza und Matera in der Basilikata. Verstreute Bestände der frühaustreibenden Rebe finden sich auch in Kalabrien und Apulien sowie auf der Insel Procida bei Neapel. Die Sorte bevorzugt Böden vulkanischen Ursprungs und erbringt ihre besten Leistungen im Taurasi in Kampanien und im Aglianico del Vulture in der Basilikata. Beide Weine weisen die tief rubinrote Farbe, das volle Aroma und die kräftige, intensive Geschmacksfülle auf, durch die die Traubensorte zumindest potentiell zu einer der feinsten Italiens wird, obschon dieses Potential bislang nur in wenigen Weinen voll zur Geltung kommt. Der Gesamtbestand in Italien belief sich 1991 auf 14 000 ha.

AGLIANO Synonym für ALEATICO.

AIDINI Rebsorte mit blumigem Duft; wird auf Santorin und anderen griechischen Inseln angebaut und vorwiegend in trockenen Verschnitten mitverarbeitet.

AIRÉN Die Rebsorte ist die meistangebaute der Welt, weil aufgrund der großen Stockabstände in den Weinpflanzungen Zentralspaniens ihre Rebfläche sich 1996 auf über 400 000 ha belief. Auf Airén entfällt damit fast ein Drittel der Gesamtrebfläche Spaniens; in La Mancha und Valdepeñas dominiert sie wegen ihrer außergewöhnlichen Widerstandsfähigkeit gegen Dürre und liefert den größten Teil des Traubenguts für die spanische Brandyerzeugung. Im Verschnitt mit der dunkelhäutigen Cencibel-Traube (TEMPRANILLO) wird sie zu hellrotem Wein verarbeitet. Inzwischen erbringt sie aber zunehmend Weißwein, jedoch nicht nur die traditionelle, oft stark durch Oxidation gezeichnete Art, sondern dank moderner Vinifizierung mit Temperaturregelung auch frische, recht neutrale, trockene Weine für baldigen Verbrauch, die sehr jung eine gewisse Frucht aufweisen. In mehrerer Hinsicht kann man daher in der Airén das spanische Pendant zum französischen UGNI BLANC sehen, und Experimente mit Eichenfaßausbau haben auch ähnlich eigentümliche Ergebnisse gezeigt. Die Rebsorte wird in Südspanien auch Lairén genannt.

ALARIJEN In Extremadura angebaute spanische Rebsorte.

ALBALONGA Kreuzung Riesling × Silvaner; in Deutschland, v. a. in Rheinhessen, vereinzelt angebaut. Die sehr fäuleanfällige Neuzüchtung kann in guten Jahren kräftige Auslesen erbringen.

ALBANA Italienische Rebsorte, durch den überbewerteten Albana di Romagna besonders bekannt geworden. Sie wird heute in der Emilia-Romagna verbreitet angebaut, wurde aber schon im 13. Jh. von Petrus de Crescentiis in seinem Werk über die Landwirtschaft erwähnt. Am häufigsten kommt der dickschalige Klon Albana Gentile di Bertinoro vor, dessen Weine sich durch relativ kräftige Farbe auszeichnen. Trotz ihrer Synonyme Greco und Greco di Ancona ist die Sorte mit GRECO di Tufo nicht verwandt. 1990 belief sich die mit Albana und ihren verschiedenen Varianten besetzte Rebfläche in Italien auf insgesamt 4500 ha.

ALBARELLO Seltene, aber interessante, in geringem Umfang bei La Coruña in Nordwestspanien angebaute Rebsorte.

ALBARIÑO Spanischer Name einer markanten, aromatischen, pfirsichwürzigen, fast VIOGNIER-ähnlichen, hochwertigen Rebsorte, die in Galicien (sowie unter dem Namen ALVARINHO im Norden des Vinho-Verde-Gebiets in Portugal) angebaut wird. Die dickschalige Sorte erweist sich in dem ausgesprochen feuchten Klima als sehr widerstandsfähig und liefert oft Weine mit kräftigem Alkohol- und Säuregehalt und großer Geschmacksfülle.

Albariño ist eine der wenigen spanischen Weißweintrauben, die sortenrein verarbeitet werden und deren Namen auf Etiketten erscheinen. In Spanien am stärksten verbreitet ist sie im Bereich Rías Baixas, wo sie so große Popularität erlangt hat, daß sie 90% des Rebbestands ausmacht und mit die teuersten Weißweine Spaniens erbringt. Manchmal wird sie mit LOUREIRO, TREIXADURA, CAIÑO verschnitten. Die Anbaufläche beläuft sich in Spanien und Portugal auf insgesamt 2000 ha.

ALBAROLA Im Bereich Cinqueterre in Ligurien (Nordwestitalien) verbreitet angebaute neutrale Traube.

ALBILLO Die in Zentralspanien auch als Tafeltraube angebaute Rebsorte liefert einfache Weine mit neutralem Geschmack, aber oft hohem Glyzeringehalt. Manchmal wird sie dazu benutzt, die strengen Weine aus dem Bereich Ribera del Duero zu mildern.

Eine helle Traube namens **Albilla** wird in Peru verbreitet angebaut.

ALCAÑÓN Leichte, charaktervolle Traube in Somontano (Nordostspanien) mit einer Anbaufläche von rund 100 ha.

ALEATICO Eigenwillige italienische Rebsorte mit starkem MUSKATELLER-Aroma, manchmal auch Leatico oder Agliano genannt. Petrus de Crescentiis erwähnt sie im Mittelalter als Livatica. Sie ist möglicherweise eine dunkle Mutante des klassischen MUSCAT BLANC À PETITS GRAINS und besitzt gutes Potential für feinen, etwas esoterischen, duftigen Wein. Avignonesi erzeugt ein gutes Beispiel von Frucht aus der Maremma in der Toskana. Auch in Latium und Apulien wird die Rebsorte angebaut, allerdings immer seltener.

Süßer roter Aleatico ist einer der wenigen von der Insel Elba exportierten Weine, und auf Korsika wird die Sorte ebenfalls angebaut. Darüber hinaus ist Aleatico in den zentralasiatischen GUS-Republiken, v. a. in Kasachstan und Usbekistan, für süße Rotweine relativ stark verbreitet.

ALFROCHEIRO PRETO Einfache portugiesische Rebsorte, bringt kräftige Farbe in Rotweinverschnitte aus Alentejo, Bairrada, Ribatejo und vor allem Dão ein.

ALICANTE BOUSCHET Die oft kurz als **Alicante** (dieser Name ist manchmal auch Synonym für GRENACHE) bezeichnete rotfleischige Rebsorte wird verbreitet hauptsächlich für Verschnittzwecke angebaut. Ihren einzigartigen Status als populärste TEINTURIER-Traube Frankreichs verdankt sie der Tatsache, daß sie eine *Vinifera*-Sorte (Europäer Rebe) ist. Obwohl ihre Verbreitung in den 1980er Jahren zurückging, stand sie 1988 mit 15 800 ha v. a. im Languedoc-Roussillon, aber auch in der Provence und im Cognac-Gebiet unter den dunklen Rebsorten noch immer an 11. Stelle.

Sie wurde zwischen 1865 und 1885 von Henri Bouschet durch Kreuzung der von seinem Vater gezüchteten Petit Bouschet mit der populären Grenache gezüchtet und war sofort erfolgreich. (Weshalb Bouschet seine überaus populäre Züchtung nach der spanischen Stadt benannt hat, ist nicht bekannt.) Dank des tiefroten Fruchtfleischs lieferte diese Traube sehr viel dunkleren Wein als die ertragreiche und sich rasch verbreitende Sorte ARAMON oder auch der Stallgefährte GRAND NOIR DE LA CALMETTE. Deshalb wurde Alicante Bouschet in Frankreich gern neben dem blassen Massenträger Aramon angepflanzt, um farbkräftige Verschnitte zu erzielen. Sie selbst ist ebenfalls recht ertragreich und erbringt auf fruchtbarem Boden ohne weiteres über 200 hl/ha Wein mit 12% Alkohol, jedoch ohne viel Charakter.

Darüber hinaus spielte Alicante Bouschet Ende des 19. und Anfang des 20. Jh. eine bedeutende Rolle in der Züchtung zahlreicher weiterer, fast immer durch Kreuzung mit Nicht-*Vinifera*-Arten entstandener Teinturier-Reben.

Außerhalb Frankreichs wird sie in Spanien am meisten angebaut, wo sie auch den Namen Garnacha Tintorera führt und 1990 über eine Rebfläche von mehr als 16 000 ha verfügte; am stärksten verbreitet ist sie in Almansa. Die Sorte wird ferner in Portugal, auf Korsika, in der Toskana, in Kalabrien, im ehemaligen Jugoslawien sowie in Israel und Nordafrika angebaut. In Kalifornien betrug 1992 die Anbaufläche, v.a. im heißen Central Valley, noch 800 ha. Alicante Bouschet wird gelegentlich auch sortenrein verarbeitet; ihr Wein zeichnet sich durch hohen Alkoholgehalt, etwas rauhe, robuste Frucht und tiefe Farbe aus.

🍇 **ALICANTE GANZIN** Rebsorte mit sehr tief rotem Fruchtfleisch, eine Elternrebe aller TEINTURIER-Sorten.

🍇 **ALIGOTÉ** Die zweite weiße Traube Burgunds steht weitgehend im Schatten des CHARDONNAY, doch in einem guten Jahr, wenn durch hohen Reifegrad die charakteristische scharfe Säure kompensiert wird, erbringt Aligoté durchaus gute Leistungen. Der Ursprung der Sorte liegt mit großer Sicherheit in Burgund, wo sie bereits am Ende des 18. Jh. erwähnt wird.

Die wuchskräftige Rebe liefert je nach Lage sehr unterschiedliche Erträge. In besten Hanglagen Burgunds könnte Aligoté auf ärmsten Böden in warmen Jahren feine trockene Weißweine mit kräftigerer Art hervorbringen, als mancher Chardonnay sie aufweist, aber sie würden bei weitem nicht so hohe Preise erzielen. Typischer Aligoté ist ein kantiger, strenger Wein, dem es an Geschmacksfülle mangelt und der meist zu karg für längeren Faßausbau ist.

An der Côte d'Or wird Aligoté von den edleren Sorten Chardonnay und Pinot Noir verdrängt, so daß 1988 nur noch eine Anbaufläche von 500 ha übrig war.

Heute ist die Traube vor allem auf die oberen und unteren Randlagen beschränkt, wo sie leichte, früh trinkreife Weine erbringt, denen lediglich die Appellation Bourgogne Aligoté zusteht und die von sparsamen Menschen zu einfachen Mahlzeiten oder, traditionell mit Likör von schwarzen Johannisbeeren gemischt, als Kir genossen werden. Lediglich der Weinort Bouzeron, wo besonders feine Weine dieser Traube entstehen, verfügt mit Bourgogne Aligoté-Bouzeron über eine eigene Appellation für die Sorte; hier sind als Höchstertrag 45 hl/ha gegenüber 60 hl/ha für Bourgogne Aligoté vorgeschrieben.

Nördlich und südlich der Côte d'Or sind die Gesamtbestände an Aligoté relativ stabil geblieben, und zwar im Süden mit 500 ha und in der Gegend von Chablis, wo die Traube trockenen Weißwein für den Alltagsverbrauch liefert, mit 200 ha.

In Osteuropa ist Aligoté außerordentlich populär. In Bulgarien verfügte sie 1993 über eine Anbaufläche von 2000 ha – also weit mehr als in Frankreich; hier ist sie vermutlich wegen ihrer kräftigen natürlichen Säure besonders geschätzt. Noch mehr Bedeutung hat Aligoté in Rumänien; dort war sie 1993 mit einer Anbaufläche von 10 500 ha die viertmeist angebaute Rebsorte und erbrachte auf fruchtbaren Ebenen hauptsächlich sortenreine Weine.

Ebenfalls sehr verbreitet ist die Sorte mit einer Anbaufläche von einigen 10 000 ha, vorwiegend für Schaumwein, in Rußland, der Ukraine, Moldova, Georgien, Aserbaidschan und Kasachstan. Auch in Chile und in sehr geringem Umfang in Kalifornien wird Aligoté angebaut.

Altesse Synonym von ROUSSETTE in Savoyen.

Alva In Alentejo (Portugal) gelegentlich für ROUPEIRO gebrauchter Name.

Alvarelhão In Nordportugal, v. a. im Douro-Tal, aber auch in Tras-os-Montes und Dão verbreitet angebaute Rebsorte. Früher wurde sie unter dem Namen **Alvarello** auch in ganz Ostgalicien kultiviert. Siehe BRANCELLAO.

Alvarinho Portugiesischer Name der in Nordwestspanien ALBARIÑO genannten Weißweinrebsorte. Sie wird nicht nur im besseren Vinho Verde mitverarbeitet, sondern ist auch eine der wenigen portugiesischen Trauben, die sortenreine Flaschenweine liefern.

Amigne Im Wallis (Schweiz) angebaute Rarität; sie produziert kräftigen, vollen, duftigen Wein. Siehe auch PETITE ARVINE und HUMAGNE BLANC.

Amorghiano In geringem Umfang auf der griechischen Insel Rhodos angebaute Rarität; vielleicht eine Verwandte der MANDELARIA.

Ancellotta Seiner tiefen Farbe wegen geschätzter Verschnittbestandteil (bis zu 15%) des im Export überaus erfolgreichen Lambrusco Reggiano aus Mittelitalien. Nach der letzten italienischen Landwirtschaftserhebung von 1990 beträgt die Gesamtanbaufläche von Ancellotta 4700 ha, d. h. mehr, als jede andere LAMBRUSCO-Variante innehat. Gelegentlich entsteht auch eindrucksvoller sortenreiner Wein.

Ansonica In der Toskana gebräuchlicher Name für INZOLIA.

Aragnan Alte südostfranzösische Rebsorte; vermutlich ursprünglich aus Vaucluse, heute gelegentlich in Palette anzutreffen. Galet nimmt an, daß es sich um ŒILLADE handelt.

Aragonez Portugiesischer Name der spanischen Rebsorte TEMPRANILLO; sie wird insbesondere in der Region Alentejo angebaut.

Aramon Die einfache Rebsorte bildete die Grundlage der Massenproduktion im Languedoc ab der Mitte des 19. Jh. bis zur Mitte des 20. Jh. Erst in den 1960er Jahren hat die kaum edlere CARIGNAN sie aus ihrer Stellung als meistangebaute Rebe Frankreichs verdrängt.

Ihr großer Vorteil bestand neben einem ungeheuren Ertragsreichtum (bis zu 400 hl/ha auf fruchtbaren Böden) in ihrer Widerstandsfähigkeit gegen den echten Mehltau, der in der Mitte des 19. Jh. eine schlimme Plage für die Weinberge Frankreichs darstellte. Deshalb wurde Aramon mit großem Enthusiasmus begrüßt, und sie breitete sich rasch auch auf Terrain aus, das zuvor als zu flach und fruchtbar für den Weinbau gegolten hatte. Im Département Hérault verdoppelte sich die Rebfläche von 1849 bis 1869 auf 214 000 ha, während sich die Jahresproduktion an Wein auf 15 Millionen hl vervierfachte.

Was an Aramon-Reben heute noch in Südfrankreich steht, hat inzwischen ein hohes Alter erreicht und kann, wenn es auf relativ magerem Boden wächst und sehr streng zurückgeschnitten wird, recht konzentrierten, etwas rustikalen Rotwein hervorbringen. Aber schon unter nur geringfügig großzügigeren Voraussetzungen produziert die Sorte enorme Mengen des denkbar hellsten Rotweins, manchmal mit einem schwarzblauen Anflug und ausgesprochen schwach in Alkohol, Extrakt und Charakter. Damit der *rouge* für den französischen Verbraucher rot genug wurde, mußte ihm stets durch Zusatz einer rotfleischigen Sorte wie ALICANTE BOUSCHET auf die Beine geholfen werden. Als die französischen Weinhändler Zugang zu den tiefdunklen, alkoholstarken Rotweinen aus Nordafrika erhielten, geriet die Popularität der Aramon-Rebe schließlich ins Wanken (dennoch war sie am Ende der 1980er Jahre noch die sechstmeist angebaute Rebsorte Frankreichs und verfügte 1990 über 32 000 ha Anbaufläche).

Ein Nachteil der Sorte ist, daß sie früh austreibt und spät reift, so daß sie auf wärmere Weinbaugebiete beschränkt bleibt. In geringem Umfang wird sie in Algerien und Argentinien angebaut. Die Ursprünge der Sorte werden in Spanien vermutet.

Auch **Aramon Gris** und **Aramon Blanc** – Mutationen mit helleren Beeren – sind insbesondere im Hérault noch anzutreffen.

⚜ **ARBOIS** Eine der weniger dynamischen Rebsorten an der Loire; sie wird östlich von Tours angebaut und manchmal im weißen Touraine, öfter aber im weißen Valençay mit Sauvignon Blanc und Chardonnay zusammen verarbeitet. Zwar befindet sich ihr Anbau im Rückgang, 1988 war sie jedoch noch die drittmeist kultivierte Rebsorte im Département Loir-et-Cher. Die wuchskräftige Rebe heißt hier oft auch Pineau Menu oder Petit Pineau und liefert mildere Weine als der im mittleren Loire-Tal stärker verbreitete, charaktervollere CHENIN BLANC.

⚜ **ARINTO** Portugiesische Rebsorte, am meisten in den pikanten, manchmal scharfen Weißweinen von Bucelas anzutreffen, in denen sie mindestens 75% ausmachen muß. Sie wird auch in anderen Gegenden Portugals, u.a. in Ribatejo, angebaut. An Arinto ist vor allem der hohe Säuregehalt bemerkenswert; die Weine der Traube werden im Alter oft interessanter und nehmen manchmal Zitruscharakter an. **Arinto Miudo** und **Arinto Cachudo** sind Subvarietäten. Unter dem Namen Padernão ist die Traube auch am Vinho Verde beteiligt.

Beim **Arinto do Dão** handelt es sich um eine andere, weniger charaktervolle Sorte.

⚜ **ARNEIS** Rebsorte für eine trockene, duftige Weißweinspezialität in Piemont (Nordwestitalien). Die ursprünglich aus Roero stammende Traube dient dort manchmal zum Mildern dunkler NEBBIOLO-Rotweine und wird von Verehrern auch Barolo Bianco genannt. Sie wurde in den 1980er Jahren vornehmlich von Vietti und Bruno Giacosa vor dem Aussterben bewahrt. Der gefällige leichte Mandelgeschmack junger Weine verblaßt rasch, vor allem bei vollreifen Gewächsen, denen es oft an Säure mangelt. Einige «Passito»-Versionen haben sich bewährt.

⚜ **ARRUFIAC** oder **ARRUFIAT**, auch Ruffiac genannt; historische Rebsorte, erlebt in der Gascogne (Südwestfrankreich) eine bescheidene Renaissance als Bestandteil neben PETIT COURBU im Pacherenc du Vic Bilh (wodurch dieser sich vom ansonsten ähnlich aufgebauten Jurançon unterscheidet). In den 1980er Jahren wurde sie von André Dubosc von der Winzergenossenschaft Plaimont vor dem völligen Vergessen gerettet. Ihre Weine sind nicht besonders alkoholreich, weisen aber ein attraktives Feuersteinaroma auf.

ARVINE Siehe PETITE ARVINE.

⚜ **ASPIRAN** Traditionelle Rebsorte im Languedoc; auf sie entfiel vor dem verheerenden Reblausbefall am Ende des 19. Jh. ein Viertel der Rebfläche im Département Hérault, doch wurde sie ihrer geringen Erträge wegen nicht mehr wieder angepflanzt. Die im Minervois noch zugelassene Traube erbringt leichten, aber duftigen Rotwein.

⚜ **ASPRINIO** Spezialität der Gegend um Neapel; sie liefert leichte, oft perlende Weine.

ASPROKONDOURA Rebsorte in Griechenland. Siehe BOURBOULENC.

⚜ **ASSARIO BRANCO** Die in Portugal, v.a. am Dão, anzutreffende Rebsorte ist vermutlich identisch mit dem spanischen PALOMINO.

⚜ **ASSYRTICO, ASSYRTIKO** In Griechenland zunehmend als hochwertig anerkannte Rebsorte. Ihre Weine zeichnen sich durch Substanz und Langlebigkeit aus und erinnern an Lindenblüten und Geißblatt. Die Ursprünge der Sorte liegen auf der Insel Santorin; ihre Fähigkeit, auch in heißem Klima gute Säure zu entwickeln, hat zu erfolgreichen Experimenten in anderen Gegenden, vor allem in der Domaine Carras auf Chalkidiki, Anlaß gegeben und kann auch für die in Attika viel angebaute SAVATIANO-Traube kräftigend wirken.

⚜ **ATHIRI** Weitverbreitete griechische Rebsorte; ihr zitronenduftiger Wein wird oft zum Verschneiden v.a. mit der edleren Sorte ASSYRTICO benutzt.

AUBAINE In Burgund nur noch selten gebrauchter Name für CHARDONNAY.

⚜ **AUBIN** Nahezu ausgestorbene Rebsorte von der Mosel.

🍇 **AUBUN** Die nicht besonders charaktervolle Rebsorte von der südlichen Rhône ist im Rückgang, gehörte aber zu Anfang der 1990er Jahre immer noch unter die 20 meistangebauten Rotweinrebsorten Frankreichs. Im Weinberg ähnelt sie stark der COUNOISE, die als Bestandteil vieler Appellationen an der südlichen Rhône, im östlichen Languedoc und in der Provence (v.a. im Châteauneuf-du-Pape) offiziell zugelassen ist. In den Bestimmungen für die AC Coteaux du Languedoc wird Aubin als Synonym für Counoise genannt, und sie ist in der Appellation Cabardès zugelassen. Der Wein dieser Traube ist eine Art milderer, schlichterer CARIGNAN; die Erträge sind reichlich, und die Rebe zeigt bei spätem Austrieb gute Frosthärte.

Aubun und Counoise befanden sich in der Rebenkollektion, die von James Busby, einem der ersten Siedler, nach Australien gebracht wurde, und es sind dort noch vereinzelte Bestände vorhanden.

🍇 **AURORA**, auch Seibel 5279; früher in den USA verbreitet angebaute französische Hybride. Sie ist anpassungsfähig und ertragreich, reift früh, bringt aber kaum charaktervollen Wein hervor.

AUVERNAT BLANC Synonym für CHARDONNAY; **Auvernat Gris** ist ein um Orléans gebräuchlicher Name für MEUNIER.

AUXERROIS In Cahors gebräuchlicher Name der dort dominierenden dunklen MALBEC-Traube.

🍇 **AUXERROIS,** auch **Auxerrois Blanc de Laquenexy**. Relativ bedeutende Rebsorte in Nordostfrankreich (v.a. im Elsaß) und in Luxemburg; sie hat viel Ähnlichkeit mit PINOT BLANC.

Der maßgebliche französische Ampelograph Galet weist Vermutungen aus dem 19. Jh. zurück, daß die Sorte irgendwie im Zusammenhang mit Chardonnay, Sylvaner oder Melon stehe, und versichert, daß es sich um eine eigenständige Traube handelt, die ursprünglich in der Weinbaustation Laquenexy bei Metz erforscht wurde. An der Loire gibt es noch sehr kleine Bestände an Auxerrois, am stärksten ist die Sorte jedoch heute im Elsaß, im Département Moselle und in Luxemburg verbreitet, wo sie wegen ihrer milden Säure geschätzt wird. Werden die Erträge beschränkt, was nur selten geschieht, dann bringt die Traube in den beiden Bereichen an der Moselle erregend gehaltvolle, haltbare Weine hervor, die im Alter ein Bukett mit feiner Honignote erlangen, wie es reifer Chablis aufweist, der ja ebenfalls als «aus Auxerre stammend» (d.h. als *auxerrois*) gelten darf.

Im Elsaß stellt Auxerrois die «Graue Eminenz» dar; die Sorte verfügt dort über eine größere Rebfläche, als die drei echten Pinots jeweils für sich aufweisen können. Der Name taucht jedoch auf Etiketten selten auf, da der recht neutrale, breite Wein meist mit PINOT BLANC verschnitten wird und in diesen zwar nicht Subtilität, aber doch Substanz einbringt. Es kann vorkommen, daß ein als «Pinot Blanc» bezeichneter Elsässer Wein tatsächlich nur aus Auxerrois, der übrigens auch im Edelzwicker eine Rolle spielt, besteht.

In Deutschland wird ein wenig Auxerrois noch in Baden angebaut.

Zu internationalem Ruhm gelangte die Rebe in den 1980er Jahren, als sich herausstellte, daß es sich bei manchen als Chardonnay nach Südafrika eingeschmuggelten Edelreisern um nichts anderes als den bescheidenen Auxerrois handelte.

Auxerrois Gris ist im Elsaß ein Synonym für PINOT GRIS, und Chardonnay wurde, bevor er so hohen Ruhm erlangte, an der Moselle als **Auxerrois Blanc** bezeichnet.

Gros Auxerrois war ein Synonym für die dunkle VALDIGUIÉ-Traube.

🍇 **AVESSO** Im Vinho Verde mitverarbeitete iberische Traubensorte. Sie bringt duftigen, relativ körperreichen Wein hervor und wird im Süden der Vinho-Verde-Region am meisten angebaut. Siehe auch JAÉN.

🍇 **AZAL BRANCO** Portugiesische Traubensorte; sie bringt Säure in den Vinho Verde ein.

🍇 **AZAL TINTO** Die dunkle Azal-Variante wird für herben roten Vinho Verde verwendet.

B

🍇 **BABEASCA NEAGRA** Die rumänische Rebsorte, deren Anbaufläche sich um die Mitte der 1990er Jahre auf 5000 ha belief, heißt zu deutsch Großmuttertraube; dennoch ist ihr meist leichter, fruchtiger Wein nicht so «seriös» wie der der viel populäreren Mädchentraube FETEASCA Neagra.

🍇 **BACCHUS** Deutsche Neuzüchtung, eine Kreuzung zwischen einer Kreuzung Silvaner × Riesling mit dem etwas farblosen MÜLLER-THURGAU. Die Sorte kann in guten Jahren schöne Reife, kräftiges, kräuterwürziges, an Holunder erinnerndes Aroma und leichte Frucht hervorbringen und eignet sich alles in allem gut zum Verschneiden mit Müller-Thurgau. Anders als die edlere und populärere Neuzüchtung KERNER ist der Wein von Bacchus säurearm, bringt aber in weniger günstigen Jahren dennoch beim Verschneiden mit säurereichen Mosten keinen Vorteil, weil es ihm dann selbst an der nötigen Reife fehlt, um die eigene üppige Geschmacksfülle zum Ausdruck bringen zu können. Große Anziehungskraft auf die Winzer hat Bacchus deshalb, weil er in Lagen, in denen Riesling nicht zuverlässig zur Reife gelangt, ebenso früh reift und ebenso gute Erträge bringt wie Müller-Thurgau. Seine Anbaufläche belief sich 1992 in Deutschland auf 3500 ha, etwa ein Drittel mehr als noch ein Jahrzehnt zuvor. Über die Hälfte entfiel auf Rheinhessen, wo Bacchus in QbA-Verschnitte Substanz einbringt. Auch in den Anbaugebieten Mosel-Saar-Ruwer und Nahe stehen rund 200 ha Bacchus als Bereicherung für Verschnitte und meist als Alternative zum später reifenden MORIO-MUSKAT, während in Franken auf einer noch im Wachsen begriffenen Anbaufläche von über 600 ha sehr achtbare sortenreine Weine zustande kommen. Auch in England wird Bacchus in gewissem Umfang angebaut und erbringt relativ volle, aromatische Weine.

🍇 **BACO BLANC** Wie BOUSCHET war Baco ein Rebenzüchter, dessen Name in einigen der erfolgreichsten seiner Züchtungen weiterlebt. Seine Spezialität war die Züchtung von Hybridreben, von denen Baco Blanc, manchmal auch **Baco 22A** genannt, die größte Verbreitung gefunden hat. Sie entstand 1898 und lieferte das 20. Jh. hindurch bis in die späten 1970er Jahre den Hauptanteil am Armagnac. Die Kreuzung zwischen FOLLE BLANCHE und der robusten amerikanischen Hybride Noah wurde von vornherein als Ersatz für Folle Blanche gezüchtet, weil es sich nach dem Reblausbefall gezeigt hatte, daß diese nicht gut zur Veredelung geeignet war. Inzwischen wird Baco Blanc aber im Rahmen der Bestrebungen, die Hybridreben aus den französischen Weinbergen zu verdrängen, weitgehend gerodet. In Neuseeland wurde Baco Blanc ebenfalls eine Zeitlang angebaut, aber auch hier werden die Hybridreben rasch ausgemerzt.

🍇 **BACO NOIR** oder **BACO 1** Entstand 1894 als Kreuzung von FOLLE BLANCHE mit einer Varietät von *Vitis riparia* und wurde zeitweilig in verschiedenen Weinbaugebieten Frankreichs, z.B. Burgund, Anjou und den Landes, kultiviert. Auch in Kanada und im Osten der USA, wo die Sorte rauchige, oft sehr extraktreiche und gut haltbare Weine ohne fuchsigen Beigeschmack erbringt, hat sie große Verbreitung gefunden.

🍇 **BAGA** Die in Bairrada am häufigsten vorkommende Rotweintraube ist wahrscheinlich die meistangebaute Rebsorte ganz Portugals, denn man trifft sie auch in den Regionen Dão und Ribatejo, wo sie manchmal **Tinta Bairrada** genannt wird, verbreitet an. Der Name ist das portugiesische Wort für Beere; die Beeren dieser Sorte zeichnen sich durch besonders dicke Schalen, ihre Weine durch hohen Gehalt an Tannin und Säure aus (insbesondere wenn die Trauben traditionsgemäß ohne Entrappen verarbeitet werden). Feinere Baga-Weine entfalten sich im Alter schön. Die Vinifikationstechniken sind derzeit noch rauh, werden aber immer mehr verfeinert.

BAIYU Chinesischer Name für RKATSITELI.

BALSAMINA Argentinischer Name für Syrah.

🍇 **BANAT RIESLING** oder **BANAT RIZLING**. In Rumänien und in der benachbarten Woiwodina (im ehemaligen Jugoslawien) angebaute Spezialität. Der Wein ist etwas schwerfällig, ähnlich dem LASKI RIZLING, aber ohne dessen spritzige Art.

🍇 **BARBAROSSA** In der Emilia-Romagna und auf Korsika angebaute und gelegentlich zu sortenreinem Wein verarbeitete italienische Traubensorte. Burton Anderson zufolge ist die rasch im Schwinden begriffene Barbarossa in Ligurien nicht mit dieser Sorte verwandt. In der Provence ist sie als Barberoux in der AC Côtes de Provence zugelassen, wird aber wenig kultiviert.

🍇 **BARBERA** Ertragreiche und vielseitige Rotweintraube, die nur vom vielgestaltigen SANGIOVESE, Italiens meistangebauter dunkler Rebsorte, noch übertroffen wird. 1990 betrug die Barbera-Anbaufläche in Italien 50 000 ha; die Sorte ist aber auch weit herumgekommen, insbesondere bis nach Amerika.

Barbera reift ziemlich spät, erst zwei Wochen nach dem DOLCETTO, der anderen «minderen» Rotweintraube von Piemont, jedoch früher als der vornehme NEBBIOLO. Ihr Hauptmerkmal ist ein hoher Säuregehalt, selbst im vollreifen Zustand, was ihr in heißem Klima zu großer Beliebtheit verhilft. Die Rebsorte ist in Italien so tief verwurzelt und so weit verbreitet, daß sie viele Untervarietäten entwickelt hat.

In Piemont – vermutlich die Heimat der Rebe – entfällt in den meisten Jahren über die Hälfte der gesamten Weinproduktion auf Barbera. Die Weine sind selbst aus unterschiedlichen Lagen meist relativ gerbstoffarm und säurereich und reichen von leichten, säuerlichen Getränken über junge, spritzige Gewächse bis hin zu kraftvollen, intensiven Weinen, die einer längeren Kellerreife, oft mit Eichenfaßausbau, bedürfen. Der beim Bricco dell'Uccellone von Bologna erstmals angewendete Ausbau in neuen Eichenfässern bringt in das ansonsten recht neutrale Aroma der Barbera Würze ein, und das Eichentannin wirkt als Puffer gegen die kräftige Säure der Traube.

Einige der besten Barbera-Weine kommen aus den Bergen nördlich und südlich von Alba und Monforte d'Alba im Bereich Barbera d'Alba sowie aus der Gegend von Nizza Monferrato nordwestwärts nach Vinchio, Belveglio und Rocchetta Tánaro im Weinbaubereich Barbera d'Asti.

Barbera dominiert in weiten Teilen der Lombardei, vor allem im Oltrepò Pavese, wo sie sortenreine Weine in unterschiedlicher Qualität – oft fein und lebendig, auch mehr oder weniger stark perlend – hervorbringt, aber auch häufig mit der milderen Lokalsorte CROATINA bzw. BONARDA verschnitten wird. In Franciacorta bildet sie einen kleineren Bestandteil im Mischungsrezept, und außerdem ist sie dort, wie auch anderswo in Italien, in Fluten von einfachem Vino da Tavola anzutreffen.

Südöstlich von Piemont in den Colli Piacentini um Piacenza in der Emilia-Romagna wird Barbera viel angebaut und auch hier oft mit Bonarda verschnitten, insbesondere im Val Tidone für den DOC-Rotwein Gutturnio. In den Colli Bolognesi um Bologna und in den Colli di Parma ist die Traube ebenfalls anzutreffen und bringt u.a. sortenreinen Wein hervor, der aber selten die Konzentration besserer Exemplare aus Piemont aufweist. In Mittelitalien spielt Barbera in Verschnitten mit Lokalsorten meist eine untergeordnete Rolle, und die Säure, die sie einbringt, ist dort nicht immer erwünscht – anders als im Süden, wo das ihr eigentlicher Zweck ist. Auf Sardinien wird Barbera ebenfalls angebaut, und es besteht die Vermutung, daß es sich auch bei der Lokalsorte PERRICONE bzw. Pignatello um Barbera handelt.

Auch jenseits der Nordostgrenze Italiens, an der Küste Sloweniens, wächst der Barbera. An anderen Stellen Europas kommt die Sorte kaum vor, doch nahmen italienische Auswanderer sie mit nach Nord- und vor allem Südamerika. In Argentinien steht sie auf mehreren tausend Hektar Anbaufläche, insbesondere in den Provinzen Mendoza und San Juan, und erbringt saftige Weine mit großer Geschmackstiefe und Haltbarkeit. Im übrigen Südamerika sind die Bestände sehr viel kleiner, dagegen nahmen sie 1994 in Kalifornien, vorwiegend im heißen Central Valley, wo die Sorte wegen ihrer kräftigen Säure und ihres Ertragreichtums geschätzt ist, 4500 ha ein. Von allen mit großen Hoffnungen aus Piemont mit herübergebrachten Rebsorten leistet Barbera in Kalifornien stets Besseres als der vornehme Nebbiolo. In den Countys an der North Coast hat sie einige denkwürdige Weine hervorgebracht (vor allem aus der Hand von Louis M. Martini); manche der feinsten waren Verschnitte mit PETITE SIRAH. In Napa und Sonoma sind jedoch die meisten Anpflanzungen wieder verschwunden.

Auch eine weiße Variante, **Barbera Bianca**, ist bekannt.

BARBEROUX Siehe BARBAROSSA.

BAROLO BIANCO Gelegentlich für ARNEIS gebrauchter Name.

BAROQUE Eine ausgesprochene Lokalsorte in Tursan (Südwestfrankreich); sie war früher in der ganzen Region stark verbreitet. Ihr Wein weist eine ungewöhnliche Kombination von großer Alkoholstärke mit einem feinen, an reife Birnen erinnernden Aroma auf. Galet behauptet, die Traube sei von Pilgern auf dem Rückweg von Santiago de Compostela aus Spanien mitgebracht worden.

BASTARDO Portugiesischer Name einer weitverbreiteten dunklen Rebsorte, im französischen Jura als TROUSSEAU bekannt. Am Douro gilt sie als ertragreich, jedoch als nicht besonders ausdrucksstarker Bestandteil im Portwein; sie reift zu hohem Zuckergehalt heran, hat aber keine große Geschmackskomplexität beizutragen. Die Sorte wird auch in Dão und Bairrada angebaut, und auf der Insel Madeira wurde ebenfalls eine Zeitlang eine Rebsorte namens Bastardo kultiviert. Unter verschiedenen anderen Namen ist sie auch in Australien und Kalifornien vertreten.

BEAUNOIS Sehr selten gebrauchtes Synonym für CHARDONNAY in Burgund.

BELI Bedeutet in Südosteuropa weiß; z.B. Beli Pinot = Weißburgunder.

BELINA Historische mitteleuropäische Traubensorte; sie erbringt dünne, säuerliche Weine. Es finden sich noch größere Bestände in älteren Weinbergen in Nordostslowenien sowie in Teilen Serbiens und Kroatiens (dort trägt sie auch den Namen **Stajerska Belina**). In Deutschland ist sie als **Weißer Heunisch** oder **Hunnentraube** bekannt.

BELLONE Alte, sehr saftige Traube in der Umgebung von Rom; 1990 gab es noch 3000 ha.

BÉQUIGNOL Seltene Bordeaux-Traube; sie ist gelegentlich noch in unbekannteren Gegenden Südwestfrankreichs, z.B. Lavilledieu, anzutreffen. Ihr Wein ist leicht im Körper, aber tief in der Farbe.

BERGERON In der Appellation Chignin in Savoyen gebräuchlicher Name für ROUSSANNE.

BIANCAME Alte Rebsorte (Anderson zufolge vermutlich mit TREBBIANO verwandt); sie ist an der Ostküste Norditaliens unter verschiedenen Namen, u.a. **Bianchello**, verbreitet. Die Anbaufläche betrug 1990 rund 3000 ha.

BIANCO D'ALESSANO Spezialität Apuliens am Absatz des italienischen Stiefels.

BIANCOLELLA Rebsorte in Kampanien; sie wird meist mit charaktervolleren italienischen Trauben verschnitten.

BICAL Portugiesische Rebsorte; sie wird hauptsächlich in Bairrada sowie in Dão, wo sie **Borrado das Moscas** (Fliegendreck) heißt, angebaut. Ihr Wein hat gute Säure und kann in einigen sortenreinen stillen Versionen auch ein gewisses Aroma vorweisen, meistens aber geht die Traube in Verschnitte für Schaumwein ein.

BLACK MUSCAT Synonym für MUSCAT HAMBURG.

BLANC, BLANCHE Französisch für weiß.

BLANC DE MORGEX Alpine Spezialität im Valle d'Aosta an der schweizerisch-italienischen Grenze;

sie ist für den Anbau in großen Höhen gut angepaßt.

BLANC FUMÉ In Frankreich gebräuchliches Synonym für SAUVIGNON BLANC, vor allem in der AC Pouilly-Fumé an der Loire.

BLANQUETTE In Südwestfrankreich gelegentlich gebrauchtes Synonym für verschiedene Weißweinrebsorten, u.a. BOURBOULENC, CLAIRETTE, MAUZAC, ONDENC. In Australien steht der Name öfters für Clairette.

BLAU Dunkle Traubensorten werden oft als blau bezeichnet, z.B. Blauburgunder oder Blauer Spätburgunder, Blaufränkisch usw.

BLAUBURGER Österreichische Rotweintraube; wie der weit stärker verbreitete ZWEIGELT eine von Dr. Zweigelt in den 1920er Jahren in Klosterneuburg gezüchtete Sorte, und zwar eine Kreuzung PORTUGIESER × BLAUFRÄNKISCH. Ende der 1980er Jahre belief sich die Anbaufläche auf 500 ha hauptsächlich in Niederösterreich, wo Blauburger relativ neutrale, leichte Rotweine hervorbringt.

BLAUBURGUNDER, auch **Blauer Burgunder** sowie **Blauer Spätburgunder** oder kurz Spätburgunder. Siehe PINOT NOIR.

BLAUER SPÄTBURGUNDER In Deutschland und Österreich gebräuchliches Synonym für PINOT NOIR.

BLAUFRÄNKISCH Österreichischer Name der in Deutschland als LIMBERGER (im US-Staat Washington als Lemberger) bezeichneten mitteleuropäischen Rotweinrebsorte. Im frühen Mittelalter war es üblich, die Traubensorten in «fränkisch» (von den Franken stammend) und «wälsch» (vgl. WELSCHRIESLING) einzuteilen. Heute ist Blaufränkisch eine der meistangebauten dunklen Rebsorten Österreichs und erbringt bei sorgfältiger Behandlung Weine mit echtem Charakter und kräftiger Säure, die durch gute Farbe, Tanninreichtum und rassige Art viele ambitionierte österreichische Weinerzeuger dazu veranlassen, sie in neuen Eichenfässern auszubauen und wie SYRAH zu behandeln. Manche Beobachter fühlen sich durch das Gefüge an die MONDEUSE aus Savoyen oder an kräftigere BEAUJOLAIS-Crus erinnert, weshalb auch lange Zeit angenommen wurde, es handle sich um die Beaujolais-Traube GAMAY. In Bulgarien heißt die Sorte noch immer **Gamé**, während ihr österreichischer Name in Ungarn in wörtlicher Übersetzung als KÉKFRANKOS wiedergegeben wird.

In Österreich ist die eigentliche Heimat der Traube das Burgenland, wo sich der größte Teil ihrer Anbaufläche von 3000 ha insbesondere an den warmen Ufern des Neusiedlersees befindet. Oft bringt Blaufränkisch Frucht in Verschnitte mit Cabernet Sauvignon und Pinot Noir ein. Manchmal lautet der Name in Ungarn auch **Nagyburgundi**. **Frankovka** in der Slowakei und der Woiwodina ist dieselbe Sorte; sie erbringt dort lebendige, fruchtige, kräftige Weine für baldigen Verbrauch. In Friaul (Nordostitalien) bringt sie unter dem Namen **Franconia** spritzig-fruchtigen Wein hervor.

Die wuchskräftige Sorte treibt früh aus, ist also spätfrostgefährdet, und reift spät, so daß sie nur in relativ warmem Klima gedeiht. Die Erträge liegen meist ziemlich hoch.

BOAL Unterschiedliche Rebsorten in Portugal, vor allem aber auf der Insel Madeira, wo sich der Name unter englischem Spracheinfluß zu Bual gewandelt hat. Heute ist die Anbaufläche aller verschiedenen Boal-Varianten zusammengenommen sehr klein und fast ausschließlich auf **Boal Cachudo** in der Umgebung von Camara de Lobos an der Südküste Madeiras beschränkt.

BOBAL Wichtige spanische Rebsorte; sie wird in Alicante, Utiel-Requena und anderen Massenweinregionen Südostspaniens zu tiefdunklem Rotwein oder zu Traubenkonzentrat verarbeitet. Die verbreitet angebaute Sorte liefert zwar keinen feinen Wein, behält aber ihre Säure besser als die populärere MONASTRELL, mit der sie oft gemeinsam verarbeitet wird, und erbringt deutlich niedrigeren Alkoholgehalt. Der Utiel-Requena ist der einzige DO-Wein, in dem sie als Bestandteil zugelassen ist, dennoch befindet sich in diesem Bereich nur ein Bruchteil ihrer Gesamtanbaufläche von 106 000 ha in Spanien.

Blaufränkisch

Bobal Blanco, auch Tortosí genannt, wird in Valencia noch in geringem Umfang angebaut.

🍇 **BOMBINO BIANCO** Die in Süditalien, v.a. in Apulien, vermutlich meistangebaute Weißweinrebsorte wird auch in der Emilia-Romagna, in Latium und den Marken kultiviert. Es wird vermutet, daß in den Abruzzen in Wahrheit sie die Traube ist, die dort ihrer Häufigkeit wegen Trebbiano d'Abruzzo genannt wird, obwohl sie ausgesprochen säureärmer ist als der echte TREBBIANO. Ihr werden meist so hohe Erträge abverlangt, daß ihr Wein recht ausdrucksschwach ausfällt, doch der konzentrierte und langlebige «Trebbiano d'Abruzzo» von Valentini beweist, wozu sie fähig ist.

Wie wenig Bedeutung allerdings Weißweinrebsorten in Süditalien besitzen, läßt sich daraus entnehmen, daß bei der Rebflächenzählung im Jahr 1990 lediglich 3700 ha Bombino Bianco ermittelt wurden – das ist beispielsweise kaum mehr als $\frac{1}{10}$ der mit den dunklen Rebsorten MONTEPULCIANO und NEGROAMARO besetzten Fläche.

Ursprünglich kommt die Traube wahrscheinlich aus Spanien. Sie reift spät und erbringt sehr große Mengen an relativ neutralem Wein, der zum großen Teil für Verschnittzwecke nach Deutschland geliefert wird. Manche Synonyme, insbesondere **Pagadebit** und **Straccia Cambiale**, spielen auf die gewinnbringenden Erträge dieser Traube an.

In Apulien gibt es außerdem die weit weniger verbreitete dunkle Traubensorte **Bombino Nero**.

🍇 **BONARDA** Der gemeinsame Name von mindestens drei italienischen Rebsorten. Im Oltrepò Pavese und in den Colli Piacentini handelt es sich eigentlich um CROATINA. In den Bergen von Novara und Vercelli steht der Name für UVA RARA, die zur Milderung von SPANNA-Rotweinen herangezogen wird. In Piemont ist die **Bonarda Piemontese** eine fast ausgestorbene aromatische Traubensorte aus der Zeit vor der Reblaus; heute wird versucht, sie wieder zu beleben und mit BARBERA zu verschneiden.

Eine Rebe namens Bonarda gibt es auch in Brasilien, und in Argentinien ist die Sorte so verbreitet, daß ihre Anbaufläche in Südamerika sechsmal so groß ist wie in Italien. Der argentinische Rebsortenexperte Alcalde vermutet, daß es sich bei der in seinem Land kultivierten Bonarda eigentlich um die in Kalifornien CHARBONO genannte Sorte handelt.

🍇 **BONDOLA** Traditionsreiche *Vinifera*-Rebe im Tessin, wo sie in dem Lokalverschnitt Nostrano (im Gegensatz zum Americano von Hybridreben) als Bestandteil zugelassen ist. Inzwischen hat MERLOT hier weit mehr Popularität erlangt.

🍇 **BORBA** In Extremadura angebaute ertragreiche spanische Rebsorte.

BORDELAIS In Südwestfrankreich gebräuchlicher Sammelbegriff für alle Rebsorten, deren Herkunft (oft irrtümlich) in Bordeaux vermutet wird. Darunter fallen BAROQUE, COURBU, FER, TANNAT und viele andere.

🍇 **BORDO** Wichtige Rebsorte im brasilianischen Weinbau; ein anderer Name für sie ist **Ives Noir**. In Nordostitalien gelegentlich gebrauchte Bezeichnung für CABERNET FRANC.

BORRACAL In der Vinho-Verde-Region Portugals gebrauchtes Synonym für die in Galicien CAIÑO TINTO genannte Rebe.

BORRADO DAS MOSCAS In Dão gebräuchlicher Name der portugiesischen Rebsorte BICAL.

🍇 **BOSCO** Sehr einfache, oxidationsanfällige Traubensorte in Ligurien; sie bildet die Grundlage für den Cinqueterre.

🍇 **BOUCHALÈS** Eine in Bordeaux und im Département Lot-et-Garonne nur noch wenig angebaute Rebsorte. Die Gesamtbestände in Frankreich gingen von über 4000 ha im Jahr 1968 auf knapp 500 ha 20 Jahre danach zurück.

BOUCHET In St-Emilion, Pomerol und Fronsac gebräuchlicher Name für CABERNET FRANC.

BOUCHY In Madiran gebräuchliches Synonym für CABERNET FRANC.

🍇 **BOURBOULENC** Alte Rebsorte, die vielleicht wie die inzwischen selten gewordene Asprokondoura aus Griechenland stammt und seit Jahrhunderten in Südfrankreich angebaut wird. Sie reift spät, bewahrt aber gute Säure und ist in mehreren Appellationen in der Provence und an der südlichen Rhône zugelassen (u. a. auch im Châteauneuf-du-Pape), wird aber außer in den ausgeprägt meeresduftigen Weißweinen von La Clape im Languedoc nur selten als vorherrschende Sorte verwendet. Die Gesamtanbaufläche von Bourboulenc in Frankreich ging in den 1970er Jahren um die Hälfte zurück, verdoppelte sich aber in den 1980er Jahren wieder auf rund 800 ha, vor allem dank der Wiederentdeckung dieser Traube im Languedoc, wo sie fälschlich auch Malvoisie genannt wird. An der südlichen Rhône kommt sie nur schwer zu voller Reife, und die dichten Trauben mit großen Beeren machen die Sorte in schwierigen Jahren fäuleanfällig. Bourboulenc spielt neben MACCABÉO und GRENACHE BLANC im weißen Minervois sowie im Corbières Blanc eine große Rolle.

BOUSCHET Wie Müller, Scheu und Seibel der Nachname eines Rebenzüchters, der in den Namen seiner Geschöpfe weiterlebt. In diesem Fall sind es gleich zwei Züchter, Vater und Sohn, die im 19. Jh. wirkten und vielleicht nicht gerade zum Segen der Menschheit für die Verbreitung der ARAMON-Rebe sorgten. 1824 verlieh Louis Bouschet de Bernard der ertragreichen Aramon-Rebe die einer Rotweintraube gebührende Farbkraft, indem er sie mit Teinturier du Cher kreuzte und das Ergebnis bescheiden Petit Bouschet taufte. Die höchst brauchbare Züchtung war in der zweiten Hälfte des 19. Jh. in ganz Frankreich verbreitet und findet sich heute noch in Teilen Nordafrikas und Galet zufolge auch in Portugal. Henri, der Sohn, führte das Werk seines Vaters weiter und züchtete u. a. die Sorten ALICANTE BOUSCHET und GRAND NOIR DE LA CALMETTE sowie Carignan Bouschet.

🍇 **BOUVIER** Wenig bekannte Rebsorte, ursprünglich als Tafeltraube gezüchtet. Sie wird heute vor allem im Burgenland in Österreich angebaut und dort für die Lokalspezialität Sturm, einen trüben, erst zum Teil vergorenen Most (Federweißer), benutzt. Außerdem wird Bouvier in den Ausläufern des Mátra-Gebirges in Ungarn angebaut.

🍇 **BOVALE** Vermutlich mit der spanischen BOBAL-Traube verwandte sardische Rebsorte in zwei Varianten: **Bovale Sardo** liefert recht herben Wein; **Bovale Grande** ist stärker verbreitet. Beide werden hauptsächlich für Verschnittzwecke benutzt.

🍇 **BRACHETTO** Hellrote piemontesische Traube, insbesondere um Asti, Roero und Alessandria verbreitet und erfolgreich. Sie bringt perlenden, relativ alkoholstarken Wein, v. a. Brachetto d'Acqui, unterschiedlicher Beliebtheit hervor, der in Farbe und Geschmack an Erdbeeren erinnert. In Frankreich heißt die Sorte **Braquet** und gilt als alte Traube der Provence – ein besonders geschätzter Bestandteil in den Rot- und Roséweinen von Bellet bei Nizza. Die Erträge der relativ empfindlichen Rebe sind niedrig, ihre Weine aber sehr ausdrucksvoll.

🍇 **BRANCELLAO** Galicische Rebsorte; wurde früher in Nordwestspanien verbreitet angebaut, insbesondere in Rías Baixas, und erbringt in der Vinho-Verde-Region Portugals unter dem Namen **Brancelho** hellen, oft aromatischen Wein. Im Portweingebiet heißt sie ALVARELHÃO und war früher in Ostgalicien auch als Alvarello bekannt.

BRAUCOL, BROCOL In Gaillac lokal gebräuchliche Synonyme für FER.

BRETON An der mittleren Loire gebräuchlicher Name für CABERNET FRANC; er bezieht sich nicht auf die Bretagne, sondern auf einen Abt namens Breton, der im 17. Jh. für die Verbreitung der Rebe gesorgt haben soll.

🍇 **BROWN MUSCAT** Dunkle Variante von MUSCAT BLANC À PETITS GRAINS; sie wird insbesondere in Nordostvictoria für die australische Spezialität Liqueur Muscat kultiviert.

🍇 **BRUNELLO** Ein hochwertiger SANGIOVESE-Klon, der um die Mitte des 19. Jh. in Montalcino (Toskana) von Ferruccio Biondi Santi isoliert wurde.

Die wuchskräftige, spätreifende Sorte weist gute Widerstandsfähigkeit gegen Krankheiten auf. Ihre kleinen, kompakten Trauben setzen sich aus dickschaligen, bräunlich gefärbten Beeren zusammen. Die Weine sind ausdruckskräftiger als der übliche Sangiovese, dennoch wurden bei der italienischen Weinbauerhebung von 1990 nur 1100 ha Anbaufläche ermittelt (gegenüber 86 200 ha Sangiovese).

Brun Fourca Alte provenzalische Rebe; sie wird in Palette noch in geringem Umfang kultiviert.

Bual Anglisierte Form des portugiesischen Namens BOAL, der für mehrere im 19. Jh. verbreitet angebaute Weißweinrebsorten gebräuchlich war.

Budai Zöld Die Spezialität aus Siebenbürgen wird in Ungarn am Plattensee angebaut und liefert dort Wein mit tiefer Farbe und vollem Körper, der in seiner engeren Heimat verbraucht wird.

Buketttraube Die frühreifende südafrikanische Spezialität erbringt wenig bemerkenswerte, leicht traubige, halbtrockene Weine, kann aber gelegentlich auch außergewöhnlichen süßen Wein mit Edelfäule liefern.

Burger Früher die in Kalifornien meistangebaute *Vinifera*-Rebe; sie wurde von einem Pionier als der MISSION-Traube weit überlegen gefördert. Galet hat sie als die fast ausgestorbene südfranzösische Rebsorte Monbadon identifiziert, die noch bis in die 1980er Jahre in kleinem Umfang im Languedoc kultiviert wurde. Sie bringt bei kräftigen Erträgen neutralen Wein hervor. Zu Beginn der 1990er Jahre gab es in Kalifornien, vorwiegend im heißen Central Valley, über 800 ha Burger.

Burgundac Crni Kroatischer Name für PINOT NOIR; **Burgundac** allein oder mit dem Zusatz **Beli** steht meist für PINOT BLANC.

Burgunder Im deutschsprachigen Raum der Name für die Mitglieder der Pinot-Familie in Zusammensetzungen wie Blauburgunder, Blauer Burgunder, Blauer Spätburgunder bzw. Spätburgunder (PINOT NOIR), Weißburgunder oder Weißer Burgunder (PINOT BLANC) und Grauburgunder oder Grauer Burgunder (PINOT GRIS).

CABERNET Der Name steht oft als unscharfes Kürzel für die zwei dunklen Rebsorten CABERNET FRANC und (häufiger) CABERNET SAUVIGNON. Bei Cabernets aus Nordostitalien handelt es sich meist um Cabernet Franc.

CABERNET FRANC Die französische Rebsorte steht meist im Schatten ihres weit verbreiteter angebauten Verschnittpartners CABERNET SAUVIGNON. Nur in Anjou-Touraine im Loire-Tal und auf dem rechten Gironde-Ufer in Bordeaux (in St-Emilion usw.) hat sie größere Bedeutung als Cabernet Sauvignon. Sie gelangt unter viel kühleren Voraussetzungen gut zur Reife, und ihr charakteristischer Duft erinnert an Bleistiftschabsel.

Der Wein von Cabernet Franc ist meist heller sowie leichter im Tanningehalt und deshalb früher trinkreif als der von Cabernet Sauvignon, allerdings beweist der Cheval Blanc, der großartigste von Cabernet Franc dominierte Wein der Welt, daß majestätisches Stehvermögen durchaus auch seine Sache sein kann. Ansonsten ist typischer Cabernet Franc leicht bis mittelschwer und hat zugänglichere Frucht als Cabernet Sauvignon, dazu etwas von dem kräuterhaften Aroma, das auch in unreifem Cabernet Sauvignon zu finden ist.

Im Weinberg unterscheidet sich Cabernet Franc von Cabernet Sauvignon durch die nicht so stark eingebuchteten Blätter, alles in allem haben die beiden jedoch so viele Wesenszüge gemeinsam, daß die Vermutung, Cabernet Franc sei eine besonders gefestigte und an die Gegebenheiten auf dem kühleren, feuchteren rechten Gironde-Ufer besser angepaßte Mutation des großen Bruders, viel für sich hat. Bereits am Ende des 18. Jh. ist nachgewiesen, daß Cabernet Franc in den Weinbaugebieten im Libournais, also St-Emilion, Pomerol und Fronsac, wo er heute oft auch **Bouchet** genannt wird, Wein in hoher Qualität hervorbrachte. An der Loire heißt die Sorte **Breton** nach einem Abt, der sie aus dem Süden einführte.

Cabernet Franc ist besonders gut für kühleres Binnenlandklima geeignet, wie es an der mittleren Loire und im Libournais herrscht. Er treibt über eine Woche früher aus und reift auch entsprechend früher als der Cabernet Sauvignon; zwar ist er anfälliger für *coulure*, gelangt aber leichter zu voller Reife und ist weniger empfindlich gegenüber schlechtem Wetter zur Lesezeit. Im Médoc und in Graves, wo Cabernet Franc etwa 15% des Bestands in einem typischen Weinberg ausmacht und stets mit anderen Rebsorten verschnitten wird, wird er eher als Versicherung gegen die Beeinträchtigungen des Cabernet-Sauvignon- und Merlot-Ertrags durch eventuelle Unbilden der Witterung und nicht so sehr als zusätzliche Geschmacksnuance geschätzt. Im Libournais setzen die Winzer lieber auf den Cabernet Franc als auf den späteren, riskanteren Cabernet Sauvignon, um ein kräftiges Gerüst für Merlot zu schaffen. Bei der Neubepflanzung unrentabler Weißweinlagen wurde Cabernet Sauvignon so oft bevorzugt, daß er um 1990 im Weinbaugebiet Bordeaux fast doppelt so stark vertreten war wie Cabernet Franc, dessen Anbaufläche sich auf 13 400 ha belief.

Cabernet Franc ist nach wie vor in ganz Südwestfrankreich verbreitet, doch auch hier gewinnt Cabernet Sauvignon allmählich an Boden.

Daß Cabernet Franc 1988 unter den meistangepflanzten dunklen Rebsorten Frankreichs den 8. Platz belegte, verdankt er weitgehend seiner großen Verbreitung an der Loire (dort stand er 1988 mit 11 000 ha an der Spitze aller Rebsorten). Die ständig wachsende Nachfrage nach relativ leichten, früh genußreifen Rotweinen wie Saumur-Champigny, Bourgueil, Chinon und Anjou-Villages nährte die Bedeutung des Cabernet Franc an der Loire auf Kosten der mit ihm konkurrierenden Roséweine von Anjou und der Chenin-Blanc-Weißweine.

Auch in Italien wird Cabernet Franc viel angebaut, insbesondere im Nordosten, wo seine Weine infolge zu hoher Erträge nur zu oft übermäßig kräuterhaftes Aroma und zu wenig Frucht aufweisen. Die Weinbauerhebung von 1990 in Italien ermittelte knapp 6000 ha Cabernet Franc (dage-

Cabernet Franc

gen nur 2400 ha Cabernet Sauvignon). Gelegentlich ist hier die Bezeichnung Cabernet Frank oder Bordo anzutreffen, auf Flaschenetiketten steht aber meist nur Cabernet, denn offenbar nehmen die italienischen Winzer den Unterschied zwischen den beiden Cabernets ebensowenig ernst wie ihre Kollegen jenseits der Grenze in Slowenien und noch weiter im Osten. Anfang der 1990er Jahre war Cabernet Franc auch in Kosovo und als einzige westliche Rotweintraube in Albanien verbreitet. In der GUS wird er offenbar nur in Kasachstan angebaut.

In Nordwestspanien sind die Winzer überzeugt, daß ihre MENCÍA-Traube eigentlich Cabernet Franc ist.

An anderen Stellen der Welt wird Cabernet Franc ausdrücklich für das Verschneiden mit Cabernet Sauvignon kultiviert (und zwar gelegentlich in ganz anderem Klima, z. B. im Napa Valley); inzwischen kommen aber auch sortenreine Cabernet-Franc-Weine auf.

In Kalifornien gab es anfangs Verwechslungen zwischen Cabernet Franc und Merlot, doch wird dort Cabernet Franc schon seit dem Ende der 1960er Jahre und mit größerer Zielstrebigkeit seit den 1980er Jahren angebaut. 1992 belief sich die Cabernet-Franc-Anbaufläche in Kalifornien insgesamt auf 700 ha, zumeist in den Countys Napa und Sonoma, wobei ein Drittel noch nicht in Ertrag stand. Es ist damit zu rechnen, daß die Sorte hier weiterhin an Bedeutung gewinnt.

In Australien stand 1990 ein Drittel der Cabernet-Franc-Anbaufläche von 300 ha (wie auch zwei Drittel der Merlot-Anbaufläche von 400 ha) noch nicht in Ertrag.

In Südamerika wird die Sorte ebenfalls immer stärker angebaut, vor allem in Argentinien, wo sich 1990 die größtenteils in Mendoza gelegene Cabernet-Franc-Anbaufläche auf 500 ha belief.

Weitere Gegenden in der Neuen Welt, die besonders ausgewogene, fruchtige Weine mit dominierendem Cabernet-Franc-Anteil hervorbringen können, sind u. a. Long Island im Staat New York sowie der Staat Washington, aber auch Neuseeland leistet Vielversprechendes.

CABERNET FRANK In Nordostitalien gelegentlich gebrauchter Name für CABERNET FRANC.

❦ **CABERNET SAUVIGNON** Die berühmteste aller Traubensorten für feinen, langlebigen Rotwein hat sich von Bordeaux aus, wo sie vor allem auf den durchlässigen Böden im Médoc und in Graves wächst und fast immer mit anderen Traubensorten verschnitten wird, auch auf andere französische Weinbaugebiete sowie auf große Teile der Alten und Neuen Welt ausgebreitet. Dort wird die spätreifende Sorte für Verschnitte mit jeweils einheimischen Trauben oder mit MERLOT, ihrem traditionellen Partner im Bordeaux-Rezept, öfters aber auch für sortenreine Weine verwendet.

Der vielleicht außergewöhnlichste Aspekt dieser Traube ist ihre Fähigkeit, ihre Wurzeln in aller Herren Länder in die Erde zu senken und überall und unter allen Verhältnissen etwas hervorzubringen, was unverkennbar Cabernet ist. Vor allem bemerkenswert am Cabernet Sauvignon ist jedoch nicht in erster Linie sein eindeutiger Fruchtgeschmack – der oft mit schwarzen Johannisbeeren verglichen wird, während das Aroma an grünen Paprika erinnert –, sondern seine Struktur und seine Eigenart, die Besonderheiten des jeweiligen Jahrgangs, der Weinbereitungstechniken und der örtlichen Gegebenheiten des *terroir* klar zum Ausdruck zu bringen. In dieser Hinsicht ist er dem ebenso populären und allgegenwärtigen CHARDONNAY ähnlich, zu dessen typischer «Vanille» der Cabernet Sauvignon oft als «Schokolade» in Bezug gesetzt wird.

Noch viel mehr ist es die erstaunliche Konzentration an Tanninen, Pigmenten und Geschmacksstoffen im Cabernet Sauvignon, die ihn von allen anderen verbreitet angebauten Weintraubensorten unterscheidet. Er ist deshalb auch imstande, ohne weiteres Weine mit tiefer Farbe hervorzubringen, die lange Maischung und Faßausbau lohnen, wobei er nachweislich eine besondere Affinität zur feingemaserten französischen Eiche an den Tag legt. Die eigentliche Attraktivität des Cabernet Sauvignon liegt weniger in seinen primären Fruchtaromen, sondern vielmehr in den subtileren Geschmacksstoffen, die sich über viele Jahre hinweg zu einem delikaten Bukett entfalten.

Die Ursprünge des Cabernet Sauvignon liegen im Dunkel, und es haben sich viele, manchmal abenteuerliche, manchmal verlockende Theorien darum gerankt. Gewiß ist lediglich, daß die Rebsorte erst im 18. Jh., als in Médoc und Graves die großen Weingüter entstanden, in den Weinbergen von Bordeaux stärker in Erscheinung trat.

Die Unterscheidungsmerkmale der Cabernet-Sauvignon-Beere sind ihre geringe Größe, das hohe Verhältnis von Kernen zu Fruchtfleisch und die dicke Schale, die an der Rebe ausgesprochen blau anstatt rot oder purpur erscheint. Die Kerne tragen viel zum hohen Tanningehalt von Cabernet Sauvignon bei, während die Schalen der tiefen Farbe zugrunde liegen, die bei verdeckten Weinproben so oft verrät, daß man Cabernet Sauvignon vor sich hat. Die dicke Beerenhaut macht die Traube auch relativ widerstandsfähig gegen Fäule.

Anfällig ist die Sorte dagegen für Echten Mehltau, der allerdings recht leicht zu bekämpfen ist, sowie für die so gut wie unheilbaren Holzkrankheiten Eutypiose und Excoriose. Sie ist außerordentlich wuchskräftig und wird deshalb am besten auf eine schwachwüchsige Veredelungsunterlage gepfropft, um die Laubmasse unter Kontrolle halten zu können. Austrieb und Reife liegen spät, eine bis zwei Wochen nach Merlot und Cabernet Franc, den beiden Traubensorten, mit denen Cabernet Sauvignon in Bordeaux hauptsächlich verschnitten wird. Der Reifeverlauf ist langsam, was den Vorteil hat, daß bei Cabernet Sauvignon der Lesezeitpunkt keine so wichtige Rolle spielt wie bei anderen Sorten (beispielsweise Syrah). Der Nachteil liegt demgegenüber darin, daß Cabernet Sauvignon in kühleren Weinbauregionen nicht zuverlässig ausreift, insbesondere wenn seine Wuchskraft sich ohne weiteres in stark beschattende Laubmassen umsetzt, wie es in Tasmanien oder Neuseeland so leicht der Fall ist, wenn eine geeignete Laubpflege unterlassen wird. Erreicht Cabernet Sauvignon nicht die volle Reife, dann schmeckt er ausgesprochen ähnlich wie Cabernet Franc.

Selbst im gemäßigten Klima von Bordeaux kann die Blüte von Cabernet Sauvignon durch kaltes Wetter und die Reife durch Regen beeinträchtigt werden, so daß sich die Winzer von Bordeaux seit eh und je mit der Anpflanzung eines Gemischs früher und später Lokalrebsorten gegen solche Unbilden wappnen – im Médoc und in Graves sind es meist 70 % Cabernet Sauvignon und zusätzlich Merlot, Cabernet Franc, manchmal auch etwas Petit Verdot (die Gründe, weshalb in St-Emilion und Pomerol relativ wenig Cabernet Sauvignon angepflanzt wird, sind unter CABERNET FRANC näher erörtert).

Eine segensreiche Erfindung der Obstverwertung ist das Verschneiden. Der behäbige, fruchtige, frühreifende Merlot stellt in kühleren Gegenden den naturgegebenen Verschnittpartner für den rigoroseren Cabernet Sauvignon dar, während Petit Verdot (allerdings nur in sehr sonnenreichen Jahren) zusätzliche Würze und Cabernet Franc schöne Duftigkeit einbringen. Ausschließlich von Cabernet Sauvignon gekelterten Weinen fehlt es oft an Charme und Substanz; das Gefüge ist zwar großartig, doch Tannin und Farbe allein ergeben noch keine Fülle. Die wachsende Popularität von Merlot und Cabernet Franc und sogar Petit Verdot in neueren Weinbauregionen beweist, daß dort das Beispiel von Bordeaux, nämlich Cabernet Sauvignon mit diesen Sorten zu mischen, zunehmend befolgt wird, obschon das Médoc-Rezept durchaus nicht das einzige sein muß. In der Toskana wird Cabernet Sauvignon häufig mit SANGIOVESE, in Australien und in der Provence – dort freilich mit anderem Ergebnis – mit SYRAH (SHIRAZ) verschnitten.

Cabernet Sauvignon ist mit großem Abstand die meistangebaute Spitzenrebsorte der Welt (wenn man von Grenache absieht, die in ihrer häufigsten Form Garnacha selten ihr Potential an Spitzenleistungen erfüllt). Nur Gegenden, in denen aus klimatischen Gründen Cabernet Sauvignon nicht gedeihen kann, z.B. Deutschland, England und Luxemburg, leisten keinen Beitrag zu seiner Anbaufläche. Ansonsten aber ist die Produktion von Cabernet-Wein inzwischen gewissermaßen zum Qualifikationsnachweis für jeden modernen Weinerzeuger geworden, der sich in der Welt einen Namen machen will.

Die französische Cabernet-Sauvignon-Anbaufläche nahm in den 1980er Jahren so enorm zu, daß die 1988 festgestellte Ziffer 36 500 ha betrug, davon zwei Drittel im Weinbaugebiet Bordeaux (allerdings ist hier der verläßlicher reifende Merlot populärer). Zwar wird Cabernet Sauvignon nördlich der Dordogne nicht so stark angebaut, in Entre-Deux-Mers zwischen der Garonne und der Dordogne ist er jedoch viel häufiger anzutreffen, nachdem er dort unrentable Weißweinrebsorten

CABERNET SAUVIGNON

• • • • • • • • • • • • •

Cabernet Sauvignon

verdrängt hat. Wie groß dieser Bereich ist, geht daraus hervor, daß dort mit 11 000 ha im Jahr 1988 mehr Cabernet Sauvignon angebaut wurde als in irgendeinem anderen Bereich von Bordeaux – sogar dem Médoc, der Hochburg dieser Rebsorte.

Auch im übrigen Südwestfrankreich wird viel Cabernet Sauvignon angebaut, vor allem in Bergerac und Buzet. Bei international bekannteren Gewächsen stärkt er mit seiner Struktur den Malbec-Wein von Cahors, den Négrette-Wein von den Côtes du Frontonnais, den aus vielen Sorten gemischten Rotwein von Gaillac sowie den Tannat-Wein von Béarn, Irouléguy, Madiran und den Côtes de St-Mont.

Die Bestände im Languedoc stiegen in den 1980er Jahren stetig an und erreichten 1990 insgesamt 11 700 ha, doch ist der Cabernet Sauvignon hier bei weitem nicht so erfolgreich wie die Syrah-Traube, die in demselben Jahr eine Anbaufläche von 24 000 ha besetzte. Cabernet Sauvignon verträgt Trockenheit nur mit Bewässerung in einem größeren Ausmaß, als die französischen Behörden zuzulassen bereit sind.

In Südfrankreich bringt Cabernet Sauvignon seine offensichtlich besten Erfolge in ertragsbeschränkten Verschnitten mit Syrah und anderen Rhône-Rebsorten, beispielsweise in der Provence.

Ein weites Feld steht dem Cabernet Sauvignon eigentlich auch an der Loire offen, denn in den meisten dortigen Appellationen erlauben die Regeln volle Freiheit der Wahl zwischen Cabernet Franc und Cabernet Sauvignon oder auch beiden gemeinsam für den jeweiligen Rotwein; die Winzer dort aber halten sich lieber an die regelmäßigen Erträge des ersteren und scheuen die mit dem Anbau des letzteren in einer so relativ kühlen Gegend verbundenen Risiken.

Sehr verbreitet ist der Cabernet Sauvignon in Osteuropa; einige höchst eindrucksvolle flaschengereifte Beispiele sind inzwischen aus Moldova aufgetaucht. Auch in Rußland und der Ukraine wird die Sorte viel kultiviert, allerdings bewährt sich in den kühleren Weinbauregionen Rußlands die widerstandsfähige Hybridrebe CABERNET SEVERNY besser. Cabernet Sauvignon wird auch in Georgien, Aserbaidschan, Kasachstan, Tadschikistan und Kirgisistan angebaut. Ferner kommt der Rebe in Bulgarien, Rumänien und im ehemaligen Jugoslawien große Bedeutung zu. In Osteuropa behält Cabernet Sauvignon, selbst wenn ihm relativ hohe Erträge abverlangt werden, doch stets seine unverwechselbar eigene Art, und die besten Weine aus Rumänien und Bulgarien zeigen in Geschmack und Farbe echte Tiefe. In Ungarn und Österreich wird die Sorte in viel geringerem Umfang angebaut, und in Griechenland hat sie zumindest in moderner Zeit erstmals in der Domaine Carras eine Heimat gefunden.

Auch in Chile gibt es eine größere mit der edelsten Rotweintraubensorte der Welt besetzte Rebfläche – es sind insgesamt über 12 000 ha mit (ungepfropftem) Cabernet Sauvignon, der damit neben der rustikalen PAIS die bei weitem wichtigste dunkelhäutige Rebsorte des Landes darstellt. Hier gerät die Frucht außerordentlich gesund, und der Wein fällt, soweit er in einer der moderneren Kellereien mit Sorgfalt bereitet wird, ungeheuer üppig aus.

Es ist nicht verwunderlich, daß Cabernet Sauvignon auch in den übrigen Weinbauregionen Südamerikas gut gedeiht: in Argentinien, wo er der Menge nach weit hinter MALBEC steht, sowie in Brasilien, Uruguay, Mexiko, Peru und Bolivien.

Noch weniger verwundert es, daß Cabernet Sauvignon in Kalifornien den Grundstein des anspruchsvollen Weinbaus bildete. 1994 gab es dort über 14 600 ha, nur ganz knapp weniger als die meistangebaute Rotweinrebsorte Zinfandel innehatte, allerdings weit weniger als die Anbauflächen, über die die Weißweinsorten Chardonnay, Colombard oder Chenin Blanc jeweils verfügten. In den besseren Lagen an der North Coast erbringt er vor allem in sortenreiner Ausführung, aber auch im Meritage-Verschnitt nach dem Bordeaux-Rezept um Rutherford, St. Helena und Oakville im Napa Valley Weine, die es nach Struktur und Statur mit den besten aus dem Médoc aufnehmen können.

Im Staat Washington ist Cabernet Sauvignon neben dem ungeheuer erfolgreichen Merlot die wichtigste Rotweinrebsorte, doch in vielen anderen Staaten ist das Klima zu kühl, als daß die Traube zuverlässig zur Reife gelangen könnte. Das Image des Cabernet Sauvignon ist jedoch so überaus glanzvoll, daß selbst der Weinbau in Kanada trotz ungünstiger klimatischer Voraussetzungen beharrlich an ihm festhält, und das mit zunehmend beeindruckendem Erfolg.

Wie sich die Kalifornier frühzeitig für das Napa Valley als Brennpunkt ihrer Cabernet-Sauvignon-Erzeugung entschieden, so machten es die Australier mit Coonawarra. Allerdings herrschte hier jahrzehntelang weniger Zurückhaltung im Hinblick auf das Verschneiden mit anderen Sorten. Verschnitte von Cabernet mit Shiraz (ein bereits 1865 in der Provence von Dr. Guyot empfohlenes Rezept) sind auf dem australischen Markt seit den 1960er Jahren populär. Der australische Shiraz verfügt über so viel Fülle und Milde, daß er alles, was Cabernet Sauvignon zu wünschen übrigläßt, noch weit wirksamer auffüllt, als die Syrah von der Rhône es kann. Die klassische Bordeaux-Mischung ist hier dagegen noch sehr selten anzutreffen, wie man es von den australischen Weinerzeugern, die ja mit mehr Entschlossenheit als die kalifornischen ihren eigenen, von Europa unabhängigen Weg gehen, auch erwarten kann.

Im Weinbau Neuseelands spielt Cabernet Sauvignon seit langem eine Rolle. Mit 475 ha war er 1990 dort die viertmeist angebaute Rebsorte. Erst Mitte bis Ende der 1980er Jahre konnte allerdings die Neigung des Cabernet Sauvignon, seine Wuchskraft in übermäßige Laubmasse anstatt in reife Frucht zu verwandeln, gemeistert werden, so daß im neuseeländischen Cabernet vollreife Farbe und Geschmacksfülle attraktive Wirklichkeit werden konnten.

Auch in Südafrika, wo 1990 die Anbaufläche 2400 ha betrug, gilt Cabernet Sauvignon als die edle dunkle Rebsorte schlechthin. In Nordafrika gibt es in Marokko sehr kleine Cabernet-Sauvignon-Bestände.

Bei international gesinnten Weinerzeugern in Portugal und insbesondere Spanien erfreut sich Cabernet Sauvignon zunehmender Beliebtheit. In Spanien pflanzte der Marqués de Riscal die Sorte schon gegen Ende des 19. Jh. in seinem Rioja-Weingut an, und auch in den Weinbergen von Vega Sicilia war sie anzutreffen. Ansonsten war sie auf der Iberischen Halbinsel praktisch unbekannt, bis sie in den 1960er Jahren von Miguel Torres und Jean Len in Penedès eingeführt wurde. Inzwischen verbreitert sie ihre Basis in Spanien, v. a. in Navarra, nicht nur für sortenreinen Wein, sondern auch für Verschnitte. In Portugal war Cabernet Sauvignon bereits um die Mitte der 1980er Jahre im Verschnitt mit einheimischen Traubensorten in einer Handvoll üppiger Rotweine aus der Umgebung von Lissabon anzutreffen.

Italien, wohin der Cabernet Sauvignon Anfang des 19. Jh. über Piemont gelangte, verfügt heute über eine beträchtliche Cabernet-Anbaufläche, allerdings wird hier sowohl auf den Etiketten als gelegentlich auch in den Weinbergen recht großzügig mit der Unterscheidung der beiden doch so verschiedenen Cabernet-Sorten umgegangen. Bei der Weinbauerhebung von 1990 wurden lediglich 2400 ha Cabernet Sauvignon gegenüber fast 6000 ha Cabernet Franc festgestellt. Eine wichtige Rolle spielt Cabernet Sauvignon in den Verschnitten der Supertoskaner und hat inzwischen auch mit wachsenden Anteilen als Würze im Chianti Einzug gehalten. Offiziell zugelassen und besonders erwähnt ist er inzwischen in vielen DOC-Bereichen, z. B. Carmignano in der Toskana, Colli Bolognesi in der Emilia-Romagna, Lison-Pramaggiore im Veneto, Colli Orientali, Collio, Grave del Friuli, Isonzo und Latisana in Friaul und schließlich im Trentino. Sogar in der NEBBIOLO-Hochburg Piemont hat Cabernet Sauvignon Fuß gefaßt.

Der vielleicht unerschütterlichste Cabernet-Sauvignon-Anbauer ist jedoch Serge Hochar von Château Musar im Libanon. Weitere, zum Glück weniger von Kriegen heimgesuchte Cabernet-Sauvignon-Nischen gibt es im östlichen Mittelmeerraum in der Türkei, in Israel und auf Zypern. Im Fernen Osten finden Experimente mit Cabernet Sauvignon in China und besonders in Japan statt, wo seine enge Verknüpfung mit den berühmten Châteaux in Bordeaux hoch geschätzt wird.

Wo immer ein Winzer mit Interesse an den Weinen der Welt ein Stück Land besitzt, auf dem spätreifende Trauben wirtschaftlich sinnvoll gezogen werden können, wird er mit größter Wahrscheinlichkeit Cabernet Sauvignon kultivieren – es sei denn, er wohnt in einer der mit Bordeaux rivalisierenden großen Weinbauregionen Burgund oder Rhône. Gewiß ist es bedeutsam, daß es, anders als von vielen anderen dunklen Trauben, von dieser so eindeutig für roten Wein geschaffenen Sorte keine weißen, rosa oder grauen Versionen gibt.

CABERNET SEVERNY Spezialzüchtung für kaltes Klima aus dem All-Russia-Potapenko-Institut in Rostow. Sie entstand durch Bestäubung einer Hybride Galan × *Vitis amurensis* mit einer Pollenmischung anderer Hybridformen, an denen die europäische Rebenspezies *Vitis vinifera* und die berühmt kältefeste mongolische Spezies *Vitis amurensis* beteiligt waren.

CADARCA Rumänischer Name für die ungarische KADARKA.

CAGNINA Möglicherweise ein Synonym für REFOSCO, in der Romagna (Italien) gebräuchlich.

CAIÑO TINTO Duftige, zarte galicische Traubensorte; sie wird in den säuerlich-herben Rotweinen von Rías Baixas und Ribeiro mitverarbeitet. Im Vinho-Verde-Land Portugals ist sie als **Borraçal** bekannt.

Die weiße Variante **Caiño Blanco** kommt insbesondere in Rías Baixas vor.

CALABRESE Gebräuchliches Synonym für NERO D'AVOLA.

CALADOC Eine Züchtung des französischen Ampelographen Paul Truel, entstanden durch Kreuzung zwischen GRENACHE und MALBEC zur Erzielung einer Grenache-ähnlichen, aber weniger stark für *coulure* anfälligen Sorte. Sie wird an der südlichen Rhône in begrenzten Mengen angebaut, ist aber in AC-Weinen nicht zugelassen; nur in rote Vins de Pays in der Provence darf sie Tannin und Aroma einbringen.

CALAGRAÑO Historische, aber fast ausgestorbene Traubensorte in Rioja; sie erbringt Radford zufolge adstringierenden, jedoch interessanten Wein.

CALITOR Fast ausgestorbene, ertragreiche, alte provenzalische Rebsorte; in Weinen von der südlichen Rhône zugelassen, aber nur selten verwendet. Ihre Weine sind meist leicht, können aus Hanglagen jedoch Charakter mitbringen. Möglicherweise handelt es sich um die Garriga aus Katalonien.

CALLET Rustikale Traubensorte auf Mallorca; sie wird meist im Mischsatz mit Fogoneu Mallorquí oder Fogoneu Francés angebaut. Alle drei erbringen geringe Mengen an dunklen, relativ alkoholschwachen Weinen. Die Sorte wird meist in Rosés mitverarbeitet, kann aber auch lebendigen jungen Rotwein erbringen.

CAMARALET Kaum bekannte, fast ausgestorbene Rebsorte in Südwestfrankreich; erbringt Wein mit kräftigem Geschmack.

CAMARÈSE Livingstone-Learmonth zufolge in Chusclan gebräuchliches Synonym für die Rarität VACCARÈSE von der südlichen Rhône.

CANAIOLO oder **CANAIOLO NERO** In ganz Mittelitalien angebaute Traubensorte; am bekanntesten als mildernder Bestandteil im umstrittenen Chianti-Rezept, in dem sie im 18. Jh. eine größere Rolle spielte als SANGIOVESE. Ihre Popularität ging sehr zurück, da sie sich nicht gut für die Pfropfveredelung eignet. Bei niedrigen Erträgen braucht sie einen warmen Herbst, um voll auszureifen, liefert dann aber attraktive, früh genußreife Weine. Canaiolo dient stets als kleinerer Verschnittpartner für Sangiovese und wird in noch geringerem Umfang in Latium, auf Sardinien und in den Marken angebaut. Obwohl die Sorte für 17 DOC-Weine zugelassen ist, ging ihre Gesamtanbaufläche in Italien in den 1980er Jahren von 6600 auf 4300 ha zurück.

In Umbrien gibt es auch eine weiße Variante namens **Canaiolo Bianco** – in Orvieto heißt sie **Drupeggio** –, aber auch sie ist im Schwinden begriffen.

🍇 **CANNONAU,** auch **CANNONAO.** Der sardische (und nach Meinung der Sarden ursprüngliche) Name der sehr verbreiteten Traubensorte, die in Spanien Garnacha und in Frankreich GRENACHE heißt. Sie wird zum großen Teil im Osten der Insel angebaut, wo sie zu sortenreinem **Cannonau di Sardegna** in mehreren Versionen, meist aber zu einem recht trockenen Rotwein, verarbeitet wird. Obwohl die Rebe von vielen Winzern gerodet wird, belief sich ihre Anbaufläche 1990 noch auf 11 000 ha.

CAÑOCAZO Siehe FALSE PEDRO.

CAPE RIESLING Alter südafrikanischer Name für CROUCHEN.

🍇 **CARIGNAN** In den USA **Carignane**, in Italien **Carignano**, in Spanien **Cariñena**, eine quantitativ sehr bedeutende, qualitativ aber eher dürftige, in Frankreich dennoch die meistangebaute Traubensorte – ihre Anbaufläche ist fünfmal größer als die des hochmodischen CHARDONNAY, und sie beherrscht trotz großzügigster Subventionen, die für ihre Rodung und damit für die Verringerung der europäischen Weinüberschüsse gezahlt werden, nach wie vor die Rebfläche im Languedoc. Zwar ist sie besser als die ARAMON, die sie in den 1960er Jahren verdrängte, als es darum ging, die durch die algerische Unabhängigkeit im Verschnittbottich Frankreichs hinterlassene Lücke aufzufüllen, aber groß ist der Unterschied nicht.

Aus der Perspektive der 1990er Jahre erscheint Carignan sowieso als sehr unangebrachte Sorte, obwohl sie den aus Algerien heimgekehrten *pieds noirs*, die dort über eine Carignan-Anbaufläche von 140 000 ha verfügt hatten, in ganz anderem Licht erschien. (In der Weinproduktion Nordafrikas spielt Carignan noch immer eine große Rolle.) Ihr Wein bietet alles reichlich: Säure, Tannin, Farbe, Bittergeschmack – aber weder Aroma noch Charme. Dadurch hat sie den doppelten Nachteil, für frühen Verbrauch ungeeignet, doch für langen Ausbau unwürdig zu sein. Dabei ist die Rebe im Anbau nicht einmal besonders bequem. Sie ist extrem empfindlich für Echten und ziemlich empfindlich für Falschen Mehltau, zudem anfällig für Fäule, und bei alledem leidet sie häufig an Befall durch Würmer aller Art. Die Verbreitung der Sorte hat sich jedenfalls für die Agrochemikalienindustrie höchst gewinnbringend ausgewirkt. Überdies halten sich die Trauben so hartnäckig an den Reben, daß sich die Sorte auch für maschinelle Lese nicht besonders gut eignet, aber schließlich wird die Carignan auch meist nicht an Drähten erzogen, sondern wächst in knorriger Buschform. Ihre große Anziehungskraft bestand um die Mitte des 20. Jh. in ihrem Ertragreichtum – bis zu 200 hl/ha. Außerdem treibt sie spät aus, und das erhöhte ihre Attraktivität als Ersatz für die viel hellere Aramon-Traube – vorher Nr. 1 in Frankreich –, die unter den Frösten von 1956 und 1963 schwer gelitten hatte. Allerdings reift sie auch spät, und dadurch beschränkt sich ihr Anbau auf mediterrane Bereiche. Zu Beginn der 1990er Jahre belief sich die Anbaufläche der Carignan trotz aller Versuche, die allmählich alternden, aber sich doch hartnäckig haltenden Stümpfe im Languedoc-Roussillon auszurotten, noch immer auf 140 000 ha. Damit entfällt fast die Hälfte der dortigen Rebenbestände auf Carignan, und alle Appellationsvorschriften im Languedoc-Roussillon mußten die nicht wegzuleugnende Traube berücksichtigen. Man kann aber kaum behaupten, daß beispielsweise dem Minervois oder Corbières der darin vorgesehene (und immer wieder herabgesetzte) Carignan-Anteil besonders gut täte. Vielmehr sind diejenigen Weine, die sich am meisten auf die Verbesserungssorten Syrah und Mourvèdre und am wenigsten auf Carignan stützen, durchweg die erfolgreichsten.

Nur besonders sorgfältig gepflegte alte Weinstöcke in ausgewählten schwachtriebigen Lagen sind imstande, Carignan-Wein mit echtem Charakter hervorzubringen. Anderswo hat die Einführung der Kohlensäuremaischtechnik dazu beigetragen, den Mangel der Carignan-Traube an jugendlichem Charme wenn nicht auszugleichen, so doch wenigstens zu maskieren. Die ausgesprochene Herbheit von einfachem *vin de table* geht zum großen Teil auf Carignan zurück, doch hier hilft Verschneiden mit Cinsaut oder Grenache recht gut.

Obwohl Carignan fast mit Sicherheit ursprünglich aus der spanischen Provinz Aragón stammt, wird die Traube dort (trotz ihres begrüßenswert hohen Säuregehalts) nicht mehr verbreitet angebaut. Sie ist nicht einmal mehr die Hauptkomponente in dem Wein, der nach dem spanischen Synonym Cariñena heißt. Heute wird sie hauptsächlich in Katalonien kultiviert; früher war sie als Mazuelo bzw. Mazuela ein nicht unbedingt charaktervoller Bestandteil im Rioja. In den Weinen von Costers del Segre, Penedès, Tarragona und Terra Alta spielt sie aber auch noch eine Rolle, so daß sie in Spanien zu Anfang der 1990er Jahre über eine Gesamtanbaufläche von rund 12 000 ha verfügte. Synonyme: u. a. **Sams** und **Crujillon**.

Als **Carignane** hat sich die Traube in Amerika Bedeutung verschafft. Mit sortenreinen Weinen tritt sie zwar nur noch selten in Erscheinung, doch hielt sie in den wärmeren Gegenden Kaliforniens 1994 eine Rebfläche von 3600 ha besetzt, denn dort ist sie dank ihrer großen Erträge und ihrer Wuchskraft von den Weinerzeugern geschätzt. In Mexiko wird sie in größerem, in Argentinien, Chile und Uruguay in viel kleinerem Umfang angebaut.

Wegen der späten Reife gedeiht die Carignan-Traube nur in wärmerem Klima. Eine gewisse Zeitlang bildete sie die Stütze des Weinbaus in Israel, und auch in Italien ist sie durchaus nicht unbekannt – hier wächst die Sorte als **Carignano** in Latium und hat, vielleicht als Folge der langen Herrschaft Aragóns über die Insel, auf Sardinien vor allem im lebendigen, schmackhaften Carignano del Sulcis und in starken, reifen Rot- und Roséweinen beträchtlichen Erfolg. Die Gesamtanbaufläche in Italien war 1990 auf rund 2500 ha gesunken.

In manchen Weinbergen im Languedoc und vor allem im Roussillon ist auch die weiße Mutation **Carignan Blanc** noch zu finden.

CARINA Siehe CURRANT.

CARMENÈRE Seltene alte Rebsorte in Bordeaux, die Anfang des 18. Jh. im Médoc weit verbreitet war und gemeinsam mit Cabernet Franc die Reputation der dortigen Spitzenweingüter begründete. Daurel berichtet, die Rebe sei wuchskräftig gewesen und habe ausnehmend guten Wein hervorgebracht, sei aber wegen ihrer Empfindlichkeit für *coulure* und der damit verbundenen schlechten Erträge aufgegeben worden. Der Name dürfte mit «Karminrot» zusammenhängen; übrigens erbringt die Sorte noch heute in kleinen Mengen ausgesprochen dunklen, körperreichen Wein und könnte wie PETIT VERDOT demnächst eine Wiederbelebung erfahren, vor allem durch Carmen in Chile, deren sortenreine Version allerdings unter dem Synonym Grande Vidure auftritt.

CARMENET Das im Médoc gebräuchliche Synonym für CABERNET FRANC wurde als Name für einen Weinbaubetrieb in Nordkalifornien gewählt.

CARNELIAN Speziell für die Verhältnisse in Kalifornien von Dr. H. P. Olmo entwickelte Rebsorte. Sie wurde 1972 von der University of California in Davis als Ergebnis der Kreuzung einer 1936 entstandenen CARIGNAN×CABERNET-SAUVIGNON-Kreuzung mit GRENACHE herausgebracht und sollte einen Cabernet für heißes Klima darstellen, doch es herrschen bei ihr zu viele Grenache-Charakteristiken vor, so daß sie nicht bequem zu ernten ist. Der reichliche Ertrag von 400 ha Anbaufläche im Central Valley geht in Verschnitte ein. Eigentümlicherweise hat sie sich bisher am besten in der Lage Fall Creek in Texas bewährt.

CASTELÃO FRANCÊS In ganz Südportugal angebaute Traubensorte; sie ist unter verschiedenen Namen bekannt: in Arrábida, Palmela und Ribatejo als Periquita, in Teilen von Ribatejo als João de Santarém oder Santarém, im Oeste als Mortágua und in anderen Gegenden möglicherweise auch als Trincadeira Preta. Die vielseitige Rebe bringt fruchtige, relativ fleischige Rotweine, manchmal mit leichtem Wildcharakter, hervor, die sich sowohl jung als auch nach einiger Reifezeit gut trinken.

❦ **CASTETS** Fast ausgestorbene Rebsorte, im kargen Aveyron in Südwestfrankreich vermutlich von einer Wildform selektiert.

❦ **CATARRATTO** Die in Sizilien vorherrschende Rebsorte ist der Landwirtschaftserhebung von 1990 zufolge hinter den verschiedenen TREBBIANO-Sorten die zweitmeist angebaute Weißweintraube Italiens. Nach amtlicher Zählung gab es rund 65 000 ha **Catarratto Bianco Comune** und fast 10 000 ha **Catarratto Bianco Lucido**, wobei der letztere, der eine bessere Weinqualität liefert, in den 1980er Jahren an den ersteren Boden abtreten mußte. Die Rebsorte wird fast ausschließlich in der Provinz Trapani im Westen angebaut, ist lediglich in drei DOC-Zonen zugelassen und wurde früher viel für die Erzeugung von Marsala verwendet. Heute trägt sie in hohem Maß zu den Weinüberschüssen Italiens und der EU bei. Ihre Anbaufläche in Sizilien ist so umfangreich, daß Catarratto die sechstmeist angebaute Weißweinrebsorte der Welt ist. Die Weine zeigen gute Säure und bei Ertragsbeschränkung auch ein attraktives Aroma.

❦ **CATAWBA** Hellrote amerikanische Hybridrebe; angebaut wird sie in großem Umfang im Staat New York, vor allem an den Finger Lakes, wo das wärmere Klima ihrer Neigung zu später Reife entgegenkommt. Es handelt sich bei ihr vermutlich um eine Zufallskreuzung zwischen *labrusca* und *vinifera*, die 1802 noch vor der CONCORD in North Carolina entdeckt wurde. Die Sorte bringt leicht «fuchsige» Weine in allen Schattierungen von Rosé sowie auch leichte Rotweine hervor und wird in Schaumweinen mitverarbeitet.

❦ **CAYETANA** Ertragreiche spanische Rebsorte; sie bringt Wein mit neutralem Geschmack hervor. Besonders verbreitet ist sie in der Region Extremadura im Südwesten, wo ihr Wein größtenteils zu Brandy de Jerez destilliert wird. In Rioja heißt die Sorte gelegentlich Cazagal.

CAZAGAL Siehe CAYETANA.

CENCIBEL In Zentral- und Südspanien gebräuchliches Synonym der spanischen Rotweinrebsorte TEMPRANILLO, die vor allem in La Mancha und Valdepeñas unter diesem Namen die wichtigste dunkle Traube ist.

❦ **CENTURIAN** Kalifornische Neuzüchtung mit der gleichen Abstammung wie CARNELIAN, jedoch drei Jahre später, im Jahr 1975, herausgebracht. Die Anbaufläche in Kalifornien stagnierte in den 1980er Jahren bei knapp über 200 ha ausschließlich im Central Valley. Die Sorte bietet im Anbau Vorteile, jedoch keine Geschmacksunterschiede gegenüber Carnelian.

❦ **CERCEAL** Name mehrerer portugiesischer Weißweinrebsorten, zu SERCIAL anglisiert. Der in den schweren Weißweinen der Region Dão enthaltene **Cerceal do Dão** ist eine andere Spielart als der in Madeira gebräuchliche Sercial. Mehrere Formen von Cerceal werden in vielen Regionen auf dem portugiesischen Festland angebaut, wo die Traube aufgrund ihrer kräftigen Säure auch Esgana Cão («Hundewürger») genannt wird.

❦ **CEREZA** Höchst ertragreiche hellrote Traubensorte (der Name bedeutet «Kirsche»); in Argentinien kommt ihr vor allem historische Bedeutung zu. Es wird angenommen, daß sie wie die noch verbreiteter angebaute CRIOLLA GRANDE von Traubenkernen stammt, die von den ersten spanischen Siedlern mitgebracht wurden. Ihre lockeren Trauben weisen größere Beeren auf als Criolla und erbringen einen helleren Wein. Inzwischen befindet sich die Sorte im Rückgang, dennoch verfügte sie Ende der 1980er Jahre noch über 40 000 ha Anbaufläche, vorwiegend in der Provinz San Juan. Sie bringt jung zu verbrauchenden dunklen Weiß- und Roséwein höchst mittelmäßiger Qualität hervor.

❦ **CESANESE** Die historische Rebsorte stammt vermutlich aus der Umgebung von Rom. Die höherwertige Art **Cesanese d'Affile** ist stärker verbreitet, verliert aber an Boden und verfügte 1990 nur noch über eine Anbaufläche von knapp 1300 ha. Ihr Potential wird heute kaum ausgeschöpft. **Cesanese Comune** hat größere Beeren und ist auch unter der Bezeichnung Bonvino Nero bekannt.

🍇 **César** Spezialität im Norden von Burgund, insbesondere in Irancy, wo die Traube in leichten, milden Rotweinen mitverarbeitet wird.

🍇 **Chambourcin** Vor relativ kurzer Zeit gezüchtete französische Hybridrebe, erst seit 1963 verfügbar und in den 1970er Jahren stark verbreitet, vor allem im Muscadet-Bereich, wo sie laut der landwirtschaftlichen Erhebung von 1988 (die eine Gesamtanbaufläche von 1200 ha in Frankreich ermittelte) noch die drittmeist angebaute Sorte war. Die äußerst wüchsige und ertragreiche Rebe erbringt dunklen Wein in besserer Qualität als andere Hybridreben mit relativ stark aromatischem, aber keineswegs fuchsigem Geschmack; sie ist aber selbst im Vin de Pays der Gegend nicht offiziell zugelassen. Sie wird auch versuchsweise in Neusüdwales (Australien) angebaut, also in einer Gegend, wo sie von Vorurteilen gegen Hybridreben nicht belastet ist.

Chardonnay

🍇 **Chancellor** Ertragreiche französische Hybridrebe; sie stammt von zwei SEIBEL-Hybriden ab und hieß ursprünglich Seibel 7053, erhielt aber 1970 in New York den Namen Chancellor.

🍇 **Charbono** Traubensorte in Kalifornien mit nicht genau bekanntem Ursprung; nach Galet könnte es sich um die italienische DOLCETTO-Rebe und laut Alcalde um die argentinische BONARDA handeln. In Frankreich ist **Charbonneau** ein Synonym der praktisch ausgestorbenen Douce Noire aus Savoyen, bei der es sich Galet zufolge um Dolcetto Nero handelt (die Namensähnlichkeit scheint dies zu bestätigen, italienische Experten sind jedoch anderer Auffassung). In Kalifornien hält sich die Charbono-Rebe nur noch auf wenigen Hektar im Napa Valley, wo sie zum Teil aufgrund des hohen Alters der Weinstöcke oft charaktervolle, konzentrierte Weine hervorbringt.

🍇 **Chardonnay** Dieser Name ist den Weinliebhabern heute so vertraut, daß sie kaum noch daran denken, daß sich eine Rebsorte dahinter verbirgt. In seiner Heimat Burgund war Chardonnay schon lange ausschließlich für die feinsten Weißweine zuständig. Doch in dieser ganz auf geographische Bezeichnungen fixierten Gegend war der Sortenname eigentlich nur den Weinerzeugern bekannt. Das änderte sich allerdings grundlegend, als gegen Ende des 20. Jh. die Bezeichnung der Weine mit dem Namen der Rebsorte üblich und «Chardonnay» gewissermaßen zu einem Markenbegriff wurde.

Der Name ist so populär, daß Synonyme nur selten gebraucht werden (nur in der Steiermark bleiben die Winzer der traditionellen Bezeichnung **Morillon** treu). Der relativ hohe Alkoholgehalt, der manchmal eine gewisse Süße empfinden läßt, hat zweifellos zu dieser Popularität beigetragen und ebenso das Gefallen an dem Eichenholzgeschmack, den der Wein häufig durch den Faßausbau erlangt.

Aber nicht nur die Weinliebhaber schätzen den goldenen Chardonnay wegen seines breiten, gefälligen, wenn auch nur schwer beschreibbaren Charmes. (Bei der vom Australian Wine Research Institute angeregten Analyse der Bestandteile im Geschmack der bekannteren Rebsorten erwies sich Chardonnay als besonders nebulös: In ihm wurden Geschmacksstoffe festgestellt, die u. a. auch in Himbeeren, Vanille, Tropenfrüchten, Pfirsichen, Tomaten, Tabak, Tee und den Blütenblättern der Rose vorkommen.) Auch die Weinerzeuger sind hochzufrieden mit ihm, weil sie unter den verschiedensten Klimabedingungen ohne weiteres gute Erträge aus ihm herausholen können (eher muß seine Wuchskraft durch hohe Pflanzdichte oder durch Laubpflegemaßnahmen gezügelt werden). Allerdings leidet die Weinqualität bei Erträgen über 80 hl/ha doch beträchtlich, und wenn der Wein wirklich fein ausfallen soll, muß man sich mit weniger als 30 hl/ha bescheiden. Der einzige Nachteil ist beim Chardonnay der frühe Austrieb – nur knapp nach dem PINOT NOIR –, wodurch er in den besonders kühlen Weinbergen von Chablis und der Champagne stets spätfrostgefährdet ist. Gelegentlich leidet er unter *coulure* und *millerandage*, und seine dünne Beerenhaut ist anfällig für Fäule, wenn es zur Lesezeit regnet; dagegen gedeiht die Sorte unter so verschiedenen Klimabedingungen wie in Chablis im Norden Frankreichs und im heißen Riverland Australiens gleich gut. Der Lesezeitpunkt ist kritisch, denn anders als der Cabernet Sauvignon büßt der Chardonnay den so überaus wichtigen Säuregehalt in den letzten Phasen des Reifevorgangs rasch ein.

Die Kellermeister lieben den Chardonnay wegen seiner hohen Reifegrade und seiner Gestaltungsfähigkeit. Er spricht auf ein viel breiteres Spektrum an Kellertechniken an als die meisten weißen Traubensorten. So läßt sich das an der Mosel oder in Vouvray befolgte Rezept einer langen, kühlen Gärung, gefolgt von baldiger Abfüllung, ohne weiteres auf den Chardonnay anwenden. Genausogut aber läßt er sich auch in kleinen Eichenfässern vergären; besonders hochwertige Frucht ist sogar neuem Eichenholz gewachsen. Chardonnay paßt sich an die Ideen jedes einzelnen Kellermeisters über malolaktische Säureumwandlung und Hefesatzaufrühren leicht an. Auch ist er ein wichtiger Bestandteil in manchen der besten Schaumweine der Welt – nicht allein im Champagner –, und er zeigt bestes Vermögen, sich in der Flasche zu entfalten, selbst wenn er früh gelesen wurde. Bei später Lese hat er auch schon achtbare Süßweine mit Edelfäule hervorgebracht, vor allem im Mâconnais, in Rumänien und Neuseeland.

Der Chardonnay bringt es sogar fertig, in bemerkenswertem Maß den eigenen Charakter zu wahren, wenn er, um der Nachfrage in den unteren Preisklassen gerecht zu werden, mit schlichteren Sorten wie CHENIN BLANC, SÉMILLON oder CO-LOMBARD verschnitten wird. Vielleicht liegt das aber daran, daß sein Charakter anders als bei dem anderen hochmodischen Weißwein, dem SAUVIGNON BLANC, nicht allzu ausgeprägt ist. Chardonnay von jungen oder zu Übererträgen getriebenen Reben schmeckt oft fast wässerig. Einfacher Chardonnay ist gelegentlich vage fruchtig (Äpfel oder Melonen), in Bestform bildet er aber wie der Pinot Noir vor allem das Vehikel für den Charakter der Lage, in der er gewachsen ist. In vielen ehrgeizigen Weinen, die dem Vorbild weißer Spitzenburgunder nachempfunden sind, ist sein «Geschmack» eigentlich der des Eichenholzes, in dem er ausgebaut wurde, oder vielmehr eine Reminiszenz an die angewendeten Kellertechniken. Aus der richtigen Lage, bei nicht zu hohem Ertrag und nicht zu wenig Säure und bei ausgereifter Kellertechnik kann der Chardonnay Weine hervorbringen, die sich in der Flasche ein, zwei oder gar mehr Jahrzehnte lang entfalten, doch anders als RIESLING, hochwertiger Chenin Blanc und Sémillon mit Edelfäule ist er nicht imstande, Weißweine mit wirklich sehr langer Lebensdauer zuwege zu bringen.

Die Ursprünge des Chardonnay liegen im dunkeln. Lange wurde vermutet, er sei eine weiße Mutante von Pinot Noir, und er wurde deshalb oft Pinot Chardonnay genannt. Doch Galet bringt gute ampelographische Beweise dafür vor, daß Chardonnay eine eigenständige Rebsorte ist. Um ein Dorf namens Chardonnay, das im Mâconnais liegt, ranken sich manche Theorien, andere dagegen spekulieren, die Ursprünge der Sorte könnten im Nahen Osten liegen, und weisen auf ihre lange Geschichte in den Weinbergen des Libanon hin.

Es gibt eine seltene, aber eindeutige Mutation mit hellroten Beeren, **Chardonnay Rosé**, außerdem die starkduftige Version **Chardonnay Blanc Musqué**, die gelegentlich in Verschnitten mitverarbeitet wird. Manche der 34 in Frankreich offiziell anerkannten Chardonnay-Klone weisen einen ähnlich traubigen Duft auf; vor allem die inzwischen stark verbreiteten 77 und 809 können in Mischungen mit anderen Klonen der Sorte eine recht aufdringlich aromatische Note einbringen. Die in Burgund überaus eifrig betriebene Klonenselektion stellt dem Winzer inzwischen ein weites Spektrum an speziell ihres Ertragreichtums wegen ausgewählten Chardonnay-Klonen zur Verfügung, insbesondere 75, 78, 121, 124, 125 und 277. Wer dagegen mehr an Qualität als an Quantität interessiert ist, wählt eher 76, 95 und 96.

Chardonnay-Edelreiser sind in aller Welt gesucht, und in vielen Ländern – Frankreich, Amerika, selbst in den mit schärfster Quarantäne arbeitenden Ländern Australien, Neuseeland und Südafrika – war dies die weiße Rebsorte, nach der in den Rebschulen gegen Ende der 1980er Jahre die stärkste Nachfrage herrschte, genährt vom Verlangen der Verbraucher nach körperreichen Weißweinen mit dem Zauberwort Chardonnay auf dem Etikett, aber auch von der dramatischen Expansion der Schaumweinindustrie der Welt. Ja, die Glorie des Chardonnay ist dergestalt, daß ehrgeizige Winzer in von Quarantänebestimmungen geplagten Weltgegenden ihn wohl sogar so manches Mal als Edelreis eingeschmuggelt haben dürften.

Dennoch steht die hochwertige weiße Traube der Anbaufläche nach weit im Schatten der für die Branntweinproduktion gebräuchlichen Rebsorten AIRÉN und TREBBIANO, aber immerhin hat die Popularität des Chardonnay am Ende der 1980er Jahre dafür gesorgt, daß er in Frankreich, Kalifornien, im US-Staat Washington, in Australien und Neuseeland zu Beginn der 1990er Jahre auf den ersten oder zweiten Platz kam. Dabei überholte er in den 1980er Jahren Sémillon und Riesling auch weltweit und nahm hinter Airén, Trebbiano und RKATSITELI, möglicherweise auch dem sizilianischen CATARRATTO, mehr Rebfläche ein als jede andere weiße Traube – eine doch recht beachtliche Leistung für eine Rebe von solch edler Art.

In Frankreich beispielsweise hat sich die Chardonnay-Anbaufläche seit 1980 auf 25 000 ha im Jahr 1993 verdoppelt. Der wesentliche Grund dafür war die Ausweitung der Rebfläche in der Champagne, wo inzwischen auf Chardonnay ein Drittel des gesamten Rebbestands entfällt, und in Chablis, wo die Traube eine schlanke Stahligkeit und in Bestform beträchtliche Langlebigkeit aufbringt. Die technischen Verbesserungen bei Frostschutzmaßnahmen dürften in beiden Fällen zu der Bestandsvermehrung beigetragen haben.

Im Herzstück Burgunds, der Côte d'Or, hat sich die Chardonnay-Anbaufläche in den 1980er Jahren nur um ein Viertel auf insgesamt 1400 ha vergrößert – das ist gerade halb soviel, wie allein 1988 in Kalifornien an Chardonnay neu angepflanzt wurde! Da ist es nicht weiter verwunderlich, daß der Name Meursault dem Gros der Chardonnay-Trinker unbekannt ist. Zwar hat der Chardonnay – in Burgund auch **Beaunois** oder **Aubaine** genannt – allmählich GAMAY und ALIGOTÉ verdrängt, aber noch immer überwiegt die Zahl der Pinot-Noir-Reben an der Côte d'Or gegenüber derjenigen der Chardonnay-Reben um das Vierfache. An der Côte de Beaune, dem südlichen Teil der Côte d'Or, wird viel mehr Chardonnay angebaut als an der Côte de Nuits, dem nördlichen Teil. Die berühmten Weißwein-Appellationen (in Klammern ihre typischen Merkmale) sind in der Reihenfolge von Norden nach Süden: Corton-Charlemagne (Marzipan), Meursault (butterig), Puligny-Montrachet (fein und stahlig), Chassagne-Montrachet (Haselnüsse) und alle weiteren mit Montrachet verbundenen Namen (enorme Konzentration und mindestens 13% Alkoholgehalt).

An der Côte Chalonnaise und im Mâconnais überholte der Chardonnay in den 1980er Jahren den Gamay und erreichte im Jahr 1988 eine Anbaufläche von 4500 ha. Von der Côte Chalonnaise kommen die Weißweine von Rully, Mercurey und Montagny als etwas rustikalere, aber auch preiswertere Versionen der großartigeren Namen von der Côte d'Or. Im Mâconnais, wo der Chardonnay eine breite, apfelfruchtige Art annimmt, entstehen nicht nur weiße Mâcons mit den verschiedensten daran angehängten geographischen Bestimmungen, sondern auch mehrere Pouillys, von denen der berühmteste der Pouilly-Fuissé ist. Noch weiter aus dem Süden kommen der St-Véran und der Beaujolais Blanc. Obwohl den Vorschriften nach im Beaujolais Blanc auch Aligoté und im AC Bourgogne und Mâcon auch PINOT BLANC enthalten sein dürfen, werden doch diese preiswerteren weißen Burgunder praktisch vorwiegend von Chardonnay erzeugt. Zum Entsetzen der Weinbaubehörden hat sich die Gewohnheit eingeschlichen, das Wort Chardonnay auf den Etiketten weißer Burgunderweine anzubringen, um deren Attraktivität bei nichtfranzösischen Verbrauchern zu erhöhen.

Immer noch stehen fast drei Viertel der Chardonnay-Bestände Frankreichs in der Champagne und in Burgund, doch die Sorte hat sich bereits

nach Süden und Westen ausgebreitet und findet Aufnahme in immer mehr Appellationen. So gibt es inzwischen Bestände im Elsaß, an der Ardèche, im Jura, in Savoyen, an der Loire und im Languedoc, wo die Sorte ursprünglich angepflanzt wurde, um den zitronensäuerlichen Weinen von Limoux internationale Attraktivität zu verleihen. Amtliche Angaben besagen, daß zwischen 1988 und 1993 im Languedoc insgesamt über 5200 ha angepflanzt worden sind und sortenreine Vins de Pays d'Oc in höchst unterschiedlicher Qualität erbringen.

Kaum jemand hätte 1980, als Kalifornien über lediglich 7200 ha Chardonnay verfügte, geglaubt, daß die Anbaufläche hier einmal die (rasch wachsende) Gesamtanbaufläche Frankreichs übersteigen würde, doch 1994 konnte Kalifornien rund 27 000 ha Chardonnay vorweisen. Das Tempo der Neuanpflanzungen erreichte allerdings 1988 seinen Höhepunkt, und am Anfang der 1990er Jahre gab es für die Traubenanbauer Kaliforniens einen Umschwung zugunsten von Rotwein zu bewältigen. Fast die Hälfte der kalifornischen Chardonnay-Bestände ist in den Countys Sonoma, Napa und Monterey konzentriert, aber auch weiter südlich in Santa Barbara und San Luis Obispo gibt es größere Anbauflächen. Die Qualität schwankt zwischen hochpreisigen, dabei gleichmäßigeren und verbraucherfreundlicheren Weinen, als es die burgundischen Klassiker sind, und süßen kommerziellen Verschnitten. Der Typ aber ist weitgehend derselbe: glanzhell, golden, mit einem Hauch Eichenton.

Chardonnay, heute in Nordamerika gleichbedeutend mit «Weißwein», hat auch auf dem übrigen Kontinent, von Britisch Kolumbien bis Long Island (New York), bereitwillige Aufnahme gefunden. 1990 überholte er im Staat Washington den Riesling und wurde dort mit 1000 ha zur meistangebauten Rebsorte überhaupt, und in Oregon und Texas erfreut er sich ebenso großer Beliebtheit, wenn auch nicht gleich großer Erfolge.

Das Ausmaß des amerikanischen Flirts mit Chardonnay im allgemeinen und mit eichenfaßgereiftem im besonderen hat übrigens international tiefgreifende Auswirkungen auf die Struktur und Rentabilität des Küfergewerbes gezeigt.

Mehrere südamerikanische Länder suchen nach kühlen Stellen, um ihren eigenen Chardonnay mit echter Konzentration zu erfüllen. Die Region Casablanca in Chile und der Bereich Tupungato in Argentinien sind hierfür gute Beispiele; in ihren besten Weinen vereinen sich die großen Tugenden der Neuen Welt – Zugänglichkeit und qualitätsgerechter Preis.

Der bedeutende Export des australischen Weinbaus stützt sich auf den dort ganz besonders üppigen Chardonnay-Stil. Reiche Fruchtigkeit, oft gezügelt durch Säurezugabe und gewürzt durch Eichenspäne, ist zu sorgsam abgewogenen Preisen erhältlich. Die Nachfrage nach australischem Chardonnay war in den späten 1980er Jahren so groß, daß die Anbaufläche im Lauf von 10 Jahren auf mehr als das Fünffache stieg und Chardonnay 1990 schließlich mit 4300 ha die meistangebaute Weißweinrebsorte Australiens war (allerdings standen 1300 ha noch nicht in Ertrag). Unter den Weinen finden sich einerseits lindenblütenduftige Gewächse aus kühleren Lagen in Victoria und Tasmanien und andererseits fast sirupsüße, rauchige Verschnitte aus den Bewässerungsgebieten im Landesinneren. Die durchschnittliche Lebenserwartung australischer Chardonnays (wie der meisten aus der Neuen Welt) ist kurz.

Auch Neuseeland ist nicht von der Chardonnay-Manie verschont geblieben, und 1992 hatte nur der hier schon auf eine lange Tradition zurückblickende MÜLLER-THURGAU eine größere Fläche inne. Die neuseeländischen Chardonnays weisen beträchtlich mehr natürliche Säure auf als ihre Nachbarn jenseits von Tasmanien.

In Südafrika hat der Chardonnay eine wechselvolle Vergangenheit hinter sich, denn die ersten Edelreiser dieses Namens wurden nachträglich als die bei weitem nicht so modisch aufregende Sorte AUXERROIS identifiziert. Inzwischen sind Klone weit besserer Art angepflanzt worden.

Nun kann der Chardonnay zwar auch in relativ heißem Klima (z. B. in den Bewässerungsgebieten Australiens) gut gedeihen, er muß aber gelesen werden, bevor die Säure schwindet (oft schon ehe die Trauben echten Charakter entwickeln können), und er verlangt dann relativ ausgefeilte Kellertechniken und Kühlanlagen. Darum eignet er sich für die technisch weniger stark entwickelten mediterranen Gebiete auch nicht so gut. Selbst im Libanon, wo lokale Chardonnay-Arten schon lange heimisch sind, verraten die Weine doch oft ihre Herkunft aus allzu dürrer Gegend. Mit wachsender Sachkenntnis und besseren technischen Möglichkeiten dürften aber auch hier schöner ausgewogene Chardonnays mit der interessanten Art, wie einzelne Beispiele aus Israel sie bereits zeigen, zustande kommen.

Die Anpflanzungen gehen inzwischen an vielen Stellen kräftig weiter. In Italien hat der Chardonnay-Anbau allerdings schon lange Tradition, insbesondere auf den Hängen der Voralpenberge im Norden. Jahrzehntelang behandelten die Italiener den Unterschied zwischen Pinot Bianco (in Südtirol Weißburgunder) und dem Chardonnay (in Südtirol **Gelber** oder **Goldener Weißburgunder** genannt) großzügig. Noch in der landwirtschaftlichen Erhebung von 1982 wurde nicht eine einzige Chardonnay-Rebe erwähnt, während 1990 über 6000 ha festgestellt wurden.

Die Kräfte des internationalen Markts hatten die Italiener wohl davon überzeugt, daß die Unterscheidung sich lohnen dürfte; dennoch zögerten die Weinbaubehörden noch lange, bis sie die gallische Traube endlich als Name für eine DOC gestatteten. Der Südtiroler Chardonnay bekam 1984 als erster DOC-Status, obwohl die Rebsorte ihren Zauber längst auf Erzeuger in ganz Italien, von Apulien bis Piemont und natürlich auch im Aostatal an der französischen Grenze, ausübt. Heute entsteht Chardonnay in Italien – oft ohne besonderen Charakter – in Friaul, im Trentino und in geringerem Umfang im Veneto, wo die Sorte zum überwiegenden Teil als Ballast zum GARGANEGA beiträgt. Schöne Beispiele kommen aus guten Lagen sowohl in Friaul als auch im Trentino, der größte Teil geht aber doch in die Produktion von Schaumwein ein. Die meisten der ambitionierteren stillen Chardonnays Italiens spiegeln alle möglichen Kellertechniken, vor allem kräftigen Eichenholzeinfluß, wider. Jedenfalls gewinnt der Chardonnay in Italien rasch an Boden, da er in der Toskana an Stellen gedeiht, wo der SANGIOVESE nur schwer zur Reife gelangt, und in Piemont den inzwischen nur noch schwer verkäuflichen DOLCETTO ersetzt.

Nicht ganz so dramatischer Chardonnay kommt in der Schweiz, insbesondere um Genf und im Wallis, zustande. In Österreich wurden der Morillon in der Steiermark und der Feinburgunder um Wien im Burgenland erst gegen Ende der 1980er Jahre als der hochmodische Chardonnay erkannt (damals umfaßte die Anbaufläche in der Steiermark schon über 200 ha). Unter den österreichischen Chardonnays finden sich ausgesprochen volle, eichenfaßgereifte Versionen, aber auch schlanke, aromatische, nach dem Vorbild feinster österreichischer Rieslinge, und schließlich süße Ausbruchweine.

Bulgarien verfügt über eine sehr ausgedehnte Chardonnay-Anbaufläche, aber entweder infolge von Übererträgen oder aus kellertechnischen Gründen erlangt die Sorte dort in der Flasche nur selten echten eigenen Charakter. In Slowenien, Ungarn und Rumänien (von wo schon Spätleseversionen im Export erschienen sind) gibt es jeweils nur kleinere Bestände, und in Rußland scheinen die politischen Turbulenzen am Ende der 1980er Jahre dazu beigetragen zu haben, daß dort die um diese Zeit fast überall geschehene große Chardonnay-Invasion ausblieb. Die amtlichen Statistiken von 1993 weisen aus, daß die Traube nur nach Moldova und Georgien eingesickert ist und neben den Weißweinrebsorten Rkatsiteli, Riesling und dem burgundischen Rivalen Aligoté eine untergeordnete Rolle spielt.

Deutschland war eines der letzten Weinbauländer, die dem Chardonnay offizielle Anerkennung zuteil werden ließen, und zwar erst 1991 und in sehr begrenztem Umfang. Das ist auch nicht weiter verwunderlich, denn so manchen mutet die Auslieferung einer der begünstigten deutschen Weinlagen an diese im wesentlichen doch französische Rebsorte wie eine Niederlage für den angestammten deutschen Riesling an.

Der Ruhm und die Popularität des Chardonnay sind dergestalt, daß er unter so ungleichen Klimabedingungen, wie sie einerseits in England und andererseits in Indien und Uruguay herrschen, mindestens in gewissem Umfang angebaut wird. In Katalonien bringt der Chardonnay zusätzliche Klasse und einen international anerkannten Geschmack in die spanische Cava ein, läßt aber auch hier sowie in Costers del Segre und Somontano relativ fette Stillweine entstehen. Allein Portugal scheint der Chardonnay-Manie widerstanden zu haben.

☙ **CHASAN** Eine Kreuzung zwischen PALOMINO (in Frankreich Listan genannt) und Chardonnay, gezüchtet von dem französischen Ampelographen Paul Truel. Ihr Wein, der ja kommerziell betrachtet den Vorteil hat, mit denselben Buchstaben zu beginnen wie der hochmodische Chardonnay, zeigt in Geschmack und Struktur leichte Anklänge an diesen. Die früh austreibende Rebe wird in beschränktem Umfang im Languedoc, v. a. im Département Aude, angebaut.

☙ **CHASSELAS** Die weit in der Welt verbreitete Rebe hat eine lange, interessante Geschichte. Manche Autoritäten vermuten ihren Ursprung im Nahen Osten oder in Ägypten, andere suchen ihn in Frankreich. Fachleute in der Schweiz, wo unbestreitbar die feinsten Weine dieser Sorte entstehen, vertreten die Meinung, daß die Ursprünge der Chasselas-Traube in der Schweiz selbst liegen, denn der Name **Fendant,** das im Wallis gebräuchliche Synonym, ist in klösterlichen Urkunden aus der Zeit lange vor dem 16. Jh. zu finden.

In Frankreich wird die Sorte etwas über die Schulter angesehen, nicht zuletzt, weil sie dort als Chasselas Doré die verbreitetste Tafeltraube ist. Im Elsaß ist sie rasch im Schwinden begriffen; dort gilt sie als sehr schlicht und wird nur im Edelzwicker oder in Markenweinen ohne Angabe von Traubennamen mitverwendet. In der durch den Pouilly-Fumé berühmten Gegend liefert Chasselas einen ausgesprochen einfachen, als Pouilly-sur-Loire bezeichneten Weißwein. Französischer Chasselas findet seine nobelste Ausprägung in Crépy in Savoyen, wo er auf eine lange Geschichte zurückblicken kann.

Auf dieser Seite des Genfersees wie auch auf der anderen, der schweizerischen, gilt es, die Veredelungsunterlage mit Sorgfalt zu wählen, um der ungünstigen Neigung der Sorte zu frühem Austrieb und allzu starker Laubentwicklung entgegenzuwirken. Im Anbau richtig behandelter Chasselas kann gute Erträge an eher neutralem, mildem Wein hervorbringen, der in bestimmten Lagen, etwa um den Ort Dézaley, Höhepunkte an Konzentration, Subtilität und Langlebigkeit erreicht. In der Waadt heißt die Traube **Dorin,** und alles in allem ist Chasselas in der Schweiz die meistangebaute Rebsorte.

Chasselas

In seiner langen Geschichte hat der Chasselas Gelegenheit gehabt, sich weit zu verbreiten. In Deutschland, wo er seit dem 16. Jh. bekannt ist, heißt er **Weißer Gutedel.** In der Pfalz wurde er früher viel angebaut, und auch 1990 verfügte er in Deutschland noch über eine Anbaufläche von mehr als 1300 ha. In Österreich trägt die Traube die Namen **Moster** und **Wälscher,** wird aber nicht viel angebaut. Stärker verbreitet ist sie dagegen in Rumänien (vorwiegend als Tafeltraube) und Ungarn (wo sie die zweitmeist angebaute Rebsorte ist), in geringerem Umfang auch in Moldova und der Ukraine. Im Norden und äußersten Süden Italiens (wo sie manchmal **Marzemina Bianca** heißt), um das ganze Mittelmeer einschließlich Nordafrikas und in Chile kommt die Sorte vor; in Neuseeland hatte sie sogar einmal erstaunlich große Bedeutung.

Die in Kalifornien als Golden Chasselas bezeichnete Sorte ist vermutlich PALOMINO.

☙ **CHENEL** Eine südafrikanische Kreuzung CHENIN BLANC × TREBBIANO, speziell auf Fäuleresistenz gezüchtet. Siehe auch WELDRA.

Chenin Blanc

❦ **Chenin** oder **Chenin Blanc** Die in ihrer Heimat oft PINEAU oder Pineau de la Loire genannte Rebsorte ist wohl die vielseitigste der Welt. Sie kann einerseits einige der feinsten und langlebigsten süßen Weißweine hervorbringen, wird andererseits aber in der Neuen Welt unter das Joch der Tafelweinproduktion gezwungen. Zwischen diesen beiden Extremen liegt eine weite Spanne mit Mengen von Schaumwein, und in Südafrika, wo Chenin Blanc die meistangebaute Traubensorte ist, bildet er die Grundlage für die verschiedensten aufgespriteten Weine und Spirituosen. In der Neuen Welt büßt er zwar in der dortigen ertragreichen Form seinen charakteristischen, an Honig und feuchtes Stroh erinnernden Geschmack ein, behält aber seine von Natur aus kräftige Säure, die an der Loire in nicht ganz ausgereiften Jahrgängen Schwierigkeiten macht, in heißem Klima aber oft willkommen ist.

In Südafrika wird heute etwa dreimal soviel Chenin angebaut wie in Frankreich; die am Kap meist **Steen** genannte Sorte hält dort über 30% der Rebfläche besetzt. Mit großer Wahrscheinlichkeit ist sie mit der 1655 von Jan van Rieebeck importierten Rebenkollektion ins Land gekommen. Der Wein, den sie in Südafrika erbringt, ist halbtrocken, erfrischend säuerlich, ansonsten aber recht neutral; immer mehr wird mit Verschnitten und mit süßen oder gar eichenfaßbehandelten Versionen experimentiert.

Auch in Kalifornien hat der Chenin eine größere Anbaufläche inne als in Frankreich, und er wird hier ähnlich wie in Südafrika weitgehend als anonyme Grundlage in kommerziellen Alltagsverschnitten für angenehm frische Weißweine unterschiedlicher Süße genutzt, oft im Verein mit dem noch verbreiteter angebauten French COLOMBARD. Die beiden Massenträgersorten stehen hier Seite an Seite vorwiegend im heißen Central Valley in einer Umgebung, die als Antithese zur Heimat des Chenin an der Loire gelten könnte (aber in Clarksburg kommen hochinteressante Melonen- und Moschusnuancen zustande). Nur eine Handvoll Erzeuger versucht ernsthaft, von Chenin ausbaufähige Weine hervorzubringen. In einigen Fällen wird er zu Wein nach dem Vorbild der großen süßen Chenins von der Loire verarbeitet. Ähnliches versuchen auch Weinerzeuger in Neuseeland, wo zu Beginn der 1990er Jahre eine Anbaufläche von 200 ha vorwiegend auf der Nordinsel bestand. Australien verfügt über eine dreimal so große Chenin-Anbaufläche – ehemals weitgehend unter falschem Namen –, doch wird die Sorte dort geringgeachtet und lediglich als begrüßenswert säurereiche Ergänzung zum Strecken von Chardonnay oder zum Beleben von Chardonnay/Semillon-Verschnitten genutzt.

In Lateinamerika wird Chenin verbreitet angebaut, und zwar aus keinem anderen erkennbaren Grund, als daß er zuverlässig ordentliche Erträge an relativ frischem Wein liefert. Argentinien verfügt über etwa 4000 ha, deren Ertrag größtenteils in Schaumweine eingeht, und auch in Chile gibt es größere Bestände. In Mexiko, Brasilien und Uruguay heißt die Sorte meist **Pinot Blanco**. In vielen Staaten der USA außerhalb Kaliforniens ist der Chenin ebenfalls verbreitet, jedoch nicht besonders populär. Im Staat Washington beispielsweise wurde gegen Ende der 1980er Jahre fast die Hälfte aller Chenin-Reben gerodet.

Am Ende des 19. Jh. wurde die Traube auch nach Israel gebracht und faßte in den dortigen Weinbergen Fuß.

Chenin Blanc

Wenn der Chenin ein Doppelleben zu führen scheint – als verläßliche Allerweltstraube in der Neuen Welt, als Superstar in Anjou-Touraine –, so liegt das offenbar am Zusammenwirken von Klima, Boden und Ertrag. Im Central Valley Kaliforniens wird von der Sorte nicht selten ein Ertrag von 175 hl/ha verlangt, während selbst für den einfachsten Anjou Blanc ein Ertrag von höchstens 45 hl/ha vorgeschrieben ist. So verwundert es kaum, daß der Chenin-Charakter außer an der Loire recht verwaschen erscheint.

Galet meint, die Sorte sei in Anjou schon im 9. Jh. heimisch gewesen und im 15. Jh. in die Touraine gelangt. Rabelais jedenfalls erwähnte Chenin nicht nur unter diesem Namen, sondern auch unter dem Synonym Pineau oder Pineau d'Anjou.

Die wuchskräftige Rebe treibt früh aus und reift spät – beides Eigenschaften, die im kühlen Loire-Tal recht unbequem sein können (in den wärmeren Weinbaugebieten der Neuen Welt sind sie kaum von Bedeutung). Es wurden Klone selektiert, bei denen diese Unannehmlichkeiten vermindert sind; sechs davon waren in den 1990er Jahren in Frankreich amtlich zugelassen.

Etwa ein Drittel der französischen Chenin-Bestände (praktisch ausschließlich an der mittleren Loire) wurde in den 1970er Jahren aufgegeben, in Anjou-Touraine oft zugunsten der Rotweintraube CABERNET FRANC und im Osten der mittleren Loire zugunsten der damals modischeren Sorten GAMAY und SAUVIGNON BLANC. Heute ist Chenin im Herzen von Anjou-Touraine die trotzdem noch immer zweitmeist angebaute Rebsorte, und das ist auch gut so, denkt man an die ganz herrliche Qualität der besten Weine aus Appellationen wie Anjou, Bonnezeaux, Coteaux de l'Aubance, Coteaux du Layon, Jasnières, Montlouis, Quarts de Chaume, Saumur, Savennières, Vouvray und Crémant de Loire.

In den meisten Spitzenweinen und gewiß in allen großen Süßweinen ist Chenin der Alleinherrscher, aber im Anjou oder Saumur sind bis zu 20% CHARDONNAY oder Sauvignon zugelassen, und in Weißweinen mit der Bezeichnung Touraine sind noch weitere Sorten gestattet – doch ist auch hier der sonst übermächtig werdende Einfluß des Chardonnay auf höchstens 20% beschränkt. Der unverwechselbare Charakter in Weißweinen von der Loire ist stets dem Chenin zu verdanken, so sehr er auch in der übrigen Welt geringgeschätzt werden mag.

Einfacher Chenin von der Loire hat vielleicht nichts weiter zu bieten als ein vage blumiges Aroma und erfrischend kräftige Säure (gegebenenfalls auch noch etwas zu viel Schwefel, wenn er aus einer altmodischen Kellerei stammt), die besten Weine aber, seien sie nun süß *(moelleux)*, trocken oder *demi-sec,* weisen eine erregende Konzentration an feiner Honigwürze auf und dazu den für die Sorte charakteristischen höchst lebendigen Säuregehalt.

In klassischen Jahren trägt auch die Edelfäule dazu bei, den feinsten Chenins nach relativ früher Abfüllung eine jahrzehntelange Lebensdauer zu sichern. (So gesehen ist der Chenin bei später Lese und dem hier üblichen weiten Spektrum an Süßegraden Frankreichs Antwort auf den deutschen Riesling.)

Darüber hinaus macht die kräftige Säure den Chenin zu einer brauchbaren Grundlage für Schaumweine verschiedenster Art, in erster Linie den Saumur Mousseux, aber auch den Crémant de Loire, und sogar für volle, schäumende Vouvrays, die wie ihre stillen Pendants ein schönes Alter erreichen können. Gerade wegen der zuverlässig hohen Säure und des angenehmen Dufts wird die Sorte auch zusammen mit MAUZAC und zunehmend Chardonnay in den Schaumweinen von Limoux geschätzt.

Die beiden für Süßweine von der mittleren Loire großartigen Jahrgänge 1989 und 1990 haben Anlaß dazu gegeben, das Ansehen und den Preis hochwertiger Chenin-Weine anzuheben, doch eine Sorte, deren Weine Zeit brauchen, bis sie vollen Genuß gewähren, hat nun einmal am Ende des 20. Jahrhunderts keine besonders guten Chancen.

Chenin Noir ist ein nur selten gebrauchtes Synonym für die Rotweintraubensorte PINEAU D'AUNIS.

CHEVRIER Gelegentlich wiederbelebter historischer Name für SÉMILLON.

CHIAVENNASCA Im Valtellina gebräuchliches Synonym für die edle Rebsorte NEBBIOLO.

🍇 **CILIEGIOLO** Die ursprünglich aus der Toskana stammende, in Mittelitalien verbreitete Rotweintraube verdankt ihren Namen der Tatsache, daß sie in Farbe und Geschmack an Kirschen erinnert. Ihre Popularität ist im Schwinden, so daß die Anbaufläche in ganz Italien 1990 nur noch 5000 ha betrug, obwohl die Sorte ganz exzellente Weine erbringen und sich als angenehm milder Verschnittpartner für SANGIOVESE gut eignen kann.

🍇 **CINSAUT**, auch **Cinsault**. Die schon seit Jahrhunderten im Languedoc in Südfrankreich heimische Rotweintraube hat viel mit GRENACHE gemeinsam. Sie besitzt gute Trockenheitsresistenz, ist aber fäuleanfällig und läßt sich ohne weiteres zu reichlichen, dann jedoch nichtssagenden Erträgen veranlassen. Ihre besten Weine mit kräftigem Aroma, das auf nicht unangenehme Weise an Lack erinnert, bringt sie bei Erträgen von weniger als 40 hl/ha zustande. Sie sind meist leichter, milder und in der frühen Jugend aromatischer als die anderer Rotweintrauben. Vor allem für die Roséweinerzeugung eignet sich die Rebsorte, die in ganz Südfrankreich und in Korsika verbreitet ist, gut. Sie reift früher als Grenache und bietet mit ihrem biegsamen Holz bei der maschinellen Lese Vorteile.

In den 1970er Jahren verdreifachte sich die Anbaufläche in Frankreich, als Cinsaut offiziell unter die «verbessernden» Rebsorten aufgenommen wurde, durch die vor allem im Languedoc die Sorten ARAMON und ALICANTE BOUSCHET ersetzt werden sollten. Seither haben die wirtschaftlichen Realitäten (Qualität vor Quantität) die Geschicke des Cinsaut beeinträchtigt. Er dient fast ausschließlich dazu, Geschmeidigkeit, Duft und unmittelbar spürbare Frucht in Verschnitte (meist mit der allgegenwärtigen, aber nichtssagenden CARIGNAN-Traube) einzubringen, aber es gibt auch noch sortenreine Rosés.

An der südlichen Rhône bildet Cinsaut einen zugelassenen, aber selten besonders geschätzten Bestandteil im CHÂTEAUNEUF-DU-PAPE-Rezept, und er ist oft in der Provence sowie im Norden Korsikas anzutreffen, wo er zwar die meistangebaute Rebsorte ist, inzwischen aber zugunsten gewinnträchtigerer Feldfrüchte zurückgedrängt wurde.

Die Gesamtanbaufläche von Cinsaut in Frankreich ging im Lauf der 1980er Jahre auf unter 50 000 ha zurück (sie ist aber noch immer größer als die von CABERNET SAUVIGNON). Ihre größte Bedeutung hatte die Sorte in den 1950er und frühen 1960er Jahren, als Algerien, damals noch ein Teil Frankreichs, ein großes Weinerzeugerland war und sich in besonderem Maß auf seine höchst ertragreiche Cinsaut-Anbaufläche von 60 000 ha stützte. Da algerischer Wein damals in Frankreich weitgehend für Verschnittzwecke benutzt wurde, u.a. auch, um schwächlichen Burgundern Saft und Kraft zu verleihen, kann es durchaus sein, daß in älteren Flaschen mit «Burgunder» noch nordafrikanischer Cinsaut steckt. In Marokko ist er noch immer die meistangebaute Rebsorte, und er spielt im tunesischen, algerischen und libanesischen Weinbau nach wie vor eine Rolle.

Auch in Südafrika kommt Cinsaut noch immer große Bedeutung zu. Nachdem er um die Mitte des 19. Jh. aus Südfrankreich dorthin gelangt war, blieb er bis in die 1960er Jahre hinein am Kap die meistangebaute Rebsorte. Erst vor kurzem wurde er von Cabernet Sauvignon, der populärsten Rotweintraube, überholt, verfügte aber 1994 noch immer über eine Anbaufläche von 4200 ha. Cinsaut wurde in Südafrika salopp mit dem Namen Hermitage belegt, obwohl es diese Sorte am Hermitage-Berg an der nördlichen Rhône gar nicht gibt. So kam Südafrikas eigene Rebsortenspezialität, eine Kreuzung zwischen Pinot Noir und Cinsaut, zu dem Namen PINOTAGE, unter dem sie heute in ihrer Heimat viel höher geachtet ist als Cinsaut.

Sowohl in Frankreich als auch in Australien (wo die Sorte in den 1970er und 1980er Jahren stark zurückgegangen ist) kommt Cinsaut unter dem Namen Œillade gelegentlich auch als Tafeltraube auf den Markt. In Süditalien ist sie wahrscheinlich identisch mit der um Brindisi angebauten Sorte Ottavianello, die dort leichte, nicht weiter bemerkenswerte Rotweine hervorbringt. Auch in mehreren Winkeln Osteuropas ist Cinsaut anzutreffen.

🍇 **CLAIRETTE** Ein in Südfrankreich viel gebrauchter Name für mehrere Weißweintraubensorten. Clairette Ronde heißt beispielsweise im Languedoc der weitverbreitete UGNI BLANC, und mehrere Clairettes dienen als Synonyme für den viel feineren BOURBOULENC.

Die echte **Clairette Blanche** ist eine ausgesprochen altväterische Rebsorte, die etwas flaue, alkoholstarke, rasch oxidierende Weißweine hervorbringt, aber in den verschiedensten Appellationen an der südlichen Rhône, in der Provence und im Languedoc zugelassen ist und dreien davon sogar den Namen leiht (Bellegarde, Languedoc und Schaumwein von Die). Clairette braucht eine schwachwüchsige Unterlage, um *coulure* zu vermeiden, und ist anfällig für Mehltau und Maden. Ihre kleinen, dickschaligen Beeren reifen gegen Ende der Wachstumsperiode gefährlich schnell aus. Die Gesamtanbaufläche in Frankreich nahm in den 1970er Jahren um mehr als die Hälfte ab und belief sich am Ende der 1980er Jahre, also in einer Zeit, als der Verbraucher Geschmack an Weißweinen fand, die das gerade Gegenteil der Clairette darstellen, auf nur noch 4000 ha. Sie ist aber noch immer – meist durch Ugni Blanc und TERRET unterstützt – einer der Hauptbestandteile in den weißen Vins de Pays aus dem Languedoc.

Ihr Mitwirken in vielen Weißweinappellationen im Süden, z. B. Lirac, Costières de Nîmes und Palette, liefert die Erklärung dafür, weshalb in diesen Verschnitten auch Ugni Blanc benötigt wird – nämlich um Säure als Gegengewicht einzubringen. Der in Verschnitten und im Weinberg oft anzutreffende andere Partner, GRENACHE BLANC, trägt nichts dazu bei, der Schwere und frühen Alterung der Clairette entgegenzuwirken, doch durch kühles Vergären und möglichst geringe Einwirkung von Sauerstoff kann einiges getan werden, um diesen Neigungen abzuhelfen.

In früheren Zeiten, als der Verbraucher Wert darauf legte, daß Weißwein bräunlich aussah und halbwegs wie Sherry schmeckte, hatte Clairette natürlich relativ große Bedeutung. Zusammen mit der säurereicheren PICPOUL-Traube bildete sie die Grundlage für den Picardan, einen überaus populären Wein, der im 17. und 18. Jh. in enormen Mengen aus dem Languedoc nach Norden exportiert wurde. Es ist auch kaum eine Überraschung, daß sich die Sorte im 19. und frühen 20. Jh. stark ausbreitete. Außerdem hatte sie seinerzeit in Algerien eine beträchtliche Anbaufläche inne. In Südafrika nimmt sie mit 3500 ha relativ viel Raum ein (fast soviel wie in Frankreich) und liefert einen nützlichen Bestandteil für einfachen Schaum- und Verschnittwein. In Australien wächst sie im Hunter Valley noch als **Blanquette**, befindet sich aber in raschem Rückgang. Außerdem wird sie in Rumänien, Israel, der Toskana und auf Sardinien, wo sie im Nuragus di Cagliari als Bestandteil zugelassen ist, angebaut.

Auch in Rußland wird eine Clairette in größerem Umfang kultiviert.

CLARE RIESLING Siehe CROUCHEN.

CLARET DE GERS Vermutlich identisch mit **Claret de Gascogne**, einer fast ausgestorbenen, sehr schlichten südwestfranzösischen Rebsorte namens Blanc Dame.

CLAVERIE Rebsorte in Südwestfrankreich, auch **Chalosse Blanche** genannt; sie erbrachte früher in Holland gefragten alkoholstarken Wein, ist aber inzwischen auch in den Landes praktisch ausgestorben.

CLEVNER Häufig für Mitglieder der PINOT-Familie gebrauchter Name; in der Schweiz ist er vor allem im Kanton Zürich für Blauburgunder (PINOT NOIR) üblich. Siehe auch KLEVNER.

CLINTON Amerikanische *Labrusca*-Sorte mit ausgeprägtem Fuchsgeschmack; gelegentlich in der italienischen Schweiz und manchmal auch jenseits der Grenze in Italien anzutreffen. Sie wurde am Ende des 19. Jh. als Abwehrmaßnahme gegen den Reblausbefall angepflanzt.

COCOCCIOLA Eine der wenigen italienischen Traubensorten, deren Anbaufläche zwischen 1982 und 1990 gewachsen ist – allerdings nur auf 1400 ha; sie bildet einen Bestandteil im Trebbiano d'Abruzzo.

COCUR Ukrainische Spezialität; hinter ALIGOTÉ, RKATSITELI und SAUVIGNON BLANC die viertmeist angebaute Rebsorte des Landes.

CODA DI VOLPE Alte körperreiche Spezialität Kampaniens aus der Gegend von Neapel. Unter demselben Namen wird in der Emilia eine andere Rebe kultiviert.

CÓDEGA Am Douro gebräuchlicher Name für ROUPEIRO.

COLOMBARD Die Rebsorte wurde früher zusammen mit UGNI BLANC und FOLLE BLANCHE für die Cognac-Erzeugung angebaut, galt aber als nicht so gut geeignet wie diese beiden. Während der Stern des Colombard in Frankreich sank und fast die Hälfte der Bestände in den 1970er Jahren gerodet wurde, stieg er zugleich in Kalifornien besonders hell auf, wo die Rebe unter dem Namen **French Colombard** die meistangebaute Sorte überhaupt war, bis sie Anfang der 1990er Jahre vom Chardonnay überholt wurde. Sie liefert reichliche Mengen an recht neutralem, aber zuverlässig frischem Grundwein für kommerzielle, oft liebliche Weißweinverschnitte.

Ihre Nachteile – sie ist ziemlich anfällig für Fäule und Echten Mehltau – fallen im heißen Central Valley, wo sich fast die gesamte Colombard-Anbaufläche Kaliforniens befindet, nicht sehr ins Gewicht (aus den Statistiken geht hervor, daß im vornehmen Napa Valley nur gerade 17 ha mit Colombard besetzt sind). Was für die Cognac-Hersteller am Colombard darüber hinaus noch nachteilig war – sein Wein ist alkoholreicher und säureärmer als der der anderen dort angebauten Sorten –, verwandelt sich für den Verbraucher des nicht destillierten Getränks in reine Vorteile (allerdings wird von Colombard auch in Kalifornien Brandy hergestellt).

Es müßte freilich mit Hexerei zugehen, wenn Colombard zu einem wahrhaft aufregenden Wein verarbeitet werden könnte, aber gefällige, lebendige Harmlosigkeit ist durchaus herauszuholen, wenn man über Edelstahltanks und Temperaturregelung verfügt. In einer Art wohlgelungener transatlantischer Rückkopplung gingen die Winzer von Armagnac schließlich daran, den kalifornischen Erfolg ihres guten alten Colombard in seiner Heimat mit dem, was sie für die eigene Weinbrandproduktion nicht benötigten, nachzuahmen, indem sie mit ihm den überaus erfolgreichen Vin de Pays des Côtes de Gascogne kreierten (der später von ihren Rivalen in der Cognac-Region kopiert wurde). In der Gascogne ist Colombard hinter Ugni Blanc und BACO Blanc, die sich beide für Brennwein besonders gut eignen, die drittmeist angebaute Rebsorte und steht deshalb für diesen Vin de Pays reichlich zur Verfügung.

Colombard wird in Südwestfrankreich nach wie vor verbreitet angebaut, insbesondere im Norden und Westen der Region Bordeaux, z.B. um Bourg und Blaye, wo die Traube vor allem als untergeordneter Bestandteil in recht nichtssagendem Bordeaux Blanc mitspielt.

In Südafrika, wo die dort oft **Colombar** genannte Rebsorte für die einheimische Brandy-Industrie von Bedeutung war, erlangte sie auch als preiswerter halbtrockener Massenwein große Popularität. Die Anbaufläche betrug 1990 noch 5700 ha; damit ist Colombard die fünftmeist angebaute Rebsorte des Landes, und manche Kellermeister hier geben sich ungewöhnliche Mühe, um aus dieser schlichten Traube einen feinen Wein zu zaubern.

In Australien gab es zu Beginn der 1990er Jahre noch 600 ha Colombard; dort wird die Traube meist mit modischeren Sorten verschnitten und bringt dabei oft willkommene natürliche Säure ein.

COLORINO Die immer rarer werdende dickschalige rotfleischige dunkle Traube wurde früher in der Toskana getrocknet und dann dem Chianti zur Farbverstärkung zugesetzt. Für besseren SANGIOVESE ist sie weniger brauchbar.

COLUMBARD Gelegentlich anzutreffende (falsche) Schreibweise für die Weißweintraube COLOMBARD.

COMPLETER Altehrwürdige weiße Rebsorte in Graubünden (Ostschweiz). Ihr relativ aromatischer, körperreicher Wein ist eine Spezialität der Bündner Herrschaft. Sloan zufolge ist die Sorte identisch mit Lafnetscha im Wallis.

CONCORD Die wichtigste im Osten der USA heimische Rebsorte wird vor allem im Staat New York angebaut. Sie gehört der amerikanischen Rebenspezies *Vitis labrusca* an, und der ausgeprägt fuchsige Geschmack ihres Safts macht ihre Weine für alle, die nur mit *Vinifera*-Gewächsen vertraut sind, sehr gewöhnungsbedürftig. Auf den Namen des Orts Concord, Massachusetts, wurde sie von Ephraim W. Bull, der sie dort im Jahr 1843 aus den Kernen einer Wildrebe gezogen hatte, getauft. Die Sorte hat vor allem große Bedeutung für die Produktion von Traubensaft und -konfitüre, aber auch eine Reihe von Weinen wird von ihr erzeugt, die oft beträchtliche Restsüße aufweisen. Die Rebe eignet sich sehr gut für den Anbau bei den in New York vorkommenden niedrigen Temperaturen und zeichnet sich durch hohen Ertrag und große Wuchskraft sowie späte Reife aus. In geringem Umfang wird die Concord auch in Brasilien angebaut.

CORDISCO Gelegentlich gebrauchter Name für die italienische Rebsorte MONTEPULCIANO.

CORNALIN Im Schwinden begriffene traditionelle französisch-schweizerische Traubensorte. Sie erbringt bei später Reife besonders tiefdunklen Wein, der längerer Lagerung bedarf.

CORNIFESTO Untergeordnete Portweintraube; erbringt leichte Weine.

CORTESE In Piemont seit über einem Jahrhundert gefeierte Traubensorte. Der am höchsten angesehene Cortese-Wein ist der Gavi, der ursprünglich für die Fischrestaurants in Genua und an der ligurischen Küste produziert wurde. Der einige Kilometer weiter westlich erzeugte Cortese dell'Alto Monferrato erreicht wie der Cortese aus den Colli Tortonesi nur selten die Reife und auch die kellertechnische Perfektion des Gavi. Meist ist der Wein (anders als jener der Sorten ARNEIS und FAVORITA in Piemont) kaum komplex, eher neutral, behält aber bis zur vollen Reife eine kräftige Säure.

Die Cortese-Traube wird außerdem im Oltrepò Pavese in der Lombardei angebaut und ist auch im Bianco di Custoza im Veneto ein zugelassener Rezeptbestandteil. Die Gesamtanbaufläche ging in den 1980er Jahren um ein Viertel auf unter 3000 ha zurück.

CORVINA oder **CORVINA VERONESE** Die dominierende und beste Rotweintraube in Valpolicella und Bardolino (Nordostitalien) bringt relativ leichten, fruchtigen Rotwein mit einer gewissen Mandelnuance hervor. In den DOC-Regeln für Valpolicella ist neben ihr ein kombinierter Anteil von mindestens 30 % der relativ neutralen RONDINELLA und der herben MOLINARA im Mischungsrezept vorgeschrieben, was zu Kritik Anlaß gegeben hat. Die manchmal auch **Cruina** genannte Corvina eignet sich am besten zum Trocknen für die Amarone- und Recioto-Produktion. Am Anfang der 1990er Jahre belief sich die Anbaufläche der Corvina Veronese in Italien auf insgesamt 4500 ha.

CÔT oder **COT** Verbreitetes Synonym für MALBEC, der in Cahors auch Auxerrois genannt wird.

COUDERC NOIR Die Kreuzung der dunkelfruchtigen *Vitis rupestris Lincecumii × vinifera* ist eine von mehreren ertragreichen, aber nichtssagenden Hybridreben, die zu Beginn des 20. Jh. in Südfrankreich stark verbreitet waren (siehe BACO, CHAMBOURCIN, PLANTET, SEIBEL, SEYVE-VILLARD, VILLARD). Couderc Noir erreichte zwar nie die Popularität von Villard, wurde aber trotzdem so stark angebaut, daß die Gesamtfläche für Cabernet Sauvignon die von Couderc Noir erst in den 1970er Jahren überholte. Inzwischen sind energische Maßnahmen zur Ausrottung solcher Restbestände einer vergangenen Weinbauepoche unternommen worden, so daß bei der landwirtschaftlichen Erhebung von 1988 nur noch jeweils etwa 2500 ha Couderc Noir, Villard Noir und der verschiedenen Seyve-Villard-Sorten ermittelt wurden. Couderc hat nicht einmal besonders gute Resistenz gegen die Reblaus, außer wenn sie auf entsprechende Unterlagen gepfropft ist, und reift so spät, daß sie ein warmes Klima braucht; daher war sie in den östlichen Staaten Nordamerikas nicht brauchbar. Ihr Wein ist darüber hinaus im Geschmack auf aggressive Weise nicht-*vinifera*-ähnlich.

COUNOISE Eine der mit kleinem Anteil am roten Châteauneuf-du-Pape beteiligten Rebsorten; im Weinberg wird sie leicht mit der weniger wertvollen Sorte AUBUN verwechselt, mit der sie in älteren Anlagen oft vermischt steht. Counoise ist als ergänzende Traube in den meisten Rotwein-Appellationen an der südlichen Rhône und auch in den Coteaux du Languedoc (wo Aubun als Synonym vorgesehen ist) zugelassen. Sie wird aber außerhalb von Châteauneuf-du-Pape nicht verbreitet angebaut, obwohl ihre Gesamtanbaufläche in Frankreich in den 1980er Jahren auf rund 900 ha gestiegen ist.

Die Rebe treibt spät aus, reift spät und bringt mittelmäßige Erträge. Ihr Wein ist nicht besonders dunkel und alkoholstark, trägt aber zu Verschnitten eine pfefferige Note und lebendige Säure bei. Weingüter wie Château de Beaucastel verarbeiten etwa 5% Counoise in ihrem roten Châteauneuf-du-Pape.

COURBU BLANC Siehe PETIT COURBU. Der dunkelfrüchtige **Courbu Noir** ist ebenfalls eine Spezialität von Béarn (Südwestfrankreich), jedoch praktisch ausgestorben.

CRATO, CRATO BRANCO Spezialität von Algarve (Portugal).

CRIOLLA CHICA In Argentinien gebräuchlicher Name der Rebsorte, die in Chile PAIS, in Kalifornien MISSION und in Peru **Negra Corriente** heißt. Es wird vermutet, daß sie von den Kernen von Trauben abstammt, die im 16. Jh. von den spanischen *conquistadores* mitgebracht worden waren und sich auf der langen Seereise über den Atlantik in Rosinen verwandelt haben dürften. Criolla Chica ist zwar in Argentinien allgemein weniger stark verbreitet als die anderen hellroten Traubensorten CRIOLLA GRANDE und CEREZA, doch in der Provinz La Rioja ist sie stärker vertreten als Criolla Grande.

CRIOLLA GRANDE Die meistangebaute Rebsorte Argentiniens erbringt von robusten, hellroten Trauben große Mengen an hellrotem oder dunklem weißem Wein für den Inlandsverbrauch. Die Anbaufläche geht zwar zurück, sie betrug aber 1990 immer noch 37 000 ha; das reichte wohl noch aus für einen Platz unter den 20 ihrer Rebfläche nach meistangebauten Sorten der Welt. Obwohl die Criolla Grande nach der Provinz San Juan auch **Criolla Sanjuanina** genannt wird, befinden sich ihre größten Bestände in der Provinz Mendoza – dort ist sie die bei weitem am häufigsten kultivierte Traube (ihre Anbaufläche ist hier dreimal so groß wie beispielsweise die der Rotweintraube MALBEC).

Criolla Grande ist eine schlichte *Vinifera*-Rebsorte, vermutlich eine der ersten, die auf dem amerikanischen Kontinent kultiviert wurden; ihre Beeren sind dunkelhäutiger als die von CRIOLLA CHICA.

Anm.: Die beiden Criolla-Sorten bilden zusammen mit CEREZA und Moscatel Rosado die Grundlage für die allmählich abnehmende Massenproduktion Argentiniens an einfachem, ziemlich dunklem Weißwein zu billigen Preisen in Literflaschen oder Tüten.

CROATINA Im Grenzbereich der Regionen Piemont und Lombardei verbreitete italienische Rotweintraube. Sie ist in Austrieb und Reife spät und bringt reichliche Erträge an fruchtigem Wein mit kräftigem Biß, der sich relativ jung am besten trinkt. Ihr gebräuchlichstes Synonym ist BONARDA – unter diesem Namen liefert sie im Oltrepò Pavese einen ansprechenden sortenreinen DOC-Wein. Bei Bonarda Piemontese handelt es sich dagegen um eine völlig andere Sorte. In den 1980er Jahren ging die Croatina-Anbaufläche von 5500 auf 4500 ha zurück.

CROUCHEN oder **CRUCHEN** Die Rebsorte, die in Südafrika und Australien neutrale Weißweine liefert, stammt ursprünglich aus dem Westen der französischen Pyrenäen, wird aber dort wegen ihrer Empfindlichkeit für Pilzkrankheiten nicht mehr in größerem Umfang angebaut. Es gibt Urkunden darüber, daß sie 1850 in das Clare Valley in Südaustralien gelangte, wo sie lange mit Semillon verwechselt wurde, den die Australier gewöhnlich Riesling nannten. Deshalb trug die Sorte in Australien den Namen Clare Riesling, bis der Ampelograph Paul Truel sie 1976 als diese relativ unbekannte französische Rebsorte identifizierte. Zu Beginn der 1990er Jahre verfügte sie in Australien noch über eine Anbaufläche von 420 ha; ihr Wein wird allgemein als sanft aromatisches Verschnittmaterial verwendet. In Südafrika umfaßten die Bestände der dort **Cape Riesling**, gelegentlich auch **South African Riesling** oder **Paarl Riesling** genannten Sorte 3500 ha, und auch heute noch ist sie bei den Winzern am Kap sehr beliebt. Ihr Wein darf innerhalb von Südafrika einfach nur als Riesling auf den Markt kommen (während der echte Riesling als White oder Weisser Riesling bezeichnet wird), und mit der ansonsten großartigeren deutschen Rebsorte hat sie die Fähigkeit gemeinsam, sich bei Flaschenalterung schön zu entfalten.

CRUCHINET Eines von vielen Synonymen für CHENIN BLANC.

CURRANT Meist für die Rosinenproduktion benutzte Sorte; in Australien, wo in den 1960er Jahren eine Variante namens Carina gezüchtet wurde, wird sie gelegentlich auch zu Wein verarbeitet.

D

DATTIER Tafeltraube aus dem Mittleren Osten; in Australien als **Waltham Cross** angebaut und gelegentlich zu einfachem Wein verarbeitet.

DEBINA Apfelfruchtige Traubensorte für die spritzigen Weißweine von Zitsa in Epirus in Nordwestgriechenland nahe der Grenze zu Albanien. Vermutlich wird die Rebe auch in Albanien kultiviert. In größerer Höhe bewahrt die Traube kräftige Säure, und ihre Neigung zur Oxidation wurde durch verbesserte Vinifikationsmethoden weitgehend unter Kontrolle gebracht.

DELAWARE Mengenmäßig bedeutende hellrote amerikanische Hybridrebe; sie stammt vermutlich von *Vitis labruscana, aestivalis* und *vinifera* ab und wurde erstmals 1849 in Delaware (Ohio) vermehrt. Sie ist im Staat New York sehr populär und aus inzwischen nicht mehr nachvollziehbaren Gründen in Japan stark verbreitet; vermutlich ist sie in den dortigen feuchten Herbsten wegen ihrer frühen Reife vorteilhaft. Der Weingeschmack ist nicht so ausgeprägt fuchsig wie bei der in New York mit ihr konkurrierenden, etwa zwei Wochen später reifenden CONCORD.

DIMIAT Die meistangebaute einheimische Weißweintraubensorte Bulgariens; ihre Rebfläche ist allerdings kleiner als die von RKATSITELI. Am verbreitetsten wird sie in Ost- und Südbulgarien angebaut, wo sie duftige Alltagsweißweine in verschiedenen Süßegraden und in recht zuverlässiger Qualität hervorbringt. Die Reben tragen große Mengen an kupferfarbenen Trauben, deren Wein jung und kühl getrunken sein will. Die bulgarische MISKET-Traube ist eine Kreuzung Dimiat × Riesling.

DINKA In Ungarn und der Woiwodina weit verbreitete, sehr schlichte Rebsorte, auch als Kövidinka, Kevedinka und Ruzica bezeichnet.

DOLCETTO Frühreifende, säurearme Rebsorte; angebaut wird sie fast ausschließlich in den Provinzen Cuneo und Alessandria in Piemont (Nordwestitalien). Ihre höchst beliebten Weine sind mild, rund, fruchtig und duftig, weisen Geschmacksnoten von Süßholz und Mandeln auf und trinken sich meist in den ersten zwei bis drei Jahren am besten.

Da Dolcetto vier Wochen früher reift als der majestätische NEBBIOLO, bietet er den Winzern die Möglichkeit, auch weniger günstige Lagen zu nutzen. So wird Dolcetto in den wertvollen Bereichen Barolo und Barbaresco kaum je in Südlagen angepflanzt, außer wenn diese zu hoch liegen, so daß Nebbiolo nicht zuverlässig zur Reife gelangen könnte. In den Bereichen Dogliani, Diano d'Alba und Ovada steht Dolcetto sogar in Lagen, wo andere Rebsorten überhaupt nicht ausreifen. Die Winzer im Bereich Dolcetto d'Alba, wo viele der feinsten Dolcetto-Weine wachsen, sind übereinstimmend der Auffassung, daß die Sorte den charakteristischen weißen Mergel auf dem rechten Ufer des Tanaro bevorzugt und auf schwereren Böden keine erstklassigen Ergebnisse erbringen kann.

Wenn die Sorte auch – abgesehen von ihrer Anfälligkeit für Pilzkrankheiten und von ihrer Neigung, an kühlen Morgen Ende September die Trauben abzuwerfen – recht bequem zu kultivieren ist, so läßt sie sich doch keineswegs bequem vinifizieren. Sie ist zwar mindestens im Vergleich zu BARBERA arm an Säure und schmeckt piemontesischen Zungen süß (Dolcetto bedeutet «kleiner Süßer»), hat jedoch sehr viel Gehalt an Tannin, das die Winzer durch kurze Gärzeiten zu mildern bestrebt sind. Die Schalen der Traube sind so reich an Pigmenten (die oft starken Bodensatz verursachen), daß selbst sehr kurze Gärzeiten nur selten die tief rubin- und purpurroten Farbtöne des Weins beeinträchtigen.

Es gibt in Piemont sieben DOC-Bereiche für Dolcetto: Acqui, Alba, Asti (dort wird mehr GRIGNOLINO angebaut), Diano d'Alba, Dogliani, Langhe Monregalesi und Ovada.

Die ligurische Version und zugleich der südlichste Ausläufer des Dolcetto-Territoriums in Italien ist **Ormeasco.** Er wächst auf der Südseite des Gebirges, das Piemont von Ligurien trennt.

Der französische Ampelograph Galet vertritt die Auffassung, daß Dolcetto identisch ist mit Douce Noire in Savoyen, die u. a. das Synonym Charbonneau trägt und daher dieselbe Sorte ist, die in Kalifornien als CHARBONO bezeichnet wird. Nicht alle italienischen Fachleute stimmen dem zu.

In Argentinien wird ebenfalls eine Dolcetto genannte Rebsorte angebaut.

DOMINA Deutsche Neuzüchtung, die in kühleren Gegenden Deutschlands, z. B. an der Ahr und in Franken, einen gewissen Erfolg hat und 1990 über eine Gesamtanbaufläche von 65 ha verfügte. Als Kreuzung Portugieser × Spätburgunder vereinigt sie in sich den Ertragreichtum der ersteren und die Reife, Farbkraft und Gerbstoffhaltigkeit der zweiten Sorte, aber nicht deren Finesse und Frucht.

DOÑA BLANCA, auch **Doña Branco** und **Moza Fresca.** In Nordwestspanien, v. a. Monterrei und Bierzo angebaute galicische Rebsorte; auch in Valdeorras kommt sie unter dem Namen **Valenciana** in geringerem Umfang vor. Um die Mitte der 1990er Jahre belief sich die Anbaufläche auf rund 1000 ha, und die leicht bitteren Weine von Monterrei lassen ein gewisses Potential erwarten.

DORADILLO Ertragreiche Rebsorte in Australien, vermutlich spanischen Ursprungs. Ihr völlig ausdrucksloser Wein eignet sich eher für die Herstellung von Brandy und für einfache alkoholangereicherte Weine als für die Erzeugung von Tischwein. Zu Beginn der 1990er Jahre gab es noch 850 ha Doradillo-Rebfläche, hauptsächlich im heißen Bewässerungsgebiet Riverland in Südaustralien. Früher wurde die Rebe irrtümlich auch Blanquette genannt und für die spanische Sorte JAÉN gehalten.

DORIN In der Waadt (Schweiz) gebräuchlicher Name für CHASSELAS.

DORNFELDER Die zunehmend als erfolgreichste Neuzüchtung unter den deutschen Rotweintrauben anerkannte Sorte wurde 1956 von August Herold vornehmlich als Farbtraube gezüchtet; er hatte den eigenen Namen leider bereits an eine der Elternreben dieser Sorte, die weniger gut gelungene HEROLDREBE, vergeben und taufte deshalb seine neuere Züchtung auf den Namen des Mannes, der im 19. Jh. die württembergische Weinbaufachschule gegründet hatte. Die Kreuzung HELFENSTEINER × Heroldrebe hat in ihrem Stammbaum so ziemlich alle in Deutschland je angebauten Rotweinrebsorten und von diesen glücklicherweise offensichtlich viel mehr ihrer guten als ihrer weniger guten Eigenschaften geerbt.

Dornfelder besitzt auffallend dunkle Farbe (besonders wertvoll in einem Klima, das der Pigmentbildung nicht sehr förderlich ist), kräftige Säure und attraktiv würzige Frucht sowie in manchen Fällen die Fähigkeit, durch Ausbau in Eichenfässern zu gewinnen und sich sogar in der Flasche noch zu entfalten. Oft bietet er mehr Weingenuß als der Spätburgunder, vielleicht weil dessen Erzeuger weniger ambitioniert sind.

Im Weinberg läßt sich Dornfelder bequemer kultivieren als Spätburgunder (PINOT NOIR), zeigt bessere Resistenz gegen Fäule als PORTUGIESER, besitzt kräftigere Stengel als TROLLINGER, weist bessere Reifegrade auf als alle diese Sorten, reift früher als LIMBERGER (Blaufränkisch) und erreicht ohne weiteres Erträge von 120 hl/ha (allerdings achten qualitätsbewußte Erzeuger darauf, seinen Ertragreichtum einzuschränken). Kein Wunder also, daß Dornfelder in den meisten deutschen Anbaugebieten an Boden gewinnt, vor allem in Rheinhessen und der Pfalz, wo er besonders wohlschmeckende Ergebnisse liefert. Die Gesamtanbaufläche in Deutschland hat sich in den 1980er Jahren stetig vergrößert und am Ende des Jahrzehnts über 1200 ha erreicht.

Die meist für baldigen Genuß und nur nach Faßausbau auch für längere Lagerung bestimmten Weine dieser Traube, die weit öfter sortenrein als zu Verschnitten verarbeitet wird, lassen den Wert der Rebenzüchtung in bestem Licht erscheinen.

DOUCE NOIR Siehe CHARBONO.

- **DRUPEGGIO** Anderer Name für die Weißweinrebsorte CANAIOLO Bianco, die im mittelitalienischen Orvieto-Wein zusammen mit Grechetto, Malvasia und Verdello lebendige Art in den Trebbiano-Hauptanteil einbringt.

- **DUNKELFELDER** Deutsche TEINTURIER-Rebe mit besonders tiefer Farbe, eine für die Rotweinbereitung in Deutschland nützliche Sorte. Ihre Anbaufläche betrug zu Beginn der 1990er Jahre über 100 ha, vorwiegend in Baden und der Pfalz.

- **DURAS** Spezialität in Gaillac; sie liefert dunkle Weine mit guter Struktur, hat jedoch ihres gefährlich frühen Austriebs wegen stark an Popularität verloren.

- **DURELLA** Rebsorte im Veneto, bemerkenswert wegen ihrer kräftigen Säure; sie bildet die Grundlage für Lessini Durello.

- **DURIF** Ausdruckslose, heute in Frankreich kaum noch angebaute Traubensorte, selektiert aus einer anderen Rebsorte namens PELOURSIN. Sie wurde in den 1880er Jahren von Dr. Durif in Südwestfrankreich vermehrt, besitzt gute Resistenz gegen Falschen Mehltau, bringt aber keinen qualitativ hochwertigen Wein hervor. Noch um die Mitte des 20. Jh. wurde die Sorte an der Isère und der Ardèche von den französischen Behörden geduldet, jedoch nicht gefördert. Es wird schon seit langem vermutet, daß es sich um dieselbe Sorte handelt, die in Nord- und Südamerika als PETITE SIRAH bekannt ist; allerdings läßt der an der University of California in Davis ermittelte DNS-Fingerabdruck dies als zweifelhaft erscheinen.

- **DUTCHESS** Im Staat New York mit mäßigem Erfolg angebaute amerikanische Hybridrebe; sie stammt von *Vitis labrusca* und vermutlich *V. aestivalis* und *bourquiniana* ab und wurde erstmals 1868 in Marlboro, New York, vorgefunden.

🍇 **EARLY BURGUNDY** In Kalifornien gebrauchter Name für eine früher dort angebaute Rebsorte, die von dem Ampelographen Pierre Galet als ABOURIOU identifiziert wurde.

🍇 **EHRENFELSER** Eine der feinsten deutschen Neuzüchtungen des 20. Jh., eine 1929 in Geisenheim entstandene Kreuzung Riesling × Silvaner. Mit dieser Rebe wurde das Ziel erreicht, einen Super-Riesling zu schaffen, der in unterschiedlichen Lagen zur Reife gelangen kann. Die Hauptnachteile gegenüber dem Riesling selbst bestehen darin, daß der Ehrenfelser etwas zu säurearm für lange Lagerung ist – und daß er nicht Riesling heißt. Die nach der Burgruine Ehrenfels im Rheingau benannte Sorte reift regelmäßig besser und ist ertragreicher als Riesling, besitzt aber im Hinblick auf die möglichen Lagen bei weitem nicht die Vielseitigkeit wie der später gezüchtete KERNER, der als flexibler Riesling-Ersatz weit größeren Anklang gefunden hat. Die Gesamtanbaufläche von Ehrenfelser ging Ende der 1980er Jahre auf unter 500 ha zurück; die größten Bestände befinden sich in der Pfalz und in Rheinhessen.

🍇 **ELBLING** Die alte, manchmal als altväterisch empfundene Weißweintraube wird seit den Zeiten der Römer an der Mosel angebaut. Früher war sie auch praktisch die einzige Traube Luxemburgs und beherrschte die ausgedehnten Weinberge im mittelalterlichen Deutschland. Heute ist sie in Luxemburg hinter Rivaner (MÜLLER-THURGAU) zurückgefallen, verfügt in Deutschland aber recht konstant über 1100 ha, zum größten Teil in den oberhalb von Trier gelegenen Bereichen des Anbaugebiets Mosel-Saar-Ruwer, wo mehr Kalk als Schiefer vorkommt und der Riesling Reifeprobleme hat. Der hier angebaute Elbling wird zumeist zu Sekt verarbeitet, wobei seine von Natur aus kräftige Säure durch die Kohlensäure gemildert wird. Bei ihrem ehrwürdigen Alter und großen Ertragreichtum zeichnet sich die Sorte durch oft beißende Säure und relativ geringen Alkoholgehalt aus, so daß sie als herbere und leichtere Version des SILVANERS gelten könnte (in Deutschland lautet ein Synonym für Elbling übrigens Weißer Silvaner). Die Mostgewichte liegen etwa bei 60° Oechsle und damit 10° niedriger als für Riesling. Dabei erbringt Elbling Erträge bis zu 200 hl/ha; allerdings ergeben sich große Schwankungen aus der Anfälligkeit der Sorte für Verrieseln. Nur mit großer Hingabe arbeitende Kellermeister sind imstande, etwas von dem schwach an knapp ausgereifte Aprikosen erinnernden Geschmack des Elblingweins zur Geltung zu bringen, im übrigen ist er doch eher etwas für Weinaltertumsforscher.

In Luxemburg wird die Traube oft im Mischsatz von Elbling Rouge und Elbling Blanc unter dem Namen **Räifrench** angebaut.

🍇 **EMERALD RIESLING** Eine der ersten von Dr. H. P. Olmo an der University of California in Davis gezüchteten Weißweinrebsorten, die auch sortenrein verarbeitet wurden. Die Kreuzung Muscadelle × Riesling erlebte ihren Höhepunkt Ende der 1960er, Anfang der 1970er Jahre und versank dann allmählich wieder in Vergessenheit. Fast der gesamte Ertrag der zu Beginn der 1990er Jahre vorwiegend im südlichen Central Valley noch bestehenden Anbaufläche von etwa 400 ha geht in einfache Verschnitte ein. Die Sorte war ursprünglich dafür bestimmt, in warmem Binnenlandklima leichte, säuerlich frische Weine zu produzieren. Sie bringt dessenungeachtet aber ihre besten Ergebnisse an der Küste zuwege. Wie der rote Stallgefährte RUBY CABERNET wurde auch sie in Südafrika mit einigem Erfolg erprobt.

🍇 **EMPEROR** Tafeltraube für warmes Klima; gelegentlich wird sie in Australien auch zur Weinerzeugung herangezogen.

🍇 **ENCRUZADO** Portugiesische Weißweinrebsorte; sie wird in Dão am meisten angebaut und erbringt kleine Mengen an recht achtbarem, duftigem Wein.

🍇 **ERBALUCE** Eine Spezialität von Caluso im Norden Piemonts (Nordwestitalien). Trockener Erbaluce ist meist relativ leicht und säurereich, es gibt aber auch sehr feine Beispiele. Die berühmteste, allerdings sehr rare Erscheinungsform ist der goldene süße, an Apfelschalen erinnernde Caluso Passito.

ERMITAGE Gelegentlich gebrauchtes Synonym für MARSANNE.

🍇 **ESGANA CÃO,** auch kurz **Esgana** Synonyme für die portugiesische Weißweinrebsorte, die auf Madeira als SERCIAL bekannt ist. Der in Portugal selbst übliche volle Name bedeutet «Hundewürger», vermutlich eine Anspielung auf die besonders ausgeprägte Säure. Die Traube ist Bestandteil im Vinho Verde, Bucelas und weißen Portwein.

🍇 **ESPADEIRO** Eine in Rías Baixas (Galicien) und im Vinho-Verde-Land in Portugal angebaute, aber relativ rare Rebsorte. Sie bringt reichliche Erträge, erreicht aber nur selten höheren Zuckergehalt.

Bei der um Lissabon bekannten Sorte Espadeiro handelt es sich Mayson zufolge um TINTA AMARELA.

ESPARTE Alter australischer Name für MOURVÈDRE.

🍇 **ESQUITXAGOS** Um Tarragona in Ostspanien verbreitete Rebsorte, vielleicht identisch mit MERSEGUERA.

🍇 **ETRAIRE DE L'ADUI, ETRAIRE DE LA DUI** Historische, vor dem Reblausbefall am Südostrand des Rhône-Tals und in Savoyen angebaute Rebe. Ähnlich wie PERSAN.

🍇 **EZERJÓ** Im Rückgang befindliche ungarische Rebsorte, aber noch immer die viertmeist angebaute Traube des Landes. Die dünnschaligen Beeren sind fäuleanfällig. Der Wein dieser Traube, deren Namen etwa soviel wie «tausend gute Dinge» bedeutet, geht meist in anderen unter, doch der Móri Ezerjó aus der Gegend um die Stadt Mór ist als leichter, frischer Wein recht beliebt, und auch der im Nordwesten Ungarns in größeren Mengen angebaute Ezerjó bringt oft lebendige, trockene Weißweine hervor, die jung getrunken sein wollen.

🍇 **FABER** oder **FABERREBE** Wie die SCHEUREBE eine Neuzüchtung von Dr. Scheu in Alzey (Rheinhessen) aus dem Jahr 1929, eine Kreuzung Weißburgunder × Müller-Thurgau. Die Faberrebe gelangt in für Riesling ungünstigen Lagen ohne weiteres zur Reife und ist insbesondere in Rheinhessen beliebt, wo sich 1990 drei Viertel des deutschen Bestands von insgesamt 2000 ha befanden. Allerdings geht die Anbaufläche, die um die Mitte der 1980er Jahre ihre größte Ausdehnung erreicht hatte, inzwischen wieder zurück. In Deutschland gilt Faber als traditionelle Rebsorte, weil sie etwas von der rassigen Art des Rieslings und dabei ausgeprägtere Säure als der Müller-Thurgau und sogar als der Silvaner hat. Dadurch gewinnt sie stark an Attraktivität, wenn auch ihr Wein nicht gerade intensiv im Geschmack und für längere Lagerzeit wenig geeignet ist und in Verschnitten die besten Ergebnisse bringt. Die Faberrebe erreicht ohne weiteres die für Spätlesen erforderlichen Mostgewichte, wenn sie in einem schönen Herbst nach Müller-Thurgau gelesen wird. Wie der populärere BACCHUS ist sie anfällig für Stiellähme, und wie der höchst erfolgreiche KERNER verlangt sie im Sommer kräftigen Rückschnitt. In geringem Umfang wird die Faberrebe auch in England angebaut.

🍇 **FALANGHINA, FALANGHINA GRECO** Überaus charaktervolle alte Traubensorte; sie bildete vielleicht die Grundlage für den klassischen Falerner und wird an der Küste Kampaniens nördlich von Neapel noch heute angebaut. Inzwischen erlebt sie eine gewisse Renaissance.

🍇 **FALSE PEDRO** Früher in Südafrika für die andalusische Rebsorte Pedro Luis und in Australien für die ebenfalls südspanische Sorte Cañocazo verwendete Bezeichnung.

🍇 **FAVORITA** In Piemont (Nordwestitalien) heimische Rebsorte. Aufgrund der Ähnlichkeit der Traubenfruchtstände wird oft angenommen, daß es sich um eine Verwandte von VERMENTINO handelt. Mitte der 1990er Jahre wurde Favorita nicht mehr verbreitet kultiviert; in Roero hat sie an ARNEIS und in den Langhe-Bergen an den dort neuerdings populären CHARDONNAY Boden abgegeben. Der Wein dieser Traube zeigt eine angenehme Zitrusnuance, und sein kräftiger Gehalt an Säure dürfte ihm mehr Haltbarkeit verleihen als Arneis. Die besten Beispiele haben – ganz ähnlich wie ROUSSANNE – eine alpine Saftigkeit und kräftigen Körper aufzuweisen.

FENDANT Der im Wallis gebräuchliche Name der ertragreichen CHASSELAS-Rebe, der in der Schweiz meistangebauten Traubensorte.

🍇 **FER**, auch **Fer Servadou** (und weitere Synonyme). Eine in vielen robusten Rotweinen aus Südwestfrankreich vertretene, inzwischen selten gewordene Traubensorte. In Madiran, wo sie oft auch **Pinenc** genannt wird, macht sie neben TANNAT und den beiden CABERNETS nur einen geringen Anteil im Verschnittrezept aus. In Gaillac – dort heißt sie **Brocol** oder **Braucol** – hat sie ebenfalls an Boden verloren. Erlaubt ist die Sorte auch in Bergerac, die Hauptrolle spielt sie aber im Département Aveyron in den Rotweinen von Entraygues und Estaing sowie im ausgeprägt rauchig-rustikalen Marcillac. Die im Namen zum Ausdruck kommende Eisenhärte bezieht sich auf das Holz der Rebe und nicht auf ihren Wein, der sich durch tiefe Farbe, kräftige Konzentration, interessante Rauchigkeit und einen Hauch Rhabarber auszeichnet. Auch im Cabardès erscheint Fer in der langen Liste der dort zulässigen Rebsorten.

Die in Argentinien auf 1500 ha unter dem Namen Fer angebaute Rebsorte dürfte allerdings in Wahrheit ein Klon von Malbec sein.

🍇 **FERNÃO PIRES** Vielseitige portugiesische Rebsorte, mit 23 000 ha im Jahr 1992 die meistangebaute Traube des Landes. Ihr charakteristisches Aroma erinnert entfernt an gekochten Kohl. Angebaut wird die relativ früh reifende, in Verschnitten brauchbare Sorte in ganz Portugal, insbesondere in Ribatejo, wo auch schon eichenfaßgereifte und edelfaule Versionen entstanden sind, und unter dem Namen **Maria Gomes** ist sie die meistkultivierte Traubensorte in Bairrada (wo sie auch zu Schaumwein verarbeitet wird). In Südafrika wurden Versuchsanpflanzungen dieser Sorte angelegt.

🍇 **FERRÓN** oder **Ferrol** Wenig verbreitete, aber charaktervolle galicische Traubensorte.

🍇 **FETEASCA, FETIASKA** oder **Feteaska.** In Osteuropa weitverbreitete duftige Weißweintraubensorte; in Rumänien sind die beiden meistangebauten Rebsorten die Landesspezialität **Feteasca Regala**, gefolgt von **Feteasca Alba**. Die in den 1930er Jahren in Danes (Siebenbürgen) gezüchtete, exklusiv rumänische Feteasca Regala ist eine Kreuzung zwischen der Cotnari-Traube GRASA und der früher als die Neuzüchtung reifenden, fäuleanfälligen Feteasca Alba.

Die beiden Feteasca-Sorten erbringen milde, pfirsichduftige, aromatische, fast MUSKATELLER-ähnliche Weine mit unterschiedlicher, aber stets ausgeprägter Süße und oft etwas zu wenig Säure. Mit ausgefeilteren Vinifikationsmethoden könnten feinere Weine erzielt werden. Feteasca Regala war mit über 17 000 ha im Jahr 1993 die in Rumänien meistangebaute Rebsorte; Feteasca Alba verfügte über 15 000 ha.

Feteasca ist auch in Ungarn, Bulgarien, Moldova und der Ukraine stark verbreitet. In Ungarn heißt Feteasca Regala «Királyleányka» und Feteasca Alba «Leányka». Auf deutschsprachigen Etiketten erscheint meist die Übersetzung des Namens als «Mädchentraube». (In Rumänien gibt es übrigens neben ihr auch die BABEASCA, d. h. «Großmuttertraube».)

Die Rotweine der dunklen Variante **Feteasca Neagra** zeigen bei sachgemäßer Bereitung und Lagerung gutes Potential; um die Mitte der 1990er Jahre belief sich der Bestand auf rund 1000 ha.

FEUILLE DE TILLEUL Synonym für die ungarische Weißweinrebsorte HÁRSLEVELŰ.

🍇 **FIANO** Starkduftige, klassische, für den aromatischen Fiano di Avellino zuständige Weißweintraubensorte in Kampanien (Süditalien). Ihre Weine sind robust, können sich über viele Jahre hinweg in der Flasche entfalten und dabei von honigduftigen über würzige bis zu nußähnlichen Nuancen gelangen (altmodische Weinbereitungsmethoden bringen aber manchmal eigene Noten der Schwerfälligkeit und frühzeitiger Oxidation ein).

🍇 **FIÉ,** auch **Fiét.** Alte Weißweinrebsorte an der Loire; sie gilt als Vorfahr des SAUVIGNON BLANC. Die Sorte wurde wegen ihrer sehr geringen Erträge weitgehend aufgegeben, nur manche Erzeuger, z. B. Jacky Preys aus der Touraine, setzen ihren besonderen Stolz in ihre volleren Weine dieser Sauvignon-Spielart von sehr alten Weinstöcken.

🍇 **FINDLING** Eine Mutation von MÜLLER-THURGAU. Trotz ihrer Fäuleanfälligkeit wird die Sorte im Anbaugebiet Mosel-Saar-Ruwer wegen ihrer hohen Mostgewichte in gewissem Umfang kultiviert.

🍇 **FLAME SEEDLESS** Eine in Kalifornien und Australien verbreitet angebaute Tafeltraubensorte; sie wird dort gelegentlich auch zu Wein verarbeitet.

🍇 **FLORA** Vielleicht die im Aroma delikateste Züchtung von Dr. H. P. Olmo in Davis (siehe auch CARNELIAN, EMERALD RIESLING, RUBY CABERNET, SYMPHONY). Flora hätte eigentlich ein besseres Schicksal verdient, als es ihr widerfahren ist, denn zu Anfang der 1990er Jahre war ihre Anbaufläche zu klein für die offizielle Statistik geworden. Am ehesten ist die Sorte noch in dem Schaumwein Schramsberg Crémant anzutreffen. Die Kreuzung Gewürztraminer × Sémillon ähnelt in kühlem Klima dem Gewürztraminer und in wärmerem Klima dem Sémillon.

FOGONEU Siehe CALLET.

🍇 **FOLGOSÃO** Frühreifende Traubensorte am Douro (Nordportugal).

Folle Blanche

Folle Blanche Die früher an der Atlantikküste Frankreichs stark verbreitete Rebsorte lieferte vor allem säuerlichen und recht neutralen Grundwein für die Destillation. Die Reblaus verursachte ihren Niedergang, und in Frankreich nahm die Anbaufläche dieser Rebe stetig ab – von 12 000 ha im Jahr 1968 auf 3500 ha 20 Jahre später. In sehr geringem Umfang wird die Sorte auch in Kalifornien angebaut.

Folle Noire Gelegentlich gebrauchtes Synonym für mehrere französische Rotweinrebsorten, u. a. JURANÇON und NÉGRETTE.

Forastera Auf den Kanarischen Inseln stark verbreitete Rebsorte.

Forcayat, Forcallat Nahezu ausgestorbene Rebsorte um Valencia (Südostspanien); sie liefert eigenartig duftende, helle Verschnittweine.

Fortana Säuerliche Spezialität der Emilia; in der Romagna als **Uva d'Oro** bekannt. Anderson zufolge manchmal auch Fruttana genannt.

Franconia In Friaul gebräuchlicher Name für BLAUFRÄNKISCH.

Frankenriesling Gelegentlich verwendeter Name für SILVANER.

Frankovka In der Slowakei und der Woiwodina gebräuchliches Synonym für die Rotweintraubensorte BLAUFRÄNKISCH.

Frans, Fransdruif In Südafrika gebräuchlicher Name für PALOMINO.

Frappato, Frappato di Vittoria Für leichte, fruchtige Rotweine auf Sizilien verantwortliche Rebsorte, v. a. für Cerasuolo di Vittoria im Südosten der Insel.

Freisa Helle Rotweintraubensorte in Piemont, v. a. in Asti, Alessandria und Cuneo. Die Rebe ist in Piemont bereits 1799 nachgewiesen, und es gibt mindestens zwei bekannte Klone: die kleinbeerige **Freisa Piccola** wird gewöhnlich in Hanglagen gepflanzt, die großbeerige **Freisa Grossa** erbringt dagegen in flacheren Lagen nicht ganz so spritzige Weine. Der Most der Freisa weist oft kräftige Säure und hohen Gehalt an Tannin auf, ist jedoch für diese Gegend relativ hell in der Farbe. Freisa-Wein wird in mehreren Stilen erzeugt, der vorherrschende und recht umstrittene ist perlend, lieblich und zugleich bitter, mit dem Aroma von Himbeeren und Veilchen – ganz und gar piemontesisch. Einige Erzeuger experimentieren mit einer haltbareren, völlig trockenen, nicht perlenden Ausführung. In Italien war die Gesamtanbaufläche von Freisa 1990 um ein Drittel auf 2000 ha zurückgegangen.

In Argentinien wird eine Freisa genannte Rebsorte an mehreren Stellen angebaut, dennoch beläuft sich die Gesamtanbaufläche auf nur einige hundert Hektar.

Freisamer Deutsche Neuzüchtung, eine Kreuzung SILVANER × RULÄNDER; ursprünglich hieß sie nach ihrem Geburtsort **Freiburger**. Zu Beginn der 1970er Jahre erreichte sie im Anbaugebiet Baden den Höhepunkt ihrer Beliebtheit. Seither ist sie – vielleicht unter dem Eindruck des Erfolgs der Neuzüchtung KERNER – wieder zurückgegangen. Im Norden und der Mitte der Schweiz wird die Sorte noch angebaut; liebliche Versionen ihres Weins sind eine Spezialität der Bündner Herrschaft.

French Colombard In Kalifornien gebräuchlicher Name für COLOMBARD, dessen Bestände heute in Kalifornien um einiges größer sind als in Frankreich.

Fromenteau Name mehrerer Rebsorten; im Mittelalter vor allem für eine burgundische Traubensorte mit hellroten Beeren und weißem Saft, vermutlich der Vorfahr des PINOT GRIS, gebräuchlich. Heute ist Fromenteau ein Synonym für ROUSSANNE von der Rhône und für SAVAGNIN aus dem Jura.

Frontignac, Frontignan Vor allem in Australien gebräuchliche Synonyme für MUSCAT BLANC À PETITS GRAINS.

Frühroter Veltliner

🍇 **FRÜHBURGUNDER, BLAUER** Eine in Württemberg in sehr geringem Umfang angebaute frühreifende Abart des Spätburgunders (PINOT NOIR). Ihr Wein ist eine helle, karge Version eines sehr leichten roten Burgunders.

🍇 **FRÜHROTER VELTLINER,** auch **Früher Roter Veltliner.** Frühreifender VELTLINER mit rötlichen Beeren, eine in Österreich meist zu Weißwein verarbeitete Sorte. Ende der 1980er Jahre verfügte sie noch über eine Anbaufläche von 800 ha, vorwiegend im Weinbaugebiet Weinviertel. Ihr Wein ist oft säureärmer und weniger charaktervoll als der des GRÜNEN VELTLINERS, der meistverbreiteten Rebsorte Österreichs. Auch der Ertrag ist geringer.

1990 gab es im deutschen Anbaugebiet Rheinhessen noch einen Bestand von einigen Hektar dieser Sorte, die dort **Frühroter Malvasier** oder gelegentlich Roter Malvasier genannt wird. Kleinere Bestände sind auch noch in Südtirol unter dem Namen Veltliner und in Savoyen als Malvoisie Rouge d'Italie anzutreffen.

FUMÉ BLANC Kein echtes Synonym für die Rebsorte SAUVIGNON BLANC, sondern eine in Kalifornien erfundene werbewirksame Umbildung des an der Loire gebräuchlichen Synonyms Blanc Fumé.

🍇 **FUMIN** Robuste Spezialität im Valle d'Aosta.

🍇 **FURMINT** In der Region Tokaj in Nordwestungarn sowie jenseits der Grenze in der Slowakei verbreitet kultivierte feine, feurige Traubensorte. Auch im Burgenland in Österreich war sie zumindest früher unter dem Namen Mosler bekannt. Als Verwandte sind mehrere Rebsorten, so Sipon in Slowenien, Posip in Kroatien und GRASA in Rumänien, ermittelt worden.

Furmint ist die Hauptraube im großen süßen Tokajer; ihre spätreifenden Trauben sind besonders anfällig für Edelfäule. Für den Wein ist ein sehr hoher Säuregehalt charakteristisch, der ihm lange Lebensdauer bei feiner Süße, reichem Extraktgehalt und überaus großer Geschmacksfülle verleiht. In Tokaj wird Furmint meist mit bis zu gleich hohem Anteil der aromatischeren Sorte HÁRSLEVELŰ und gelegentlich auch mit Muscat Lunel (MUSCAT BLANC À PETITS GRAINS) verschnitten.

Furmint

Die Furmint-Traube bringt mühelos Weine mit einem Alkoholgehalt von 14% zustande; ein trockener Furmint ist schon in der Jugend ein robuster, charaktervoller Wein. Die Gesamtanbaufläche in Ungarn hat sich von 1960 bis 1990 verdoppelt und belief sich auf 6800 ha, wobei Neuanpflanzungen nur mit den geprüften Klonen T88, T92, Király Furmint und Nemes Furmint vorgenommen werden durften. Die Furmint-Traube wird zwar auch in Somlós, Mescekaly und Villány-Siklós angebaut, am stärksten ist sie aber in der Region Tokaj-Hegyalja vertreten. Sie treibt früh aus, die Reife verzögert sich jedoch gegen Ende der Wachstumsperiode; edelfaule Trauben *(aszú)* werden oft erst spät im November gelesen. In Ungarn ist die Sorte so fest etabliert, daß es kaum Hinweise auf ihre Herkunft gibt.

Auch auf der Krim wurde die Sorte angesiedelt, weil der Tokajer am Zarenhof so viel Beifall fand, daß auch eine eigene Version dringend gewünscht wurde. In Südafrika, wohin sie gemeinsam mit Hárslevelű gelangte, wird Furmint heute noch in beschränktem Umfang kultiviert.

Furmint

G

🍇 **GAGLIOPPO** Die vorherrschende Rotweinrebsorte in Kalabrien (Süditalien) für Weine wie den Cirò. Sie stammt wahrscheinlich aus Griechenland, gedeiht in trockenem Klima und erreicht hohen Zuckergehalt. Die Weine sind robust und selten subtil. Die Sorte wird auch in den Abruzzen, den Marken und in Umbrien angebaut; ihre Gesamtrebfläche in Italien belief sich 1990 auf rund 7000 ha. Burton Anderson zufolge wird die Sorte auch Arvino, Lacrima Nera, Magliocco und Mantonico Nero genannt, gelegentlich sogar AGLIANICO, mit dem sie möglicherweise verwandt ist.

🍇 **GALEGO DOURADO** An der Atlantikküste Portugals angebaute, für alkoholstarke Weine bekannte Rebsorte.

🍇 **GAMASHARA** Neben MATRASSA eine Spezialität von Aserbaidschan.

🍇 **GAMAY,** die Beaujolais-Traube. Galet führt reihenweise verschiedene Varietäten von Gamay auf, die zum Teil mit dem Original aus dem Beaujolais überhaupt nicht verwandt oder nur Klone dieser Sorte sind, während es sich bei vielen anderen um rotfleischige TEINTURIER-Sorten handelt, die einst verbreitet in Gebrauch waren, um allzu blassen Verschnitten Farbe zu verleihen. Noch in den 1980er Jahren gab es in Frankreich über 1000 ha Gamay-Teinturier-Bestände, und auch heute noch ist diese Abart im Mâconnais und in der Touraine anzutreffen. Die «echte» Gamay-Rebe trägt in Anbetracht ihres edlen weißen Fruchtfleischs offiziell den Namen **Gamay Noir à Jus Blanc**.

Die Gamay-Rebe hat es stets eilig, sie treibt früh aus, blüht und reift früh – daher ist sie spätfrostgefährdet, gedeiht aber auch gut in kühlen Gegenden, z. B. großen Teilen der Loire-Region. Ihre Erträge sind oft sehr großzügig, deshalb wird sie durch die traditionelle Gobelet-Erziehung (ohne Pfähle und Drähte) auf den Granitboden der besseren Lagen im Beaujolais abgestimmt.

Auch bei der Weinbereitung geht es meist eilig zu, nicht zuletzt, weil die Marktnachfrage nach Beaujolais Nouveau groß ist. Wenn nämlich auf Gamay beruhende Weine länger als zwei bis drei Jahre im Keller liegen bleiben, dann ist das meist ein Fehler. Gamay-Wein ist heller und bläulicher als die meisten anderen Rotweine, hat relativ kräftige Säure und ein einfaches, aber lebhaftes Aroma von frischer roter Frucht, oft überlagert von weniger subtilen Düften, wie sie mit einer schnellen, unter Luftabschluß stattfindenden Gärung einhergehen, z. B. nach Bananen, Konfitüre und Azeton. In manchen Gegenden Frankreichs und in der Schweiz wird Gamay oft mit PINOT NOIR verschnitten, wodurch die edlere Traube frühere Genußreife erlangt, oft aber die eigenständigen Attribute beider Sorten verwischt werden. Die Gamay-Frucht hat von Natur aus einen geringen potentiellen Alkoholgehalt, und für viele liegt der Charme ihres Weins in der erfrischenden leichten Art, doch da die heutzutage vorherrschenden Auffassungen Wucht mit Wert gleichsetzen, sehen sich viele Weinerzeuger veranlaßt, im Gärprozeß reichlich Zucker zuzusetzen, um alkoholstärkere Weine zu erzielen.

Gamay und Beaujolais sind ganz aufeinander angewiesen. Keine andere Weinbauregion ist so vollkommen auf eine einzige Rebsorte festgelegt wie das Beaujolais, wo lediglich ein paar Chardonnay-Weinstöcke für Beaujolais Blanc die unumgängliche Ausnahme von der Regel bilden, während sich 1988 weit mehr als die Hälfte aller in der Welt angepflanzten Gamay-Reben auf 33 600 ha allein in dieser Region befanden. Ähnliche, oft leichtere und daher eigentlich echtere Gamay-Weine entstehen in manchen anderen Gegenden Mittelfrankreichs, insbesondere um Lyon und an der oberen Loire, z. B. Châteaumeillant, Coteaux du Lyonnais, Coteaux du Giennois, Côtes d'Auvergne, Côtes du Forez, Côtes Roannaises und St-Pourçain.

Außer im Beaujolais und in den genannten Gegenden hat die Gamay-Traube – vielleicht weil

ihre Weine allzusehr von der in Mode befindlichen schweren, tanninreichen Norm abweichen – an Boden verloren. An der Côte Chalonnaise und im Mâconnais zwischen dem Beaujolais und der Côte d'Or wurde sie in den 1980er Jahren als meistangebaute Sorte vom Chardonnay verdrängt, und dieser Trend dürfte sich angesichts der wenig attraktiven, dicklichen Art der hier entstehenden Gamay-Weine auch fortsetzen. 1988 hielt die Gamay-Rebe zwar noch 400 ha wertvollen Bodens an der Côte d'Or besetzt, sie wird dort aber rasch durch lohnendere Rebsorten ersetzt.

An der Loire wird Gamay verbreitet angebaut, aber in den besseren Appellationen findet die Sorte keine Berücksichtigung. Der Gamay de Touraine kann unter Umständen eine leichte, manchmal etwas säuerliche, aber meist preiswertere Alternative zum Beaujolais darstellen, doch das Hauptverbreitungsgebiet der Rebe in dieser Gegend Frankreichs liegt westlich der Touraine, wo Gamay neben dem Sauvignon in leichten, jedoch weniger bekannten Weinen wie Cheverny und Coteaux du Vendômois eine Rolle spielt. Außerdem trägt Gamay mit etwa 40% zu dem für das ganze Gebiet der Loire zuständigen Vin de Pays du Jardin de la France bei.

Sehr kleine Gamay-Bestände sind in Kanada anzutreffen, und in Osteuropa wird die Sorte in großem Maßstab mit dem BLAUFRÄNKISCH verwechselt. In gewissem Umfang ist Gamay in Italien anzutreffen, und in den Weinbergen des ehemaligen Jugoslawien, v.a. in Kroatien, Serbien, Kosovo und ein wenig auch in Mazedonien, spielt die Rebe eine recht bedeutende Rolle.

Das größte Ansehen außerhalb des Beaujolais genießt Gamay jedoch in der Schweiz, wo die Sorte verbreitet und am enthusiastischsten um Genf kultiviert wird. Sie reift in größeren Höhen gut und wird allgemein mit Pinot Noir zusammen im Wallis zu Dôle und in der Waadt zu Salvagnin verarbeitet, dabei aber leider oft ebenfalls zu kräftig chaptalisiert.

Allerdings besteht außerhalb Frankreichs noch weniger Anreiz, diese Rebsorte zu kultivieren; nur einige Weinerzeuger in Kalifornien bemühen sich um den echten Gamay als Gegensatz zu der weit weniger charaktervollen, hier als **Napa Gamay** bezeichneten Rebe (siehe VALDIGUIÉ) sowie zum **Gamay Beaujolais**, bei dem es sich eigentlich um einen minderen Klon von Pinot Noir handelt.

GAMÉ BLAUFRÄNKISCH in Bulgarien.

GAMZA Bulgarischer Name für die ungarische KADARKA.

GARGANEGA Wuchskräftige, ertragreiche, oft zu Übererträgen veranlaßte Rebsorte in der Region Veneto (Nordostitalien). Ihre berühmteste Verkörperung ist der Soave, in dem sie einen Anteil von 70–100% ausmachen kann, oft ergänzt durch TREBBIANO di Soave, zunehmend aber auch durch CHARDONNAY und andere nichteinheimische Rebsorten. Im Herzen des Bereichs, wo die Erträge unter Kontrolle gehalten werden, kann sie feine, nach Zitronen und Mandeln duftende Weißweine hervorbringen, wie sie den guten Namen des Soave begründet haben. Auch der Gambellara beruht auf dieser Traube – die bedeutendste Untervarietät trägt den Namen **Garganega di Gambellara**. In ihrer langen Geschichte im Veneto hat Garganega ungezählte, meist allerdings auch uninteressante Abarten, Klone und Varianten hervorgebracht. Sie spielt eine bedeutende Rolle auch noch in anderen Weinen, u.a. im Bianco di Custoza, und sie wird in den Colli Berici und Colli Euganei sowie in kleinerem Umfang in Friaul und in Umbrien angebaut. Mit 13 000 ha war sie 1990 die fünftmeist angebaute Weißweinrebsorte Italiens.

GARNACHA Spanischer und daher ursprünglicher Name der in Frankreich und auch sonst verbreitet als GRENACHE bekannten Rebsorte. Ihre häufigste und vornehmste Form ist die dunkelhäutige, weißfleischige **Garnacha Tinta**, auch **Garnacho Tinto** genannt.

In Spanien wird Garnacha Tinta vor allem im Norden und Osten viel angebaut und spielt in Rioja, Navarra, Ampurdán-Costa Brava, Campo de Borja, Cariñena, Costers del Segre, Madrid, La Mancha, Méntrida, Penedès, Priorato, Somontano, Tarragona, Terra Alta, Utiel-Requena und Valdeorras eine bedeutende Rolle. In Rioja bringt sie in Verschnitte mit dem kargeren TEMPRANILLO Körper und deutlichen Charme ein. In den kühleren, höheren Lagen von Rioja Alta wächst vor allem Tempranillo, während Garnacha in der warmen Region Rioja Baja im Osten am häufigsten angepflanzt wird und in den Genuß einer langen Reifeperiode kommt. Der Saftigkeit früh genußreifer Riojas begegnet man auch in vielen anderen spanischen Rotweinen und insbesondere Rosados. In Navarra wird Garnacha mit besonderer Begeisterung gepflegt; sie ist dort bei weitem die vorherrschende Traubensorte und diktiert bei Rotwein und Rosado einen leichteren und fruchtigeren Stil als in Rioja. Die Behörden, die das Image von Navarra aufbessern möchten, raten allerdings von neuen Garnacha-Anpflanzungen energisch ab.

Der vielleicht markanteste auf Garnacha Tinta beruhende spanische Wein (er enthält oft auch **Garnacha Peluda** alias LLADONER PELUT im Languedoc) ist der Priorato, der hochkonzentrierte Kultwein aus Katalonien, in dem als Modernisierungsmaßnahme die Frucht alter Garnacha-Reben auch mit Merlot, Cabernet oder sogar Syrah verschnitten werden darf.

Garnacha Tintorera ist dagegen ein Synonym der rotfleischigen Sorte ALICANTE BOUSCHET (Tintorero bzw. TEINTURIER bedeutet Färbertraube).

Garnacha Blanca entspricht der Weißweintraube Grenache Blanc (siehe GRENACHE).

🍇 **GARRIDO** Wenig verbreitete Spezialität der Region Condado de Huelva in Südspanien.

🍇 **GARRUT** Seltene Rebsorte in Katalonien; sie bringt aromatische, an Süßholz erinnernde Weine mit hohem Gehalt an Tannin hervor.

🍇 **GEWÜRZTRAMINER** Die Rebsorte mit ihren hellrötlichen Beeren erbringt besonders pikante, körperreiche, sehr leicht zu erkennende Weißweine – viele Weinliebhaber dürften feststellen, daß Gewürztraminer die erste, vielleicht sogar einzige Sorte ist, die sie schon am kräftigen Duft unterscheiden können. Der durch tiefe Farbe, besonders opulentes Aroma und überaus vollen Körper gekennzeichnete Wein hat eigentlich nur einen Fehler – nämlich zuviel des Guten. Mit seiner Gewichtigkeit, seiner exotischen Litschifrucht und seinem schweren Rosenduft übersättigt er manchmal rasch. Immerhin sind die feinsten Elsässer Ge-

Gewürztraminer

würztraminer außerordentlich seriöse, recht langlebige Weine.

Die Abstammung der in aller Welt bekannten Rebsorte ist sehr verzweigt und faszinierend. Die ursprüngliche Sorte ist der TRAMINER, dem Gewürztraminer ähnlich, jedoch mit hellgrünen Beeren und weit weniger starkem Duft. Sie wurde erstmals in Tramin (Termeno) in Südtirol um etwa 1000 n. Chr. erwähnt. Dort war sie bis in das 16. Jh. hinein beliebt, wurde dann aber vom zwar schlichteren, jedoch wesentlich ertragreicheren VERNATSCH (Schiava) verdrängt.

Auch im Elsaß ist der Traminer seit dem Mittelalter bekannt, allerdings wird behauptet, daß seine Verbreitung hier in späterer Zeit importierten Edelreisern aus der Pfalz zu verdanken ist, wo die Traube ihrer vollmundigen Art wegen viel angebaut und hoch geschätzt wurde. Galet zufolge ist der im Jura als Grundlage für den *vin jaune* kultivierte SAVAGNIN nichts anderes als Traminer, zumindest sind beiden Sorten hohe Reifegrade, große Geschmackstiefe und lange Lebensdauer gemeinsam.

Traminer neigt wie der PINOT zur Mutation. So ist «Gewürztraminer» der im 19. Jh. für die mit rötlichen Beeren ausgestattete Traminer-Mutante

MUSQUÉ in Gebrauch gekommene (und im Elsaß seit 1973 offiziell anerkannte) Name. Obwohl der Namensbestandteil Gewürz natürlich auch Geschmacksassoziationen hervorruft, bezieht er sich in diesem Zusammenhang eigentlich auf den Dufteindruck. Französische Synonyme für Gewürztraminer lauten beispielsweise neben Traminer Musqué auch Traminer Parfumé und Traminer Aromatique. Schon 1909 bestätigte der Ampelograph Viala den Namen Gewürztraminer als Synonym für SAVAGNIN Rosé – diese aromatische Variante mit dunklen Beeren ist in Deutschland als **Roter Traminer** und in Italien als Traminer bzw. **Termeno Aromatico**, **Traminer Rosé** oder **Rosso** bekannt. Die lange Geschichte der Traube im Elsaß bringt es mit sich, daß sie dort auch als CLEVNER bzw. im letzteren Fall als Rotclevner bezeichnet wird.

Inzwischen ist der Gewürztraminer bei weitem die meistangebaute Variante des Traminers. Bei der Lese fallen seine Trauben durch ihre unterschiedlich starke, aber eindeutige Rotfärbung auf, die sich in Weinen mit kräftigem Goldton, manchmal auch mit einem leichten kupferfarbenen Anflug ausdrückt. Kellermeister, die die Sorte nicht kannten, sollen verzweifelt versucht haben, Farb- und Geschmacksstoffe zu extrahieren. Gewürztraminer erreicht ohne weiteres höheren Alkoholgehalt als andere Weißweinsorten; so sind 13% bei ihm nicht ungewöhnlich, wobei der Säuregehalt allerdings manchmal bedenklich niedrig ausfällt. Deshalb wird bei Gewürztraminer fast immer darauf geachtet, daß keine malolaktische Säureumwandlung vor sich geht, und gegen Oxidation muß Vorsorge getroffen werden.

Wenn alles gut geht, entsteht tiefgoldener, körperreicher Wein mit kräftigem Rückgrat und hochkonzentriertem, schwerem Aroma (das bei trockenen Weinen manchmal an Schmalz erinnert) sowie mit ausreichender Säure für eine Lebensdauer, die eine reiche Entfaltung des Buketts erlaubt. In minderen Jahren oder in zu warmem Klima muß entweder so früh gelesen werden, daß der Wein neutral ausfällt, oder es kommt zu bedrückend öligen, flauen Weinen, die manchmal sogar ausgesprochen bitter schmecken.

Im Weinberg ist der Gewürztraminer nicht gerade eine Traumsorte. Im Vergleich mit anderen Rebsorten, die oft in seiner Umgebung stehen, hat er relativ kleine Trauben und auch keinen besonders hohen Ertrag, obwohl in Deutschland einige berechenbar ertragreiche Klone selektiert worden sind. Durch frühen Austrieb ist er spätfrostgefährdet, und auch seine Anfälligkeit für Viruskrankheiten ist hoch – allerdings hat die Rebenzuchtstation Colmar virusfreie Klone, gekennzeichnet durch die Nummern 47, 48 und 643, entwickelt.

Da nun der Gewürztraminer im Hinblick auf internationale Popularität und Marktgängigkeit doch nur als zweitrangige Sorte gilt (vielleicht aufgrund von Assoziationen mit dem aus der Mode gekommenen RIESLING), bemühen sich außer im Elsaß nur wenige Erzeuger ernsthaft um erstklassigen Gewürztraminer. Zu Beginn der 1990er Jahre kamen jedenfalls die feinsten Beispiele noch immer ausschließlich aus dem Elsaß, wo Gewürztraminer, Riesling und PINOT GRIS allein als »edle« Rebsorten gelten.

Von diesen drei war der Gewürztraminer im Elsaß insgesamt die zweitmeist angebaute Sorte, und in den berühmteren Lagen des Département Haut-Rhin stand sie mit 2500 ha im Jahr 1989 sogar an der Spitze. Besonders gute Ergebnisse erbringt sie auf den fetteren Tonböden dieser Gegend, wo sie in den sonnigeren Jahrgängen der 1980er und 1990er Jahre eine große Menge an spätgelesenen Vendanges Tardives und Sélections de Grains Nobles hervorgebracht hat. Gewürztraminer erreicht bei vergleichbarem Reifegrad ohne weiteres viel höhere Mostgewichte als Riesling, und das schlägt sich in den Vorschriften nieder. Zwar halten sich Gewürztraminer-Spätlesen vielleicht nicht so lange wie entsprechende Rieslinge, aber viele überleben doch die ersten 10 Jahre.

Frühgelesene Elsässer Gewürztraminer sollten bestrickend aromatisch, jedoch trocken und robust genug sein, um sich gegen gehaltvolle Gerichte durchzusetzen; leider sind aber nur allzu viele nichts weiter als leichte, parfümierte Eintagsfliegen aus Übererträgen und schmecken, als wären sie mit einem Schuß MUSKAT OTTONEL aromatisiert. In diesen niederen Rängen kann es schwerfallen, einen Elsässer Gewürztraminer von einem Muscat zu unterscheiden.

In Deutschland hat der Gewürztraminer als «Roter Traminer» nur relativ geringe Verbreitung;

Roter Traminer

mit insgesamt weniger als 1000 ha, einschließlich kleinerer Bestände des nichtaromatischen Traminers, der oft als eigenständiger Wein produziert wird, steht er weit hinter dem Riesling. Gewürztraminer braucht relativ warme, möglichst wenig spätfrostgefährdete Lagen, um guten Fruchtansatz zu gewährleisten, daher bewährt sich in nördlicheren Breiten der Riesling meist besser. Über die Hälfte des deutschen Traminer-Bestands entfällt auf Baden und die Pfalz, wo die Traube Weine von eigenständigem Charakter hervorbringt, aber leider allzu oft auch mit öliger Süßlichkeit einhergeht.

In Österreich wird fast ebensoviel Traminer angebaut wie in Deutschland, aber auch hier hat ihn die launische Mode weitgehend in die Wüste verbannt, obwohl manche Beispiele, vor allem Spätlesen aus der Steiermark, eine geradezu erregende Mischung von Rasse und Aroma aufweisen und sich über etliche Jahre hinweg in der Flasche entfalten.

In ganz Osteuropa ist die Sorte in meist nicht großen, aber markanten Beständen verbreitet – in Ungarn heißt sie **Tramini**, in Slowenien **Traminac**, in der ehemaligen Tschechoslowakei **Drumin, Pinat Cervena** oder **Liwora**, in Rumänien gelegentlich **Rusa** und in Bulgarien **Mala Dinka**. Die meisten gehören der aromatischen Variante an und weisen den charakteristischen Duft des Gewürztraminers auf, oft aber in recht dünner, matter Form und in lieblichen, eher leichten Weißweinen. Die Ungarn sind sehr stolz auf ihren an den Ufern des Plattensees gedeihenden Tramini. In Rumänien wächst Traminer in Siebenbürgen, in Bulgarien im Süden und Osten des Landes, und in Rußland, Moldova und der Ukraine dient der Traminer oft als Würze für Schaumwein.

In kleinen Mengen wird Gewürztraminer auch in der Schweiz – manchmal unter den Namen **Heida, Heiden** und **Païen** – und in noch kleineren Mengen in Luxemburg angebaut. Auf der Iberischen Halbinsel kultiviert das Weingut Torres ihn im oberen Penedès für seinen Viña Esmeralda, und in Italien kommt der **Traminer Aromatico** neben dem weniger aromatischen Traminer ausschließlich und in abnehmendem Maß in seiner gebirgigen Heimat Südtirol vor. Die italienischen Weinbereitungsmethoden tragen im Verein mit der Höhenlage nicht gerade zur Betonung der Gewürztraminer-Charakteristik bei, doch vielleicht wird der Sorte ihre internationale Bekanntheit doch noch zu einer gewissen Renaissance verhelfen.

In der Neuen Welt bildet der Gewürztraminer eine echte Herausforderung. In vielen Weinbauregionen ist es einfach zu warm für die Entstehung von Weinen mit ausreichender Säure, außer wenn – wie es in manchen Bewässerungsgegenden Australiens geschieht – die Trauben so früh gelesen werden, daß der Charakter des Gewürztraminers noch wenig entwickelt ist. Die Traminerbestände Australiens, die sich in einigen weniger begünstigten Winkeln Südaustraliens und von Neusüdwales befinden, waren zu Beginn der 1990er Jahre auf 600 ha geschrumpft; ein großer Teil des Ertrags dient dazu, kommerzielle Rieslingverschnitte etwas aromatischer und süßer zu machen.

Im kühleren Klima Neuseelands bewährt sich die Sorte besser, aber auch hier ging die Anbaufläche 1990 auf 200 ha zurück. Die lebendigsten Gewürztraminer stammen aus Gisborne an der Ostküste der Nordinsel. Hier darf von einem der ersten Beispiele einer Abstimmung von Rebsorte und Geographie in der südlichen Hemisphäre gesprochen werden.

Eine weitere ihm behagende Heimat hat der Gewürztraminer im Pazifischen Nordwesten der USA gefunden, insbesondere in Washington und Oregon, aber auch hier mußte er inzwischen an den unvermeidlichen Chardonnay Boden abgeben. In Washington betrug 1994 die Anbaufläche 127 ha; in manchen sauber bereiteten Beispielen erweist sich der Gewürztraminer hier als höchst anregend, aber leider sind die meisten übrigen einfach zu süß. Auch in Oregon entströmt der würzige Duft aus dem Elsaß manchen guten Flaschen, allerdings können hier im feuchteren Klima Probleme durch Fäule entstehen.

In Kalifornien hat Gewürztraminer relativ geringe Bedeutung; oft bringt die Anbaufläche von 700 ha – über die Hälfte davon in Monterey – eher Öl als Aroma hervor. Ein paar Hektar Gewürztraminer gibt es auch in Argentinien, doch im übrigen verläßt sich Südamerika für aromatische Weißweine lieber auf TORRONTÉS und MOSCATEL. Kleine Bestände in Südafrika haben bisher nur süße Weine hervorgebracht, manche davon jedoch durchaus mit dem richtigen Aroma. Auf jeden Fall ist anzunehmen, daß seriöser Gewürztraminer noch auf Jahre hinaus eine Domäne des Elsaß bleiben wird.

🍇 **Girò** Rebsorte auf Sardinien für alkoholangereicherte Weine. Laut Anderson wurde sie vermutlich im frühen 15. Jh. aus Spanien eingeführt.

🍇 **GM 6494** Rotfleischige Hybridrebe mit Genen der mongolischen Sorte *Vitis amurensis*, ausgelegt für kalte Winter, wie sie in England vorkommen. Ihre kleinen Beeren liefern leichte, fruchtige, rubinrote Weine.

🍇 **Godello** Feine, in Galicien heimische Rebsorte; besonders erfolgreich ist sie in Valdeorras (Nordwestspanien), wo sie wieder stärker angepflanzt wird. Die Weine haben kräftige Säure und erfrischenden Geschmack von grünen Äpfeln.

🍇 **Goldburger** Österreichische Neuzüchtung mit goldgelben Beeren, eine Kreuzung WELSCHRIESLING × Orangetraube. Gegen Ende der 1980er Jahre verfügte sie über eine Anbaufläche von 500 ha fast ausschließlich im Burgenland, wo sie zu hoher Reife gelangt, aber nur selten besonders interessanten Wein erbringt. Sie bildet ein österreichisches Pendant zu den vielen deutschen Neuzüchtungen.

Golden Chasselas Gelegentlich gebrauchtes Synonym für CHASSELAS als Tafeltraube, in Kalifornien früher der Name von PALOMINO.

Goldmuskateller Name der gelbfrüchtigen Form von MUSCAT BLANC À PETITS GRAINS in Südtirol.

Gordo, Gordo Blanco Ursprünglich spanische, jetzt auch in Australien gebräuchliche Synonyme für MUSCAT OF ALEXANDRIA.

Gouveio Weißweinrebsorte am Douro; sie gilt dort als identisch mit VERDELHO auf Madeira. Am Douro reift sie gut aus, erbringt aber keine besonders markanten Weine.

🍇 **Graciano,** auch **Graciana**. Eine früher in Rioja (Nordspanien) verbreitet angebaute, sehr dunkle, duftige Traubensorte. Sie ist wegen ihrer unerfreulich geringen Erträge in Ungnade gefallen, wodurch der moderne Rioja allerdings eine bedeutende Geschmackskomponente eingebüßt hat. In Rioja umfassen die Bestände etwa noch ½% der Rebfläche, dagegen wird in Navarra der Anbau der Sorte gefördert.

Die Rebe treibt spät aus und ist anfällig für Falschen Mehltau, kann aber sehr charaktervollen, extraktreichen, in der Jugend jedoch recht tanninherben Wein erbringen. In Frankreich war sie unter dem Namen Morrastel im Midi sehr beliebt, bis um die Mitte des 19. Jh. Henri BOUSCHET eine ertragreichere, gegen Krankheiten widerstandsfähigere, allerdings weit geringerwertige Kreuzung zwischen Morrastel und Petit Bouschet unter dem Namen Morrastel-Bouschet herausbrachte, die in kurzer Zeit praktisch alle Morrastel-Reben aus den französischen Weinbergen verdrängte. Der echte Morrastel oder Graciano verfügt in Südfrankreich noch über winzige Bestände, und im Languedoc wächst in jüngerer Zeit das Interesse an dieser Rebsorte wieder. Morrastel-Bouschet hielt 1979 im Midi noch eine Fläche von 1600 ha besetzt, wird aber inzwischen rasch gerodet.

Für weitere Verwirrung sorgt, daß in Spanien der Name Morrastel als Synonym für die ganz andersartige und viel angebaute Sorte Monastrell (MOURVÈDRE) gebraucht wird. In Nordafrika ist heute noch der Name Morrastel sowohl für Graciano als auch für Mourvèdre üblich.

Bei der in Kalifornien als Xeres bekannten und in ähnlich geringem Umfang auch in Australien angebauten Rebsorte handelt es sich vermutlich um Graciano, und dasselbe gilt für die Graciana, deren Anbaufläche 1989 in Mendoza 144 ha betrug – damit hat Argentinien den Vorzug, über die größte Anpflanzung dieser interessanten Rebsorte in der Welt zu verfügen.

🍇 **Graisse,** auch **Plant de Graisse**. Eine in der Armagnac-Region nur noch in sehr geringem Umfang angebaute einfache Rebsorte mit ungewöhnlich festem Fruchtfleisch, die dort auch in nichtdestillierter Form durchaus genießbaren Wein erbringen kann.

Goldburger

GRANACCIA, GRANACHA Italienische Namen für Lokalvarianten von GRENACHE.

GRANDE VIDURE Das historische Synonym für CARMENÈRE; es wird neuerdings von der Weinkellerei Carmen in Chile für ihre Anfang der 1990er Jahre identifizierten Bestände dieser Sorte wieder benutzt.

GRAND NOIR DE LA CALMETTE Die Rotweinrebsortenzüchtung aus der Versuchsstation Domaine de la Calmette von BOUSCHET verdient kaum einen so hochtrabenden Namen. ALICANTE BOUSCHET konnte immerhin den relativ edlen Grenache als Elternteil vorweisen, der «Grand» Noir dagegen wurde durch Kreuzung von Petit Bouschet mit dem höchst gewöhnlichen ARAMON gezüchtet. Es überrascht kaum, daß er hohen Ertrag und von seinem TEINTURIER-Elternteil rotes Fruchtfleisch (wenn auch nicht ganz so dunkles wie bei Alicante Bouschet) mit auf den Weg bekommen hat.

Unter der Kurzbezeichnung **Grand Noir** war die Sorte bis in die 1920er Jahre in Frankreich stark verbreitet, dann aber ließ ihre Beliebtheit wegen ihrer geringen Frosthärte und großen Anfälligkeit für Echten Mehltau stark nach. Zu Beginn der 1980er Jahre betrug ihre Rebfläche in Frankreich noch 2000 ha, jetzt aber wird sie rasch gerodet. In Australien wird die Sorte noch in sehr kleinem Umfang in Nordost-Victoria angebaut. (Siehe auch GRAN NEGRO)

GRAN NEGRO, GRÃO NEGRO Rustikale rotfleischige Traubensorte; sie wird in geringem Umfang in Valdeorras (Nordwestspanien) angebaut. Vermutlich ist sie identisch mit GRAND NOIR in Frankreich, denn sie liefert entsprechend dunklen Wein und kam nach dem Reblausbefall in Galicien auf.

GRAPPUT Synonym der in raschem Rückgang befindlichen französischen Rebsorte BOUCHALÈS.

GRASA Die «fette» Weißweintraube von Cotnari (Rumänien), die Anfang der 1990er Jahre ausschließlich dort auf rund 850 ha angebaut wurde, erbringt extrem hohe Mostgewichte, braucht zum Ausgleich aber die Säure anderer Traubensorten, z. B. TAMÎIOASA ROMANEASCA. 1958 beispielsweise erreichten Grasa-Trauben in Cotnari eine Zuckerkonzentration von 520 g/l. Die für Edelfäule erfreulich anfällige Rebe soll in diesem Teil des westlichen Moldawien schon seit dem 15. Jh. heimisch sein. Grasa ist auch ein Elternteil von FETEASCA Regala, der meistangebauten Rebsorte Rumäniens.

GRAŠEVINA Der kroatische Name für WELSCHRIESLING, die meistangebaute Rebsorte im ehemaligen Jugoslawien. Auch das Synonym **Grassica** ist anzutreffen.

GRAUBURGUNDER Das deutsche Synonym für PINOT GRIS wird insbesondere in Baden und der Pfalz gern für frisch und trocken ausgebaute Weine von RULÄNDER (ebenfalls ein Synonym von Pinot Gris) benutzt.

GRAY RIESLING Kalifornischer Name einer weißen Rebsorte, die nichts mit Riesling zu tun hat, sondern als eine TROUSSEAU-Mutation mit hellen Beeren (Trousseau Gris) identifiziert worden ist. Sie liefert hellen, leichten sortenreinen Weißwein mit gefälligem, aber durchaus kleinem Charakter. Die meist halbtrockenen Weine dieser Art waren früher sehr populär, doch zu Beginn der 1990er Jahre nahm die Sorte in Kalifornien nur noch knapp 300 ha ein.

GRECANICO DORATO Sizilianische Weißweinrebsorte; ihre Anbaufläche stieg in den 1980er Jahren von knapp 3000 ha auf über 4500 ha. Der Name läßt auf griechische Ursprünge schließen. Das aromatische, SAUVIGNON-ähnliche Potential ist im Wein noch nicht ausgeschöpft.

GRECHETTO, manchmal **Greghetto.** Charaktervolle, oft adstringierende Rebsorte in Mittelitalien, zumeist in Umbrien angebaut; sie ist ein fester, körperreicher, nußwürziger, im Duft manchmal an Lack erinnernder Bestandteil im Orvieto sowie in den Weißweinen von Torgiano. Die Sorte zeigt gute Resistenz gegen Falschen Mehltau und besitzt ausreichende Robustheit für Vin Santo. Sie wird vor allem mit TREBBIANO, VERDELLO und MALVASIA verschnitten, doch im Cervaro, dem meistbewunderten Weißwein Antinoris, spielt sie neben CHARDONNAY eine tragende Rolle. Ihre Synonyme lauten **Greco Spoletino** oder **Greco Bianco di Perugia**, allerdings hat sie nichts mit GRECO zu tun (bis vielleicht auf den griechischen Ursprung).

GRECO
Name einer bzw. mehrerer, meist edler Weißweinrebsorten griechischen Ursprungs, die heute noch in Süditalien angebaut werden. Der statistischen Erhebung von 1990 zufolge entfielen auf **Greco Bianco** knapp 1000 ha.

In Kampanien bringt die Traube um den Ort Tufo den hochgeschätzten, körperreichen, trockenen weißen **Greco di Tufo** hervor und trägt gemeinsam mit FALANGHINA und BIANCOLELLA zu den nicht weiter bemerkenswerten trockenen Weißweinen der Insel Capri bei.

Der vielleicht feinste auf Greco beruhende Wein ist der süße **Greco di Bianco**, der um die Stadt Bianco an der Südküste von Kalabrien von vorgetrockneten Trauben bereitet wird.

Greco wird in verschiedenen Formen auch als Synonym für die mit ihm nicht verwandte ALBANA gebraucht.

GRECO NERO
Rebsorte mit möglicherweise griechischen Ursprüngen; sie verfügte Anfang der 1990er Jahre über 3200 ha in Süditalien, vorwiegend in Kalabrien, wo sie oft mit GAGLIOPPO verschnitten wird. Burton Anderson zufolge lautet ihr Synonym dort Marsigliana.

GREEN HUNGARIAN
Einfache Rebsorte in Kalifornien; sie liefert in immer kleineren Mengen neutralen Wein. Galet sagt, die Sorte sei tatsächlich ungarischen Ursprungs und sowohl im Elsaß als auch im Département Gers (Südwestfrankreich) unter dem deutschen Namen «Putzscheere», der sich auf die Schönheit und Fülle der Trauben beziehe, bekannt und zeichne sich durch gute Fäuleresistenz aus.

GRENACHE
Die zweitmeist angebaute Traubensorte der Welt ist in mehreren Farbschattierungen über Spanien und Südfrankreich verbreitet. Ihre ursprüngliche Ausbreitung im westlichen Mittelmeerraum verdankt sie vermutlich der Macht und Größe des Königreichs Aragón, und für einen ampelographischen Detektiv dürfte sie ein dankbarer Gegenstand sein. Übereinstimmend wird angenommen, daß sie ihren Ursprung als Garnacha in Aragón (Nordspanien) hat, von wo aus sie sich zunächst nach Rioja und Navarra ausdehnte und sodann umfangreiche Weinbauflächen nördlich und südlich der Pyrenäen eroberte, vor allem im Roussillon, das vier Jahrhunderte lang bis 1659 durch Spanien und insbesondere durch das Königreich Aragón beherrscht wurde. Von hier aus nahm sie ihren Weg nach Osten und erreichte am Anfang des 18. Jh. das Languedoc und im 19. Jh. die südliche Rhône. Zweifellos ist Grenache dieselbe Rebsorte wie CANNONAU auf Sardinien, die allerdings von den Sarden ganz als ihnen eigen beansprucht wird – sie vertreten die Theorie, daß die Sorte von der Insel aus nach Spanien gelangt sei, als Sardinien zwischen 1297 und 1713 unter der Herrschaft von Aragón stand.

Wo immer ihr Ursprung gelegen haben mag, heute hält Grenache jedenfalls nach AIRÉN mehr Boden besetzt als irgendeine andere Rebsorte; am häufigsten ist sie in ihrer dunklen Form als GARNACHA Tinta anzutreffen (siehe dort). Mit über 100 000 ha ist dies die meistangebaute Rotweintraubensorte Spaniens, und in Frankreich bewies die landwirtschaftliche Erhebung von 1988, daß **Grenache Noir** dort im Midi mit damals 87 000 ha weiter auf dem Vormarsch war. Obschon diese Rebsorte so viel Terrain für sich beansprucht, tritt sie dem Weinfreund auf Etiketten nur selten entgegen, da sie zum großen Teil mit anderen, an Farbe und Tannin kräftigeren Sorten verschnitten wird.

Durch starkes Holz und aufrechten Wuchs eignet sich Grenache Noir gut für die in warmen, trockenen, windigen Gegenden traditionelle Erziehung in Buschform. Die Sorte treibt früh aus und kann in Regionen mit relativ langer Wachstumsperiode kräftigen Zuckergehalt erreichen. Ihr Wein ist heller als der anderer Rotweinsorten (in Spanien wird allerdings durch niedrige Erträge bessere Konzentration der Pigmente erreicht), zeigt eine starke Neigung zu früher Oxidation, eine gewisse rustikale Art und mehr als nur einen Anflug von Süße. Wird die Rebe bewässert, wie es in der Neuen Welt geschehen ist, kann sie sogar ihre Ge-

Grenache

schmackseigenschaften einbüßen. Wird sie dagegen, wie es die penibelsten Châteauneuf-du-Pape-Erzeuger handhaben, auf kargem Boden streng geschnitten und als Rebe und Traube zu voller Reife gebracht, dann kann sie ungeheuer konzentrierte, vollmundige, würzige Rotweine hervorbringen, die einige Jahrzehnte Ausbauzeit verlangen. Die Wiederentdeckung der Rhône-Rebsorten am Ende der 1980er Jahre hat manche Erzeuger in der Neuen Welt dazu veranlaßt, sich intensiver um ihre Grenache-Reben zu kümmern, auch wenn sie mit ihrem robusten Holz für die moderne maschinelle Lese nicht so beliebt sind.

In Frankreich befindet sich der größte Teil der umfangreichen Grenache-Anbaufläche im winddurchbrausten Rhône-Tal, wo neben beschränkten Mengen an Châteauneuf-du-Pape, Gigondas, Vacqueyras und ihresgleichen auch Fluten von Côtes-du-Rhône mit unterschiedlicher Eigenständigkeit entstehen. Zweifellos stand Grenache als Bestandteil hinter der Forderung nach einem Mindestalkoholgehalt von 12,5% für den Châteauneuf-du-Pape. Zwar lautet die Parole hier Verschneiden, vor allem mit dem fester gefügten SYRAH, doch so markante Weine wie der berühmt hochkonzentrierte Châteauneuf-du-Pape von Château Rayas beweisen, was allein mit Grenache, niedrigen Erträgen und Unbeirrbarkeit zuwege gebracht werden kann. Auch für viele Rosés aus Südfrankreich ist Grenache verantwortlich – das zeigt sich am deutlichsten und traditionellsten am Tavel und seinem Nachbarn Lirac, aber auch weiter ostwärts in der eigentlichen Provence. Im Languedoc spielt Grenache eine unauffällige, aber tragende Rolle in den Mischungsrezepten der Appellationen, aber im Roussillon hat die Sorte größte Bedeutung als unentbehrlicher Bestandteil in so charaktervollen starken Süßweinen wie Banyuls, Rivesaltes und Maury – erneut ein Beweis dafür, daß Grenache imstande ist, großen Wein, wenn auch einer ganz bestimmten Art, hervorzubringen.

Auf Korsika wird Grenache Noir gerodet, in Sardinien dagegen dominiert die Traube als Cannonau im Rotwein der Insel und erreicht umwerfende Reifegrade, sowohl in dunkelroten trockenen Weinen mit bis zu 15% natürlichem Alkoholgehalt als auch in Dessertweinen. In Kalabrien und auf Sizilien wird die Rebsorte ebenfalls angebaut.

Grenache verdankte seiner Widerstandsfähigkeit gegen Dürre und Hitze große Beliebtheit bei den Weinerzeugern der Neuen Welt, als die Mode noch wenig Einfluß auf die Kräfte des Markts hatte. Zwar kann die Traube in den Küsten-Countys Reifeprobleme haben, aufgrund umfangreicher alter Bestände im Central Valley und kleinerer in Mendocino war Grenache aber 1991 mit 5300 ha noch hinter ZINFANDEL und CABERNET SAUVIGNON die drittmeist angebaute Rotweinrebsorte Kaliforniens, ist inzwischen jedoch vom modischen Merlot überholt worden. Nicht einmal den kalifornischen «Rhône Rangers» wird zugetraut, diesen Trend umzukehren, denn oft kommt Grenache hier ungleichmäßig zur Reife und bringt dünne, süßliche Weine hervor; doch die Frucht alter Reben aus bewässerungsfreiem Anbau und mit niedrig gehaltenen Erträgen ist bei manchen Weinerzeugern gefragt. Eine gewisse Wiederbelebung verzeichnete die Traube gegen Ende der 1980er Jahre, als White Grenache (von dunklen Trauben weiß gekeltert) eine günstige Alternative zum White Zinfandel bot, weil Zinfandel-Trauben knapp und teuer waren.

In Australien war Grenache bis in die Mitte der 1960er Jahre die meistangebaute Rotweintraubensorte; erst gegen Ende der 1970er Jahre wurde sie von SHIRAZ (Syrah) überholt, und zu Beginn der 1990er Jahre übertraf schließlich auch die Cabernet-Sauvignon-Produktion die von Grenache. In den stark bewässerten, charakterlosen Weinbaugegenden, in denen der Sorte große Erträge für einfache Verschnitte abverlangt wurden, ist sie schamlos ausgebeutet und degradiert worden. Immer mehr Erzeuger, vor allem im Barossa Valley, nehmen Grenache jedoch wieder ernst und suchen alte Buschrebenplantagen für besonders konzentrierte Weine auf, die in Nachahmung von Châteauneuf-du-Pape oft mit Shiraz und gelegentlich mit MOURVÈDRE verschnitten werden.

Auch in Israel wird Grenache Noir angebaut; dorthin gelangte die Sorte am Ende des 19. Jh. In Südafrika gibt es nur sehr kleine Bestände, dagegen viel größere noch immer in Nordafrika, wo Grenache früher einen wertvollen Bestandteil der etwas dicklichen Rotweine aus Algerien, aber auch einiger feiner marokkanischer Rosés darstellte.

🍇 **GRENACHE BLANC** Die weiße Form von GRE-
NACHE hat in Südfrankreich, wo sie gegen Ende
der 1980er Jahre von Sauvignon Blanc als viertmeist angebaute Weißweinrebsorte abgelöst wurde,
auf diskrete Weise Bedeutung gehabt. Obwohl sie
sich jetzt im Rückgang befindet, wird die Traube
im Roussillon noch viel angebaut und erbringt
weiche, fette Weißweine, dient aber auch als Bestandteil in der helleren Version des Rivesaltes.
Auch in Weißweinverschnitten des Languedoc, in
die er zwar keine Langlebigkeit, aber doch geschmeidige Frucht einbringt, ist Grenache Blanc
anzutreffen.

Er muß aber nicht unbedingt immer im Verschnittbottich enden, denn seit dem Anfang der
1990er Jahre kommen einschmeichelnde, sanfte,
geschmeidige, manchmal fast überzogen wirkende
sortenreine Versionen auf den Markt, die jedoch
bei sorgfältigem Rebschnitt und gewissenhafter
Weinbereitung vollen Geschmack und Körper aufweisen können und manche Eigenschaften mit
MARSANNE-Weinen gemeinsam haben, ja sogar
Ausbau in kleinen Eichenfässern lohnen.

Als **Garnacha Blanca** spielt die Traube eine
Rolle in nordostspanischen Weißweinen, z.B. in
Alella, Priorato, Tarragona, Rioja und Navarra.

An südfranzösischen Weißweinen und hellen
Rosés sind auch die Varianten **Grenache Rosé** und
Grenache Gris beteiligt.

🍇 **GRIGNOLINO** Ausgesprochene Lokalrebsorte der
Region Piemont (Nordwestitalien); sie erbringt
fast ausschließlich hellen sortenreinen Rotwein mit
nahezu alpinem Duft und pikanter Säure. Grignolino ist in den Monferrato-Bergen zwischen Asti
und Casale heimisch und hat dort dieselbe Funktion wie DOLCETTO in der Provinz Cuneo: einen
Wein zu liefern, der sich schon in der Jugend angenehm trinkt, während die schwereren Weine der
Gegend heranreifen – allerdings ist Grignolino
schwerer auf Speisen abzustimmen als der vollere
Dolcetto. Die helle Farbe und der relativ geringe
Alkoholgehalt (11–12%) können täuschen; der
Wein bezieht aus den zahlreichen Kernen der Gri-
gnolino-Traube viel Tannin – er hat sogar seinen
Namen von den *grignole*, wie die Kerne im Dialekt
der Provinz Asti heißen.

Obwohl die Winzer von Piemont ständig von
einem Durchbruch mit Grignolino reden, der ihn
zur italienischen Antwort auf den Beaujolais machen soll, ist er bisher doch ein ausgesprochener
Lokalfavorit geblieben und hat mit seiner eigenar-
tigen Kombination von heller Farbe, ausgeprägter
Säure und starker Tanninherbheit eigentlich nicht
seinesgleichen. Der Grignolino hat offenbar eine
besondere Vorliebe für trockene, lockere Böden,
wird aber häufiger auf schwereren, feuchteren angebaut.

Die Zukunft der Sorte scheint ungewiß, teils
wegen ihrer extremen Krankheitsanfälligkeit und
vielleicht noch mehr wegen ihrer Tendenz zu später und ungleichmäßiger Reife. Das bedeutet aber,
daß sie beste Lagen braucht, die jedoch in ihrer
Heimat Monferrato immer mehr für BARBERA
und, soweit es um höhere Lagen geht, für internationale Weißweinrebsorten wie CHARDONNAY re-
serviert werden. Bei der statistischen Erhebung
von 1990 wurden nur 1350 ha Grignolino festgestellt, was immerhin eine geringfügige Steigerung
gegenüber der Rebfläche von 1982 bedeutete.

Auch in Kalifornien wird in sehr geringem Umfang eine Sorte namens Grignolino angebaut; dort
hat ihr Rosé eine gewisse Anhängerschaft, und es
gibt eine Port-ähnliche Version.

🍇 **GRILLO** Sizilianische Rebsorte, früher die Grundlage für Marsala. Grillo hat vielleicht gutes Potential für Tischwein, allerdings ging die Anbaufläche
in den 1980er Jahren um die Hälfte zurück, so
daß 1990 nur noch wenig mehr als 2000 ha übrig
waren. Die körperreichen Weine mit Zitrusnote
weisen eine gewisse erdige, sogar adstringierende
Art auf und sprechen gut auf Faßausbau an.

GRINGET Siehe SAVAGNIN.

🍇 **GROLLEAU** Einfache Rotweinrebsorte an der
Loire; sie bringt ziemlich hohe Erträge an relativ
dünnem, säurereichem Wein. Zum Glück wird sie
systematisch durch GAMAY und neuerdings auch
CABERNET FRANC ersetzt. Die Gesamtbestände in
Frankreich gehen stetig zurück, betrugen 1988
aber noch fast 4000 ha. Die Sorte wird noch in

den Rosés, nicht aber den Rotweinen der Appellations Contrôlées Anjou, Saumur und Touraine zugelassen. Größere Bedeutung hat sie nur im Rosé d'Anjou, worin sie meist mit dem unmittelbar vor ihr reifenden Gamay verschnitten wird, und auch in manchen Schaumweinen ist sie als Bestandteil geschätzt.

Grolleau Gris bringt nichtssagende Weißweine hervor, die in die Mischung des regionalen Vin de Pays du Jardin de la France aufgenommen werden dürfen; allerdings kommen bei Ertragsbeschränkung (was bei dieser Sorte schwierig sein kann) auch durchaus charaktervolle Weine zustande.

GROPPELLO Eine in geringem Umfang an den Ufern des Gardasees angebaute Rebsorte; sie erbringt recht leichte Rotweine.

GROSLOT Andere Schreibweise für GROLLEAU.

GROS MANSENG Baskische Rebsorte; sie wird in Südwestfrankreich hauptsächlich für die trockeneren Versionen des Jurançon und mehrere Weine aus Béarn angebaut. Inzwischen ist sie auch in der Gascogne im Pacherenc du Vic Bilh zugelassen. Die Rebe sieht ähnlich aus wie PETIT MANSENG, ist aber eine eigenständige Sorte. Ihre Erträge sind reichlicher, ihr Wein ist deutlich weniger elegant und voll, aber dennoch kräftig. Anders als der kleinbeerige Petit Manseng ist Gros Manseng nicht empfindlich für Verrieseln. Siehe auch MANSENG.

GROS RHIN Schweizer Synonym für SILVANER im Gegensatz zu Petit Rhin = RIESLING.

GROS VERDOT Wenig charaktervolle und wenig verbreitete Bordeaux-Rebsorte; sie hat weder die Konzentration noch die interessante Art von PETIT VERDOT aufzuweisen. Möglicherweise wird sie in Südamerika noch angebaut. Siehe VERDOT.

GRÜNER VELTLINER Die wichtigste Rebsorte Österreichs wird auch in Ländern Osteuropas kultiviert. 1992 war mehr als ein Drittel der österreichischen Rebfläche von 58 000 ha mit dieser an die dortigen Bedingungen bestens angepaßten

Grüner Veltliner

Traubensorte besetzt. In Niederösterreich entfällt auf sie mehr als die Hälfte der gesamten Weißweinproduktion, und um Wien spielt sie vor allem auch im Heurigen eine große Rolle.

Die Rebe ist ertragreich und relativ widerstandsfähig, reift aber für nördlichere Bereiche Europas zu spät. In einfacheren Lagen des Weinviertels in Niederösterreich werden meistens Erträge von 100 hl/ha erreicht, und der daraus entstehende Wein ist gefällig und süffig. In seiner Bestform jedoch erbringt der Grüne Veltliner vor allem in der Wachau und unter den Händen ambitionierter Erzeuger in Wien Weine, in denen sich Duftigkeit und Substanz in einem Stil vereinen, der an das Elsaß erinnert. Typischer Grüner Veltliner ist trocken, pfefferig und würzig, und er trinkt sich jung am besten. Konzentriertere Beispiele aus der Wachau können dagegen in der Flasche die Charakteristik weißer Burgunder entwickeln.

Die Rebsorte wird auch jenseits der Nordgrenze Österreichs in der Slowakei angebaut und heißt dort **Veltlin Zelene** oder **Veltlinske Zelené**; in Teilen Ungarns ist sie als **Veltlini** verbreitet.

Grüner Veltliner

Der **Rote Veltliner** (er wurde einst auch in Kalifornien kultiviert) und noch seltener der **Braune Veltliner** werden in sehr viel geringerem Umfang in Niederösterreich angebaut. Die Anbaufläche dieser beiden dunklen Varianten des Grünen Veltliners belief sich zu Anfang der 1990er Jahre auf insgesamt etwas über 200 ha; das entsprach 1 % der vom Grünen Veltliner in Anspruch genommenen Rebfläche. Siehe auch FRÜHROTER VELTLINER.

GUARNACCIA Eine auf der Insel Ischia vor Neapel heimische Spielart von GRENACHE.

GUTEDEL Synonym für CHASSELAS. In Deutschland werden 1300 ha Weißer Gutedel angebaut, zum größten Teil im Markgräflerland (Baden), wo er leichten, spritzigen Wein erbringt. Auch eine dunkle Variante, **Roter Gutedel**, ist hier bekannt.

GUTENBORNER Wenig verbreitete deutsche Neuzüchtung, eine Kreuzung Müller-Thurgau × Chasselas Napoleon, hat sich in geschützten Lagen Englands mit fruchtigen Weinen recht gut bewährt und auch, was für eine Neuzüchtung ungewöhnlich ist, im Rheingau und im Anbaugebiet Mosel-Saar-Ruwer Fuß fassen können; dort war allerdings die Anbaufläche um 1990 auf knapp 10 ha zurückgegangen. Der Hauptvorzug der Sorte liegt darin, daß sie auch in sehr kühlem Klima zur Reife gelangt.

H

HANEPOOT Traditioneller Name in Afrikaans für MUSCAT OF ALEXANDRIA, die in Südafrika meistangebaute Muskatellersorte.

HARRIAGUE In Uruguay gebräuchlicher Name für TANNAT; er geht auf den Familiennamen eines baskischen Einwanderers zurück.

HÁRSLEVELÜ Aromatische ungarische Rebsorte, die charakteristisch würzige Weine liefert. Die Traube bringt ihren Duft in den in der Hauptsache von FURMINT-Trauben gewonnenen berühmten Tokajer ein. Sie hat größere Fruchtstände, aber kleinere Beeren als Furmint, reift jedoch ebenfalls spät und ist empfänglich für Edelfäule. Sie wird auch in anderen Gegenden Ungarns viel angebaut und zu sortenreinen Weinen von stark unterschiedlicher Qualität verarbeitet. Guter Hárslevelü-Wein ist meist tief grüngolden, extrakt- und körperreich und vollmundig.

Der Name bedeutet «Lindenblättrige» und übersetzt sich in Synonyme wie **Lipovino** und **Feuille de Tilleul**. Besonders gehaltvolle Weine erbringt die Sorte in Villány im äußersten Süden Ungarns, und besondere Popularität genießt ihr Wein aus dem Ort Debrö in den Ausläufern des Mátra-Gebirges (allerdings handelt es sich bei einem großen Teil des Weins, der unter dem Namen Debröi Hárslevelü angeboten wird, um einen weit weniger ausdrucksvollen und eigenständigen halbtrockenen Verschnitt).

Die Sorte wird auch jenseits der Grenze in der Slowakei angebaut, und in Südafrika ist sie stärker verbreitet als Furmint, allerdings bringt sie dort kaum besonders charaktervolle Weine hervor.

HEIDA, HEIDEN Schweizer Name für TRAMINER; eine Spezialität von Visperterminen.

HELFENSTEINER Die Kreuzung FRÜHBURGUNDER × TROLLINGER ist als eine der Elternreben der erfolgreichen Neuzüchtung DORNFELDER zu besonderem Ruhm gelangt. In ihrer Heimat Württemberg ist sie vor allem deshalb geschätzt, weil sie früher als Trollinger reift. Ihre Anfälligkeit für Verrieseln hat allerdings dazu geführt, daß sie nach kurzer Popularität zu Anfang der 1970er Jahre jetzt allmählich wieder in den Hintergrund tritt.

HERBEMONT Die dunkelhäutige *Aestivalis-cinerea-vinifera*-Hybride wird in Brasilien wegen ihrer Widerstandsfähigkeit gegen Pilzkrankheiten verbreitet angebaut und manchmal zu Weißwein verarbeitet.

HERMITAGE In Australien häufig anzutreffendes, in Europa aber verständlicherweise unzulässiges Synonym für SYRAH. In Südafrika historisches Synonym für CINSAUT, in der französischen Schweiz gelegentlich Synonym für MARSANNE.

HEROLDREBE Wenig verbreitete deutsche Neuzüchtung, geschaffen von dem erfolgreichen Züchter August Herold aus Weinsberg in Württemberg. Die Kreuzung PORTUGIESER × LIMBERGER zeichnet sich durch regelmäßigen und reichen Ertrag aus – etwa 140 hl/ha –, doch ihre Reife liegt so spät, daß sie sich nur für wärmere Gegenden Deutschlands eignet, vor allem für die Pfalz, wo im Jahr 1991 zwei Drittel ihrer deutschen Anbaufläche von 220 ha lagen und wo sie sich übrigens für Rosé besser bewährt als für Rotwein. Die wertvollste Funktion der Sorte bestand darin, daß sie in Kreuzung mit dem noch weniger populär gewordenen HELFENSTEINER – bei dem es sich ebenfalls um eine Neuzüchtung von Herold handelt – dem vielversprechenden DORNFELDER das Leben schenkte.

HONDARRABI Spanisch-baskische Rebsorten. **Hondarrabi Zuri** hat weiße Trauben und kommt vor allem im Guetaria in Guipúzcoa vor, während die dunkelfrüchtige **Hondarrabi Beltza** in Baquio y Valmaseda (Vizcaya) wächst.

☗ **HUMAGNE BLANC** Seltene Weißweinrebsorte im Wallis (Schweiz); sie erbringt volle, kräftige Weine mit gutem Säuregehalt, die sich in der Flasche schön entfalten können.

☗ **HUMAGNE ROUGE** Die stärker als HUMAGNE BLANC verbreitete Rebsorte reift spät und erbringt ungewöhnliche, oft sehr rustikale Weine mit unbändiger Geschmacksfülle hervor, die gut auf Faßausbau ansprechen. Sloan zufolge erlebt sie derzeit eine gewisse Renaissance.

☗ **HUXELREBE** Die 1927 entstandene deutsche Neuzüchtung genießt in Deutschland und in geringerem Umfang auch in England einige Popularität. Sie wurde wie die SCHEUREBE und die FABERREBE von Dr. Georg Scheu in Alzey gezüchtet und trägt den Namen des Rebschulbesitzers Fritz Huxel, der in der Hauptsache die Vermehrung übernahm. Es handelt sich um eine Kreuzung GUTEDEL × Courtillier Musqué (ein Vorfahr der populären Hybridrebe MARÉCHAL FOCH). Sie erbringt recht einfachen Wein bei so enormen Erträgen, daß die Reben manchmal unter der Last der Früchte zusammenbrechen. Bei sorgfältigem Rebschnitt kann sie jedoch selbst in einem normalen Jahr in durchschnittlichen bis guten Lagen ohne weiteres für Auslesen ausreichende Mostgewichte erreichen und vollmundigen, wenn auch vielleicht nicht unbedingt subtilen und nicht sehr lange haltbaren Wein liefern. Der Geschmack erinnert mehr an Muskateller als an Riesling, und in England erweist sich der hohe Reifegrad als nützliches Gegengewicht zur von Natur aus kräftigen Säure. In Deutschland wird die Huxelrebe fast ausschließlich in der Pfalz und in Rheinhessen angebaut; 1990 betrug ihre allmählich im Rückgang begriffene Anbaufläche noch 1500 ha.

I

INCROCIO Italienisch für Kreuzung, Neuzüchtung. Ein Wein von **Incrocio-Manzoni**-Trauben beispielsweise ist das Produkt einer der vielen Neuzüchtungen Manzonis, die er durch Kreuzung einer *Vinifera*-Sorte mit einer anderen schuf. Am verbreitetsten angebaut – vor allem in Nordostitalien – wird Incrocio Manzoni 6.0.13, eine Kreuzung RIESLING × PINOT BLANC. Bei Incrocio Manzoni 2.15 handelt es sich um PROSECCO × CABERNET SAUVIGNON.

Incrocio Terzi No 1 ist eine in der Lombardei angebaute Kreuzung BARBERA × CABERNET FRANC.

INZOLIA Hauptsächlich in Sizilien, in kleinem Umfang auch in der Toskana angebaute quantitativ bedeutende Rebsorte, auch als **Ansonica** oder **Anzonica** bekannt. Zu Anfang der 1990er Jahre belief sich ihre im Rückgang befindliche Anbaufläche auf knapp 13 000 ha. Im Westen Siziliens wird sie unter anderem neben dem verbreiteteren CATARRATTO als relativ aromatischer Bestandteil in trockenen Weißweinen sehr geschätzt. Die besseren Beispiele zeigen schöne Nußwürze, die weniger guten könnten mehr Säure und kräftigeren Geschmack brauchen.

IRSAY OLIVER In der Slowakei angebaute, noch ziemlich neue, aromatische Züchtung, in Ungarn unter dem Namen **Irsai Olivér** bekannt. Die Kreuzung Pozsony × Perle von Csaba entstand ursprünglich in den 1930er Jahren als Tafeltraubensorte. Sie reift sehr früh und zuverlässig, ist aber anfällig für Echten Mehltau. Ihr Wein ist relativ schwer, intensiv aromatisch und erinnert stark an MUSKATELLER.

ISABELLA, ISABELLE Die weitverbreitete und viel angebaute amerikanische Hybridrebe *labrusca × vinifera* unbekannten Ursprungs tauchte um 1816 in South Carolina auf und soll nach der schönen Isabella Gibbs benannt sein. Die Rebe bewährt sich unter tropischen und subtropischen Bedingungen und wird in Portugal, der Ukraine und Japan kultiviert, tritt aber auch in der südlichen Hemisphäre in Erscheinung, v.a. in Brasilien, wo sie die bei weitem meistangebaute Sorte ist. Im Staat New York war sie eine der ersten nach dem Reblausbefall gegen Ende des 19. Jh. angebauten Hybriden, ist dort aber inzwischen weitgehend von der CONCORD verdrängt worden. In Frankreich wurden Neuanpflanzungen 1934 untersagt. Die Rebe bringt hohe Erträge, aber ihre Weine zeigen starken Fuchston.

ITALIA Eine Tafeltraube, die in Australien gelegentlich auch zu Wein verarbeitet wird.

ITALIAN RIESLING oder **ITALIAN RIZLING,** auch **Italianski Rizling.** Synonyme für den auch als **Riesling Italico** bezeichneten WELSCHRIESLING.

IZSÁKI Schlichte, spätreifende Traube, manchmal auch als **Weiße Kadarka** bezeichnet; sie wird in abnehmenden Mengen in der Großen Ungarischen Tiefebene angebaut.

J

JACQUÈRE In Savoyen in den französischen Alpen verbreitete Weißweinrebsorte; sie erbringt dort bei hohen Erträgen schwachduftige, ausgeprägt alpine, trockene Weine. In den 1980er Jahren wuchs die Anbaufläche wieder und erreichte 1990 rund 1000 ha.

JAÉN Schlichte Rebsorte In Zentral- und Westspanien mit großen Mengen an rustikalem, nichtssagendem Wein. Sie wird auch in der Region Dão in Portugal angebaut, wo ihr Wein durch schwache Säure auffällt.

Die weiße Variante **Jaén Blanco** ist vermutlich identisch mit AVESSO in Portugal.

JAMPAL Südportugiesische Rebsorte mit möglicherweise noch nicht erkanntem Potential.

JOÃO DE SANTARÉM In Teilen der Region Ribatejo (Portugal) gebräuchlicher Name für die verbreitet angebaute Rebsorte CASTELÃO FRANCÊS.

JOHANNISBERG RIESLING, oft **JR** abgekürzt. Vor allem in Kalifornien gebräuchliche Bezeichnung für den großen Weißen RIESLING aus Deutschland. Mit dem berühmten Schloß Johannisberg im Rheingau besteht keine direkte Verbindung außer der Tatsache, daß auch dessen weltweite Reputation auf dem Riesling beruht.

JOUBERTIN, gelegentlich auch **Jaubertin.** Früher weitverbreitete, als ertragreich bekannte, inzwischen aber fast ausgestorbene Rebsorte mit Ursprung in Savoyen (Südostfrankreich).

JUAN GARCIA Frische, lebendige Lokalspezialität im Distrikt Fermoselle-Arribes westlich von Toro in Nordwestzentralspanien; sie steht dort meist im Mischsatz mit anderen, geringerwertigen Sorten. Ihre Gesamtanbaufläche beträgt 2500 ha. In felsigen Hanglagen kann sie starkduftige, aber relativ leichte Rotweine hervorbringen.

JUAN IBÁÑEZ In Cariñena (Nordostzentralspanien) in geringem Umfang und meist im Mischsatz angebaute Rebsorte. In Calatayud heißt sie **Miguel del Arco.**

JUHFARK Charaktervolle, inzwischen aber fast ausgestorbene ungarische Rebsorte; sie ist heute nahezu ausschließlich noch in der Gegend von Somló anzutreffen, wo sie oft schön haltbaren Wein mit kräftiger Säure hervorbringt, der meist mit den verbreiteter angebauten Sorten FURMINT und RIESLING verschnitten wird. Die Rebe, deren Name übrigens »Schafschwanz« bedeutet, ist unerfreulich empfindlich für Frost und Mehltau.

JURANÇON Rare, recht schlichte Rebsorte bzw. Rebsortenfamilie; sie wurde früher in Südwestfrankreich verbreitet angebaut. Es gibt auch eine weiße Variante, **Jurançon Blanc.**

JUWEL Die deutsche Neuzüchtung verfügte Anfang der 1990er Jahre über nur 30 ha Anbaufläche, vorwiegend in Rheinhessen.

K

KADARKA Die berühmteste Rotweinrebsorte Ungarns leistete früher einen bedeutenden Beitrag zum Stierblut. Allzuoft wird sie zu Übererträgen getrieben und schon gelesen, wenn Farbe und Aroma noch nicht voll entwickelt sind, so daß sie nicht mehr das Rückgrat der ungarischen Rotweinerzeugung abgibt. Sie wird in Villány immer mehr durch die im Anbau robusteren Sorten KÉKFRANKOS und KÉKOPORTO verdrängt und ist inzwischen nur noch die zweitmeist angebaute Rotweinrebsorte Ungarns. In der ungarischen Tiefebene und in der Weinbauregion Szekszárd, westlich davon jenseits der Donau, wird Kadarka zwar noch kultiviert, da sie aber anfällig für Graufäule ist und gewöhnlich riskant spät reift, bleibt sie auf bestimmte besonders günstige Lagen beschränkt. Die von Natur aus sehr ertragreiche Rebe muß sorgfältig unter Kontrolle gehalten werden, weil sie nur dann wirklich konzentrierte Weine hervorbringt. Voll ausgereifter Szekszárdi Kadarka ist oft ein feiner, tannin- und körperreicher, ausbaufähiger Wein; leider gibt es ihn nur in kleinen Mengen.

Die Ursprünge der Kadarka liegen im dunklen, es wird aber vermutet, daß sie mit einer Sorte namens Skardarsko vom Scutari-See verwandt ist, der die Grenze zwischen Albanien und Montenegro bildet.

Außerhalb Ungarns wird sie in sehr kleinen Mengen am Neusiedlersee in Österreich sowie in der Woiwodina im ehemaligen Jugoslawien angebaut; in Rumänien schreibt sie sich **Cadarca**, und in Bulgarien heißt sie **Gamza** – dort ist sie vor allem im Norden verbreitet und liefert bei langer Wachstumsperiode und beschränktem Ertrag oft interessante Weine.

Allein schon ihrer historischen Bedeutung wegen ist Kadarka stets in den Kollektionen der größeren Rebschulen anzutreffen.

KANZLER Eine deutsche Neuzüchtung, die allerdings schon wieder an Popularität einbüßt. Die 1927 in Alzey gezüchtete Kreuzung MÜLLER-THURGAU × SILVANER hat vor allem in Rheinhessen Verbreitung gefunden. Sie erreicht hohe Mostgewichte, braucht aber gute Lagen und bringt keine reichen Erträge.

KÉK Ungarisch für blau.

KÉKFRANKOS Ungarischer Name (und wörtliche Übersetzung) für BLAUFRÄNKISCH. Die höchst brauchbare Traube, die lebendige, saftige, pfeffrige, tiefdunkle, am besten jung zu trinkende Rotweine hervorbringt, wird in Ungarn verbreitet angebaut. Ihre schönsten Erfolge feiert sie in Sopron nahe der österreichischen Grenze, aber auch in Villány bringt sie körperreiche Weine hervor; in der Tiefebene fällt ihr Wein dagegen recht schwer aus.

KÉKNYELÜ («Blaustiel») In Ungarn angebaute, hochgeschätzte Rebsorte. Früher war sie stark verbreitet, aber um die Mitte der 1990er Jahre selbst in ihrer Hochburg Badacsony am Nordufer des Plattensees nur noch selten anzutreffen. Die Rebe ist überaus empfindlich und bringt nur schwache Erträge; deshalb fiel sie in den 1970er und 1980er Jahren, als es im ungarischen Weinbau auf einfachen Wein in großen Mengen für den Export in die anderen Comecon-Länder ankam, in Ungnade. Echter, mit Sorgfalt bereiteter Kéknyelü kann aromatisch und anregend sein, doch es gibt unter dem Namen Badacsony Kéknyelü auch recht schlichte Verschnitte.

KÉKOPORTO, auch **Kékoport.** In Ungarn angebaute brauchbare Rebsorte, möglicherweise identisch mit dem Blauen PORTUGIESER. Sie erbringt dunkle, lebendige, dem KÉKFRANKOS nicht unähnliche Rotweine, aber mit etwas mehr Körper und vielleicht besseren Voraussetzungen für den Faßausbau. Kultiviert wird sie in dem für das Stierblut berühmten Eger, im Rotweingebiet Villány, wo die Weine echte Konzentration erreichen, und mit geringerem Erfolg in der Tiefebene. Auch in Rumänien kommt sie – oft unter dem Namen **Oporto** – vor.

Kerner

🍇 **KERNER** Der große Erfolg unter den deutschen Neuzüchtungen. Die Sorte wurde erst 1969, vier bis fünf Jahrzehnte nach der SCHEUREBE, FABERREBE und HUXELREBE, gezüchtet. 1990 hatte sie den guten alten SILVANER schon fast überholt und war die drittmeist angebaute Rebsorte in Deutschland, vermutlich weil sie überall so verläßlich zur Reife gelangt. Wie viele andere deutsche Neuzüchtungen wird auch der Kerner mit seinen 8000 ha in der Hauptsache in Rheinhessen und der Pfalz angebaut. Er ist aber auch in Württemberg sehr beliebt, wo er als Kreuzung TROLLINGER (Schiava Grossa) × RIESLING entstand. Die großen weißen Beeren erbringen Wein, der im Geschmack erfreulich nahe an Riesling herankommt, dabei aber ein eigenes krautiges Aroma und eine etwas rauhere Konsistenz aufweist. Kerner taucht nicht anonym im Verschnittbottich unter, sondern bringt feine sortenreine Weine bis in hohe Prädikatsstufen hervor. Von allen *Vinifera*-Kreuzungen des 20. Jh. ähnelt nur der kapriziösere EHRENFELSER dem Riesling ebensosehr. Beide Neuzüchtungen liefern Weine, die dank ihrer kräftigen Säure lange Lebensdauer erreichen können. Der Kerner ist nicht nur bei den Weinliebhabern beliebt, sondern wegen seines späten Austriebs und der damit verbundenen geringen Frostanfälligkeit auch bei den Winzern. Seine große Wuchskraft macht jedoch einen sorgfältigen Sommerschnitt erforderlich. Die Reife liegt etwas später als beim Müller-Thurgau, ungefähr um dieselbe Zeit wie beim Silvaner, doch ist die Rebe mit fast jeder Lage zufrieden und erreicht Mostgewichte und Säuregehalte, die um 10–20% höher sind als beim Müller-Thurgau.

Auch in Südafrika ist der Kerner angepflanzt worden, es sieht aber nicht so aus, als ob ihm dort eine längere Zukunft bestimmt wäre. In England wird er in geringem Umfang ebenfalls angebaut.

Ihren Namen hat die Traube von dem schwäbischen Dichter Justinus Kerner, der im 19. Jh. schöne Trinklieder schrieb.

KEVEDINKA, auch **Kövidinka**. Schlichte Weißweinrebsorte in Osteuropa. Siehe DINKA.

KIRÁLYLEÁNYKA Ungarischer Name für die traubige rumänische Züchtung FETEASCA Regala, eine Kreuzung Feteasca Alba × Grasa. Sie wird nach ihrem Herkunftsort in Siebenbürgen auch **Dánosi Leányka** genannt. In Ungarn ist Balaton Boglar ihre Hochburg. (Siehe auch LEÁNYKA.)

KISMIS, KISHMISH Im Nahen Osten Synonym für die weitverbreitete SULTANA.

KLEVNER, auch CLEVNER; stand und steht im Elsaß und in deutschsprachigen Weinbaugebieten ohne genaue Unterscheidung für mehrere Rebsorten, insbesondere für CHARDONNAY und verschiedene Mitglieder der PINOT-Familie. Schon um die Mitte des 16. Jh. finden sich im Elsaß viele Hinweise auf Klevner oder **Klevener**. Heute wird Klevner oder Clevner vorwiegend für PINOT BLANC (Weißburgunder) benutzt.

Klevner oder Klevener de Heiligenstein ist ein im Ort Heiligenstein im Elsaß von einer Variante des SAVAGNIN Rosé oder GEWÜRZTRAMINERS gekelterter Wein; die Rebsorte kam vermutlich aus Chiavenna in Oberitalien hierher und ist hier seit mindestens zwei Jahrhunderten eine Spezialität; allerdings hält sie heute nur noch etwa 20 ha besetzt.

🍇 **KNIPPERLÉ** Heute fast ausgestorbene Elsässer Rebsorte mit dunklen Beeren, früher als Grundlage für leichten Weißwein sehr populär. Ab und zu trifft man noch eine Flasche dieser Sorte an, im übrigen aber ist die Rebe, eine Subvarietät des im 19. Jh. wegen seiner frühen Reife und hohen Erträge geschätzten RÄUSCHLING, überaus fäuleanfällig und daher nur noch von historischem Interesse.

🍇 **KOTSIFALI** Die Spezialität der griechischen Insel Kreta verfügt dort über eine Anbaufläche von 550 ha und erbringt volle, würzige, jedoch weiche Weine, die sich am besten im Verschnitt mit tanninreicheren Sorten, z.B. MANDELARI, bewähren.

KÖVIDINKA Schlichte Weißweinrebsorte in Osteuropa. Siehe DINKA.

🍇 **KRATOSIJA** In Mazedonien und Montenegro relativ stark verbreitete Rebsorte.

KUC Siehe TRBLJAN.

L

🍇 **Lacrima (di Morro)** Spezialität der Marken an der Adriaküste Italiens; sie erbringt rasch reifenden, eigenartig duftenden Wein.

Lacrima Nera wird gelegentlich auch als Synonym für GAGLIOPPO gebraucht.

🍇 **Lado** In Galicien (Nordwestspanien) und insbesondere in Ribeiro angebaute Rebsorte mit kräftiger Säure.

Lafnetscha Siehe COMPLETER.

🍇 **Lagorthi** Griechische Rarität; sie verdankt es ihrem aromatischen Wein, daß sie nicht zum Aussterben verurteilt ist.

🍇 **Lagrein** In Südtirol verbreitete Rebsorte. Sie wird oft zu Übererträgen veranlaßt, kann aber trotzdem samtigen Rotwein von echtem Charakter (Lagrein Dunkel bzw. Lagrein Scuro) sowie duftigen und doch robusten Roséwein (Lagrein Kretzer bzw. Lagrein Rosato) hervorbringen. Burton Anderson zufolge wurde die Rebsorte, deren Name auf Ursprünge aus dem Lagarina-Tal im Trentino hinweist, bereits im 17. Jh. in Urkunden des Benediktinerklosters Muri bei Bozen erwähnt.

Lairén In Südspanien gebräuchlicher Name für die Rebsorte AIRÉN.

🍇 **Lambrusco** Mittelitalienische Rebsorte, die vor allem in den drei Zentralprovinzen der Emilia – Modena, Parma und Reggio Emilia – kultiviert wird. Größere Bestände dieser Sorte gibt es allerdings auch auf der anderen Seite des Po in der Provinz Mantua und sogar in Piemont, dem Trentino und der Basilikata. Die robuste Traube mit mindestens 60 Subvarietäten ist seit klassischer Zeit für außerordentlichen Ertragreichtum bekannt.

Moderner Lambrusco ist ein perlender, fruchtiger, fast immer roter (oft aber auch zu Weiß oder Rosé abgeblaßter) Wein, der jung getrunken sein will. Von der Subvarietät **Lambrusco di Sorbara**, vereint mit der meistangebauten Variante **Lambrusco Salamino**, entsteht Wein namens Lambrusco di Sorbara, während die Subvarietät **Lambrusco Grasparossa di Castelvetro** in der Hauptsache für den gleichnamigen Wein verantwortlich ist. Der Lambrusco Reggiano wird größtenteils von den Klonen **Lambrusco Marani** und Lambrusco Salamino erzeugt, wobei **Lambrusco Maestri** und **Lambrusco Montericco** ebenfalls zugelassen sind (aber allmählich aussterben). Der Klon **Lambrusco Salamino di Santa Croce** (dessen Trauben angeblich einer kleinen Salami ähnlich sind) muß 90% zu dem gleichnamigen Wein beitragen.

Im Gegensatz zu diesen Weinen ist die Version des Lambrusco Reggiano, die im Export nach Amerika Ende der 1970er und Anfang der 1980er Jahre so überaus große Erfolge verzeichnete, eher lieblich, wobei die Süße meist vom nur teilweise vergorenen Most der ANCELLOTTA-Traube stammt (die nach den DOC-Regeln mit bis zu 15% Anteil im Mischungsrezept zugelassen ist).

In Argentinien gibt es eine Rotweinrebsorte namens **Lambrusco Maesini** auf einer Anbaufläche von einigen hundert Hektar.

🍇 **Laski Rizling** In Slowenien, der Woiwodina und in anderen Teilen des ehemaligen Jugoslawien gebräuchlicher Name für WELSCHRIESLING. In allen diesen Gegenden wird die Rebe verbreitet kultiviert, erbringt ihre besten Ergebnisse jedoch in höheren Lagen Sloweniens (jenseits der Grenze zur Steiermark, wo spritzige Welschrieslingweine wachsen) sowie im Bergland Fruska Gora in der Woiwodina, wo ebenfalls frische, zart aromatische Weine entstehen. Nur wenig davon ist bisher in den Export gelangt, weil die großen Abfüller durch unzulängliche Ausrüstungen, aber auch durch mehr auf Quantität als Qualität versessene Abnehmer an ihrer Entfaltung gehindert wurden. Jahrzehntelang war der slowenische Lutomer Riesling (auf deutsche Vorstellungen hin später in Lutomer Laski Rizling umbenannt) der in Großbritannien meistverkaufte Weißwein. Leider vermittelte er mit seiner stark gesüßten Art nur wenig vom eigenständigen Charakter dieser Rebsorte. Siehe auch RIZLING.

LAUZET In den Weinen von Jurançon theoretisch erlaubte, aber fast ausgestorbene und auch nicht besonders interessante Rebsorte.

LEÁNYKA Ungarischer Name der in Rumänien als FETEASCA Alba bezeichneten Weißweinrebsorte. Sortenreiner Leányka wird seit langem in Eger (Nordwestungarn) produziert. Die Traube bringt Wein in guter Qualität hervor, wenn die Erträge beschränkt werden. Siehe auch KIRÁLYLEÁNYKA.

LEATICO Synonym für ALEATICO.

LEMBERGER Der im US-Staat Washington gebräuchliche Name für die lebendige mitteleuropäische Rebsorte BLAUFRÄNKISCH, vermutlich eine Abwandlung des deutschen Synonyms Limberger.

LEN DE L'EL oder **LEN DE L'ELH** Wie die beiden MANSENGS profitiert auch diese Rebsorte, deren Name im Lokaldialekt *loin de l'œil*, «aus den Augen», bedeutet, vom südwestfranzösischen Regionalstolz. Früher war sie ein bedeutender, heute ist sie nur noch ein geringerer Regelbestandteil im weißen Gaillac. Ihr Wein ist kräftig, charaktervoll, manchmal aber flau. Die starkwüchsige Rebe braucht eine gut durchlüftete Lage mit durchlässigem Boden, wenn sie in ungünstigen Jahren vor Fäule sicher sein soll.

LEXIA Australischer Name für MUSCAT OF ALEXANDRIA.

LIATIKO Alte Rebsorte auf Kreta; ihr relativ milder, meist mit den kräftigeren Sorten MANDELARIA und KOTSIFALI zu süßem Rotwein verschnittener Wein wurde im Mittelalter von venezianischen Kaufleuten in großen Mengen exportiert. Der Name erinnert an die toskanische ALEATICO-Rebe, es gibt jedoch keine ampelographischen Beweise für eine Verwandtschaft mit dieser.

LIMBERGER, auch **Blauer Limberger** oder **Lemberger.** In Deutschland gebräuchlicher Name für die in Österreich sehr viel verbreiteter angebaute Rotweinrebsorte BLAUFRÄNKISCH – die deutsche Anbaufläche ist nur ein Viertel so groß: Zu Beginn der 1990er Jahre belief sich der Bestand auf knapp 700 ha vorwiegend in Württemberg, wo die spätreifende Sorte im dort herrschenden Klima die bei den Einheimischen beliebten hellen Rotweine erbringt. Mit TROLLINGER gemischt ergibt Limberger leichten, jung zu trinkenden Rotwein mit angenehmer, säuerlicher Frische und kräftigerer Farbe, als viele andere deutsche Rotweine sie aufweisen können.

Im US-Staat Washington sind übrigens ansehnliche Bestände dieser dort Lemberger genannten Sorte anzutreffen.

LIMNIO Auf der Insel Lemnos (Griechenland) heute noch heimische antike Rebsorte. Sie hat sich von dort aus auch auf Chalkidiki in Nordostgriechenland ausgedehnt und erbringt dort körperreichen Wein mit ausgeprägter Säure. Es wird vermutet, daß es sich um die von Aristoteles «Lemnia» genannte Traubensorte handelt.

LINDENBLÄTTRIGE Deutsches Synonym für die ungarische Weißweinrebsorte HÁRSLEVELÜ.

LIPOVINA Tschechisches Synonym für die ungarische Weißweinrebsorte HÁRSLEVELÜ.

LISTAN Synonym für PALOMINO, die Rebsorte, die bei Jerez superben Sherry, sonst jedoch fast überall nur nichtssagenden, flauen weißen Tischwein hervorbringt. Listan ist der bevorzugte Name der Traube in weiten Teilen Spaniens und in Frankreich. Im westlichen Languedoc und in der Armagnac-Region verfügt sie noch über einige hundert Hektar Anbaufläche, sie wird aber systematisch gerodet. In Kreuzung mit Chardonnay brachte sie CHASAN hervor.

LISTAN NEGRO Wieder höher geschätzte Rebsorte; sie dominiert in der Weinerzeugung auf der spanischen Insel Teneriffa und verfügt dort über mehr als 5000 ha. Durch Kohlensäuremaischtechnik wird inzwischen aus ihrem mittelschweren

Wein außergewöhnliches Aroma herausgeholt. Gelegentlich wird sie auch **Almuñeco** genannt.

🍇 **LLADONER PELUT, LLEDONER PELUT** Katalanischer Name für die behaarte GRENACHE-Variante Grenache Poilu oder Velu. Die Rebe selbst und ihr Wein ähneln Grenache Noir, nur ist die Unterseite der Blätter beim Lladoner Pelut stärker behaart. Im Languedoc-Roussillon ist die Traube in AC-Weinen weithin amtlich anerkannt und wird oft neben Grenache vorgeschrieben, wobei sie diesem gegenüber den Vorzug hat, nicht so stark fäulenfällig zu sein. In der Praxis geht ihre Popularität allerdings zurück; zu Beginn der 1990er Jahre belief sich ihre Anbaufläche im Département Aude und im Roussillon noch auf 150 ha, dazu kamen kleinere Bestände in Spanien um Tarragona.

🍇 **LOUREIRO** Im Vinho-Verde-Land in Nordportugal angebaute feine, nach Lorbeer duftende Rebsorte; sie wird unter dem Namen **Loureira** zunehmend auch in der galicischen Region Rías Baixas in Nordwestspanien kultiviert. Die Anbaufläche beläuft sich insgesamt auf wahrscheinlich 3000 ha. Oft wird die Sorte mit TRAJADURA verschnitten, aber auch zu aromatischem sortenreinem Wein verarbeitet. Im Norden der Vinho-Verde-Region zeichnet sie sich durch große Erträge aus.

LUNEL In Ungarn gelegentlich gebrauchter Name für eine gelbfrüchtige Form von MUSCAT BLANC À PETITS GRAINS, die in der Region Tokaj angebaut wird.

MACABEO, MACCABÉO, MACCABEU Die in Nordspanien meistangebaute Weißweinrebsorte ist auch jenseits der Pyrenäen im Roussillon und im Languedoc stark verbreitet, wo sie oft im Verschnitt mit BOURBOULENC und/oder GRENACHE BLANC in den meisten AC-Weißweinen und in vielen der starken süßen Spezialitäten aus dem Roussillon eine Rolle spielt. Die Rebe ist zwar von Spanien aus nach Südfrankreich gekommen, ursprünglich aber stammt sie Odart zufolge aus dem Nahen Osten. Sie ist sehr wuchskräftig und treibt spät aus, was für Gegenden, in denen häufig Spätfröste vorkommen, durchaus nützlich ist. Darüber hinaus bringt sie reichliche Erträge, wenn es im Herbst trocken bleibt, so daß kaum Fäulegefahr besteht. Auch in Nordafrika hat sich die Sorte ihrer Hitze- und Dürreverträglichkeit wegen früher gut bewährt.

Ihr Wein zeigt oft vage blumigen Charakter und relativ schwache Säure, außer wenn die Trauben so früh geerntet werden, daß die Blumigkeit noch schwerer wahrzunehmen ist; er hat aber gegenüber dem Grenache Blanc, der vielfach mit dieser Sorte zusammen angebaut wird, den Vorzug, geringe Anfälligkeit für Oxidation aufzuweisen.

Vielleicht ist das auch der Grund dafür, daß Macabeo in Rioja so begeistert aufgenommen worden ist; dort hat er unter dem Namen **Viura** inzwischen MALVASIA und Garnacha Blanca (Grenache Blanc) fast ganz verdrängt und macht 90 % des gesamten Weißweinrebenbestands aus. Die Tatsache, daß Viura sich für leichten, früh trinkreifen Weißwein weit besser eignet als für die schwere, eichenfaßgereifte Art, kann sicherlich mit als Erklärung für die stilistische Evolution des weißen Rioja dienen.

Auch in Penedès, vor allem in Conca de Barberá, wird die Traube verbreitet angebaut – dort bildet sie mit PARELLADA und XAREL-LO zusammen das Triumvirat der Cava-Rebsorten. Außerdem ist sie in ganz Nordostspanien bis Tarragona im Süden des Gebietes immer wieder anzutreffen.

MACERATINO Immer seltener werdende Rebsorte an der Adriaküste Italiens; sie ist Anderson zufolge entweder mit GRECO oder der Lokaltraube VERDICCHIO verwandt.

MÄDCHENTRAUBE Deutsches Synonym für FETEASCA.

MADELEINE ANGEVINE Bei englischen Weinerzeugern ihrer frühen Reife wegen beliebte Tafeltraube; allerdings sind wahrscheinlich ganz verschiedene, wenn auch miteinander verwandte Rebsorten unter diesem Namen ins Land gelangt. Die Sorte erbringt recht attraktive, an Johannisbeeren erinnernde Weine.

MAGARATCH BASTARDO Rebsorte für alkoholangereicherte Weine, gezüchtet im Weinbauforschungsinstitut Magaratch auf der Krim durch Kreuzung von BASTARDO mit SAPERAVI.

MAGARATCH RUBY Im Institut Magaratch auf der Krim gezüchtete Kreuzung CABERNET SAUVIGNON × SAPERAVI. Inzwischen wurde eine neuere Rebsortengeneration mit spezifischer Resistenz gegen Schädlinge und Krankheiten entwickelt.

MAGLIOCCO CANINO Spezialität von Kalabrien (Süditalien); dort wird sie meist mit dem GAGLIOPPO verschnitten, mit dem Anderson eine Verwandtschaft zu erkennen glaubt. 1990 betrug die Anbaufläche etwas über 1500 ha.

MAJARCA ALBA Rumänische Spezialität.

MALA DINKA Gelegentlich in Bulgarien gebrauchter Name für GEWÜRZTRAMINER.

MALAGOUSIA, MALAGOUSSIA Erst vor kurzem in Griechenland wiederentdeckte und identifizierte elegante Traubensorte. Sie ist möglicherweise mit MALVASIA verwandt und erbringt ähnlich körperreichen, parfümierten Wein.

Côt-Malbec

♟ **MALBEC** Die früher in Bordeaux sehr populäre Rebsorte ist heute eher mit Cahors (Südwestfrankreich) und Argentinien in Verbindung zu bringen, wo sie jeweils zu den meistangebauten Rebsorten gehört. Von den vielen Synonymen bezeichnet Galet **Côt** als den eigentlichen Namen, unter dem die Sorte in weiten Teilen Westfrankreichs, besonders an der Loire, sehr verbreitet ist. In Argentinien wird sie oft **Malbeck** geschrieben, auf dem Nordufer der Gironde in Bordeaux heißt sie **Pressac** und in Cahors **Auxerrois,** was auf Ursprünge aus dem Norden Burgunds hinweist. Die von Galet aufgestellte vollständige Liste der Synonyme umfaßt für die früher in 30 Départements angebaute Sorte nahezu 400 Namen.

In Frankreich ist die Popularität von Malbec im Schwinden, denn die Sorte hat ähnliche Nachteile wie MERLOT (Anfälligkeit für Verrieseln, Frost, Falschen Mehltau und Fäule), ohne dessen offenkundige Fruchtqualität zu besitzen. Der Wein schmeckt oft wie eine rustikale kurzlebige Version von Merlot, aber aus den mageren, hochgelegenen Kalksteinlagen von Cahors kommen Gewächse, die auch heute noch verständlich machen, warum dieser Wein früher «der schwarze Wein von Cahors» genannt wurde. In den Bestimmungen der Appellation Contrôlée Cahors heißt es, daß er mindestens zu 70% aus «Cot» bestehen muß. Weitere Appellationen in Südwestfrankreich, in denen Malbec eine (kleinere) Rolle spielt, sind Bergerac, Buzet, Côtes de Duras, Côtes du Frontonnais, Côtes du Marmandais, Pécharmant und Côtes du Brulhois. Auch in den an den Midi grenzenden Appellationen Cabardès und Côtes de la Malepère ist er zugelassen, doch kommt er so weit vom Atlantik entfernt kaum vor.

Früher, noch vor den schweren Frostschäden von 1956, war Malbec in Bordeaux recht populär, und er ist auch heute noch in den meisten Appellationen für roten Bordeaux zugelassen, doch die Bestände gingen von 4900 ha im Jahr 1968 auf 1500 ha in 1988 zurück. Am stärksten vertreten ist die Sorte noch in Bourg, Blaye und in der Region Entre-Deux-Mers, sie wird aber von Traubensorten verdrängt, deren Weine länger haltbar sind.

Im Verschnitt mit Cabernet und GAMAY ist Malbec auch in vielen Appellationen an der mittleren Loire – Anjou, Coteaux du Loir, in verschiedenen Touraine-Weinen und im Schaumwein von Saumur – theoretisch erlaubt, wurde aber schon weitgehend durch CABERNET SAUVIGNON und CABERNET FRANC ersetzt.

In der spanischen Region Ribera del Duero gibt es einen kleinen Bestand, doch in Argentinien hält sich Malbec besonders gut und ist dort seit geraumer Zeit die am meisten angebaute dunkle Traubensorte. Sortenreiner argentinischer Malbec zeigt oft eindeutige Bordeaux-Charakteristiken, allerdings mehr im Geschmack als in der Struktur. Die Weine sind hier oft üppig und füllig und recht langlebig, insbesondere in der sonst in der Welt ziemlich unbekannten Region Lujan de Cuyo von Mendoza. In Chile ist Malbec – gelegentlich als Cot bezeichnet – ebenfalls stark vertreten (allerdings nicht so verbreitet wie Pais und Cabernet Sauvignon) und verfügte zu Anfang der 1990er Jahre über 4000 ha Anbaufläche. Die chilenische Version erscheint tanninherber als die von der anderen Seite der Anden.

Die Australier bezeigen dem Malbec wenig Achtung und roden ihn systematisch, trotzdem waren 1990 noch 250 ha übrig. In Kalifornien ging der vor der Prohibition nicht unbeträchtliche Bestand auf eine ähnliche Größe zurück – doch wer weiß, wann er wieder nach oben getrieben wird, vielleicht durch das Verlangen, den französischen Vin de Pays zu kopieren? Heute wird jedenfalls der größte Teil dessen, was in Kalifornien noch an Malbec wächst, pflichtbewußt den nach dem Vorbild von Bordeaux entstehenden Meritage-Verschnitten beigemischt.

In geringen Mengen wird Malbec, Malbeck oder Malbeck auch in Nordostitalien und in Südafrika kultiviert.

MALI PLAVAC Siehe PLAVAC MALI.

♟ **MALVAR** Eine um Madrid verbreitet angebaute Rebsorte. Sie erbringt leicht rustikale Weine, jedoch mit mehr Körper und Persönlichkeit als die viel verbreitetere AIRÉN. Mitte der 1990er Jahre belief sich der Bestand auf rund 2500 ha.

♟ **MALVASIA** Vor allem in Italien und auf der Iberischen Halbinsel gebräuchlicher Name für sehr verschiedene Rebsorten meist antiken und griechischen Ursprungs, die charaktervolle, alkoholstarke Weine häufig mit hoher Süße erbringen. Bei den meisten handelt es sich um Weißweine mit tiefer Färbung, es sind aber auch helle Rotweine darunter. Malvasia ist weit verbreitet; ihrer Gesamtanbaufläche nach zählt sie zum ersten Dutzend der meistangebauten Weißweinrebsorten der Welt.

Der Name Malvasia ist die italienische Verformung von Monemvasia, einem Hafen in Südgriechenland, der im Mittelalter ein frequentierter natürlicher Umschlagplatz für die vielgepriesenen süßen Dessertweine aus dem östlichen Mittelmeer, insbesondere von Kreta (damals Candia) war. Eine eigenständige Subvarietät heißt heute noch **Malvasia di Candia**. Wie der ihr ähnliche MUSKATELLER existiert auch Malvasia in vielen Formen und Farben. In der großen Zeit der venezianischen Republik hatte die Sorte derartige Bedeutung, daß die Weinläden Venedigs *malvasie* hießen.

Die französische Umformung von Malvasia wird besonders locker gebraucht; siehe MALVOISIE. Im Englischen hat sich das Wort zu Malmsey gewandelt und bezeichnet heute einen bestimmten Madeira-Stil, der traditionell auf der Malvasia-Traube beruht. Im deutschsprachigen Raum heißen die in verschiedenen Beerenfarben, allerdings nur selten anzutreffenden Formen **Malvasier**, gelegentlich auch Früher VELTLINER.

In Italien ist Malvasia in Rot und Weiß eine der meistangebauten Rebsorten für trockenen und süßen Wein; zu Beginn der 1990er Jahre belief sich die Anbaufläche auf knapp 50 000 ha in weit voneinander entfernt gelegenen Regionen – von der Basilikata bis Piemont. Den größeren Anteil an der Produktion hat die weiße Form **Malvasia Bianca di Chianti** oder **Malvasia Toscana**. Sie wird vor allem in Latium, Umbrien und der Toskana angebaut, obschon ihr üblicher Verschnittpartner TREBBIANO bei den Erzeugern wegen seiner reichen Erträge beliebter ist. Allgemein sind Malvasia-Weine oxidationsanfällig, was aber bei der Produktion von Vin Santo, für den sich Malvasia besonders gut eignet, kein Nachteil ist. Malvasia, oft Malvasia di Candia, und Trebbiano bilden die klassischen Bestandteile italienischer Weißweine aller Art, z. B. Frascati, Marino und Est!Est!!Est!!!. Dieser Weintyp hat allerdings seit den 1970er Jahren zunächst in der Toskana und dann auch in Umbrien an Boden verloren, da die Erzeuger dort sowohl Malvasia als auch Trebbiano durch charakterstärkere internationale Rebsorten ersetzt haben. Sortenreine Malvasia-Weine gibt es in Mittelitalien nur selten, doch in den Bereichen der Castelli Romani begannen am Anfang der 1990er Jahre erste Pionierleistungen dieser Art in Erscheinung zu treten.

Der feinste sortenreine trockene weiße Malvasia Italiens wird in Friaul produziert, wo in zwei DOC-Bereichen – Collio und Isonzo – die Lokalvariante **Malvasia Istriana** kultiviert wird, die der Überlieferung nach durch venezianische Seefahrer aus Griechenland dorthin gelangte. Leicht schäumender Malvasia entsteht in den Colli Piacentini und in Teilen der Emilia.

Süßer weißer Malvasia von getrockneten Trauben, der früher als der feinste italienische Dessertwein galt, ist aus der Mode gekommen, so daß viele traditionelle Malvasia-Weine inzwischen fast ausgestorben sind. Der **Malvasia delle Lipari**, der zunächst ihr Schicksal zu teilen schien, wurde in den 1980er Jahren wiederbelebt. Der Fortbestand dieser ausdrucksvollen orangensüßen Version von den Liparischen Vulkaninseln vor der Küste Siziliens scheint gesichert. Die Basilikata produziert im Bereich des Aglianico del Vulture eine eigene süße Malvasia-Variante, die es außerdem in trockener und schäumender Version gibt. Sardinien besitzt eine eigene **Malvasia Sarda**.

Die insbesondere in Südtirol verbreitete rote Spielart **Malvasia Nera** wird meist in Verbindung mit anderen Trauben verarbeitet: als Juniorpartner des NEGROAMARO in den Standardverschnitten der Provinzen Lecce und Brindisi in Apulien und als nützliche Ergänzung zu SANGIOVESE in der Toskana, wo sie Farbe und Duft in den Wein einbringt. Die Einführung des noch dunkleren und aromatischeren CABERNET SAUVIGNON in die auf Sangiovese beruhenden toskanischen Verschnitte hat allerdings in den 1970er und 1980er Jahren für Malvasia Nera deutliche Einbußen und auf lange Sicht große Ungewißheit gebracht.

In Piemont wird in der Nähe von Asti in den Bereichen Casorzo d'Asti und Castelnuovo Don Bosco ein dunkelroter Malvasia in trockener und süßer Version meist von der Sorte **Malvasia di Ca-**

sorzo erzeugt, aber auch eine **Malvasia di Schierano** ist hier bekannt. Allerdings beläuft sich die Gesamtanbaufläche auf nur knapp 100 ha und die Jahresproduktion auf unter 4000 hl.

Auf der französischen Insel Korsika sind die meisten Erzeuger der Ansicht, daß die dortige Malvoisie-Rebe mit dem möglicherweise ebenfalls zur Malvasia-Familie gehörenden VERMENTINO identisch ist.

In Spanien, vor allem in Rioja und Navarra ist Malvasia im Rückgang, dafür breitet sich die weniger interessante Viura (auch MACABEO) aus. Auch in Valencia, Zamora und auf den Kanarischen Inseln wird Malvasia angebaut.

Noch weiter draußen im Atlantik beginnt **Malvasia Candida** auf Madeira wieder an Boden zu gewinnen, wo sie früher, vor dem Befall durch die Reblaus, bereits den Malmsey erbrachte.

Myriaden von Malvasias sind auch auf dem portugiesischen Festland anzutreffen; sie tragen dort zu so unterschiedlichen Weinen wie Buçaco und Colares bei, und die ausgesprochen gewöhnliche **Malvasia Rei** (auch Seminario) bildet einen Bestandteil des weißen Portweins.

In Kalifornien gibt es über 800 ha **Malvasia Bianca**; die größten Bestände liegen im Tulare County am Südende des Central Valley. Sie sind inzwischen als Folge der im Schwang befindlichen Vorliebe für alles Italienische zu neuem Ruhm gelangt und erbringen pikante halbtrockene Weißweine mit Substanz und Charakter.

In Griechenland wird die Sorte in sehr geringem Umfang, vor allem noch auf den ägäischen Inseln Paros und Syros, kultiviert, im ehemaligen Jugoslawien dagegen ist **Malvazia** die drittmeist angebaute weiße Traube.

MALVOISIE Einer der verwirrendsten Weinrebennamen in Frankreich, vielleicht weil er wie PINEAU früher verbreitet als allgemeiner Begriff für hochwertige Sorten benutzt wurde, vor allem für solche, die vermeintlich griechischen Ursprungs waren. Es gibt keine Rebsorte, deren Hauptname Malvoisie lautet, vielmehr trifft man ihn als Synonym für verschiedene, meist weiße Traubensorten an, die üblicherweise aromatischen, körperreichen Wein erbringen. Trotz der etymologischen Ähnlichkeit begegnet man Malvoisie kaum je als Synonym für die berühmte MALVASIA aus Griechenland und Madeira. Heute findet man den Namen Malvoisie auf Weinen von der Loire oder aus Savoyen von den dort noch vorhandenen Beständen an PINOT GRIS, der in der Schweiz auch **Malvoisie du Valais** heißt. Außerdem vertritt der Name auch gelegentlich BOURBOULENC im Languedoc, MACCABÉO im Département Aude, CLAIRETTE in Bordeaux und TORBATO im Roussillon. Der VERMENTINO, der übrigens auch zur Malvasia-Familie gehören könnte, wird manchmal auf der Iberischen Halbinsel Malvoisie genannt und ist in Korsika als **Malvoisie de Corse** bekannt.

Malvoisie Rose und **Malvoisie Rouge** ist in Savoyen und Norditalien das Synonym für den FRÜHROTEN VELTLINER, während die **Malvoisie Noire** am Lot in Südwestfrankreich vermutlich TROUSSEAU ist.

MAMMOLO Starkduftige Rotweintraube; sie erbringt in Mittelitalien Weine, die angeblich nach Veilchen *(mammole)* riechen. Die Traube ist im Chianti zugelassen, kommt heute aber nur noch selten vor; kleine Bestände gibt es noch im Bereich Vino Nobile di Montepulciano. Bei der landwirtschaftlichen Erhebung von 1990 wurden in Italien Bestände von insgesamt 61 ha festgestellt. Die Bedeutung der Sorte als Würze im Verschnitt ist mit der von PETIT VERDOT im klassischen Médoc in Bordeaux zu vergleichen.

MANDELARI, MANDELARIA Kraftvolle Spezialität auf mehreren griechischen Inseln, vor allem Kreta, wo sie oft mit der viel milderen KOTSIFALI verschnitten wird. Sie ist wahrscheinlich die drittmeist angebaute Rotweintraube Griechenlands und erbringt mit ihren dickschaligen Beeren dunklen, ausgesprochen tanninreichen, oft harmonischen trockenen (z. B. Peza) oder süßen Wein. Die Rebsorte AMORGHIANO auf Rhodos ist vermutlich mit ihr verwandt.

MANSENG Die baskische Rebsorte mit ihren Varianten GROS MANSENG und PETIT MANSENG (die feinere Spielart) ist für außergewöhnliche, pikante, füllige Weißweine in Südwestfrankreich verantwortlich. Der Jurançon hat inzwischen einen so großen Aufschwung in der Publikumsgunst genommen und der Pacherenc in der Gascogne so viel Enthusiasmus ausgelöst, daß Manseng als eine von wenigen Rebsorten im französischen Weinbau in den letzten Jahren eine Bestandsvermehrung von 90 ha im Jahr 1968 auf 1152 ha 20 Jahre danach erlebt hat (allerdings kann dieser auffallende Zuwachs mehr auf neuere Archivarbeiten im Weinbau der Gascogne als auf tatsächliche Neuanpflanzungen zurückzuführen sein).

Auch in Uruguay ist Manseng, meist Petit Manseng, anzutreffen; er wurde zusammen mit TANNAT von baskischen Siedlern im 19. Jh. dorthin gebracht. Außerdem wird Petit Manseng von Rebsortenenthusiasten wie Aimé Guibert von Mas de Daumas Gassac im Languedoc und Randall Grahm von Bonny Doon in Kalifornien zunehmend kultiviert.

MANTONEGRO Haupttraubensorte auf Mallorca; sie erbringt starkduftige, aber leichte Weine, die früh altern und oxidieren. Am besten wird sie mit fester strukturierten Sorten verschnitten.

MANTONICO BIANCO Die alte, vermutlich aus griechischen Ursprüngen stammende Rebsorte wird noch auf 1100 ha in Kalabrien angebaut. Daneben existiert auch eine dunkle Sorte **Mantonico Nero**.

MARÉCHAL FOCH Die nach dem berühmten General aus dem 1. Weltkrieg benannte französische Hybridrebe (Kuhlmann 188.2) wurde von Kuhlmann im Elsaß gezüchtet, und zwar durch Kreuzung einer *Riparia-rupestris*-Hybride mit der *Vinifera*-Sorte Goldriesling (RIESLING × Courtiller Musqué – Galet zufolge ein besonders früh reifender MUSKATELLER). Bei guter Frosthärte reift die Traube ziemlich früh. Sie wurde früher an der Loire viel angebaut und ist heute noch in Kanada und im Staat New York stark verbreitet (wo sie **Marechal Foch** geschrieben wird); die Verarbeitung erfolgt oft durch Kohlensäuremaischung. Die Sorte erbringt fruchtige Weine, die eine sehr entfernte, aber stark hochgespielte Ähnlichkeit mit PINOT NOIR aufweisen. Trotz gelegentlichen Faßausbaus erweisen sie sich jedoch nicht als besonders stabil.

MARIA GOMES In Bairrada gebräuchliches Synonym für die portugiesische Weißweinrebsorte FERNÃO PIRES.

MARIA ORDOÑA Siehe MERENZAO.

MARQUÉS Gelegentlich für LOUREIRO gebrauchter Name.

MARSANNE Die immer populärer werdende Weißweinrebsorte stammt vermutlich von der nördlichen Rhône, wo sie ihre frühere Verschnittpartnerin ROUSSANNE in den Appellationen St-Joseph, St-Péray, Crozes-Hermitage und in geringerem Umfang auch im Hermitage fast völlig verdrängt hat. Die gute Ertragsfähigkeit der Sorte hat sicherlich zu dieser Popularität mit beigetragen, und durch moderne Weinbereitungstechniken wird ihre Neigung zu flauer Art gemildert. Die Sorte wird auch zunehmend im Midi angebaut, wo sie nicht nur als Zutat in den meisten AC-Weinen gern gesehen ist, sondern sich auch eigenständig als körperreicher, charaktervoller sortenreiner Wein oder als Verschnittpartnerin für aromatischere, säurestärkere Trauben wie Roussanne, VIOGNIER und Rolle (VERMENTINO) einen guten Namen macht. Ihr Wein ist körperreich und ausgesprochen tief in der Farbe und hat einen vollen, manchmal schweren Anflug von Leim im Aroma, der oft in Mandeln übergeht. Zu den für Châteauneuf-du-Pape ausgewählten Traubensorten gehört sie nicht, vielmehr bringt CLAIRETTE viele Merkmale der Marsanne in diesen Wein ein.

In Australien gibt es insbesondere in Victoria einige der ältesten Marsanne-Bestände der Welt sowie eine schöne Tradition im Umgang mit dieser Rhône-Traube und ihren deftigen Weinen, die allerdings in der Flasche relativ rasch braun werden. In der Schweiz erbringt die Marsanne unter dem Namen Ermitage Blanc leichtere Weine, die jedoch zu den kräftigsten aus dem Wallis gehören.

MARZEMINA BIANCA Gelegentlich in Süditalien gebrauchtes Synonym für CHASSELAS.

MARZEMINO Im Trentino und in der Lombardei (Norditalien) in sehr beschränktem Umfang angebaute interessante, spätreifende Traubensorte. Die früher insbesondere in Chianti weit berühmtere, allerdings gegen Pilzkrankheiten nicht sehr resistente Sorte wird oft zu Übererträgen veranlaßt, kann aber lebendige, zum Teil perlende Weine hervorbringen, die wohl vor allem bei Opernfreunden Anklang finden.

MATARO Eines von vielen Synonymen für MOURVÈDRE; gebraucht wird es vor allem in Australien und manchmal im Roussillon sowie – von Leuten, die noch nicht gemerkt haben, wie sehr Mourvèdre inzwischen in Mode ist – in Kalifornien. Fast immer ist es so, daß diejenigen, die Mourvèdre als Mataro bezeichnen, die Traube nicht besonders hoch schätzen.

MATRASSA Vorherrschende Rebsorte in Aserbaidschan zwischen Armenien und dem Kaspischen Meer. In den weiter östlich gelegenen zentralasiatischen Republiken der GUS ist sie ebenfalls anzutreffen. Sie wird auch **Kara Shirei** und **Kara Shirai** genannt.

MAUZAC, genauer **Mauzac Blanc**. Eine im Rückgang befindliche, aber immer noch erstaunlich weit verbreitete Weißweinrebsorte in Südwestfrankreich; insbesondere in Gaillac und Limoux ist sie die traditionelle und noch immer überwiegende Rebsorte. Sie erbringt kräftig aromatische Weine, die oft nach angewelkten Apfelschalen schmecken und in Gaillac mit LEN DE L'EL und in Limoux mit CHENIN BLANC und CHARDONNAY verschnitten werden. In den 1980er Jahren nahmen die Mauzac-Bestände in Gaillac ab, in Limoux aber zu und betrugen am Ende des Jahrzehnts in Frankreich insgesamt knapp 6000 ha.

Die Mauzac-Rebe, deren Erträge je nach der Lage sehr unterschiedlich sein können, treibt spät aus und reift spät, so daß die Lese sich traditionell bis weit in den Herbst hinein erstreckt und die in den kühlen Wintern von Limoux sanft und langsam vergorenen Moste im Frühjahr für eine Zweitgärung in der Flasche bereit sind. Heute wird die Mauzac-Traube viel früher gelesen, so daß ihre von Natur aus kräftige Säure erhalten bleibt, wobei allerdings viel von ihrem Eigengeschmack verlorengeht. Dann wird sie nach dem üblichen Champagnerverfahren zu Schaumwein verarbeitet. In Gaillac wird noch mehr oder weniger stark perlender Mauzac-Wein mit unterschiedlicher Süße produziert.

MAVRO Das griechische Wort für «schwarz» ist auch der Name der dominierenden, aber nichtssagenden dunklen Traubensorte auf Zypern.

MAVRODAPHNE Eine vorwiegend um Patra angebaute griechische Rebsorte; der Name bedeutet «schwarzer Lorbeer». Die aromatische, kraftvolle Traube wird in kleinerem Umfang auch auf der Insel Kephalonia kultiviert und oft trocken vinifiziert, allerdings nur als Verschnittbestandteil. Zum größten Teil geht sie jedoch in starke Süßweine nach Art des Portweins ein, die meist einem längeren Faßausbau unterzogen werden.

MAVRO NEMEAS Anderer Name der in Nemea vorherrschenden dunklen Rebsorte AGHIORGHITIKO.

MAVROUDI Fast ausgestorbene griechische Rebsorte; vielleicht identisch mit MAVRUD.

MAVRUD Auf dem Balkan und dort vor allem in Bulgarien heimische Rebsorte; sie erbringt, wenn sie voll zur Reife gelangt, intensiven, tanninherben Wein. Sie ist im mittleren Südbulgarien eine Spezialität von Assenovgrad bei Plovdiv und zeichnet sich durch kleine Beeren und geringe Erträge aus; sie wächst meist in etwas unordentlicher Buschform. Ihr robuster Wein spricht gut auf den Ausbau im Eichenfaß an, altert aber rascher als der Wein der anderen einheimischen edlen Rebsorte MELNIK. Auch in Albanien wird Mavrud angebaut.

MAZUELO, MAZUELA In Rioja gebräuchlicher Name für CARIGNAN.

MÉDOC NOIR Ungarischer Name für MERLOT.

MELNIK Kurzform des Namens einer kraftvollen einheimischen bulgarischen Rebsorte; sie wird, vielleicht schon seit vielen Jahrhunderten, ausschließlich um die alte Stadt Melnik im ehemaligen Thrakien nahe der griechischen Grenze kultiviert, und ihre Weine schmecken in Extrakt, Tannin und Alkohol auch eher griechisch als typisch modern bulgarisch. Der volle Name der Sorte lautet Shiroka Melnishka Losa, »breitblättrige Rebe von Melnik«; die Beeren sind bemerkenswert klein mit dicken blauen Schalen. Manche Weine zeigen das Aroma von Tabakblättern, die ebenfalls hier auf den Feldern wachsen. Ausbau in Eichenfässern und mehrere Jahre Flaschenreife bringen Wärme und kraftvolle Subtilität, ganz ähnlich wie in einem Châteauneuf-du-Pape, hervor. Vermutlich ist Melnik der langlebigste bulgarische Wein (siehe auch MAVRUD).

MELON oder **MELON DE BOURGOGNE** Französische Rebsorte, bekannt aus einem einzigen Wein und einer einzigen Region: Muscadet. Wie der volle Name schon anzeigt, stammt die Traube aus Burgund; dort wurde Melon wie GAMAY im 16. und 17. Jh. mehrmals in Acht und Bann getan. Anders als der weiße Artgenosse aus Burgund, CHARDONNAY, in dessen vielen Synonymen auch der Name Melon immer wieder vorkommt, gilt die Traube nicht als edle Sorte, aber immerhin ist sie recht frosthart und trägt regelmäßig und reichlich. Im Mittelalter hatte sie sich Bouchard zufolge bis Anjou ausgebreitet, und so war es nur natürlich, daß die Winzer im weiter westlich gelegenen Muscadet sie auch ausprobieren wollten. Im 17. Jh. wurde Melon dann an der Loire-Mündung zur dominierenden Weißweinrebsorte, als holländische Kaufleute den Anbau relativ neutraler Weißweine anstelle der bis dahin hier gewonnenen dünnen Rotweine stark förderten, um Grundwein für die zahlreichen Weinbrennereien in Holland zu bekommen.

Die wachsende Bedeutung von Melon beruht heute allein auf dem Muscadet, von dem man behaupten könnte, sein wichtigstes Merkmal sei, daß er kaum eines habe. Die erfolgreicheren Muscadet-Erzeuger strengen sich deshalb auch sehr an, der Sorte Charakter zu verleihen, indem sie den jungen Wein auf der Hefe *(sur lie)* lagern oder ihm einen sanften Ausbau im Eichenfaß angedeihen lassen. Von den sechs meistangebauten Weißweinrebsorten Frankreichs konnten in den überschußbewußten 1980er Jahren nur Chardonnay, Sauvignon Blanc und Melon ihre jeweilige Anbaufläche steigern, und zwar der Melon auf über 11 000 ha ausschließlich an der Loire-Mündung.

Bei vielen der ursprünglich als PINOT BLANC nach Kalifornien gekommenen Stecklinge handelte es sich in Wahrheit um Melon.

MENCÍA Name von zwei in Nordwestspanien so stark verbreiteten Rebsorten, daß sie in den Bereichen Ribeira Sacra, El Bierzo, Rías Baixas, Valdeorras und Len insgesamt eine Anbaufläche von 9500 ha einnehmen. Die echte einheimische Mencía erbringt leichte, helle, ziemlich duftige, früh trinkreife Rotweine. Eine im 19. Jh. nach Galicien gelangte Lokalvariante von CABERNET FRANC wird fälschlich ebenfalls Mencía genannt.

MENU PINEAU Synonym für ARBOIS.

MERENZAO Einfache Spezialität des Bereichs Valdeorras in Nordwestspanien; sie wird manchmal als **Maria Ordoña** bezeichnet und gelegentlich auch Bastardo genannt, doch gibt es keine Anzeichen dafür, daß sie mit der portugiesischen Rebsorte dieses Namens identisch ist. Neuere Experimente deuten auf echtes Potential hin.

MERILLE Die früher südöstlich von Bordeaux weitverbreitete Rebsorte bringt heute auf wenigen hundert Hektar Anbaufläche ausdrucksschwachen Rotwein hervor, der in keiner Appellation Contrôlée der Gegend, auch nicht in Buzet oder den Côtes du Marmandais, zugelassen ist.

MERLOT oder **Merlot Noir** Die eng mit den großen Weinen von St-Emilion und Pomerol verknüpfte Traube stellt die bei weitem meistangebaute Rebsorte von Bordeaux dar und genießt auch andernorts außerordentliche Popularität. Dem Historiker Enjalbert zufolge ist Merlot bereits seit 1784 in der Gegend von St-Emilion und Pomerol als hochwertige Traubensorte nachgewiesen. Der Geschmack ihres Weins kann von opulent pflaumenwürzig und früchtekuchenartig wie in St-Emilion bis zu sanfteren Variationen über das Thema Cabernet gehen, die Struktur aber ist stets nicht so tanninreich, dabei aber voller im Körper.

In ganz Südwestfrankreich und zunehmend auch sonst in der Welt spielt Merlot die Rolle des ständigen Begleiters des kargeren, aristokratischeren, langlebigeren CABERNET SAUVIGNON, zu dessen Attributen er mit seiner früh reifenden, fülligen, üppigen Fruchtigkeit eine weit wirkungsvollere Ergänzung bildet als der CABERNET FRANC, der im Bordeaux- (oder vielmehr Médoc-)Verschnitt oft den Dritten im Bund darstellt. Außerdem bietet der Merlot in klimatischen Randbereichen eine Art Versicherung, da er mindestens eine Woche vor Cabernet Sauvignon austreibt, blüht und reift (allerdings ist er dadurch stärker frostgefährdet, wie sich 1956 und 1991 höchst dramatisch gezeigt hat). Durch seine frühe Blüte ist er auch außerordentlich anfällig für Verrieseln, wogegen jedoch schwachwüchsige Veredelungsunterlagen helfen. Merlot ist nicht ganz so starkwüchsig wie Cabernet Sauvignon; seine lockerer aufgebauten, mit größeren und deutlich dünnschaligeren Beeren versehenen Trauben sind aber viel fäuleanfälliger, und auch für Falschen Mehltau ist die Rebe empfindlicher. (Spritzen ist daher in den Weinbergen von Bordeaux ziemlich häufig erforderlich.) Merlot gedeiht viel besser als Cabernet Sauvignon auf feuchten, kühlen Böden wie z. B. in St-Emilion und Pomerol, weil diese die Feuchtigkeit besser halten und es den Beeren dadurch ermöglichen, ihre volle Größe zu erreichen. Auf sehr stark durchlässigen Böden kann es dagegen in trockenen Sommern vorkommen, daß sich die Trauben nicht voll entwickeln.

In einem nicht ausgesprochen warmen oder heißen Klima ist Merlot leichter zu kultivieren als Cabernet Sauvignon und hat obendrein den Vorteil, daß er etwas höhere Erträge bringt. Es ist deshalb nicht verwunderlich, daß sowohl in Frankreich als auch in Norditalien Merlot seit langem über größere Anbauflächen verfügt als Cabernet Sauvignon. Das zeigt sich besonders ausgeprägt in Bordeaux, wo Cabernet Sauvignon nur auf den berühmt durchlässigen Böden im Médoc einen Vorsprung vor Merlot hat. In anderen Bereichen, nicht nur in St-Emilion und Pomerol, sondern auch in Graves, Bourg, Blaye, Fronsac und vor allem in den Bereichen, die unter die einfache AC Bordeaux fallen, oder in den übrigen sogenannten Côtes-Appellationen von Bordeaux, herrscht Mer-

Merlot

lot vor. 1990 belief sich die Merlot-Anbaufläche in der Region Bordeaux auf 44 000 ha, während Cabernet Sauvignon und Cabernet Franc über 25 000 ha bzw. 13 000 ha verfügten.

Der Popularitätszuwachs, den Merlot in den 1980er Jahren (oft als Ersatz für weniger glanzvolle Weißweinrebsorten) bei den Weinerzeugern in Bordeaux, Bergerac und im Languedoc-Roussillon verzeichnete, war dergestalt, daß er 1988 hinter CARIGNAN und GRENACHE zur drittmeist angebauten Rotweinrebsorte Frankreichs wurde. Merlot wird nicht nur in Bordeaux, sondern überall in Südwestfrankreich weit mehr angebaut als Cabernet Sauvignon bzw. Cabernet Franc. Wo immer in diesem Teil Frankreichs die Regeln einer Appellation Contrôlée Cabernet Sauvignon zulassen, ist auch Merlot erlaubt; nur genießt an der Dordogne der letztere den Vorzug, während in der Gascogne die Cabernets begünstigt werden.

Neben SYRAH war der Merlot der Hauptnutznießer der Hinwendung zu «verbessernden» Rebsorten, die im Midi stattgefunden hat. 1993 be-

Merlot

trug seine Anbaufläche im Languedoc-Roussillon 15 600 ha. Ein großer Teil des Ertrags geht in sortenreine oder mehrsortige Vins de Pays ein, deren Qualität meist im umgekehrten Verhältnis zum Ertrag steht. Die einzigen Appellations Contrôlées, in deren Regeln Merlot zugelassen ist, sind Cabardès und die Côtes de la Malepère.

Auch in Italien kommt Merlot mit einer Anbaufläche von 30 000 ha im Jahr 1990 große Bedeutung zu. Die Sorte wird vor allem im Nordosten kultiviert, oft neben Cabernet Franc; dort erreicht der Jahresausstoß an «Merlott», wie er hier heißt, über 100 000 hl aus den Ebenen von Grave del Friuli und Piave, wobei bessere, konzentriertere Weine in kleineren Mengen aus höheren Lagen kommen. In Friaul, wo der Merlot deutlich bessere Leistungen erbringt als die Cabernets, gibt es sogar eine Strada del Merlot als Touristenroute am Isonzo entlang. Über eigene DOC-Zonen verfügt der Merlot in Friaul, im Veneto und im Trentino-Alto Adige. Die Rebe wird auch in den Colli Bolognesi in der Emilia-Romagna angebaut und ist insgesamt in 14 der 20 Regionen Italiens vertreten. Allgemein ist von den großen Mengen an leichtem, vage fruchtigem Merlot aus dem Norden Italiens nicht viel zu erwarten. Um so bemerkenswerter ist es, daß die Rebe von einer Handvoll Erzeugern in der Toskana und in Umbrien ernstgenommen wird. Ornellaia und die Fattoria de Ama zeigten als erste, daß Italien imstande ist, einiges nach dem Vorbild von Pomerol zuwege zu bringen.

In Spanien beliefen sich zu Beginn der 1990er Jahre die Merlot-Bestände für Qualitätswein auf lediglich etwas mehr als 400 ha, zum größten Teil in Penedès.

Für den Weinbau in der italienischen Schweiz ist Merlot dagegen lebenswichtig. Hier wird die Traube zu Weinen mehrerer Qualitätsstufen verarbeitet.

Auch in Slowenien jenseits der Nordostgrenze Italiens ist Merlot ebenso populär wie überall an der dalmatinischen Küste, wo er bei eingeschränkten Erträgen ansprechend pflaumenwürzigen Wein hervorbringt. In Ungarn ist er als «Médoc Noir» vor allem um Eger im Nordosten und Villány im Süden verbreitet. In Rumänien, wo die Merlot-Anbaufläche 11 400 ha beträgt, ist er die meistangebaute Rotweinrebsorte, während er in Bulgarien hinter Cabernet Sauvignon, mit dem er oft verschnitten wird, an zweiter Stelle steht. Auch in Rußland und insbesondere in Moldova sind Merlot-Bestände anzutreffen.

Außerhalb seiner traditionellen Hochburgen ist der Merlot in der übrigen Welt viel zögernder aufgenommen worden als der berühmte Cabernet Sauvignon. Die Tatsache, daß er etwas weniger Säuregehalt aufweist und international weniger in Mode ist, hat seinem Fortkommen in wärmerem Klima, z.B. auf der Iberischen Halbinsel und in weiten Teilen des östlichen Mittelmeerraums, wo er um die Mitte der 1990er Jahre noch selten anzutreffen war, sicher im Wege gestanden (nur der Ma Partilha aus Mittelportugal verspricht gute Aussichten).

Ein Aufschwung im Renommee des Merlot war aber vor allem in Nordamerika schon um 1990 erkennbar. Im vom Cabernet übersättigten, modebewußten Kalifornien galt Merlot in sortenreiner Version plötzlich als «heißer Tip». Obwohl 1985 die Merlot-Anbaufläche in Kalifornien kaum 800 ha betrug, war sie 1994 schon auf 7300 ha angewachsen, und die Traube war sowohl für Verschnitte mit anderen Bordeaux-Sorten als auch für sortenreine Rotweine, die weicher, milder und früher trinkreif ausfielen als kalifornische Cabernet Sauvignons, sehr gefragt. Manch einer sieht im Merlot den neuen Chardonnay: süffig – und überdies noch mit den vielgepriesenen gesundheitlichen Vorzügen des Rotweins ausgestattet.

In den Weinbergen von Oregon hat Merlot bisher wenig Erfolg, weil in dem viel kühleren Klima Verrieseln ein allzu großes Problem darstellt, doch im sonnigen Columbia Basin im Inneren von Washington bringt Merlot gleichmäßig feine, fruchtige, festgefügte Rotweine hervor. Dort ist er mit einer Rebfläche von über 600 ha (im Jahr 1991) die beliebteste Rotweinrebsorte; das entspricht einer Steigerung von 100% in nur drei Jahren. Auch in anderen Staaten der USA wird Merlot zunehmend angebaut, und außerdem behagten ihm offensichtlich die Verhältnisse auf Long Island im Staat New York.

In Südamerika hat Merlot vor allem für den Weinbau in Chile Bedeutung; dort beweisen die Erzeuger in der Produktion von preiswerten Alternativen zu den modischen Merlots aus Kalifornien eine geschickte Hand. Dieselbe Bedeutung hat er auch in Argentinien, wo die vorwiegend in Mendoza gelegene Anbaufläche von 2500 ha (in 1989) nur geringfügig kleiner war als die Gesamtfläche für Cabernet Sauvignon – allerdings sehr viel kleiner als die von Malbec.

Der relativ späte Enthusiasmus Kaliforniens für Merlot fand sein Spiegelbild in Australien, wo von den 1990 bestehenden 500 ha nur 300 ha schon in Ertrag standen. Das große Potential, das bestimmte Stellen für Merlot bieten könnten, wird nur langsam erkannt; bisher wird Shiraz anstatt Merlot zur Milderung von Cabernet Sauvignon benutzt (soweit ultrareifer australischer Cabernet das überhaupt nötig hat).

Auch in Neuseeland verfügt Merlot eindeutig über großes Potential; 1992 belief sich die Anbaufläche auf 150 ha, und der Verwendungszweck bestand in der Hauptsache darin, Geschmacksdefizite des hier eckigeren Cabernet Sauvignon auszufüllen. Aus Südafrika kommen interessante sortenreine Merlots, und auch in Verschnitten nach Bordeaux-Art wird die Traube verwendet, sie muß sich am Kap allerdings erst noch eine klare Identität schaffen.

Da die Weinfreunde in aller Welt nach mehr feinen Rotweinen suchen, die eine Alternative zu dem allmählich aus der Mode kommenden strengen Charme des Cabernet Sauvignon bieten, ist es wahrscheinlich, daß der Merlot außerhalb Frankreichs an Bedeutung gewinnen wird.

Merlot Noir ist nicht direkt mit dem weit weniger charaktervollen weißen **Merlot Blanc** verwandt, der ebenfalls in Bordeaux, aber in viel kleinerem und abnehmendem Umfang, kultiviert wird.

MERSEGUERA In Alicante, Jumilla und Valencia mit 19 500 ha verbreitet angebaute, sehr schlichte spanische Rebsorte (in Penedès heißt sie **Exquitxagos**). Die verhältnismäßig früh reifende Sorte trägt kompakte Trauben mit großen Beeren.

MESLIER ST-FRANÇOIS Wie ARBOIS eine Lokalspezialität des Département Loir-et-Cher im nach Westen abknickenden Loire-Knie; sie befindet sich aber in noch rascherem Rückgang. Früher wurde sie für die Produktion von Cognac und insbesondere auch Armagnac verwendet.

MEUNIER Die Rotweinrebsorte gehört unter die zwölf meistangebauten Frankreichs, ist aber weder unter diesem Namen noch unter ihrem Synonym **Pinot Meunier** häufig auf Weinetiketten anzutreffen. Meunier ist wahrscheinlich eine frühe, besonders stark behaarte Mutante des bekanntlich sehr zu Mutationen neigenden PINOT NOIR. Ihren Namen (das Wort bedeutet Müller) verdankt sie der Tatsache, daß die Unterseite der Blätter aussieht, als wäre sie mit Mehl bestäubt. Dementsprechend heißt sie in Deutschland **Müllerrebe**, jedoch auch **Schwarzriesling**.

Meunier ist heute noch in der Champagne – wie früher in den damals ausgedehnteren Weinbergen Nordfrankreichs – hoch geschätzt, weil die Rebe spät austreibt und früher reift als der ungünstig früh austreibende Pinot Noir, daher weit weniger anfällig für Verrieseln ist und zuverlässigere Erträge bringt. Der Säuregehalt ist etwas höher, der Alkoholgehalt durchaus nicht unbedingt geringer als bei Pinot Noir. Meunier ist infolgedessen bei den Winzern in der Champagne beliebt, vor allem für kühlere Nordlagen im feuchten, frostgefährdeten Marne-Tal und in den kühlen Tälern im Département Aisne. Insgesamt nimmt die Sorte 40% der Gesamtrebfläche der Region ein. Allerdings sind die Anpflanzungen an Pinot Noir und Chardonnay zum Teil wegen der für diese edleren Trauben gezahlten Mehrpreise in den 1980er Jahren stärker gestiegen.

Allgemein heißt es, daß Meunier als Bestandteil im traditionell aus drei Traubensorten zusammengestellten Champagnerverschnitt angenehme Fruchtigkeit als Ergänzung zur Gewichtigkeit des Pinot Noir und zur Finesse des Chardonnay beisteuert. Das erstklassige Champagnerhaus Krug bekennt sich zwar in aller Öffentlichkeit mit Enthusiasmus zu Meunier, aber die anderen Häuser machen nicht viel Aufhebens von der Sorte, und nur wenige Champagner von Erzeugern, die vorwiegend Meunier anbauen, zeigen große Wucht oder Langlebigkeit. Meunier hat auch allgemein weniger Pigmente als Pinot Noir – daher das in Frankreich häufig gebrauchte Synonym **Gris Meunier**.

MEZESFEHÉR

Meunier

Auch in Kalifornien waren mit Blick auf die Herstellung «echter Replikate» des Champagners in den 1980er Jahren Meunier-Edelreiser gesucht, und 1992 betrug die fast ausschließlich in Carneros gelegene Anbaufläche bereits 110 ha.

MEZESFEHÉR In Ungarn verbreitet angebaute Rebsorte; ihre weichen, meist süßen Weine sind dort sehr geschätzt, gelangen allerdings selten in den Export. Der Name bedeutet «weißer Honig». Die besten Exemplare sind um Eger und Gyöngyös zu finden.

MILGRANET Rare Spezialität in der Gegend nördlich und westlich von Toulouse; sie erbringt festen Wein mit kräftiger Farbe.

MIOUSAP Rarität in der Gascogne; sie wurde zwar vor dem Aussterben bewahrt, wird aber bisher nur in sehr kleinen Mengen kultiviert. Ihr ausgesprochen adstringierender Wein duftet manchmal nach Pfirsichbrandy.

MISKET Traubenduftige bulgarische Rebsorte; trotz ihres Namens befindet sich unter ihren Vorfahren kein Mitglied der MUSKATELLER-Familie, vielmehr handelt es sich um eine Kreuzung der einheimischen DIMIAT-Traube mit RIESLING.

Roter Misket, von dem ebenfalls Weißwein gekeltert wird, ist vermutlich eine Mutation von Misket mit hellroten Beeren, die in Bulgarien über mehrere lokale Subvarietäten verfügt, z. B. **Sliven Misket** und **Varna Misket**. Misket ist vor allem eine Spezialität der Region Sungurlare.

MISSION Die Rotweinrebsorte wurde ursprünglich im 17. und 18. Jh. von Franziskanermissionaren für die Erzeugung von Meßwein in Mexiko, im Südwesten der USA und in Kalifornien kultiviert. Vermutlich ist die Mission-Traube spanischen Ursprungs und wurde von den Conquistadores nach Amerika gebracht. Heute liegt ihre besondere Bedeutung darin, daß sie eine Überlebende der frühesten in Amerika kultivierten *Vinifera*-Sorten darstellt. Sie ist identisch mit der PAIS in Chile, bildet eine dunklere Variante der CRIOLLA CHICA in Argentinien und wird oft für

Im Norden Frankreichs ist die Sorte weitgehend verschwunden, obwohl sie in den Rosés und leichten Rotweinen an den Côtes de Toul, von der Mosel sowie aus der Touraine und im Orléanais im Loire-Tal theoretisch noch zugelassen ist.

Als Müllerrebe oder Schwarzriesling genießt die Sorte in Deutschland relativ große und derzeit sogar wachsende Popularität; der größte Teil ihrer Anbaufläche von 2000 ha liegt in Württemberg. Auch in der deutschsprachigen Schweiz und in kleinerem Umfang in Österreich und dem ehemaligen Jugoslawien wird die Müllerrebe kultiviert.

Eigenartigerweise hat Meunier in Australien eine längere nachgewiesene Geschichte für sortenreinen stillen Rotwein (früher unter dem Namen Miller's Burgundy) als Pinot Noir. Allerdings wurde die Sorte nur durch das erneut aufkommende Interesse an Schaumwein nach dem Vorbild des Champagners vor dem Aussterben gerettet, und hier und da ist ihr saftiger sortenreiner Wein noch anzutreffen.

identisch mit der MONICA in Spanien und Sardinien gehalten. In Kalifornien war sie bis zum Auftreten der Reblaus in den 1880er Jahren weit verbreitet; zu Beginn der 1990er Jahre belief sich ihre Anbaufläche noch auf über 400 ha, vor allem im Süden, wo sie hauptsächlich zu süßen Weinen verarbeitet wird. Obwohl der Wein der Mission nicht besonders markant ist, bleibt doch ihre historische Bedeutung groß.

MOLETTE In Savoyen in den französischen Alpen verbreitete, besonders im Schaumwein von Seyssel verarbeitete Traubensorte. Der von ihr gewonnene Grundwein ist neutral und wird durch Beimischung von etwas ROUSSETTE aufgebessert.

MOLINARA In der Region Veneto in Nordostitalien angebaute Rebsorte; sie wird vor allem im Valpolicella mitverwendet. Ihre Weine weisen oft kräftige Säure auf, darum wird sie auch viel weniger kultiviert als die gehaltvollere CORVINA. Die dritte Sorte im Valpolicella ist RONDINELLA.

MOLL Robuste, potentiell interessante Traube auf Mallorca; sie ist auch als **Prensal** bekannt.

MONASTRELL Der in Spanien gebräuchlichste Name für die in Frankreich MOURVÈDRE genannte Rotweinrebsorte, auch als **Mataro** bekannt.

MONDEUSE NOIRE Eine der ältesten und markantesten Traubensorten in Savoyen; sie bringt eine italienisch anmutende tiefe Farbe und einen kräftigen Biß in den Wein der Region und bildet einen Kontrast zu den milderen Rotweinen der erst nach der Reblausepidemie ins Land gekommenen GAMAY-Traube. Die saftigen, pfefferigen Weine der Mondeuse sind kräftig in Geschmack und Farbe und gehören zu den wenigen in Savoyen, die gut auf sorgfältigen Ausbau in kleinen Eichenfässern ansprechen. (Allerdings kann die Sorte, wenn sie auf fruchtbaren Böden in tieferen Lagen zu hohen Erträgen getrieben wird, ohne weiteres auch nichtssagenden Wein liefern, woraus sich vielleicht erklärt, daß sie so unterbewertet wird). Manche Autoren behaupten, Mondeuse sei mit der in Friaul heimischen REFOSCO-Traube identisch. Die Weine sind einander jedenfalls außerordentlich ähnlich, und der Herrschaftsbereich des Hauses Savoyen im 16. Jh. würde auch eine logische Erklärung dafür bilden, doch die Theorie ist umstritten. Mondeuse liefert vorwiegend charaktervollen, sehr haltbaren sortenreinen Vin de Savoie, wird im übrigen aber in Bugey mit PINOT NOIR und Gamay verschnitten.

In Savoyen und Bugey trifft man gelegentlich auf eine **Mondeuse Blanche**.

MONICA Auf Sardinien stark verbreitete Rebsorte; dort erbringt sie sortenreinen Monica di Sardegna. In der italienischen Weinbauerhebung von 1990 wurden über 6000 ha Monica gezählt, was bedeutete, daß seit 1982 knapp 4000 ha gerodet worden waren. Vermutlich stammt die Sorte ursprünglich aus Spanien (allerdings ist sie dort nicht mehr bekannt). Manche Ampelographen halten sie für identisch mit der MISSION in Kalifornien. Ihre Weine sind ausdrucksschwach und wollen jung getrunken sein.

MONTEPULCIANO Eine in ganz Mittelitalien verbreitete wuchskräftige Rebsorte (31 000 ha in 1990). Sie wird in 20 der 95 italienischen Provinzen empfohlen, aber am meisten in den Abruzzen kultiviert, wo sie für den oft ausgezeichneten Montepulciano d'Abruzzo verantwortlich zeichnet, während sie in den Marken einen Hauptbestandteil der Rotweine Rosso Conero und Rosso Piceno bildet. In Molise und Apulien wird sie ebenfalls angebaut. Für den Anbau weiter im Norden reift die Sorte zu spät, doch sie kann ansonsten beträchtliche Mengen an tiefdunklen, schön ausgereiften Trauben für preiswerten Wein mit gutem Alkohol- und Extraktgehalt erbringen. (Leider neigen manche Abfüller im Norden dazu, ihn mit weniger konzentrierten Gewächsen zu strecken.) Ihre Synonyme sind **Cordisco, Morellone, Primaticcio** und **Uva Abruzzi.**

MONTONICO Siehe MANTONICO.

MONTÙ, MONTUNI In den Ebenen der Emilia (Nordmittelitalien) heimische Rebsorte. Ihre Anbaufläche belief sich 1990 auf 1200 ha.

🍇 **Moravia** In Süd- und Zentralspanien verbreitete Rebsorte mit einer Anbaufläche von rund 8000 ha. Sie bringt vor allem im Südosten von La Mancha rustikale Weine hervor.

Morellino An der Küste der Toskana gebräuchlicher Name für SANGIOVESE.

Morellone In Italien gelegentlich gebrauchter Name für MONTEPULCIANO.

🍇 **Moreto** In Portugal, vorwiegend im Alentejo, angebaute schlichte Rebsorte.

Morillon In der Champagne alter Name für PINOT NOIR; in vielen Gegenden Frankreichs alter Name für CHARDONNAY und für diese Sorte heute noch in der Steiermark gebräuchlich.

🍇 **Morio-Muskat** Deutschlands bei weitem populärste muskatellerähnliche Rebsorte ist eigentlich mit Muskateller nicht verwandt. Auf unerklärliche Weise ist die von Peter Morio gezüchtete Kreuzung SILVANER × Weißburgunder (PINOT BLANC) – also von zwei im Aroma eher verhaltenen Rebsorten – ganz überwältigend stark mit ausgeprägter Traubigkeit, einer der Charakteristiken des Muskatellers, ausgestattet. Besonders beliebt war die Sorte in den 1970er Jahren für die damals stark gefragten Liebfrauenmilch-Verschnitte aus der Pfalz und Rheinhessen, so daß ihre Gesamtanbaufläche in Deutschland 3000 ha erreichte: Schon ein Schuß Morio-Muskat verleiht einem neutralen Verschnitt von MÜLLER-THURGAU und Silvaner Aroma und Würze. Um 1990 war dann die Anbaufläche auf unter 2000 ha zurückgegangen, und alle Anzeichen deuten darauf hin, daß die Tage der doch etwas aufdringlichen Neuzüchtung gezählt sind. Bei voller Reife können sortenreine Weine recht achtbar ausfallen, dafür aber braucht der Morio-Muskat mindestens eine ebenso gute Lage wie der Silvaner. Die Mostgewichte sind bei Morio-Muskat meist niedrig, die Säurewerte dagegen mittel bis hoch. Die Sorte ist fäuleanfällig und reift eine Woche nach MÜLLER-THURGAU – daher bietet BACCHUS für die kühleren nördlichen Anbaugebiete Deutschlands eine bessere Alternative.

🍇 **Moristel** Leichte, im Geschmack an Loganbeeren erinnernde Spezialität von Somontano in Nordspanien. Die Rebe ist relativ schwächlich, ihr Wein oxidiert rasch und eignet sich am besten als fruchtige Zutat in Verschnitten.

Morrastel Das in Frankreich hauptsächlich gebräuchliche Synonym für die GRACIANO-Traube aus Rioja. Verwirrenderweise ist es in Spanien zugleich ein Synonym für MOURVÈDRE, allerdings ist für diese Rebsorte dort der Name Monastrell gebräuchlicher. Als Morrastel wird Graciano auch im zentralasiatischen Usbekistan angebaut.

Auch die minderwertigere Züchtung **Morrastel-Bouschet** wird in Südfrankreich, wo sie noch um die Mitte des 20. Jh. vor allem in den Départements Aude und Hérault in größeren Mengen angebaut wurde, kurz Morrastel genannt.

Mortágua Westportugiesisches Synonym für CASTELÃO FRANCÊS, in Ribatejo gelegentlich auch für TOURIGA NACIONAL.

🍇 **Moscadello,** auch **Moscadelleto.** Lokalvariante von MOSCATO BIANCO in und um Montalcino (Mittelitalien). Die Firma Villa Banfi investierte in den 1980er Jahren kräftig in die Produktion des süßen, traubigen Weißweins, und andere Erzeuger von Brunello di Montalcino folgten diesem Beispiel. Es gibt auch eine alkoholangereicherte Liquoroso-Version.

Moscatel Spanisch und portugiesisch für Muskateller. **Moscatel de Alejandría, Moscatel de España, Moscatel Gordo (Blanco), Moscatel de Málaga, Moscatel de Setúbal** sind Synonyme für MUSCAT OF ALEXANDRIA. Dagegen stehen **Moscatel de Grano Menudo** und **Moscatel de Frontignan** für MUSCAT BLANC À PETITS GRAINS.

🍇 **Moscatel de Austria** Die für die Produktion des aromatischen Branntweins Pisco in Chile verwendete Traube ist fast mit Sicherheit dieselbe wie TORRONTÉS Sanjuanino in Argentinien. Sie wird wegen ihrer reichen Erträge und der neutralen Art ihres Weins geschätzt. Ihre dichtbesetzten Trauben und dünnschaligen Beeren machen sie in feuchtem Klima sehr fäuleanfällig.

🍇 **MOSCATEL ROSADO** Quantitativ bedeutende, qualitativ jedoch höchst unbedeutende Traubensorte in Argentinien; sie ist offenbar mit keinem für die Weingewinnung geeigneten MUSCAT verwandt und wird weitgehend als Tafeltraube genutzt.

MOSCATO Italienisch für Muskateller.

🍇 **MOSCATO BIANCO,** manchmal auch **Moscato di Canelli,** ist die feinste Muskatellersorte MUSCAT BLANC À PETITS GRAINS; sie hat in Italien so starke Verbreitung, daß sie mit 13 000 ha im Jahr 1990 die viertmeist angebaute weiße Rebsorte darstellte.

Wie MALVASIA ist auch Moscato Bianco eine sehr alte, vielseitige Traubensorte und erstreckt sich in ihrer geographischen Verbreitung praktisch über die gesamte Halbinsel. Weine unter dem Namen Moscato werden in ganz Italien produziert und beruhen meist auf Moscato Bianco. Eine seiner edelsten Verkörperungen ist der leichte, erfrischende, perlende Moscato d'Asti. Im Süden, vor allem auf den Inseln, fällt italienischer Moscato typisch golden und süß aus.

Moscato Giallo und **Moscato Rosa** (beide in Südtirol angebaut und dort auch Goldmuskateller bzw. Rosenmuskateller genannt) sind Mutationen mit kräftigerer Beerenfarbe.

MOSCATO DI ALEXANDRIA Das italienische Synonym für die mindere weiße Muskatellersorte MUSCAT OF ALEXANDRIA. Sie ist nicht stark verbreitet, liefert aber den Moscato di Pantelleria.

🍇 **MOSCOPHILERO** Rebsorte mit dunkelroséfarbenen Trauben, die in Griechenland, insbesondere auf dem Hochplateau von Mantinia auf dem Peloponnes, zu starkduftigem, würzigem Weißwein verarbeitet werden; dort ist das Klima so kühl, daß die Lese oft erst im Oktober stattfindet. Die geschmacklichen Ähnlichkeiten mit feinem MUSCAT sind groß, dennoch herrscht bislang Unklarheit über die Ursprünge dieser ganz eigenständigen Traubensorte, die in kleinen Mengen auch fruchtigen, leichten Rosé erbringt und in anderen Teilen Griechenlands zunehmend als Verschnittsorte genutzt wird.

MOSTER In Österreich gelegentlich gebrauchtes Synonym für CHASSELAS.

🍇 **MOURISCO TINTO** Einfache Portwein-Traubensorte; sie bringt in Nordportugal auch ziemlich helle, säuerliche Tischweine hervor. Ihre Anbaufläche in Portugal belief sich 1992 auf knapp 5200 ha.

🍇 **MOURVÈDRE** Die in Spanien nach der GARNACHA (GRENACHE) zweitmeist angebaute Rotweintraubensorte war einst auch die wichtigste Traube in der Provence. In Spanien heißt sie vorwiegend **Monastrell** (daneben gelegentlich auch Morrastel oder Morastell, hat aber nichts mit GRACIANO zu tun, der wiederum in Frankreich Morrastel genannt wird). Heute erlebt die Mourvèdre-Traube, insbesondere in Südfrankreich und in geringerem Umfang auch in Kalifornien, ein Wiederaufleben ihrer Popularität. In der Neuen Welt wird sie oft **Mataro** genannt.

Ursprünglich kommt die robuste Rebsorte mit ziemlich großer Gewißheit aus Spanien. Murviedro ist ein Ort bei Valencia (Mataró ein anderer bei Barcelona). Sicherlich läßt sie sich in Spanien auch einfacher kultivieren als in den kühleren Weinbaugebieten Südfrankreichs, denn sie ist empfindlich für Winterkälte, treibt ausgesprochen spät aus und reift spät, Galet zufolge eine Woche später als CARIGNAN. In einem ausreichend warmen Klima paßt sich die aufrecht und kräftig wachsende Monastrell-Rebe an alle möglichen Bodenarten an und erholt sich nach Spätfrösten gut. Für Echten und Falschen Mehltau ist die Sorte anfällig, was im heißen, trockenen Spanien freilich weniger Probleme macht als in weiten Teilen Frankreichs.

Der von den kleinen, süßen, dickschaligen Beeren gewonnene Wein ist oft schwer, alkoholstark, tanninreich und in der Jugend kräftig im Geschmack, dabei aber durchaus entfaltungsfähig, wenn bei der Verarbeitung Oxidation sorgfältig vermieden wird. Außerdem kann der Wein starke urwüchsige, um nicht zu sagen animalische Töne aufweisen. Als Monastrell verfügt die Sorte in Spanien über eine Anbaufläche von mehr als 100 000 ha, vorwiegend in Murcia, Alicante, Albacete und Valencia und in der gesamten Levante.

In den DO-Bereichen Alicante, Almansa, Jumilla, Valencia und Yecla ist Monastrell die Hauptrebsorte.

Als Mourvèdre braucht die Traube in Frankreich wärmste Sommer, wenn sie voll zur Reife gelangen soll. Sie beherrschte die Provence, bis die Reblaus kam und die Suche nach Massenträgersorten für billigen Tafelwein begann, um die unersättliche Nachfrage zu befriedigen. Jahrzehntelang wartete Mourvèdre nun in ihrer Enklave Bandol auf bessere Zeiten; heute gilt sie überall im Languedoc-Roussillon wieder als hocherwünschte, modische «Verbesserungssorte», insbesondere da nun Klone gefunden worden sind, die nicht mehr wie die früher degenerierten Bestände unerfreulich ungleichmäßige Erträge bringen. Von 1968 bis 1988 wuchs die Anbaufläche in Frankreich von 900 auf 5600 ha; sie verteilt sich auf die Provence, die südliche Rhône, das Languedoc und das Roussillon.

In Südfrankreich erbringt Mourvèdre Weine, die wegen ihrer festen Art, intensiven Frucht und in guten Jahren einem oft an Brombeeren erinnernden Duft geschätzt sind. Die Festigkeit erweist sich vor allem in Mischungen mit Grenache in der Provence und mit CINSAUT weiter mit Westen als nützlich. In Bandol wird Mourvèdre mit beiden Sorten gemischt, wobei die Vorschrift ihr 50% Anteil einräumt. Mourvèdre ist in vielen AC-Verschnittrezepten in ganz Südfrankreich, von den Coteaux du Tricastin bis Collioure, vorgesehen. Dabei spielt die Sorte meist eine unterstützende Rolle, da sie mehr Körper hat als SYRAH, straffer ist als Grenache und Cinsaut und unendlich viel mehr Charme besitzt als Carignan, aber auch sortenreine Mourvèdre-Weine sind durchaus nicht unbekannt.

In Australien wurde Mataro (auch **Esparte** genannt) lange Zeit über die Schulter angesehen; 1990 waren nur 600 ha noch nicht der Rodung zum Opfer gefallen. Inzwischen gewinnt die Sorte im Windschatten von SHIRAZ wieder an Statur, was dem Image als Rhône-Rebsorte zu verdanken ist.

Und so ist es ihr auch bereits in Kalifornien ergangen. Dort wird Mataro zwar schon seit den 1870er Jahren kultiviert, da er aber aus der Mode gekommen war, verschwand er fast ganz, bis den Rhône Rangers die Verbindung mit Mourvèdre auffiel; daraufhin brachten sie die Nachfrage wieder in die Höhe und nutzten die historischen Restbestände vor allem im Contra Costa County zwischen San Francisco und dem Central Valley, wo dann zu Anfang der 1990er Jahre dank dem Interesse beispielsweise von Bonny Doon und Cline Cellars größere Neuanpflanzungen entstanden. 1992 belief sich die kalifornische Anbaufläche auf rund 120 ha.

Galet vermerkt, daß auch in Aserbaidschan Mourvèdre-Bestände vorhanden sein dürften, allerdings nicht unter diesem Namen.

MOUYSSAGUÈS Alte Rebe aus Aveyron im Hochland Südwestfrankreichs mit dunklem, strengem Wein. Die Rebe ist weitgehend aufgegeben worden, weil sie sich nicht gut veredeln läßt.

MOZA FRESCA In Valdeorras gebräuchlicher Name für DOÑA BLANCA.

MÜLLERREBE Die in Deutschland zunehmend populäre Rotweinrebsorte Schwarzriesling ist international als Pinot MEUNIER bekannt. Die deutsche Hauptanbaufläche befindet sich in Württemberg, wo auch eine ertragsschwache Mutation namens Samtrot angebaut wird, auf die 1990 rund 100 ha entfielen.

MÜLLER-THURGAU Die ausgesprochen mittelmäßige, jedoch überaus populäre Züchtung entstand 1882 aus reinen Zweckmäßigkeitsgründen. Ihr Schöpfer war Dr. Hermann Müller aus dem Schweizer Kanton Thurgau, der damals in der deutschen Weinbauforschungsanstalt in Geisenheim wirkte. Sein verständliches Bestreben war es, die Qualität der großen RIESLING-Rebe mit der Verläßlichkeit und der frühen Reife der SILVANER-Rebe zu kombinieren. In den meisten Synonymen der Sorte (**Rivaner** in Luxemburg und Slowenien, **Riesling-Sylvaner** in Neuseeland und der Schweiz, **Rizlingzilvani** in Ungarn) spiegelt sich diese Kombination. Seither haben manche Autoritäten behauptet, der Züchter habe nur zwei Riesling-Varianten und nicht – wie er glaubte – Riesling und Silvaner miteinander gekreuzt. Neuere DNS-Tests deuten sogar darauf hin, daß es sich eigentlich um

MÜLLER-THURGAU

eine Kreuzung Riesling × CHASSELAS handelt. Wie dem auch sein mag, Müllers Bemühungen entsproß eine Sorte, der es an den Riesling-Charakteristiken überall mangelt, insbesondere an der eleganten Rasse, die neuere Züchtungen, z. B. EHRENFELSER, FABER, KERNER und bei guter Reife auch die SCHEUREBE, immerhin zeigen.

Zweifellos reift der Müller-Thurgau früh, sogar früher als Silvaner, und anders als der Riesling gedeiht er überall und bringt reichliche Erträge (manchmal doppelt soviel wie der Riesling mit üblicherweise 80–110 hl/ha), jedoch nichtssagenden, flauen Wein. Zwar hat der Müller-Thurgau eine vage aromatische Blumigkeit vorzuweisen, doch in überreich tragenden deutschen Weinbergen fällt das Aroma oft genug unattraktiv und langweilig aus, während es in Gegenden, wo der Sorte nicht so hohe Erträge abverlangt werden, klar und rein zur Geltung kommt, z. B. in Neuseeland, Südtirol und im Westen des US-Staats Washington.

Großen Anklang fand der Müller-Thurgau in Deutschland allerdings erst nach dem 2. Weltkrieg, als die Notwendigkeit, die zerstörte Wirtschaft rasch wieder aufzubauen, dieser ertragreichen, leicht zu kultivierenden Rebsorte Interesse verlieh. Zu Beginn der 1970er Jahre überholte er (nachdem er bereits längere Zeit bei der Produktionsmenge vorn gelegen hatte) den großen Riesling sogar in der Anbaufläche, und diese Spitzenstellung hielt er die ganzen 1980er Jahre hindurch. Aber gegen Ende des Jahrzehnts gab es bereits Anzeichen für Unzufriedenheit mit dem Müller-Thurgau, auf den sich der deutsche Weinbau kommerziell stützte. Ab und zu bringt wohl auch ein deutscher Müller-Thurgau etwas zum Ausdruck – meist eher Gebietstypisches als irgendeine in der Sorte selbst begründete Qualität –, doch alles in allem war diese nichtssagende Verkörperung des Prinzips «Masse vor Klasse» doch für den Niedergang der Reputation Deutschlands als Weinerzeugerland in den 1970er und 1980er Jahren verantwortlich. Meist durch Verschneiden mit einem kleinen Anteil einer aromatischen Traubensorte wie MORIO-MUSKAT und Beimischen von Süßreserve wurde Müller-Thurgau in Fluten von Zuckerwasser verwandelt. 1990 hielt er noch ein Viertel der deutschen Rebfläche, ein Drittel der Anbaufläche Badens, fast die Hälfte der fränkischen

Müller-Thurgau

(dort noch im Zunehmen) und auch fast ein Viertel der Weinberge in den Anbaugebieten Nahe und Mosel-Saar-Ruwer besetzt.

Das Holz ist beim Müller-Thurgau viel weicher als beim Riesling und kann daher durch Winterfröste leicht Schaden nehmen. Die Trauben sind anfällig für Fäule (was man bei manchen Weinen aus ungünstigen Jahren deutlich schmecken kann) und auch für Falschen Mehltau, Schwarzfäule und den Roten Brenner, doch solange es einen Markt für billigen deutschen Wein gibt, wird Müller-Thurgau nicht untergehen.

Außerhalb Deutschlands bringt Müller-Thurgau recht schmackhafte, wenn auch nicht gerade aufregende Weine zustande. In Südtirol beispielsweise gelingt das deshalb, weil die Trauben in größeren Höhen auch dann noch genügend Säure behalten, wenn sie lange am Stock bleiben, so daß sich in ihnen deutliche Frucht entwickeln kann. Auch in Friaul wird die Sorte angebaut und ebenfalls weiter südlich in der Emilia-Romagna, denn die Traube mit dem exotisch klingenden Namen – sie wird hier zum Entsetzen der deutschen Weinwirtschaft manchmal auch Riesling-Sylvaner genannt – hat unter modebewußten Kennern in Italien durchaus eine Gefolgschaft.

Müller-Thurgau

In ganz Mittel- und Osteuropa wird Müller-Thurgau vielfach angebaut, auch in der deutschsprachigen Nord- und Ostschweiz spielt er verständlicherweise eine immer größere Rolle. In Österreich wird nur der einheimische GRÜNE VELTLINER reichlicher angebaut; dort entfällt noch immer jede zehnte Rebe auf Müller-Thurgau, doch an Wein mit eigenständigem Interesse hat er nur selten etwas vorzuweisen. Kultiviert wird die Sorte ebenfalls in Slowenien und in noch stärkerem Maß in der Slowakei und insbesondere in Ungarn, das wohl das zweitgrößte Anbauland dieser Rebsorte sein dürfte – dort bringen einige tausend Hektar Anbaufläche um den Plattensee ein Meer von flauem Badacsonyi Rizlingszilvani hervor.

Auf den Rat deutscher Weinbauexperten hin pflanzten die Winzer Neuseelands mit großer Begeisterung Müller-Thurgau als durchaus zu begrüßenden Ersatz für die im noch jungen Weinbau des Landes in den 1950er und 1960er Jahren übermäßig stark vertretenen Hybridreben an. Er blieb die dominierende Rebsorte des Landes, bis ihn der weit wertvollere CHARDONNAY 1993 in der Anbaufläche überholte. Man kann nur schwerlich behaupten, daß der neuseeländische «Riesling-Sylvaner» jemals ein komplexer Wein gewesen wäre, doch immerhin zeigt er trotz der auch hier üblichen Beimischung von Süßreserve eine Frische, die deutschen Exemplaren fehlt.

An anderen Stellen der Neuen Welt sehen die Weinerzeuger keine Notwendigkeit, frühreifende Sorten einzusetzen (für sie wäre die flaue Art des Weins ein deutlicher Nachteil), nur in Oregon haben einige Winzer erfolgreich mit Müller-Thurgau experimentiert, und in den Weinbergen am Puget Sound im Westen des Staats Washington sind schon gute Beispiele entstanden.

Die beiden nördlichsten und kleinsten Erzeugerländer Europas, England und Luxemburg mit ihrem kühlen Klima, zeigen starkes Interesse an Müller-Thurgau, so daß er dort die jeweils meistangebaute Sorte darstellt. Auf die Weine wirkt sich der in so großer Entfernung vom Äquator entstehende höhere Säureanteil günstig aus.

MUSCADEL oder **Muskadel** In Südafrika der gebräuchliche Name für die feinste Muskatellersorte MUSCAT BLANC À PETITS GRAINS.

MUSCADELLE Die nicht so sehr bekannte Weißweinrebsorte ist neben SÉMILLON und SAUVIGNON BLANC als dritte an den großen süßen (und den nicht ganz so großen trockenen) Weißweinen von Bordeaux und Bergerac beteiligt. Ihr Stern ist wie bei allen Weißweinrebsorten von Bordeaux außer Sauvignon im Sinken begriffen, wenn auch bei weitem nicht so rasch wie der von UGNI BLANC oder COLOMBARD. In der Region Bordeaux wachsen vier von fünf Muscadelle-Reben nicht im berühmten Süßweinbereich Sauternes und Barsac, sondern im großen, nicht gerade modischen Entre-Deux-Mers, beispielsweise in den weniger bekannten Süßweinbereichen Premières Côtes de Bordeaux, Cadillac, Loupiac und Ste-Croix-du-Mont. In den Weinbergen des Département Dordogne, u.a. in der AC Monbazillac, wird Muscadelle ziemlich stark gerodet, dennoch kommt ihr in Bergerac noch mehr Bedeutung zu als in Bordeaux.

Die Traube ist mit der Muskatellerfamilie in keiner Weise verwandt, auch wenn sie mit dieser ein vage traubiges Aroma teilt; vielmehr liegen ihre Ursprünge in Bordeaux selbst. Die Rebe ist recht ertragreich, treibt spät aus und reift früh, hat aber in ihren Weinen noch nie große Subtilität an den Tag gelegt. Fast immer geht die Sorte in Verschnitten unter und steuert zu den süßen Weißweinen des Südwestens in ähnlicher Weise jugendliche Fruchtigkeit bei wie MEUNIER zu den Champagnern im Nordosten.

In Osteuropa wird Muscadelle an vielen Stellen, aber nicht in größerem Umfang angebaut. Nur in einem einzigen Winkel der Welt des Weins erbringt Muscadelle sensationellen sortenreinen Wein: den starken, süßen, dunklen, faßgereiften Liqueur Tokay Australiens. Jahrelang glaubten die Australier, die bei ihnen Tokay genannte Rebe sei die ungarische Sorte HÁRSLEVELÜ, bis der französische Ampelograph Paul Truel sie 1976 als Muscadelle identifizierte. 1990 betrug in Australien die Anbaufläche für Muscadelle 400 ha, fast genausoviel wie für BROWN MUSCAT, die Traube, die den Liqueur Muscat erbringt. Ein großer Teil dieser Rebfläche liegt in Südaustralien, es gibt aber auch in dem ebenfalls für die süßen australischen Spezialitäten bekannten Nordost-Victoria kleinere Bestände.

Bei demselben der Rebenbestimmung gewidmeten Besuch in Australien stellte Truel fest, daß die aus Kalifornien als «Sauvignon Vert» importierten Reben eigentlich Muscadelle waren, und so besteht die Vermutung, daß es sich bei dem winzigen kalifornischen Bestand (knapp 40 ha in 1991) der dort als Sauvignon Vert bezeichneten Sorte in Wirklichkeit um die dritte Bordeaux-Weißweinrebe und nicht um den auch als TOCAI FRIULANO bekannten Sauvignon Vert handelt.

MUSCARDIN Wenig verbreitete, im Châteauneuf-du-Pape (wenigstens in der Theorie) offiziell zugelassene Rebsorte von der südlichen Rhône. Sie bildet im Verschnittrezept von Château de Beaucastel einen hellen, duftigen Bestandteil. Galet stellt eine Ähnlichkeit mit MONDEUSE fest.

MUSCAT Einer der großen historischen Trauben- und Weinnamen der Welt. Tatsächlich gehören Muskatellertrauben, von denen es vier Hauptvarietäten in mehreren Beerenfarben gibt, zu den wenigen, deren Wein auch wirklich nach Trauben schmeckt. MUSCAT HAMBURG und MUSCAT OF ALEXANDRIA werden sowohl für die Weinerzeugung wie auch als Tafeltrauben angebaut (allerdings muß betont werden, daß der Muscat Hamburg als Tafeltraube weit besser geeignet ist). MUSCAT BLANC À PETITS GRAINS ist die älteste und feinste Sorte; ihre Weine haben die größte Intensität, während der in jeder Hinsicht blassere MUSCAT OTTONEL eine Art Parvenü darstellt.

Muskatellertrauben wurden wohl als erste besonders erkannt und hervorgehoben; sie wachsen um das Mittelmeer schon seit vielen Jahrhunderten. Mit ihrem starken Duft – in Frankreich sagt man *musqué*, als seien sie tatsächlich mit Moschus angereichert – haben sie schon immer die Bienen angezogen, und mit großer Gewißheit war es die Muskatellertraube, die von den Griechen als *anathelicon moschaton* und von dem älteren Plinius als *uva apiana*, «Bienentraube», bezeichnet wurde. Es wird auch angenommen, daß der Name Muskateller von *musca*, dem lateinischen Wort für Fliege, kommt, die ja ebenfalls von der stark duftenden Traube angelockt wird.

Muskatellerweine gibt es unter vielen verschiedenen Namen, u.a. Moscato (in Italien) und Moscatel (auf der Iberischen Halbinsel), vom erfrischenden, alkoholschwachen, süßen, schäumenden Asti Spumante über den Muscat d'Alsace und seine modischen trockenen Nachahmungen, die unter Ausnutzung der großen Muskatellertraubenüberschüsse der allgemeinen Verehrung für leichte und trockene Weine entgegenkommen, bis hin zu Süßweinen mit einem Alkoholgehalt von 15 bis 20%. Da Muskatellertrauben zum großen Teil dunkle Beeren haben und verbreitet Faßausbau angewendet wird, können diese Weine in der Farbe von hellstem Gold (wie manche entschieden moderne Muscats de Frontignan) bis zum tiefsten Braun (wie manche australische Liqueur Muscats) reichen.

Die meisten Muskatellerreben lieben relativ warmes Klima (siehe aber auch MUSCAT OTTONEL), daher gab und gibt es im Mittelmeerraum berühmte Muskatellerweine.

MUSCAT BLANC, MUSCAT BLANC À PETITS GRAINS, MUSCAT BLANC À PETITS GRAINS RONDS Älteste und edelste Muskatellersorte mit der größten Konzentration an feinem Traubengeschmack, in dem sich Nuancen von Orangenblüten und Gewürzen finden. Die Beeren sind, wie der Name schon besagt, besonders klein, und sie sind rund – im Gegensatz zu den ovalen Beeren des MUSCAT OF ALEXANDRIA. Dagegen sind die Beeren der hochwertigen Traubensorte nicht, wie der Hauptname besagt, immer weiß. Vielmehr gibt es auch Varianten mit hell- bis dunkelroten Beeren (allerdings sind deren Pigmente nicht so kräftig, daß ein wirklicher Rotwein entstehen könnte), ja sogar Reben, deren Beerenfarbe von Jahrgang zu Jahrgang deutliche Abweichungen zeigt. Viele Synonyme der Sorte tragen auch Hinweise auf die Beerenfarbe im Namen (*gallego, giallo*, Gelber Muskateller); in Australien ist Brown Muscat die gängige Bezeichnung für eine eher dunkle Sorte, die in der Farbe dem südafrikanischen Muskadel ähnelt (was wiederum einen Hinweis auf frühe Verbindungen zwischen diesen beiden Weinbauländern in der südlichen Hemisphäre bedeutet). Weitere Namen der Sorte in verschiedenen Umfeldern lauten: **Muscat of Frontignan**, Frontignac, **Muscat Lunel, Muscat d'Alsace, Muscat Canelli, Muskateller**, Moscato Bianco, Moscato d'Asti, Moscato di Canelli, Moscatel de Grano Menudo, Moscatel de Frontignan, Muscatel Branco, White Muscat und Muscadel bzw. Muskadel. Stehen neben Muscat die Namenszusätze Alexandria, Gordo, Romain, Hamburg oder Ottonel, dann handelt es sich keinesfalls um diese hochwertige Sorte.

Der kleinbeerige Muscat ist fast mit Gewißheit die älteste bekannte Weinrebe überhaupt und in Frankreich die am längsten kultivierte Rebsorte, denn sie wurde in Gallien um Narbonne, insbesondere bei Frontignan, spätestens von den Römern eingeführt, eventuell aber schon vorher von den Griechen in die Gegend von Marseille gebracht. Auf jeden Fall ist der weiße Muskateller schon seit vielen Jahrhunderten im Mittelmeerraum heimisch, wo sein früher Austrieb kaum je ein Problem bedeutet. Im 14. Jh. war er in den Weinbergen im Roussillon hoch geschätzt und spielte dort bis in das 19. Jh. die dominierende Rolle (offenbar schon vor dem Auftauchen der MALVASIA aus dem Osten). Im Piemont ist er die älteste urkundlich erwähnte Rebsorte. Daß der Muskateller in Deutschland im 12. Jh. nachgewiesen ist und im Elsaß im 16. Jh. die erste urkundlich belegte Traubensorte darstellt, deutet darauf hin, daß damals Frühjahrsfröste nicht so häufig waren, denn inzwischen wurde er im Elsaß durch den weniger empfindlichen MUSCAT OTTONEL ersetzt, und aus den deutschen Weinbergen ist er anscheinend von der weit blendender aromatischen Ersatzsorte MORIO-MUSKAT verdrängt worden (1990 verfügte der Gelbe Muskateller nur noch über eine Anbaufläche von 50 ha).

Der Muscat Blanc hält sich im Ertrag stärker zurück als andere Muskatellersorten, und seine Anfälligkeit für viele Krankheiten schränkt seine Kultivierung von vornherein stark ein.

In Spanien wird Moscatel de Grano Menudo noch in beschränktem Umfang angebaut, doch die meisten als Moscatel bezeichneten spanischen Weine stammen von Muscat of Alejandria.

In der GUS werden verschiedene Muskatellersorten verbreitet angebaut, vor allem Muscat Ottonel, aber auch **Muscat Rosé**, die rötliche Variante des Muscat Blanc, und zwar in Rußland (hier heißt er **Tamyanka**), der Ukraine, Moldova, Kasachstan, Usbekistan, Tadschikistan und Turkme-

Muscat Blanc

nistan. Aus der Kellerei Massandra auf der Krim stammende Flaschen vom Beginn des 20. Jh., die als «White Muscat» und «Pink Muscat» bezeichnet sind, zeigen, welch ungeheure Langlebigkeit diese Sorte besitzt.

In Rumänien, wo Ottonel vorherrscht, wird Muscat Blanc unter dem Namen TAMÎIOASA Alba kultiviert; ferner kommt sie im ehemaligen Jugoslawien als **Zutimuscat** und **Beli Muscat** vor. In Österreich war bis noch vor kurzem der Muscat Ottonel tonangebend, doch zu Beginn der 1980er Jahre wurde das größere Potential des dort noch vorhandenen kleinen Bestands an Muskateller wiederentdeckt. Inzwischen sind trockene, rassige Muskateller aus der Steiermark und gelegentlich auch aus der Wachau sehr gefragt, so daß die Anbaufläche wieder wächst. In Ungarn dominiert ebenfalls der Muscat Ottonel, hier Muskotaly genannt, außer in der Gegend von Tokaj, wo Muscat Blanc – dort **Lunel** oder **Sargamuskotaly** (Gelber

Muskateller) – über eine Anbaufläche von 200 ha verfügt. Von diesem kleinen Bestand, die hier neben den Hauptrebsorten des herrlichen Tokajers, FURMINT und HÁRSLEVELÜ, wächst, werden auch einige sortenreine Muskateller in süßer Aszú-Qualität bereitet.

Wenn man von einer Urheimat des Muscat Blanc à Petits Grains sprechen kann, dann ist es Griechenland; hier wächst er zwar neben dem Muscat d'Alexandrie (der recht eigentlich auf Zypern zu Hause ist), doch er bildet die Haupttraube für die am genauesten kontrollierten griechischen Muskateller von Samos, Patras und Kephalonia. Bislang ist griechischer Muskateller ebenso wie die vielen dortigen Variationen über das Thema MALVASIA fast immer süß, alkoholstark und geschichtsträchtig, doch sind inskünftig trockenere, als Begleiter zu Speisen besser geeignete Versionen zu erwarten.

In Italien beherrscht Muscat Blanc als MOSCATO die Szene; dort beträgt die Anbaufläche etwa 30 000 ha. Am profitabelsten nutzt ihn die Schaumweinindustrie – der leichte, süße Asti Spumante und der subtilere Moscato d'Asti bilden neben vielen anderen *Spumante*- und *Frizzante*-Versionen aus Nordwestitalien eine weitere Facette im vielseitigen Charakter der Rebsorte. Auch in anderen Formen ist der Moscato in Italien anzutreffen, die meisten davon, jedenfalls die aus dem Süden und von den Inseln, gehören der volleren Mittelmeerschule an.

Diese prägt auch das traditionelle Gesicht des Muscat Blanc in Frankreich. Im Gegensatz zu anderen Weißweinrebsorten hat er dort an Boden gewonnen, hauptsächlich wohl als Folge der Entstehung nicht mehr so ganz traditioneller Formen von Muscat-Weinen. Das Anwachsen seiner französischen Anbaufläche ist mit auf die Entwicklung der nunmehr praktisch CLAIRETTE-freien Version des Schaumweins Clairette de Die von der Rhône zurückzuführen.

Aber auch im Roussillon hat Muscat Blanc den dort noch immer verbreiteteren Muscat d'Alexandrie schon stark verdrängt und bildet nun eine feinere Zutat für die vielen starken süßen Weine, insbesondere den Muscat de Rivesaltes. Im Languedoc und an der südlichen Rhône spiegelt sich in der dort ebenfalls gewachsenen Anbaufläche die wieder zunehmende Nachfrage nach den goldenen, süßen Muscats von Beaumes-de-Venise, Frontignan, Lunel, Mireval und St-Jean-de-Minervois, in denen Muscat Blanc allein herrscht. Inzwischen ist dem Muscat im Midi aber auch dadurch neues Leben eingehaucht worden, daß er nun trocken und ohne den seine natürliche Süße bewahrenden und seine Alkoholstärke steigernden Zusatz von Weingeist bereitet wird. Solche Weine mit ihrem klar erkennbaren Aroma, das sonst den Weißweinen aus dem Süden Frankreichs nur allzuoft mangelt, bilden mit ihrem modisch trockenleichten Eindruck auf der Zunge eine populäre, preiswerte Alternative zu den trockenen Muscats d'Alsace (die meist von Muscat Ottonel stammen).

In der Neuen Welt wird die Traube in Australien unter den Namen **Brown Muscat** und **Frontignac** in allen Farbschattierungen kultiviert und erbringt dort den großartigen Liqueur Muscat. Auch in Südafrika, wo ihre Weine Frontignac oder Muscadel bzw. Muskadel genannt werden, ist sie verbreitet.

Die 400 ha Anbaufläche, die der Muscat in Kalifornien aufweisen kann, befinden sich hauptsächlich im Central Valley; sie trägt fast ausschließlich die hochwertige Art, die früher hier Muscat Frontignan und Muscat Canelli genannt wurde, heute aber offiziell in Muscat Blanc und ein wenig Orange Muscat unterteilt wird – die Quady Winery konzentriert sich ganz auf einen Süßwein von der letzteren Sorte. Aus dem Madera County im Central Valley kommt ein voller Muscat Blanc, aber auch Paso Robles hat sich als Heimat für ihn bewährt.

MUSCAT HAMBURG Die einfachste aller für die Weinproduktion genutzten Muskatellersorten hat ausschließlich dunkle Beeren und wird viel häufiger als Tafeltraube genutzt. Ihr Hauptattribut ist die Gleichmäßigkeit ihrer füllingen, glänzenden, dunkelblauen Trauben, denen auch lange Transportwege zu Verbrauchern, die dunkle Trauben mit Muskatellergeschmack mögen, nichts anhaben können. In Frankreich ist Muscat Hamburg nach Chasselas die zweitwichtigste Tafeltraube, und auch in Griechenland, Osteuropa und Australien kommt ihm als Tafeltraube große Bedeutung zu. Im Viktorianischen England, wo der Muscat

Hamburg auch unter den Namen seiner Hauptvermehrer Snow und Venn bekannt war, genoß er als Treibhaustraube außerordentliche Popularität.

In der Weinproduktion ist seine Bedeutung begrenzt, nur in Osteuropa liefert Muscat Hamburg leichten, traubigen Rotwein, und in China ist er in Kreuzungen mit *Vitis amurensis* der Stammvater ganzer Generationen von Rebsorten für die Weinerzeugung.

⚱ **MUSCAT OF ALEXANDRIA** Der Alexandria-Muskateller ist fast genauso alt wie der MUSCAT BLANC À PETITS GRAINS, doch sein Wein hat deutlich geringere Qualität. Im warmen Klima gedeiht die Rebe gut und bringt große Erträge an hochreifen Trauben, aber ihr Hauptattribut ist eher Süße als geschmackliche Subtilität. In kühlerem Klima wird ihre Leistung durch *coulure, millerandage* und eine Reihe von Pilzkrankheiten beeinträchtigt. Die Weine dieser Muskatellerart sind meist stark, süß und unsubtil. Das vage traubige Aroma zeigt an Katzen erinnernde Geranientöne anstelle des nachhaltigen Buketts, wie es der Muscat Blanc bietet: eher Orangenmarmelade als Orangenblüten.

Wie sehr es dem Wein dieser Sorte an Finesse fehlt, wird auch dadurch deutlich, daß der größte Teil des Ertrags heute anderen Zwecken als der Weinerzeugung zugeführt wird. In Kalifornien beispielsweise erbringt die 2000 ha große Anbaufläche Rosinen. In Chile wird der größte Teil des Ertrags dieser Sorte zur Nationalspirituose Pisco destilliert. Und selbst im unwirtlichen Klima Hollands und Großbritanniens wächst die Rebe unter Glas und liefert Trauben für die Obstschale.

Wie der Name schon sagt, wird der Ursprung des Alexandria-Muskatellers in Ägypten vermutet, von wo aus er von den Römern um das Mittelmeer verbreitet wurde – daher auch das häufig gebrauchte Synonym **Muscat Romain**. In Süditalien heißt die Traube allerdings **Zibibbo** – ein Anklang an das afrikanische Kap Zibibb.

Heute hat die Rebsorte ihre größte Bedeutung für den Weinbau in Ländern, die durch die Geschichte der Seefahrt miteinander verknüpft sind – auf der Iberischen Halbinsel, in Südafrika und Australien, wo die Namen **Moscatel**, **Hanepoot** und **Muscat Gordo Blanco** oder **Lexia** (eine besondere australische Verkürzungsform von Alexandria) üblich sind. In Spanien verfügt die Sorte über eine beträchtliche Anbaufläche, aber nur die Hälfte davon dient der Weinerzeugung für meist süße Moscatels aller Art. Hier hat der Alexandria-Muskateller viele Synonyme, u.a. **Moscatel de España, Moscatel Gordo (Blanco)** und vor allem **Moscatel de Málaga** (in dem immer mehr schrumpfenden Bereich Málaga bringt dieser Muskateller seinen vielleicht feinsten spanischen Wein hervor).

In Portugal ist die berühmteste Verkörperung der Moscatel de Setúbal; dort wird aber auch von dieser Sorte aromatischer, trockener Muskateller mit geringerem Alkoholgehalt produziert, dessen Prototyp «João Pires» von einem australischen Kellermeister entwickelt wurde, der es gut verstanden hat, eine der meistangebauten Traubensorten Australiens in einen früh gelesenen, frischen, vollendeten Tischwein zu verwandeln. Dies ist auch genau das, was in Australien mit dem größten Teil des Ertrags von über 3500 ha Gordo Blanco geschieht. Früher wurde diese Sorte hauptsächlich zu aufgespriteten Weinen verarbeitet, heute kann sie aus kühleren Lagen auch saubere, immer noch süße, jedoch nicht mit Alkohol angereicherte Weine erbringen, weil sie dort später gelesen werden kann. Neben SULTANA ist Muscat Gordo Blanco die Hauptrebsorte in Australiens heißen Bewässerungsgebieten; wieviel vom Ertrag zu Wein verarbeitet oder zu Rosinen getrocknet wird, ist von Jahr zu Jahr je nach der Marktnachfrage verschieden. Allerdings wird von Muscat Gordo Blanco stets ein größerer Teil – fast immer mehr als die Hälfte – als von Sultana zu Wein verarbeitet. Der dabei gewonnene Wein dient meistens zum Strecken populärerer Sorten.

In Südafrika ist Muscat of Alexandria, oft unter dem Namen Hanepoot, die vorherrschende Muskatellersorte; obwohl er dort an Boden verliert, war er zu Beginn der 1990er Jahre noch immer die sechstmeist angebaute Traube und hielt eine weit mehr als doppelt so große Fläche besetzt wie beispielsweise CABERNET SAUVIGNON. Jahrelang lieferte er klebrig-süße, rosinenhafte Weine zum Aufspriten, aber auch Traubensirup und Rosinen. Heute werden von der Sorte außerdem trockenere, leichtere Weine bereitet.

In Chile hatte **Moscatel de Alejandría** sehr viel mehr Bedeutung, bevor er vom MOSCATEL DE AUS-

TRIA aus der Rolle der Haupttraube für Pisco verdrängt wurde. Zu Beginn der 1990er Jahre lag die Anbaufläche weit unter 2000 ha. Auch in Argentinien (dort ist MOSCADEL ROSADO der vorherrschende Muskateller), Peru, Kolumbien, Ecuador und sogar in Japan wird der Alexandria-Muskateller in begrenztem Umfang angebaut.

Obwohl in Griechenland der Muscat Blanc eine größere Rolle spielt, wird dort doch auch Alexandria-Muskateller angebaut, und in der Türkei, Israel und Tunesien spielt er die dominierende Rolle. Allerdings dienen im Nahen Osten die Trauben mehr zum Essen als zum Trinken.

Der süße, dunkle Moscato di Pantelleria liegt Tunesien geographisch näher als Sizilien, wo er eigentlich hingehört; auch er wird vom Alexandria-Muskateller, oder Zibibbo, wie er hier und an vielen anderen Stellen Süditaliens heißt, produziert. In Italien insgesamt wird vielleicht von dieser minderen Muskatellersorte nur ein Drittel soviel angebaut wie von dem im Norden dominierenden höherwertigen MOSCATO BIANCO.

In Frankreich hält sich die Anbaufläche von **Muscat d'Alexandrie** oder Muscat Romain seit den 1960er Jahren auf etwa demselben Niveau wie in Italien – gut 3000 ha fast ausschließlich im Roussillon. In diesem spanischen Winkel Frankreichs, wo früher seine Trauben bis zum Einschrumpfen am Weinstock blieben, bevor sie den hochgeschätzten Weinen der Gegend ihr ausgeprägtes Aroma verliehen, spielt er noch immer die Hauptrolle, obwohl der Muscat Blanc stark aufholt. Am deutlichsten tritt die Sorte im Muscat de Rivesaltes in Erscheinung, wird aber auch anderen Sorten beigesellt, insbesondere GRENACHE in allen Farben, und trägt so zu anderen starken süßen Weinen, z.B. dem Banyuls und Maury, bei. Die Stagnation im Absatz dieser süßen Weine gegen Ende der 1970er Jahre wirkte als Katalysator für die Entstehung der heutigen trockenen Muscat-Weine aus Südfrankreich.

MUSCAT OTTONEL Dieser Muskateller ist von allen sowohl in der Farbe als auch im Charakter seines Weins der blasseste. Sein Aroma ist bei weitem flacher, als man es vom MUSCAT BLANC À PETITS GRAINS und vom MUSCAT OF ALEXANDRIA kennt. Galet zufolge wurde die Sorte 1852 an der Loire vermutlich als Tafeltraube durch Kreuzung von CHASSELAS mit dem sehr einfachen Muscat de Saumur gezüchtet.

Seine Neigung, früher zu reifen als die übrigen Muskatellersorten, machte den Muscat-Ottonel in kühleren Gegenden leichter kultivierbar, und so ist er inzwischen im Elsaß praktisch zur einzigen dort angebauten Muskatellersorte geworden. Die auf tiefgründigen, feuchten Böden am besten gedeihende schwachwüchsige Sorte wird auch in Österreich verbreitet angebaut, wo sie eine beträchtliche Fläche besetzt hält. Bis in die 1980er Jahre war sie am Neusiedlersee, wo sie den Muscat Blanc, also den echten Muskateller, verdrängt hatte, für ihre oft sehr feinen, vollen Weine mit Edelfäule hoch geschätzt. Es kann durchaus sein, daß der Muscat-Ottonel als Spätlese seine Bestform erreicht, denn es gibt auch sehr gute und offenbar langlebige Beispiele aus Ungarn und Rumänien, wo er oft als Muskotaly bzw. TAMIÎOASA Ottonel bezeichnet wird. 1993 belief sich die Anbaufläche in Ungarn auf 3300 ha und in Rumänien auf 6000 ha. Im Elsaß sind Muscats als *vendange tardive* (Spätlese) dagegen eine nur theoretische Möglichkeit.

In der GUS ist Ottonel einer der meistangebauten Muskateller – dort lautet sein Name oft Ungarischer Muskateller; über Anbauflächen verfügt er in Rußland, der Ukraine, Moldova, Kasachstan, Usbekistan, Tadschikistan und Turkmenistan.

MUSKADEL In Südafrika gebräuchlicher Name für MUSCAT BLANC À PETITS GRAINS, oft eine dunkelbeerige Form.

MUSKATELLER Die Sortenbezeichnung steht fast immer für den hochwertigen MUSCAT BLANC oder eine seiner Mutationen. Der **Gelbe Muskateller** wird beispielsweise in Österreich immer mehr als dem MUSKAT-OTTONEL überlegen anerkannt und genießt vor allem in der Steiermark große Popularität. In Deutschland, der Heimat des MORIO-MUSKAT, fristet der Gelbe Muskateller ein ausgesprochen kärgliches Dasein, und der **Rote Muskateller** ist sogar noch schwächer vertreten.

MUSKAT-OTTONEL Deutsche Schreibweise von MUSCAT OTTONEL.

Gelber Muskateller

Muskat-Silvaner oder **Muskat-Sylvaner** Deutsches Synonym für SAUVIGNON BLANC, der in Deutschland und in Österreich in sehr geringem, aber zunehmendem Umfang angebaut wird – vor allem in der Steiermark, wo die Sorte allerdings eher unter ihrem ursprünglichen Namen Sauvignon Blanc bekannt ist.

Muskotály Ungarisches Synonym für MUSCAT, meist MUSCAT OTTONEL, aber gelegentlich auch eine gelbfrüchtige Form von MUSCAT BLANC À PETITS GRAINS, hier manchmal Muscat Lunel genannt.

Musqué Französisch für «nach Moschus duftend». Im Zusammenhang mit Wein und Rebsorten bedeutet der Begriff jedoch auch MUSCAT-ähnlich. Viele Rebsorten, v.a. CHARDONNAY, weisen eine *Musqué*-Mutation auf, die neben der sortentypischen Charakteristik ein besonders kräftiges Aroma besitzt, in dem eine an Muskateller erinnernde traubige Note vorkommt.

Nagyburgundi Ungarischer Name für Blauburgunder (PINOT NOIR).

Napa Gamay Siehe GAMAY.

Nasco Alte Rebsorte auf Sardinien; sie liefert um Cagliari milde Weine.

Nebbiolo Die großartige, aber standortempfindliche Rebsorte zeichnet für viele der feinsten und langlebigsten Weine der Welt verantwortlich – sie sind in der Jugend tief dunkel, tanninreich und mit kräftiger Säure ausgestattet, entfalten aber über Jahre hinweg in der Flasche ein höchst verführerisches Bukett, in dem sich Noten von Teer mit Düften von Veilchen bis hin zu Rosen mischen. Nebbiolo stammt aus Piemont in Nordwestitalien und ist als der gefeierte Wein der Region schon seit dem 14. Jh. nachgewiesen; der Name leitet sich wahrscheinlich von *nebbia* (Nebel) her.

Für den italienischen Weinbau hat Nebbiolo qualitativ erstrangige, quantitativ aber fast vernachlässigbare Bedeutung. Selbst in Piemont ist er auf wenige auserlesene Lagen beschränkt und erbringt selten mehr als 3% der Gesamtproduktion der Region – nur einen Bruchteil beispielsweise der jährlichen Erzeugung an BARBERA-Wein. Die Nebbiolo-Traube reift stets spät; die Lese zieht sich regelmäßig über Mitte Oktober hinaus. Dementsprechend werden der Rebsorte die günstigsten Lagen auf Süd- bis Südwesthängen eingeräumt. Vielleicht genauso große Bedeutung wie die Lagen haben aber auch die Böden, auf denen die Traube angebaut wird: Der Nebbiolo zeigt sich hierin als höchst anspruchsvoll und bringt beste Ergebnisse nur auf kalkhaltigem Mergel nördlich und südlich von Alba auf dem rechten Tanaro-Ufer um Barolo bzw. Barbaresco. Hier erreichen die Nebbiolo-Weine höchste aromatische Komplexität und bringen eine Geschmacksfülle zum Ausdruck, die als Gegengewicht zu der relativ kräftigen Säure und dem stets vorhandenen reichen Maß an Tannin wirkt.

Die Weine im weiter gefaßten Bereich Nebbiolo delle Langhe, aber auch im spezifischer gefaßten Nebbiolo d'Alba sind weit weniger intensiv und dauerhaft als die großen und doch überaus abwechslungsreichen Weine aus Barolo und Barbaresco. Aus den Anbauflächen auf den sandigeren Böden im Distrikt Roero auf dem linken Ufer des Tanaro kommen ausgesprochen leichte und milde Nebbiolo-Weine. (Es bestehen in der Empfindlichkeit für Standort und Lage offenkundige Parallelen zwischen Nebbiolo in Piemont und PINOT NOIR in Burgund.) Gute Nebbiolo-Weine entstehen aber auch in den Bergen an beiden Ufern des Flüßchens Sesia: Boca, Bramaterra, Fara, Gattinara, Ghemme, Lessona und Sizzano. Hier wird die Nebbiolo-Traube **Spanna** genannt und meist mit den milderen Traubensorten VESPOLINA bzw. BONARDA verschnitten.

Oft unter dem Namen **Picutener** spielt Nebbiolo auch die Hauptrolle in dem winzigen Bereich Carema an der Grenze zum Valle d'Aosta sowie in dem benachbarten, ebenso kleinen Bereich Donnaz. Das Valtellina im Norden der Lombardei (dort trägt die Sorte den Namen **Chiavennasca**) ist das einzige größere Gebiet außerhalb von Piemont, wo der Nebbiolo kultiviert wird.

Außer in diesen Bereichen wird Nebbiolo in Italien kaum angebaut, nur im Mischungsrezept von Franciacorta in der Lombardei bildet er einen Bestandteil, und der innovative Weinerzeuger Giuseppe Quintarelli im Veneto produziert eine Recioto-Version von getrockneten Nebbiolo-Trauben.

Üblicherweise werden bisher drei Hauptklone von Nebbiolo unterschieden: Lampia, Michet sowie der wegen seiner unerwünscht blaß ausfallenden Weine im Schwinden begriffene Rosé. Michet ist eine von einem Virus befallene Form von Lampia, die ertragsschwach und in Aroma und Geschmack besonders intensiv ist und sich nicht an alle Böden anpaßt. Die meisten Erzeuger verlassen sich auf eine sorgfältige Massenselektion, anstatt ihre Zukunft an einen einzigen Klon zu wagen.

Nebbiolo

Die Gesamtanbaufläche der Nebbiolo-Rebe ging in den 1980er Jahren zurück und lag 1990 bei 5200 ha – das ist etwa halb soviel wie die Anbaufläche der Dolcetto-Rebe in Piemont und nur gerade ein Zehntel der Fläche, die in Italien von der Barbera-Rebe eingenommen wird.

Die Qualität der Weine von Barolo und Barbaresco inspiriert Erzeuger in aller Welt immer wieder zu Experimenten mit Nebbiolo, doch dem, was bisher dabei zustande gekommen ist, fehlt es an den meisten der besten Eigenschaften dieser Traube auf heimatlichem Grund. Nur zögernd ist der Nebbiolo der Barbera-Traube nach Nord- und Südamerika gefolgt. Bisher haben nur wenige Beispiele aus Kalifornien viel von dem dieser Traube innewohnenden Wert erkennen lassen, obwohl die modische Vorliebe für alles Italienische einen starken Anreiz dazu bietet, hier Wandel zu schaffen. In Südamerika wird sie durch zu hohe Erträge in ihrer Qualität beeinträchtigt; die wenigen hundert Hektar Anbaufläche in Argentinien befinden sich hauptsächlich in der Provinz San Juan.

❦ **Negoska** Griechische Rebsorte mit sehr fruchtigen, alkoholstarken Weinen; sie bringt ein milderndes Element in die xynomavro-Weine von Goumenissa ein.

Negra de Madrid Synonym für grenache bzw. Garnacha in der Umgebung von Madrid.

Negra Mole, auch **Negramoll.** Einfache Rotweinrebsorte auf der Iberischen Halbinsel; siehe tinta negra mole.

❦ **Negrara** Im Schwinden begriffene Spezialität in Nordostitalien; am häufigsten kommt **Negrara Trentina** vor.

❦ **Négrette** In den Weinbaubereichen nördlich von Toulouse (Südwestfrankreich) heimische charaktervolle Rotweinrebsorte. In den Côtes du Frontonnais beherrscht sie das (ansonsten die Bordeaux-Rebsorten beinhaltende) Mischungsrezept, und in den Weinen von Lavilledieu ist sie mit einem Mindestanteil von 35% vorgeschrieben. Der Wein der Négrette-Traube ist geschmeidiger, duftiger und einschmeichelnder, als tannat, die berühmtere Rotweintraube der Gegend, ihn zustande bringt, und er trinkt sich am besten jung und ohne daß seine manchmal als etwas animalisch beschriebene Frucht durch überzogenen Ausbau im Eichenfaß unterdrückt wird. Die Rebe ist leider sehr anfällig für Echten Mehltau und Fäule und eignet sich deshalb auch besser für das Klima von Toulouse als für feuchtere Gegenden. Die in Kalifornien in den 1960er und 1970er Jahren als Pinot St-George bezeichnete Rebsorte wurde von dem französischen Ampelographen Galet bei seiner Tour durch die amerikanischen Weinbaugebiete im Jahr 1980 als Négrette erkannt.

❦ **Negroamaro,** auch **Negro Amaro.** Süditalienische Rebsorte; mit 31 000 ha Rebfläche (1990) die sechstmeist angebaute Traube Italiens. Sie ist (neben dem dort ebenfalls viel angebauten primitivo) am stärksten in Apulien verbreitet und kann bei sorgfältiger Vinifizierung hochintensive, alkoholstarke Weine hervorbringen. Zwar wird sie traditionell als Verschnittsorte benutzt, liefert aber auch eigenständig kräftige, langlebige Rotweine und lebendige Rosés.

❦ **Neherleschol** Antike Rebsorte aus dem Nahen Osten mit enorm großen Trauben; sie wird von Mas de Daumas Gassac im Languedoc experimentell kultiviert.

❦ **Nerello** Bedeutende sizilianische Rebsorte. **Nerello Mascalese** wird verbreiteter angebaut als **Nerello Cappuccio,** und zwar vorwiegend im Nordosten der Insel. Ihren Weinen fehlt es meist an der Konzentration von nero d'avola, sie sind aber gewöhnlich recht alkoholstark und werden meist für Verschnittzwecke verwendet. Die Anbaufläche der beiden Sorten betrug 1990 zusammen 18 000 ha.

❦ **Nero d'Avola** Eine der besten Rotweinrebsorten Siziliens; sie wird auch **Calabrese** genannt, woraus auf ihre Herkunft aus Kalabrien geschlossen werden kann. Die Anbaufläche der Sorte ging in den 1980er Jahren um etwa ein Drittel zurück und belief sich 1990 auf 14 000 ha (das entspricht nur einem Bruchteil der Fläche, die auf Sizilien der

Neuburger

weißen CATARRATTO-Traube vorbehalten ist), doch qualitätsbewußte Erzeuger auf der Insel schätzen die von Nero d'Avola in Verschnitte eingebrachte Fülle und Haltbarkeit. Sortenreiner Nero d'Avola erweist sich mit seinem feinen Aroma und seiner großen Entfaltungsfähigkeit als gut für den Faßausbau geeignet.

NEUBURGER Die fast ausschließlich in Österreich kultivierte Traubensorte war 1993 die fünftmeist angebaute Weißweinrebsorte des Landes. Sie ist vermutlich eine Zufallskreuzung zwischen Weißburgunder (PINOT BLANC) und SILVANER; ihr gelegentlich sehr ausdrucksvoller Wein schmeckt ähnlich wie ein besonders fülliger Weißburgunder. Neuburger reift relativ früh und erreicht höhere Mostgewichte als die populärste österreichische Traubensorte GRÜNER VELTLINER. Außer in der Steiermark wird er in allen Weinbauregionen Österreichs angebaut.

NEYRET Im Südosten des Valle d'Aosta gelegentlich vorkommende Rarität.

NIAGARA 1872 in Niagara im Staat New York entstandene amerikanische Hybride, eine Kreuzung zwischen CONCORD und der *Vinifera*-Rebsorte Cassady. Heute ist sie die erfolgreichste einheimische weiße Traubensorte im Staat New York, obwohl ihr Wein starken Fuchsgeschmack aufweist. Die Rebe ist wuchskräftig, ertragreich und gegen Winterkälte fast ebenso unempfindlich wie Concord. In Brasilien ist Niagara die meistangebaute Weißweintraube.

NIELLUCCIO Die auf Korsika drittmeist angebaute dunkelbeerige Rebsorte stammt ursprünglich wahrscheinlich vom italienischen Festland und wurde vermutlich von den Genuesen, die bis Ende des 18. Jh. auf der Insel herrschten, hierhergebracht; auf jeden Fall ist sie ampelographisch mit der SANGIOVESE-Traube in der Toskana identisch. 1988 entfielen auf Nielluccio nur 14% der Rebfläche auf Korsika, da hier die von französischen Einwanderern aus Nordafrika in den 1960er und 1970er Jahren mitgebrachten CINSAUT- und CARIGNAN-Reben vorherrschten. Oft wird der Nielluccio mit der anderen wichtigen, vielleicht interessanteren einheimischen Rotweintraube SCIACARELLO verschnitten und bildet einen zunehmenden Bestandteil der AC-Rotweine der Insel, vor allem aber auch der Roséweine, für die er sich besonders eignet. Im Patrimonio ist er der Hauptbestandteil, weil er auf den Ton- und Kalksteinböden dieses Bereichs besonders gut gedeiht. Die Rebe treibt früh aus und reift spät; sie ist empfindlich für Spätfröste und für Fäule in der Lesezeit.

NINCUSA Wenig verbreitete Rebsorte an der dalmatinischen Küste im ehemaligen Jugoslawien.

NOBLE Gelegentlich gebrauchtes Synonym für PINOT.

NOBLING Kreuzung Silvaner × Gutedel (CHASSELAS) aus dem Jahr 1939; ihre Bedeutung geht selbst in Baden, wo sie gegen Ende der 1970er Jahre über 100 ha Anbaufläche verfügte, zurück. Sie kann bei kräftiger Säure hohe Mostgewichte erreichen, braucht aber gute Lagen, die gewinnbringender für modischere oder ertragreichere Sorten genutzt werden können.

NOIR Französisch für schwarz.

NOIRIEN Gebräuchlicher Name für in Ostfrankreich vorkommende Rebsorten der PINOT-Familie, die mit PINOT NOIR verwandt oder eng verknüpft sind: PINOT GRIS, PINOT BLANC, AUXERROIS und (obwohl nicht mit Pinot Noir verwandt) CHARDONNAY. Außerdem ist Noirien ein Synonym für Pinot Noir, und verwirrenderweise wird Chardonnay auch als **Noirien Blanc** bezeichnet.

NOSIOLA Spezialität im Trentino (Norditalien); sie erbringt den gleichnamigen Wein sowie in geringen Mengen Sorni Bianco. Diese Weine zeichnen sich eher durch Aroma als durch Körper aus und sind leicht bitter im Nachgeschmack.

NURAGUS Spezialität auf Sardinien für den nicht weiter bemerkenswerten sortenreinen Nuragus di Cagliari. Die Anbaufläche ging in den 1980er Jahren um die Hälfte zurück und stand 1990 auf 8700 ha.

ŒILLADE Gelegentlich für CINSAUT, insbesondere als Tafeltraube, gebrauchtes Synonym und Name einer fast ausgestorbenen, früh austreibenden Lokalvariante von Cinsaut im südlichen Rhône-Tal.

OJO DE LIEBRE («Hasenauge») Katalanisches Synonym für TEMPRANILLO.

OLASZ RIZLING oder **Olaszrizling**, früher **Olasz Riesling**, gelegentlich auch noch **Olaszriesling**. Das meistgebrauchte ungarische Synonym für WELSCHRIESLING. Besonders geschätzt ist der Olasz Rizling vom Plattensee; im allgemeinen verleiht das wärmere Klima den ungarischen Weinen dieser Sorte beträchtliche Wucht.

ONDARRABÍ Siehe HONDARRABI.

ONDENC Die einst in Gaillac und ganz Südwestfrankreich stark verbreitete Rebsorte steht dort wegen ihrer Ertragsschwäche und Fäuleanfälligkeit nicht mehr in Gunst. Im 19. Jh., als sie in der weiteren Umgebung von Bordeaux noch sehr viel populärer war, muß die Ondenc-Traube nach Australien gelangt sein, denn dort wurde sie von dem französischen Ampelographen Paul Truel bei seinem Besuch im Jahr 1976 unter dem Namen Irvine's White in Great Western und als Sercial in Südaustralien erkannt. Seither ist Ondenc aber auch aus den australischen Weinbergen so gut wie völlig verschwunden, obwohl Fäule hier kein so großes Problem ist.

OPORTO Synonym für KÉKOPORTO; findet in Portugal Mißbilligung.

OPTIMA Deutsche Neuzüchtung aus dem Jahr 1970, eine Kreuzung SILVANER×RIESLING mit MÜLLER-THURGAU. Die Sorte reift ausgesprochen früh, manchmal 10 Tage vor Müller-Thurgau, und erreicht oft eindrucksvolle Reifegrade, allerdings sind ihre Weine flach und ausdrucksschwach. Optima gedeiht noch in kärgsten Lagen und wird wie die verbreiteter angebaute Sorte ORTEGA als nützlicher, allerdings nicht als sehr nobel empfundener Beitrag zu Verschnitten genutzt. Wegen ihres späten Austriebs ist sie an Mosel, Saar und Ruwer beliebt, aber auch in Rheinhessen wird sie kultiviert. Die Anbaufläche von Optima belief sich in Deutschland im Jahr 1990 auf 420 ha; mit einer Erweiterung ist nicht zu rechnen.

ORANGE MUSCAT Rarität in Kalifornien; siehe MUSCAT BLANC À PETITS GRAINS.

ORÉMUS Die ungarische Züchtung, eine Kreuzung FURMINT×BOUVIER, erbringt in der Region Tokaj trockene sortenreine Weißweine mit Feuer und Charakter.

ORION In England in geringem Umfang angebaute Neuzüchtung nach dem Vorbild von SEYVAL BLANC.

ORMEASCO An der Nordwestküste Italiens gebräuchliches Synonym für DOLCETTO.

ORTEGA Besonders in Rheinhessen als Verschnittsorte mit hohen Öchsle-Graden beliebte Neuzüchtung. Die Kreuzung MÜLLER-THURGAU×SIEGERREBE erbringt äußerst vollmundige, jedoch oft säurearme Weine und erreicht hohe Mostgewichte, wenn auch nicht ganz so hohe wie die ebenso früh reifende, aber weniger stark verbreitete OPTIMA. Auch zu sortenreinen Weinen wird Ortega verarbeitet, dabei sind Prädikatswein-Versionen selbst in ungünstigen Jahren durchaus möglich, oft aber nicht sehr ausdrucksvoll. Die Rebe zeigt jedoch keine gute Krankheitsresistenz, und ihre Anfälligkeit für Verrieseln macht Optima für Mosel, Saar und Ruwer zur günstigeren Alternative. Die Anbaufläche von Ortega belief sich in Deutschland Ende der 1980er, Anfang der 1990er Jahre auf rund 1200 ha, davon die Hälfte in Rheinhessen.

ORTRUGO Spezialität in den Bergen um Piacenza in Oberitalien; sie wird meistens mit MALVASIA verschnitten. Anderson bezeichnet die Sorte als «achtbar».

ÖSTERREICHER Alter Name für SILVANER.

OTTAVIANELLO In Apulien gebräuchlicher Name der französischen Rotweinrebsorte CINSAUT.

PAARL RIESLING Alter südafrikanischer Name für CROUCHEN.

PADERNÃ In der Vinho-Verde-Region gebräuchlicher Name für ARINTO.

PAGADEBIT, PAGADEBITO Anderer Name für BOMBINO BIANCO; die Sorte erlebt in der Romagna (Oberitalien) eine gewisse Renaissance und wird auch jenseits der Adria im ehemaligen Jugoslawien angebaut. Der Name spielt auf die hohen Erträge an, die es angeblich dem Winzer leichtmachen, seine Schulden zu bezahlen. Allerdings ist die Rebe auch als **Debit** bekannt.

PAÏEN Schweizer Name für GEWÜRZTRAMINER.

PAIS Die in Chile meistangebaute Rebsorte ist identisch mit der historischen MISSION in Kalifornien und bildet eine dunklere Version der CRIOLLA CHICA in Argentinien. In Chile, wo sie vor allem in den südlichen Regionen Maule und Bío-Bío kultiviert wird, heißt sie auch **Negra Peruana**. Es handelt sich vermutlich um dieselbe Traube wie die in Spanien und Sardinien beheimatete MONICA.

PALOMBINA Siehe PIEDIROSSO.

PALOMINO Die vor allem um Jerez in Südspanien angebaute Sherry-Traube ist sehr wahrscheinlich andalusischen Ursprungs und angeblich nach einem Ritter König Alfonsos X. benannt. **Palomino Fino**, eine Traube, die früher nur im Manzanilla-Gebiet um Sanlúcar de Barrameda kultiviert wurde, ist inzwischen im Gegensatz zu dem früher verbreitet genutzten **Palomino Basto** oder **Palomino de Jerez** als die geeignetste Rebsorte für die Sherry-Produktion anerkannt.

Die Rebe ist ziemlich anfällig für Falschen Mehltau und gedeiht auf warmen, trockenen Böden am besten. Sie hat locker besetzte Trauben mit großen Beeren, die Erträge sind mit rund 80 hl/ha ohne Bewässerung relativ hoch und regelmäßig, und der Wein ist meist arm an Säure und vergärbaren Zuckern. Dies kommt den Zwecken der Sherry-Erzeuger entgegen, die ihre Trauben mit 19° Brix lesen und in der Oxidationsneigung des Palomino-Mosts keinen Nachteil sehen. Dagegen fallen die Tischweine dieser Traube recht flau und flach aus, wenn sie nicht mit Säure angereichert werden.

Die spanische Anbaufläche von rund 30 000 ha Palomino Fino liegt größtenteils im Sherry-Gebiet um Jerez, doch auch im Condado de Huelva wird er kultiviert und verdrängt dort allmählich die Lokalrebsorte ZALEMA; in Galicien wird er ebenfalls angebaut. Außerhalb des Sherry-Gebiets, vor allem in Frankreich, wo die Traube allerdings an Boden verliert, heißt sie LISTÁN oder **Listán de Jerez**. Außerdem gilt sie allgemein als identisch mit Perrum im Alentejo (Südportugal).

Die größte Palomino-Anbaufläche außerhalb Spaniens hat Südafrika aufzuweisen; dort war die Sorte (manchmal auch unter dem Namen Fransdruif – «französische Traube») 1994 die viertmeist angebaute des Landes, lag aber mit 4700 ha sehr weit hinter Chenin Blanc mit 27 000 ha. Der größte Teil des Ertrags wird destilliert oder geht in schlichte, eher nichtssagende Tischweinverschnitte ein; es wird versucht, durch Laubpflegetechniken einen erhöhten Zuckergehalt zu erreichen.

In Kalifornien bleibt der früher fälschlich als Golden Chasselas bezeichnete Palomino mit rund 400 ha stets auf gleichem Stand. Die Anbaufläche befindet sich größtenteils im Central Valley, und der dort gewonnene Wein wird meist Verschnittzwecken zugeführt. Auch Argentinien verfügt über kleinere Bestände der Sorte; dort ist jedoch die andere wichtige Weißweinrebsorte Spaniens, PEDRO XIMÉNEZ, stärker vertreten. In Australien werden diese beiden Rebsorten nicht richtig auseinandergehalten; sie verfügten 1994 gemeinsam über eine Anbaufläche von 1750 ha, zum großen Teil in Südaustralien, und beide werden zu alkoholangereicherten Weinen im Sherry-Stil verarbeitet. Auch im kaum ideal dafür geeigneten Klima Neuseelands wird Palomino in geringem Umfang angebaut.

Außerdem nutzt Zypern die Palomino-Rebe ausschließlich zur Produktion großer Mengen an billiger Sherry-Imitation. Die Bewertung hier bezieht sich auf die von Palomino erzeugten Sherrys, nicht auf die Tischweine.

PAMID Die meistangebaute, aber uninteressanteste einheimische Rebsorte Bulgariens; sie erbringt recht dünne, früh trinkreife Rotweine mit wenigen besonderen Merkmalen außer einer gewissen Süße. Im Export spielt diese Rebsorte keine große Rolle, sie wird aber inzwischen verbreitet in Ungarn als **Piros Szlanka** und noch verbreiteter in Rumänien als **Rosioara** angebaut.

PAMPANUTO, PAMPANINO Nur wenig angebaute Spezialität in Apulien; sie wird fast stets mit säurereicheren Sorten verschnitten.

PANSA BLANCA Besonders in Alella gebräuchliches Synonym der spanischen Weißweinrebsorte XAREL-LO; dort ist auch eine hellrote Variante **Pansa Rosada** bekannt.

PARDILLO, auch **Pardina.** Einfache, aber sehr verbreitete Rebsorte in Südwestspanien, v.a. in der Provinz Badajoz an der portugiesischen Grenze. Sie hat eine größere Anbaufläche als alle anderen spanischen Rebsorten außer AIRÉN in La Mancha und erbringt schlichte, säurearme Weine, die zu Oxidation neigen, eignet sich aber sehr gut für die Verarbeitung im Fino-Stil.

PARELLADA Potentiell hochwertige katalanische Rebsorte; sie wird zusammen mit MACABEO und XAREL-LO für die Herstellung von Cava (Schaumwein) genutzt. Allerdings wird sie in Penedès von diesen drei Rebsorten am wenigsten angebaut. Seit den 1960er Jahren wächst ihre Popularität bei den Traubenanbauern aber zunehmend, weil die Cava-Hersteller für sie einen Preiszuschlag zahlen. Parellada bringt auf relativ mageren Böden und in kühleren Gegenden feinen Wein mit der erfrischenden Art von grünen Äpfeln hervor, auf fruchtbaren Böden neigt sie dagegen zu Übererträgen, und die Weine fallen nicht so gut aus. Sie trägt große, locker besetzte Trauben mit großen Beeren, die gute Resistenz gegen Fäule aufweisen. Parellada spielt auch in stillen Weißweinen in Cariñena, Costers del Segre und Penedès eine bedeutende Rolle. Mit einigem Erfolg wird sie auch mit CHARDONNAY und SAUVIGNON BLANC verschnitten, v.a. in faßgereiften Weinen von Torres.

PASCAL BLANC Fast ausgestorbene provenzalische Rebsorte mit großer Anfälligkeit für Echten Mehltau und Fäule.

PASCALE DI CAGLIARI Spezialität auf Sardinien.

PASSERINA In den Marken gebräuchlicher Name für BIANCAME.

PECORINO Im Schwinden begriffene Spezialität in den Marken an der Ostküste Italiens; sie erbringt festen, charaktervollen Wein.

PEDRO GIMÉNEZ In Argentinien verbreitete Weißweinrebsorte; sie wird dort nach den im Rückgang befindlichen sehr einfachen Trauben CRIOLLA CHICA und CEREZA am meisten angebaut. 1989 betrug die Anbaufläche von Pedro Giménez 22 600 ha, davon lagen fast drei Viertel in der Provinz Mendoza. Die Traube bildet jedoch nicht nur eine wichtige Stütze für die Weißweinerzeugung Argentiniens, sondern spielt auch in der Produktion der Lokalspirituose Pisco in Chile eine wichtige Rolle. Ampelographen in Argentinien vertreten die Ansicht, daß zwischen dieser Sorte und PEDRO XIMÉNEZ in Spanien keine Verbindung besteht.

PEDRO LUIS Siehe FALSE PEDRO.

PEDRO XIMÉNEZ, PEDRO JIMÉNEZ, PEDRO Die traditionell mit Andalusien (Südspanien) verknüpfte Weißweinrebsorte ist zumindest in der Sherry-Region inzwischen weit weniger verbreitet als die ertragreichere und nicht so krankheitsanfällige PALOMINO Fino. Dennoch hat Pedro Ximénez eine fast ebenso große Anbaufläche, schätzungsweise 27 000 ha, und ist in ganz Andalusien, Valencia und Extremadura anzutreffen. Da er Trauben mit hohem Reifegrad zustande bringt, spielt er auch in den Sherry-ähnlichen Weinen von Montilla-Moriles die Hauptrolle. Im übrigen wird die dünnschalige Traube, die früher oft in der Sonne getrocknet wurde und Weine zum Süßen von Sherry und anderer aufgespriteter Verschnitte erbrachte, auch häufig zu einem recht flauen, trockenen Tischwein mit neutralem Geschmack verarbeitet. Aber auch volle, süße alkoholangereicherte Weine unter der Bezeichnung Pedro Ximénez oder kurz «PX» sind hier und da noch zu finden. Auf den Kanarischen Inseln wird die Traube ebenfalls angebaut.

In Australien wird Pedro Ximénez in der Anbaustatistik nicht von dem populäreren Palomino unterschieden, doch hat die Traube vor allem in Edelfäuleversion als voller, tiefgoldener, süßer Wein aus den Bewässerungsgebieten bei Griffith in Neusüdwales von sich reden gemacht. Früher wurde sie auch oft mit der ebenfalls aus Jerez importierten Sorte Cañocazo verwechselt, doch was davon heute noch in Australien vorhanden ist, heißt inzwischen False Pedro. Dagegen ist die in Südafrika als False Pedro bezeichnete Rebsorte die ebenfalls andalusische Traube Pedro Luis. In Kalifornien ist Pedro Ximénez inzwischen so gut wie abgeschafft.

PELAVERGA Hellrote Rarität in Piemont; sie erbringt spritzige Weine mit Erdbeeraroma.

PELOURSIN Wenig bekannte südfranzösische Rebsorte; aus ihr wurde DURIF selektiert. Kleine Bestände an Peloursin wie auch an Durif sind in Nordost-Victoria (Australien) entdeckt worden.

PERE'E PALUMMO Siehe PIEDIROSSO.

PERIQUITA Der portugiesische Ausdruck für Sittich ist zugleich der Name der bewährten, vielseitigen, in ganz Südportugal angebauten Rotweinrebsorte CASTELÃO FRANCÊS.

PERLAN In der Schweiz gelegentlich gebrauchter Name für CHASSELAS.

PERLE Wie WÜRZER eine deutsche Neuzüchtung GEWÜRZTRAMINER × MÜLLER-THURGAU. Perle hat die rosige Farbe der Gewürztraminer-Traube geerbt, besitzt aber deren extravaganten Duft nur in gedämpfter Form. Die Sorte bewährt sich vor allem in Franken, weil ihr später Austrieb sie gegen Spätfrostschäden schützt. Perle erbringt blumigen Wein, doch die Traube selbst ist ihres kompakten Aufbaus wegen anfällig für Fäule, worauf sich ihr deutlicher Popularitätsschwund in den 1980er Jahren auf 200 ha im Jahr 1990 wohl zurückführen läßt.

PERRICONE Sizilianische Rotweinrebsorte mit einer Anbaufläche von 1000 ha. Ihre weichen sortenreinen Weine laufen oft unter dem Synonym Pignatello.

PERRUM Portugiesische Weißweinrebsorte; sie erbringt in Alentejo meist sehr schlichte Weine. Manche Fachleute halten sie für identisch mit der Sherry-Traube PALOMINO.

PERSAN Inzwischen rar gewordene Rebsorte in Savoyen; sie kann ausbaufähige Weine hervorbringen.

PETIT COURBU Charaktervolle, traditionsreiche Rebsorte in der Gascogne. Sie wurde vor dem Aussterben gerettet und wird mit der Lokalrebsorte ARRUFIAC sowie mit GROS MANSENG und PETIT MANSENG aus Jurançon zum Pacherenc du Vic Bilh verschnitten. Petit Courbu (die Variante Gros Courbu wurde aufgegeben) liefert volle Weine mit Anklängen an Zitronen und Honig.

PETITE ARVINE Die meistkultivierte Spezialität (siehe auch AMIGNE und HUMAGNE BLANC) im Schweizer Kanton Wallis wird auch jenseits der italienischen Grenze im Valle d'Aosta angebaut und erbringt kräftige, volle, duftige Weine in trockener und lieblicher Ausführung, bei denen ein Alkoholgehalt von 13% durchaus nicht ungewöhnlich ist. Die süßeren Versionen entstehen von teilgetrockneten Trauben. Bei kräftigem Säuregehalt entfalten sich manche dieser Weine über lange Zeit schön; Sloan hat in besonders feinen Beispielen den Duft von Veilchen entdeckt. Die nicht verwandte Sorte Grande Arvine wird aufgegeben; Weine mit der verkürzten Angabe Arvine dürften von Petite Arvine gewonnen sein.

🍇 **PETITE SIRAH** Der wahrscheinlich nachträglich erfundene Name steht in Nord- und Südamerika für eine Rebsorte, die weniger edel als die echte SYRAH und vermutlich auch nicht mit ihr verwandt ist (einige französische Winzer nennen allerdings eine kleinbeerige Subvarietät **Petite Syrah**).

Petite Sirah – von der manche Fachleute behaupten, es handle sich in Wahrheit um mehrere verschiedene, wenig bekannte, aber stets gemeinsam angepflanzte Rebsorten, die seit dem Beginn des 20. Jh. mit diesem Namen belegt wurden – ist in einer ganzen Reihe warmer Weinbauregionen relativ stark verbreitet, insbesondere in Kalifornien und Südamerika. In Kalifornien belief sich die Anbaufläche 1992 auf 1200 ha, vor allem in Monterey; hier erbringt die Rebe relativ tanninherben, dunklen, langlebigen und als Verschnittpartner für etwas übervollen Zinfandel sehr geschätzten Wein, der inzwischen in sortenreiner Version immer mehr Anklang findet, sich dabei aber vor allem im Glanz seiner Verbindungen zur Rhône sonnt. Fast alle Petite-Sirah-Reben in Kalifornien sind weit älter als der Durchschnitt aller Rebsorten hier.

In Argentinien gab es 1990 etwa eine gleich große Anbaufläche mit Petite Sirah wie in Kalifornien, d. h. über 1400 ha, allerdings wird die Traube hier fälschlich auch Sirah genannt. Ferner ist sie im halbtropischen Klima Brasiliens als Petite Sirah oder Petite Syrah verbreitet und bringt in Mexiko achtbare robuste Rotweine hervor.

In den 1980er Jahren bestand die Auffassung, daß Petite Sirah mit DURIF (auch Duriff), einer fast ausgestorbenen französischen Rebsorte, identisch sei, DNS-Tests führten aber zu einem anderen Ergebnis. In der kalifornischen Weinliteratur wurde Petite Syrah erstmals Anfang der 1880er Jahre erwähnt, was ebenfalls den Schluß zuläßt, daß sie mit der Sorte Durif nicht identisch sein kann, die damals in Frankreich kaum verbreitet war. Die Reblaus dezimierte die frühen Anpflanzungen der mysteriösen Petite Sirah, bei denen es sich damals vielleicht um die echte Syrah handelte.

🍇 **PETIT MANSENG** Die bessere Form des MANSENG (unter diesem Stichwort sind Angaben über die Anbaufläche zu finden). Die in Jurançon verbreitete Rebe hat besonders kleine, dickschalige Beeren, die nur wenig Saft abgeben (der Ertrag beläuft sich manchmal lediglich auf 15 hl/ha, obwohl maximal 40 hl/ha zugelassen sind), aber bis weit in den Spätherbst hinein am Rebstock bleiben können, so daß der Zuckergehalt durch den in Frankreich *passerillage* genannten Eintrocknungsprozeß konzentriert wird. So werden auch ohne Edelfäule bequem potentielle Alkoholgehalte von 20 % erreicht. Die Trauben der für Verrieseln und beide Mehltauarten anfälligen Rebe werden hauptsächlich zu lieblichen *(moelleux)* Weinen verarbeitet und heute auch im Pacherenc du Vic Bilh in der Gascogne mitverwendet. Ihr Potential stößt inzwischen in Kalifornien und im Languedoc auf Interesse.

PETIT PINEAU Synonym für ARBOIS.

PETIT RHIN Vor allem in der Schweiz gebräuchliches Synonym für den echten RIESLING.

🍇 **PETIT ROUGE** Die laut Anderson beste im Valle d'Aosta (Italien) einheimische dunkelbeerige Rebsorte.

🍇 **PETIT VERDOT** Eine der klassischen Rotweinrebsorten von Bordeaux; sie wird nicht mehr verbreitet angebaut, erfährt aber in einigen qualitätsbewußten Weingütern eine Neubelebung. Die Rebe reift noch später als CABERNET SAUVIGNON und ist ebenso resistent gegen Fäule. Die Traube hat wie Cabernet Sauvignon dickschalige Beeren und erbringt ebenso wie dieser konzentrierte, tanninreiche, dunkle Weine. Wenn sie zu voller Reife gelangt, was in Bordeaux nur in besseren Jahren (also wenn die von ihr eingebrachte zusätzliche Kraft am wenigsten benötigt wird) der Fall ist, dann weist ihr Wein eine zusätzliche würzige Note auf. Ihrer unbequem späten Reife wegen wurde sie von vielen Erzeugern in den 1960er und 1970er Jahren aufgegeben, so daß sich ihre Anbaufläche 1988 in Frankreich insgesamt auf nur noch etwas über 300 ha belief. Da die Qualitäten der Sorte inzwischen aber wieder mehr anerkannt werden, ist eine gewisse Renaissance nicht nur in Bordeaux, sondern auch in Kalifornien zu verzeichnen, wo 1991 vor allem in Napa Bestände von 40 ha **Petite Verdot** (davon ein Drittel noch nicht in Ertrag) vorhanden waren. Siehe auch VERDOT.

🍇 **PHOENIX** Eine Kreuzung SEYVAL BLANC × BACCHUS, die in England wegen ihrer Resistenz gegen Pilzkrankheiten geschützt und in geringem Umfang angebaut wird. Die Sorte bringt wie Bacchus ein kräftiges, kräuterwürziges, an Holunderblüten erinnerndes Aroma hervor.

🍇 **PICARDAN** Wenig verbreitete großbeerige Traubensorte an der südlichen Rhône; sie ist offiziell, meist aber nur in der Theorie, im weißen Châteauneuf-du-Pape zugelassen. Ihr Wein ist fast farblos, recht neutral, aber brauchbar säurereich.

🍇 **PICOLIT,** früher auch **Piccolit** und **Piccolito**. Spezialität von Friaul (Nordostitalien) für sehr teuren süßen Wein von getrockneten Trauben. Die ursprüngliche Heimat der Sorte scheint Rosazzo in den Colli Orientali zu sein. Sein Überleben verdankt Picolit den Bemühungen der Familie Perusini von Rocca Bernarda in Ipplis, die das ganze 20. Jh. hindurch daran gearbeitet hat, widerstandsfähigere Klone zu identifizieren und dann zu vermehren. Bei der Weinbauerhebung 1990 wurden in Italien lediglich 196 ha Anbaufläche festgestellt.

🍇 **PICPOUL** oder **Piquepoul** Alte Rebsorte im
🍷 Languedoc; sie ist in den Versionen Blanc, Noir und Gris anzutreffen, wobei die weiße Version heute die meistangebaute ist. In ihrer langen Geschichte im Midi wurde die Rebsorte jedoch oft mit allen drei Versionen gemischt im selben Weinberg gezogen. Der Name bedeutet «Lippenstecher», was auf den hohen Säuregehalt des Mosts hinweist. Die Traube wurde schon zu Beginn des 17. Jh. als sehr brauchbar erwähnt und oft mit der dicklicheren CLAIRETTE verschnitten. Die Anfälligkeit der Rebe für die nach dem Reblausbefall aufgetretenen Pilzkrankheiten und ihr geringer Ertrag ließen jedoch außer in den inzwischen aufgegebenen Weinbergen an der Küste, wo sich die Sorte durch ihre Verträglichkeit für Sandboden gut bewährte, ihre Popularität im 20. Jh. stark sinken.

Picpoul Noir bringt alkoholstarken, reichduftigen, aber fast farblosen Wein hervor, der am besten jung getrunken wird. Obwohl die Sorte als kleinere Zutat im Châteauneuf-du-Pape und im Coteaux du Languedoc zugelassen ist, betrug die französische Gesamtanbaufläche am Ende der 1980er Jahre nur noch 200 ha.

Picpoul Blanc andererseits, von dem es um dieselbe Zeit noch 500 ha gab, hat inzwischen eine gewisse Wiederbelebung erfahren. Er kann im Languedoc brauchbar frischen Verschnittwein liefern, ist aber meist als zitronenduftiger, recht körperreicher Picpoul de Pinet anzutreffen.

PICUTENER Name der Lokalvariante von NEBBIOLO im Valle d'Aosta (Nordwestitalien) und in seiner Umgebung.

🍇 **PIEDIROSSO** In Kampanien und insbesondere auf den Inseln Ischia und Capri angebaute italienische Spezialität, auch **Palombina** und **Pere'e Palummo** genannt. Die Anbaufläche ist in den 1980er Jahren um die Hälfte zurückgegangen und betrug 1990 rund 1000 ha.

🍇 **PIGATO** Charaktervolle alte Rebsorte in Ligurien; sie erbringt Weine mit ausgeprägtem Sortengeschmack. Die Traube ist vermutlich griechischen Ursprungs und verfügt noch über eine Anbaufläche von einigen hundert Hektar.

PIGNATELLO Synonym für die sizilianische Rotweinrebsorte PERRICONE.

🍇 **PIGNEROL** Alte provenzalische Rebsorte; sie leistet einen recht gewichtigen Beitrag zum weißen Bellet.

🍇 **PIGNOLA VALTELLINESE** Spezialität im Valtellina im Norden der Lombardei.

🍇 **PIGNOLETTO** Säuerlich-frische, aromatische Spezialität aus der Gegend um Bologna (Oberitalien).

🍇 **PIGNOLO** Vielversprechende, in der Region Friaul (Nordostitalien) heimische Rebsorte. Die Sorte, deren Name soviel wie «kleinlich» bedeutet, bringt sehr schwache Erträge, und daher wurde sie von den an ertragreicheren Sorten interessierten Winzern lange außer acht gelassen, bis sie 1978 in der Provinz Udine offiziell anerkannt wurde. Die Erzeugung hat noch immer sehr geringes Ausmaß, doch die bisherigen Ergebnisse deuten auf ermutigend gute Qualität hin. Die reichhaltigen, vollen, dunklen Weine erweisen sich deutlich als für den Faßausbau geeignet.

PINEAU In Frankreich gebräuchliches Synonym für die Rebsorten der PINOT-Familie (vermutlich mit Bezug auf die kiefernzapfenähnliche Form der Trauben). Im Mittelalter scheint Pineau in Frankreich der Name für alle besseren Traubensorten gewesen zu sein, heute wird er vorwiegend noch an der Loire gebraucht. Dort bildet er mit mancherlei Zusätzen das Synonym nicht nur für verschiedene Sorten von Pinot, sondern häufiger auch für CHENIN, insbesondere als **Pineau de la Loire**.

PINEAU D'AUNIS, auch **Chenin Noir.** Die Rebsorte ist Galet zufolge weder PINOT noch CHENIN, sondern eine eigenständige Rotweintraube von der Loire, deren Name seit dem Mittelalter mit dem Kloster Prieuré d'Aunis bei Saumur verknüpft ist. (Frühere Autoritäten, v.a. Viala, behaupten, Chenin Blanc sei eine weißbeerige Mutation von Pineau d'Aunis.) Die Sorte wird zugunsten modischerer und langlebigerer Sorten wie CABERNET FRANC systematisch gerodet, trotzdem gab es am Ende der 1980er Jahre im östlichen Département Loire noch immer eine Anbaufläche von 500 ha sowie größere Bestände in Anjou-Saumur. Sie gehört zu den in vielen Appellationen der Touraine und von Anjou für Rotwein und Rosé genehmigten Trauben, wird aber nur noch in geringem Umfang genutzt, in der Hauptsache, um in Roséweine Lebendigkeit einzubringen; in reifen Jahren kann sie aber auch feinen Rotwein liefern, v.a. an den Coteaux du Loir.

PINEAU MENU Synonym für ARBOIS.

PINENC Lokalbezeichnung für FER in Madiran (Südwestfrankreich).

PINOT Der Hauptname mehrerer französischer Rebsorten soll auf die Form der Pinot-Trauben zurückzuführen sein, die dem Zapfen einer Kiefer *(pin)* ähnelt. Galet führt nicht weniger als 100 verschiedene Pinots auf, allerdings handelt es sich bei den meisten um Synonyme. Die wichtigsten echten Mitglieder der Familie Pinot sind PINOT BLANC, AUXERROIS, PINOT GRIS, MEUNIER und PINOT NOIR – alle sind miteinander verwandt. Chardonnay wird gelegentlich noch immer, jedoch fälschlich, PINOT CHARDONNAY genannt.

In der deutschen Sprache führen die Mitglieder der Pinot-Familie meist den Namen Burgunder mit einem Zusatz (siehe SPÄTBURGUNDER, WEISSBURGUNDER, GRAUBURGUNDER. In den 1980er Jahren ist ein deutlicher Aufschwung in der Popularität dieser Rebsorten eingetreten, weil sich der Geschmack beim deutschen Wein zugunsten voller, trockener Gewächse verschoben hat.

PINOTAGE Die Südafrika ganz eigene Rebsorte entstand 1925 durch Kreuzung von PINOT NOIR mit CINSAUT (damals wurde der letztere am Kap fälschlich Hermitage genannt). Die widerstandsfähige, frühreifende Sorte wurde erst zu Beginn der 1960er Jahre zur Produktion sortenreiner Weine herangezogen und steht derzeit bei Erzeugern und Verbrauchern wegen des fülligen Körpers und charakteristischen Aromas mit einer deutlich hervortretenden süßlichen, an Lack erinnernden Note (Isoamylacetat) gleichermaßen hoch in Gunst. Pinotage ist sehr vielseitig. Er kann sowohl jung und kühl zu trinkenden Wein nach Beaujolais-Art als auch seriöse, faßgereifte Gewächse hervorbringen, die sich für längere Flaschenlagerung eignen. Die Rebe ist ertragreich, zuverlässig und erreicht hohen Säure- und Zuckergehalt. In geringem Umfang wird sie auch in Zimbabwe und Neuseeland angebaut, und es ist durchaus zu erwarten, daß auch in anderen Ländern experimentierfreudige Erzeuger mit ihr Erfolge erzielen werden.

PINOT BEUROT Altes in Burgund gebrauchtes Synonym für den dort früher viel angebauten PINOT GRIS.

PINOT BIANCO Italienische Bezeichnung für PINOT BLANC, der in Italien so verbreitet angebaut wird, daß wahrscheinlich mehr Wein unter dem italienischen Synonym auf dem Markt ist als insgesamt unter dem französischen Originalnamen: 1990 wurden knapp 7000 ha Pinot Bianco gezählt (gegenüber 6000 ha Chardonnay und 3400 ha Pinot Grigio).

PINOT BLANC

Die Hauptanbaugebiete liegen im Norden und Osten, im Trentino-Alto Adige und Veneto, in Friaul und der Lombardei, obwohl hier wie im Elsaß, jedoch nicht in Deutschland und Österreich, der Pinot Grigio (PINOT GRIS) höhere Wertschätzung genießt. Die Rebsorte wurde in Italien erstmals Anfang des 19. Jh. in Piemont festgestellt, und bis in die Mitte der 1980er Jahre diente der Name Pinot Bianco als Bezeichnung sowohl für Pinot Blanc als auch für Chardonnay und beide gemischt. Noch heute gibt es Bestände, in denen beide Rebsorten nebeneinander wachsen. In Italien wird Pinot Bianco bei oft sehr hohen Erträgen als jung zu trinkender, meist leicht spritziger, nicht besonders aromatischer Weißwein mit kräftiger Säure bereitet. In der Lombardei ist diese kräftige Säure bei schwachem Aroma besonders in der Spumante-Industrie geschätzt.

PINOT BLANC Die französische Rebsorte ist eine verbreitet angebaute, erstmals Ende des 19. Jh. in Burgund aufgefundene weiße Mutation von PINOT GRIS, der seinerseits eine hellere Version von PINOT NOIR darstellt. Obwohl die Sorte in Burgund beheimatet ist, befindet sich heute ihre Hochburg in Mitteleuropa. Lange Zeit wurde zwischen Pinot Blanc und CHARDONNAY nicht unterschieden, da die beiden Sorten außer für geschulte Ampelographen so ziemlich gleich aussehen. Der berühmteste Experte, Galet, stellt den Unterschied heraus und führt drei verschiedene Varianten der Rebsorte auf. Der echte Pinot Blanc ist schwach in Wüchsigkeit und Ertrag, während die für das Elsaß selektierte und dort verbreitet angebaute, von Galet als Gros Pinot Blanc bezeichnete Variante viel wuchskräftiger und ertragreicher ist. Ferner gibt es eine selektierte Variante, die zwei Wochen früher reift.

Keine dieser drei Arten ist für Langlebigkeit oder für ein besonders markantes Aroma bekannt. Die meisten auf Pinot Blanc beruhenden Weine sind außerdem relativ körperreich, was sicherlich nicht nur in Burgund, sondern auch in Nordostitalien zur Verwechslung mit Chardonnay beigetragen hat. Im Weißwein von Burgund dominiert Chardonnay; Pinot Blanc ist zwar formell in mehreren weißen (und einigen roten) Appellationen in Burgund zugelassen, wird dort aber nicht mehr in nennenswerten Mengen angebaut.

Die französische Hochburg des Pinot Blanc liegt derzeit im Elsaß, aber auch hier ist seine Anbaufläche kleiner als die von RIESLING, GEWÜRZTRAMINER, SILVANER und selbst der mit ihm verwandten Weißweinrebsorte AUXERROIS, mit der er im Elsaß üblicherweise verschnitten und dann als «Pinot Blanc» auf den Markt gebracht wird. In Luxemburg ist der Pinot Blanc dagegen seiner stärkeren Säure wegen weit weniger geschätzt als Auxerrois.

Während der Pinot Blanc im Elsaß (dort auch **Clevner** oder **Klevner** genannt) eher als Allerweltsrebe angesehen wird, steht er in Deutschland als **Weißburgunder** oder **Weißer Burgunder** allgemein in höherem Ansehen und verfügt auch über eine größere Rebfläche (allerdings eine weit kleinere als der Ruländer oder Grauburgunder genannte Pinot Gris). Die Wertschätzung beruht auf der Ähnlichkeit mit dem weltberühmten Chardonnay und auf der Fähigkeit, selbst bei relativ reichen Erträgen recht hohe Mostgewichte zu erreichen. Angebaut wird die Traube vorwiegend in Ostdeutschland, der Pfalz und in Baden, und sie wird gern zu volleren, trockenen Weinen als Begleiter zu Speisen verarbeitet und oft auch im Faß ausgebaut.

In Italien ist die Sorte unter dem Namen PINOT BIANCO als trockener Weißwein beliebt, in Österreich aber erklimmt sie als Weißburgunder höchste Höhen und vor allem höchste Reifegrade. Die Sorte hält fast 4% der Gesamtrebfläche besetzt und wird in allen Weinbauregionen angebaut, der Riesling genießt nur in der Wachau höhere Wertschätzung. Als sortenreiner trockener Wein ist der Weißburgunder mit Mandelaroma, relativ kräftiger Alkoholstärke und guter Haltbarkeit verbunden. Seine glorreichsten Versionen erbringt er in Österreich allerdings als überaus gehaltvolle Beerenauslese oder dank der Wirkung der Edelfäule sogar als Trockenbeerenauslese im Burgenland.

In Osteuropa ist Pinot Blanc stark verbreitet; in Slowenien, Kroatien und der Woiwodina wird er unter dem Namen **Beli Pinot** angebaut.

Den Weinerzeugern in der Neuen Welt ist natürlich klar, daß es dem Pinot Blanc am großen Glanz des Chardonnay fehlt, trotzdem gibt es in Kalifornien einige hundert Hektar dieser Sorte, vor allem in Monterey, wo die Chardonnay-ähnlichen Beispiele von Chalone mit die höchsten

Preise erzielen. Bei älteren Reben handelt es sich allerdings fast mit Gewißheit nicht um Pinot Blanc, sondern um die Muscadet-Traube MELON (dagegen wurde bei neueren Anpflanzungen, vor allem für die Schaumweinherstellung im kühlen Carneros, der echte Pinot Blanc gesetzt). Die Tatsache, daß in Kalifornien zwischen Weinen des echten Pinot Blanc und solchen von Melon kein großer Unterschied bemerkt wurde, dürfte der These, daß Melon ursprünglich eine burgundische Rebsorte war, weiteres Gewicht verleihen.

An anderen Stellen der Neuen Welt wird Pinot Blanc weitgehend zugunsten des hochberühmten Chardonnay vernachlässigt.

PINOT BLANCO In Mexiko und Südamerika verbreitete, aber falsche Bezeichnung für CHENIN BLANC.

PINOT CHARDONNAY Irrtümliches und irreführendes Synonym für CHARDONNAY zu einer Zeit, als Chardonnay für eine weiße Mutation von PINOT NOIR gehalten wurde.

PINOT DE LA LOIRE Gelegentlich gebrauchtes, irreführendes Synonym für CHENIN BLANC, der auch als Pineau de la Loire bezeichnet wird.

PINOT GRIGIO Die italienische Bezeichnung für PINOT GRIS dürfte wohl die sein, die dem Weinliebhaber heute am geläufigsten ist. 1990 betrug die italienische Anbaufläche von Pinot Grigio 3500 ha (weit weniger als beispielsweise für PINOT BIANCO). Der größte Teil davon liegt im Nordosten und insbesondere in Friaul; hier erbringt die Traube einen der meistbewunderten Weine des Collio, daneben aber auch eine Flut von ziemlich ausdruckslosem trockenem Weißwein mit schwachem Aroma und einer so kräftigen Säure, wie sie der Pinot Gris nirgendwo sonst auf der Welt vorweisen kann. In Italien besteht die Neigung, die Traube zu lesen, bevor der für sie bei voller Reife charakteristische rasche Säureabbau eintritt. Auch in der Lombardei wird die Sorte verbreitet angebaut, dort aber vorwiegend von der Schaumweinindustrie verarbeitet. In der Emilia-Romagna wird die Sorte ebenfalls angebaut, auch in Südtirol, wo ihr allerdings – wie im deutschsprachigen Raum überhaupt – der PINOT BIANCO (Weißburgunder) vorgezogen wird.

PINOT GRIS Eine weitverbreitete Rebsorte, die milde, sanft duftige Weine mit mehr Substanz und tieferer Farbe hervorbringt, als es sonst bei Weißweinen üblich ist; allerdings darf man dies von einer Traubensorte, die eine der bekanntesten Mutationen des PINOT NOIR darstellt, wohl auch erwarten. Während die Beeren des Pinot Noir purpurrot bis blau und die des PINOT BLANC grünlich-gelb sind, trägt der Pinot Gris Beeren aller Schattierungen zwischen Graubläulich und Rötlichbraun manchmal in einer einzigen Traube. Im Weinberg ist die Rebe leicht mit Pinot Noir zu verwechseln, denn die Blätter sehen gleich aus, und vor allem gegen Ende eines reifen Jahres sind sogar die Beeren einander erstaunlich ähnlich. Früher wuchs Pinot Gris in vielen Weinbergen Burgunds inmitten von Pinot-Noir-Beständen und brachte in die Rotweine manchmal Milde, manchmal kräftigere Säure ein. Auch heute ist er in den meisten Rotwein-Appellationen Burgunds unter dem Namen **Pinot Beurot** noch zugelassen, und so ist hier und dort eine Rebe dieser Sorte in manchen berühmten Rotweinlagen der Region anzutreffen; allerdings neigen ältere Klone zu unregelmäßigem Ertrag.

Auch an der Loire gibt es noch kleinere Bestände der Rebsorte, oft unter dem Namen **Malvoisie** (und doch sind sogar in einer so kleinen Appellation wie Coteaux d'Ancenis sowohl Malvoisie als auch Pinot Beurot als Namensbestandteile zugelassen). Sie erbringt duftige, gehaltvolle Weine in verschiedenen Süßegraden. Den Namen Malvoisie trägt die Rebsorte auch im Schweizer Kanton Wallis, wo sie ebenfalls volle, duftige, reichhaltige Weißweine erbringt.

Innerhalb Frankreichs genießt der Pinot Gris jedoch mit gutem Grund im Elsaß das höchste Ansehen, wo er traditionell und mysteriöserweise als **Tokay** bekannt ist. Er wird zwar weniger angebaut als die anderen Mitglieder des edlen Elsässer Triumvirats, nämlich RIESLING und GEWÜRZTRAMINER, doch er erfüllt eine einzigartige Aufgabe als Lieferant überaus gehaltvoller, recht trockener Weine, die hervorragende Begleiter selbst zu den herzhaftesten Speisen abgeben.

Pinot Gris

Wie beim Pinot Blanc ist es auch beim Pinot Gris so, daß er in Deutschland und Italien (siehe PINOT GRIGIO) viel verbreiteter angebaut wird als in Frankreich. In Deutschland heißt die Rebe oft RULÄNDER, inzwischen aber auch **Grauburgunder** (oder manchmal **Grauer Burgunder, Grauer Riesling** oder **Grauklevner**).

Neben dem Pinot Blanc ist der Pinot Gris nicht nur in Österreich, sondern auch in Slowenien und Mähren stark verbreitet, insbesondere aber in Rumänien, wo er auf 1600 ha unter beiden Namen – Pinot Gris und Ruländer – steht. In Ungarn lautet sein Name SZÜRKEBARÁT. Pinot Gris wird außerdem in Rußland und Moldova angebaut.

In der Neuen Welt hat der Pinot Gris bisher nur begrenzten Anklang gefunden, lediglich in Oregon ist er erfolgreicher als CHARDONNAY. Dank verbesserter Klonenselektion wird ihm inzwischen allerdings in Kalifornien erneuter Enthusiasmus entgegengebracht, weil dort sein «vollduftiger Chardonnay»-Stil ein gewisses Potential besitzen dürfte. Auch auf der Südinsel Neuseelands trifft man Pinot Gris an, wenn auch nur in kleinem Maßstab.

Schließlich hat sich die Traube mit ihrer gewichtigen Art und der relativ milden Säure in Luxemburg Bewunderung verschafft.

PINOT LIÉBAULT Ungewöhnliche, etwas ertragreichere PINOT-NOIR-Selektion; sie wurde Galet zufolge erstmals 1810 in Gevrey (Burgund) von A. Liébault entdeckt.

PINOT MEUNIER Siehe MEUNIER.

PINOT NERO Italienische Bezeichnung für PINOT NOIR. Die Rebsorte wird im Nordosten des Landes und in der Lombardei sehr verbreitet kultiviert, doch nur wenige Weine zeigen größere Geschmacksintensität. In den 1980er Jahren verdoppelte sich die Anbaufläche aufgrund der Nachfrage nach Spumante auf 3500 ha.

PINOT NOIR Die großartige dunkle Burgundertraube gibt der Familie der NOIRIEN-Rebsorten den Namen. Anders als der CABERNET SAUVIGNON, der sich in allen außer den kühlsten Gegenden kultivieren läßt und sich auch in einfachen, preiswerten Weinen stets selbst zu erkennen gibt, stellt der Pinot Noir sowohl an die Weinberglage als auch an die Kellertechnik hohe Ansprüche. Es ist ein Zeichen der Verehrung für den unvergleichlichen, sinnlichen Genuß, den man im Geschmack eines der besseren Rotweine Burgunds empfindet, daß so viele der ambitioniertesten Weinerzeuger der Welt ihr Können an dieser kapriziösen Rebe erproben wollen. Obwohl der Pinot Noir in seinen Leistungen wenig Beständigkeit zeigt, ist er doch in so gut wie alle Weinbauregionen der Welt verpflanzt worden, ausgenommen in die allerheißesten, wo er sich allzu leicht von Essenz zu Konfitüre wandelt.

Während der Cabernet Weine hervorbringt, die dem Intellekt zusagen, besteht der Reiz des Pinot in seiner Sinnlichkeit und Transparenz. In Burgund selbst wird die Behauptung, daß dort Pinot-Noir-Wein entstehe, rundweg abgelehnt; Pinot Noir wird lediglich als Werkzeug dazu benutzt, die lokale Geographie, also die Charakteristiken der Weinberglagen, in denen er wächst, mitzuteilen. Vielleicht lassen sich als einzige Gemeinsamkeiten sämtlicher Pinot Noirs auf der Welt eine gewisse süße Fruchtigkeit und allgemein geringerer Gehalt an Tanninen und Pigmenten festhalten, wenn man sie mit den anderen «großen» französischen Rotweintrauben Cabernet Sauvignon und SYRAH vergleicht. Die Weine sind in der Jugend entschieden viel charmanter und entfalten sich rascher, und doch lassen die besten nur sehr langsam nach. Pinot kann in der Jugend nach Himbeeren, Erdbeeren, Kirschen und Veilchen schmecken, während er bei zunehmender Reife eher herbstlich-würzige Töne und schließlich nach vielen Jahren in der Flasche stark an Wild erinnernde Noten annimmt.

Zum Teil ist an den weiten Schwankungen in den Leistungen des Pinot Noir seine genetische Zusammensetzung schuld. Er ist eine besonders alte Rebsorte, höchstwahrscheinlich eine Selektion, die der Mensch vor mehr als 2000 Jahren von Wildreben vorgenommen hat. Es gibt Anzeichen, daß der Pinot in Burgund schon im 4. Jh. n. Chr. existierte. Obwohl die Rebsorte in früherer Zeit vorwiegend Morillon Noir genannt wurde, wird ein Wein namens Pinot in Burgund doch schon in Urkunden aus dem 14. Jh. erwähnt, und seine Geschicke waren unlösbar mit denen der mächtigen mittelalterlichen Klöster in Ostfrankreich und Deutschland verknüpft.

Es ist eindeutig, daß der Pinot Noir in Burgund schon lange kultiviert wird, doch er ist besonders anfällig für Mutationen (wie PINOT BLANC, PINOT GRIS und Pinot MEUNIER beweisen) und für Degeneration, wie die unzähligen Pinot-Noir-Klone bezeugen, die es allein in Frankreich gibt.

Galet weist darauf hin, daß in Frankreich nicht weniger als 46 Pinot-Noir-Klone offiziell anerkannt sind (dagegen nur 34 für den viel verbreiteter angebauten Cabernet Sauvignon) und daß in den 1980er Jahren in französischen Rebschulen nur MERLOT-Edelreiser stärker gefragt waren als solche von Pinot Noir. Man kann daher einen Pinot-Noir-Klon spezifisch unter dem Gesichtspunkt seiner Ertragsleistung, seiner Resistenz gegen Fäule bzw. seiner (überaus unterschiedlichen) früheren oder späteren Reife aussuchen. Die Selektionsarbeit ist größtenteils in Burgund und der Champagne geleistet worden – gerade in der Champagne wurden besonders ertragreiche Klone selektiert. Es besteht Einmütigkeit darüber, daß ein Hauptgrund für die hellere Farbe und den geringeren Extraktgehalt so vieler Burgunder in den 1970er und 1980er Jahren in ungeeigneter Klonenselektion zu suchen war, die zwar vielleicht höhere Erträge, doch weit geringere Vielfalt und Konzentration im resultierenden Wein hervorbrachte. Der in Burgund meistangebaute Klon ist der 115, doch der 114 genießt höheres Ansehen, und im übrigen dürften die renommierteren Erzeuger entsprechende Massenselektionen in ihren eigenen Beständen vornehmen. Ein Klon mit dem Namen Pommard ist in der Neuen Welt verbreitet, ebenso einer, der nach der Weinbauversuchsstation Wädenswil in der Schweiz benannt ist. Im allgemeinen werden die ertragreichsten Klone mit großbeerigen Trauben wegen ihres aufrechten Wuchses als Pinot Droit bezeichnet, während Pinot Fin, Pinot Tordu oder Pinot Classique nicht so regelmäßig wächst, aber kleinere Beeren mit dickeren Schalen hat.

Soweit allgemeingültige Aussagen bei einer Rebsorte mit derart vielen Formen überhaupt möglich sind, treibt Pinot Noir früh aus und ist daher empfindlich für Spätfröste und Verrieseln. Feuchte, kühle Böden auf tiefgelegenem Land sind daher nach Möglichkeit zu meiden. Die Erträge sind theoretisch niedrig, obschon dies in Burgund mit

Pinot Noir

allzu vielen ertragreichen Klonen in den 1970er und frühen 1980er Jahren anders aussah. Übrigens ist die Rebe anfälliger als andere für beide Mehltauarten, für Fäule (die Beerenhaut ist dünner als bei vielen anderen Sorten) und für Viren, insbesondere Reisigkrankheit und Blattrollkrankheit. Tatsächlich war es die Häufigkeit von Krankheiten in den Weinbergen Burgunds, die in den 1970er Jahren die verbreitete Anwendung der Klonenselektion beschleunigte.

Der Pinot Noir scheint seine besten Ergebnisse auf Kalksteinböden und in relativ kühlem Klima zu erzielen, wo die sowieso früh reifende Traube nicht in die Reife getrieben wird, was nur einen Verlust an Aroma und Säure zur Folge hätte. Pinot Noir ist oft schwierig zu vinifizieren; er braucht ständige Überwachung und eine Feinabstimmung der Techniken auf die Erfordernisse eines jeden Jahrgangs. Es kommt darauf an, aus den relativ dünnschaligen Beeren möglichst viel Farb- und Geschmacksstoffe, jedoch nicht zuviel Tannin herauszuholen; andererseits nehmen manche Keller-

Pinot Noir

meister eine gewisse Menge Stiele in die Gärbottiche, wenn in einem zu weich ausgefallenen Jahr ein zu geringer Tanningehalt zu befürchten steht.

Pinot Noir wird in ganz Ostfrankreich angebaut und hat unedleren Rebsorten ständig Boden abgenommen, so daß sich 1988 seine Gesamtanbaufläche in Frankreich mit 22 000 ha auf das Doppelte der Anbaufläche von Pinot Meunier belief, aber doch kleiner war als die von Syrah – und auch weit kleiner als die von GAMAY, der anderen burgundischen Rotweinrebsorte, was sich allein schon aus der beträchtlich größeren Ausdehnung des Beaujolais im Vergleich mit der Côte d'Or, dem berühmten Herzstück Burgunds, erklärt.

Früher war die Côte d'Or die größte allein auf Pinot Noir spezialisierte Weinbauregion, doch als Folge der Erweiterung der Weinbauregion Champagne in den 1980er Jahren wurde am Ende des Jahrzehnts mehr Pinot Noir zu Champagner als zu rotem Burgunder verarbeitet. 1988 gab es an der Côte d'Or 6000 ha Pinot Noir. Auch im übrigen Burgund wird Pinot Noir selten mit anderen Rebsorten verschnitten, ausgenommen gelegentlich mit Gamay in einem Bourgogne Passetoutgrain und in zunehmendem Umfang im Mâcon, um diesem mehr Klasse zu verleihen. Früher war hie und da Pinot Gris in demselben Weinberg mit Pinot Noir anzutreffen; beide Traubensorten wurden dann gemeinsam zu Wein verarbeitet. Die Rotweine Burgunds gehen von tiefdunklen, tanninherben, im Eichenfaß gereiften Vollmundigkeiten, die lange Flaschenreife erfordern, bis zu säuerlichen dunklen Rosés, die möglichst jung getrunken werden sollten. Die besten Grands Crus sind intensive, fleischige, lebensvolle, fruchtige Weine mit fester Struktur und niemals aufdringlichem Eichenholzeinfluß.

Pinot Noir gewinnt auch an der Côte Chalonnaise und in geringerem Umfang im Mâconnais an Boden, meist auf Kosten des Gamay, der in diesen beiden zwischen der Côte d'Or und dem Beaujolais gelegenen Subregionen Burgunds im Rückgang begriffen ist. Im Mâconnais besetzte Pinot Noir 1988 ein Viertel der Gesamtrebfläche, und die Rotweine von Mercurey, Givry und Rully an der Côte Chalonnaise haben inzwischen den Beweis angetreten, daß sie beständigere Qualität bieten können als manche teurere Appellation weiter im Norden, auch wenn die Fruchtqualität vielleicht etwas rustikaler ausfällt.

Auch im nördlichen Burgund ist Pinot Noir die bevorzugte Rebsorte für die leichten, fruchtigen Rot- und Roséweine von Irancy, den Côtes de Toul und von der Moselle – dort werden sie oft *vins gris* genannt.

In geringem, aber zunehmendem Umfang wird Pinot Noir auch in den östlichsten Weinbaubereichen der Loire und ihrer Nebenflüsse angebaut, insbesondere für roten und rosé Sancerre, aber auch in Menetou-Salon und St-Pourçain, und er ist formell in einer ganzen Reihe von VDQS-Rotweinen an der Loire zugelassen. Vor Jahrhunderten kam er aus Burgund in die Weinberge des Jura und Savoyens, wird dort aber meist mit einheimischen Rebsorten verschnitten und ist selten als sortenreiner Wein anzutreffen. Im Süden und Westen Frankreichs findet man ihn nur wenig – dort sind die Domänen von Syrah bzw. Cabernet Sauvignon –, doch einige kleinere Anpflanzungen im Minervois und in Limoux liefern interessante, wenn auch untypische Ergebnisse.

Im Elsaß ist Pinot Noir schon seit dem frühen 16. Jh. heimisch und dort heute praktisch die einzige Rotweinrebsorte, die in den reifsten Jahrgängen recht dunkle, duftige, liebliche Rotweine erbringen kann. In kühleren Jahren entstehen dagegen an deutsche Spätburgunder erinnernde, eher dunkelrosa Weine, oft mit ähnlich rauchigem Duft wie Pinot Gris, und in sehr nassen Jahren kommt auch ein leichter Fäuleduft vor.

Das in Deutschland in den 1980er Jahren wieder aufgelebte Interesse der Liebhaber führte zu einem kräftigen Anstieg der Nachfrage nach dem edelsten Rotwein des Landes, so daß 1990 der **Blaue Spätburgunder** hinter RIESLING, MÜLLER-THURGAU und SILVANER die viertmeist angebaute Rebsorte Deutschlands war; die Anbaufläche betrug mit 5500 ha fast 60% mehr als ein Jahrzehnt zuvor. Ein großer Teil der deutschen Spätburgunder wird nach dem besten Vorbild von Burgund völlig trocken, dunkel und festgefügt bereitet, und zwar durch niedrigere Erträge, längere Maischung und manchmal auch Ausbau in kleinen Eichenfässern. Im Rheingau, in der Pfalz und in Baden, wo zwei Drittel des deutschen Spätburgunders angebaut werden, gibt es viele ambitionierte Erzeuger. Andere bleiben der Tradition der hellroten, oft ausgesprochen lieblichen Spätburgunderweine treu. Weine dieser Art sind traditionelle Spezialitäten von Assmannshausen und von der Ahr. Sehr süße Spätburgunder entstehen gelegentlich im Rheingau als Beerenauslese und erzielen oft schwindelerregende Preise, wie sie mit Raritäten einhergehen.

So wie der Cabernet Sauvignon oft mit zu viel Eichenholzgeschmack verknüpft ist, ist der Pinot Noir ebensooft mit mehr Süße anzutreffen, als ihm eigentlich guttut. Das gilt vor allem für Mitteleuropa, als würde dort übermäßige Anreicherung mit Zucker als Ersatz für echte Reife betrieben. Österreichischer Blauer Spätburgunder beispielsweise kann sehr lieblich und eigentümlich körperreich erscheinen, außer wenn er aus der Hand eines bewährten Praktikers stammt. Allerdings hat die Sorte in Österreich nur eine kleine Anbaufläche; die einheimische ST.-LAURENT-Traube, die ihrer Pinot-Noir-ähnlichen milden Fruchtigkeit wegen gelegentlich auch Pinot-St.-Laurent genannt wird, ist hier – wie auch in der Slowakei – viel verbreiteter.

In Osteuropa wird der Pinot Noir weithin, allerdings nicht sehr stark kultiviert; dort lautet sein Name meist auf eine Variante von Burgunder in der jeweiligen Landessprache. So gibt es Bestände von Burgundac Crni in Kroatien und in Serbien, wo er sich gut bewährt, sowie in hellerer Form in Kosovo. Auch in Bulgarien, Georgien, Aserbaidschan, Kasachstan und Kirgistan wird Pinot Noir in geringem Umfang kultiviert. Rumänien verfügt über 1200 ha einer eigenen Subvarietät, Burgund Mare, die häufig billigen, sirupsüßen Wein liefert. Moldova kann laut offizieller Statistik sogar den stolzen Bestand von 7000 ha Pinot Noir vorweisen.

An anderen Stellen Europas hat die launische Art des Pinot Noir seiner Ausbreitung Grenzen gesetzt. Miguel Torres bringt aus seinem kleinen Pinot-Noir-Bestand in Katalonien an Burgund erinnernde Geschmacksnoten hervor. In der Schweiz ist Pinot Noir vor allem als **Klevner** um Zürich sowie im Verschnitt mit Gamay im beliebten Dôle von großer Bedeutung. In kühleren Weinbauregionen Italiens wird er als PINOT NERO angebaut.

Die Weinerzeuger der Neuen Welt richteten Ende der 1980er, Anfang der 1990er Jahre ihre volle Aufmerksamkeit und Ambition auf den Pinot Noir. Manche verlegten sogar ihre Weinbaubetriebe ein paar hundert Meilen, um die Nähe von Quellen geeigneter Pinot-Noir-Frucht aus kühlem Klima aufzusuchen. Seit vielen Jahren galt Oregon mit seinem oft recht kärglich kühlen, feuchten Klima allgemein als Amerikas einzige Antwort auf Burgund, seit dem Ende der 1980er Jahre kommen aber in wachsender Zahl gute Pinot-Noir-Weine auch aus kühleren Gegenden Kaliforniens, z.B. vom Russian River, aus Carneros, Chalone und den Gavilan Mountains von San Benito und Santa Maria. 1992 gab es in Kalifornien fast 4000 ha Pinot Noir, vorwiegend im nebelgekühlten Carneros, wo die Traube auch als Bestandteil von Schaumweinen nach dem Vorbild des Champagners geschätzt wird.

Bei der in Kalifornien PINOT ST GEORGE genannten Rebsorte handelt es sich nicht um eine Verwandte der Pinot-Familie, dagegen ist Gamay Beaujolais (davon gab es 1992 noch über 400 ha) ein Klon von Pinot Noir, allerdings nicht gerade einer, der bei den ambitionierteren Pinot-Noir-Erzeugern Kaliforniens in Gunst steht.

Außer in Kalifornien und Oregon (wo der Pinot Noir oft gut sechs Wochen später gelesen wird als in Kalifornien) ist die Traube in Amerika nirgendwo mit besonderer Reputation vertreten. Der im Staat Washington vorhandene Bestand von 120 ha war zu Beginn der 1990er Jahre im Schwinden begriffen und machte Merlot Platz. In den kühlen Weinbaubereichen Kanadas gibt es hier und dort eine Nische für Pinot Noir, und es entstehen dort immer erfolgreichere Weine.

In den meisten weinbautreibenden Provinzen Argentiniens ist die Rebe unter dem Namen **Pinot Negro** vertreten, doch das Klima ist hier zu heiß und Bewässerung zu sehr üblich, als daß Weine von echter Qualität entstehen könnten, und so steht es auch in den übrigen Ländern Südamerikas. Nur in Chile, wo der Bestand 1994 rund 200 ha ausmachte, zeigen sich zunehmend bessere Resultate.

Auf der anderen Seite des Atlantiks wird in Südafrika jeglicher Fortschritt durch die mindere Qualität der vorhandenen Klone gebremst, doch in den kühlsten Gegend im Süden besteht zweifellos gutes Potential. Allerdings ist die bisherige Anbaufläche von Pinot Noir im Vergleich mit der Gesamtrebfläche der charakteristischen südafrikanischen Rotweinrebsorte PINOTAGE, deren einer Elternteil Pinot ist, nur winzig.

In Australien und Neuseeland sind dagegen die Anpflanzungen von Pinot Noir zu Beginn der 1990er Jahre beträchtlich gestiegen, seit eine zunehmende Zahl von Kellermeistern die Kunst, das Vorbild aus Burgund und der Champagne nachzuahmen, besser meistert. Die eindrucksvollsten Ergebnisse kamen in Neuseeland aus Martinborough, Canterbury und Central Otago. In Australien belief sich die Gesamtanbaufläche von Pinot Noir 1991 auf 1100 ha (jedoch stand davon fast ein Drittel noch nicht in Ertrag), zum Teil ein Zeichen für den zunehmenden Erfolg der australischen Schaumweinindustrie, aber auch für die Entschlossenheit der australischen Weinerzeuger, die Nachteile ihres warmen Klimas zu überwinden und dem Club der Erzeuger feiner Weine in dieser Welt anzugehören. Gebiete, die sich bereits in der Erzeugung sortenreiner stiller Pinot-Noir-Weine bewährt haben, sind Geelong, Yarra und Mornington Peninsula – alles relativ kühle Gegenden bei Melbourne in Victoria.

Wer das englische Klima kennt, wird nicht überrascht sein, daß manche Winzer in den südlichen Grafschaften mit Pinot Noir gute Erfolge erzielen, allerdings handelt es sich dabei eher um eine Randerscheinung.

PINOT ST GEORGE Im Rückgang befindliche kalifornische Rebsorte; Galet hält sie für NÉGRETTE.

PIROS SZLANKA Siehe PAMID.

PLANTA FINA (DE PEDRALBA) In Valencia in Südostspanien für robuste, aromatische Weine angebaute Rebsorte.

PLANTA NOVA Einfache spanische Rebsorte mit etwa 1800 ha Anbaufläche in Valencia und Utiel-Requena.

PLANTET Die an der Loire beliebteste Hybride hat mindestens eine SEIBEL-Rebe als Elternteil. Ihre Gesamtanbaufläche in Frankreich schrumpfte von 1968 bis 1988 von über 26 000 ha auf unter 1000 ha; der Restbestand befindet sich fast ausschließlich an der Loire, obwohl die Sorte früher einmal in allen nördlichen Weinbauregionen Frankreichs verbreitet war. Ihr Hauptmerkmal ist reicher Ertrag, unabhängig davon, wie streng im Winter oder Frühjahr die Fröste waren (allerdings haben sich die Winter im Staat New York als zu streng für sie erwiesen).

PLAVAC MALI Traubensorte für dichte Rotweine an der dalmatinischen Küste und auf vielen Adria-Inseln Kroatiens. Mali bedeutet klein; es gibt auch eine weiße Rebsorte, die nur **Plavac** heißt, aber ebenso schwere Weine erbringt. Beide Rebsorten gedeihen auf Sandboden. Plavac Mali bringt Weine mit kräftigem Alkoholgehalt, viel Tannin und tiefer Farbe hervor, die sich über längere Zeit schön entfalten, was für die Rotweine aus dem ehemaligen Jugoslawien ungewöhnlich ist. Postup und Dingač sind zwei der bekannteren Rotweine von Plavac Mali. Manche Experten behaupten, die Sorte sei mit ZINFANDEL und PRIMITIVO identisch.

PLAVAI Spätreifende, in Moldova beheimatete Rebsorte; sie wird in ganz Osteuropa und vielen Ländern der ehemaligen Sowjetunion verbreitet angebaut. In Moldova heißt sie auch **Belan** und **Plakun**, in Rumänien **Plavana**, in Österreich **Gelber Plavez**, in Ungarn **Melvais**, in der Krasnodarski-Region Rußlands Belan oder **Oliver**, in der Ukraine **Bila Muka** oder **Ardanski** und in Zentralasien **Bely Krugly**. In Rußland wird sie für Tafelwein und Branntwein verwendet.

PLAVINA Rebsorte in Nordkroatien, auch **Brajdica** genannt. Gelegentlich dient der Name als Synonym für PLAVAC MALI.

POLLERA NERA Alte Rebsorte in Ligurien und im Nordwesten der Toskana.

PONTAC In Südafrika angebaute historische TEINTURIER-Rebsorte mysteriösen Ursprungs; sie erbringt heute in kleinen Mengen recht strengen Wein.

Blauer Portugieser

🍇 **PORTAN** Wie CALADOC und CHASAN eine Züchtung des Galet-Schülers Paul Truel im Languedoc, eine Kreuzung Grenache Noir × Portugais Bleu (Blauer Portugieser). Er wollte auf diese Weise eine Grenache-ähnliche Sorte schaffen, die auch in den kühleren Gegenden des Midi zur Reife gelangt. Sie wird nur in sehr beschränktem Umfang angebaut, ist aber für den Vin de Pays d'Oc zugelassen.

🍇 **PORTUGIESER** oder **Blauer Portugieser** In Österreich und Deutschland stark verbreitete einfache Rebsorte; der Name deutet völlig zu Unrecht auf portugiesische Abstammung. Die wuchskräftige, früh reifende Rebe ist außerordentlich ertragreich; sie erbringt dank geringer Anfälligkeit für Verrieseln ohne weiteres 160 hl/ha hellen, säurearmen Rotwein, der oft durch kräftige Anreicherung mit Zucker einen lieblichen Anstrich erhält.

In Niederösterreich steht Blauer Portugieser für einfachen, recht dünnen Rotwein, vor allem aus dem Pulkautal, Retz und der Thermenregion. Seine Anbaufläche ist fünfmal so groß wie die des Blauburgunders (PINOT NOIR). Überhaupt ist der Blaue Portugieser nach dem Blauen ZWEIGELT die zweitmeist angebaute Rotweinrebsorte des Landes. Der Wein wird verständlicherweise wenig exportiert und lohnt selten größere Aufmerksamkeit.

In Deutschland wurde der Portugieser, was die Anbaufläche betrifft, in den 1970er Jahren vom SPÄTBURGUNDER überholt, aber in den 1990er Jahren erfuhr er eine gewisse Wiederbelebung für die Erzeugung von Rotweinen für den anspruchslosen Durst. 1990 betrug die deutsche Anbaufläche von Portugieser 4000 ha, davon die Hälfte in der Pfalz, wo die Traube unter anderem viel einfachen Weißherbst produziert. Sie spielt auch in dem vorwiegend auf Rotwein spezialisierten Anbaugebiet Ahr eine bedeutende Rolle; dort wird ebensoviel Wein von Portugieser erzeugt wie von Spätburgunder, für den die Region jedoch berühmter ist. (1990 belief sich die Portugieser-Anbaufläche an der Ahr auf knapp die Hälfte der mit Spätburgunder besetzten Fläche.)

Die Sorte ist im Anbau so bequem, daß sie sich über ganz Mitteleuropa verbreitet hat. Sie ist vermutlich die in Ungarn und Rumänien als KÉKOPORTO bezeichnete Sorte, und in Nordkroatien wird sie als **Portugizac Crni** oder **Portugaljka** angebaut.

Früher war sie über ganz Südwestfrankreich, wo sie als **Portugais Bleu** bekannt ist, verbreitet. In Gaillac nimmt ihre einst große Bedeutung nur allmählich ab.

🍇 **POULSARD**, manchmal auch **Plousard**. Rarität im 🍇 Jura, eine Rotweinrebsorte, die sich dort im Lauf vieler Jahrhunderte an die Besonderheiten von Klima und Boden angepaßt hat. Ihre großen, langen, dünnschaligen Trauben ergeben hellen, durch seinen Duft gekennzeichneten Wein. Die Sorte ist so pigmentschwach, daß sie zu Weißwein verarbeitet werden kann und besonders feinen Roséwein erbringt, der eine Woche lang auf den Schalen liegen kann, ohne zu dunkel zu werden. Schließlich aber bringt sie auch Aroma in Verschnitte mit der in der Region heimischen Rebsorte TROUSSEAU und zunehmend auch mit PINOT NOIR ein. In geringerem Umfang wird sie auch im benachbarten Bugey angebaut.

PRENSAL Siehe MOLL.

PRESSAC Auf dem rechten Gironde-Ufer im Weinbaugebiet Bordeaux gebräuchliches Synonym für Cot oder MALBEC.

🍇 **PRIETO PICUDO** Ungewöhnlich starkduftige Traube mit einer Anbaufläche von 6700 ha vor allem um Len im Norden Zentralspaniens. Ihre Weine sind hell und überaus markant, aber in keiner Denominación de Origen zugelassen.

PRIMATICCIO In Italien gelegentlich gebrauchter Name für MONTEPULCIANO.

🍇 **PRIMITIVO** Hauptsächlich in Apulien in solchem Umfang kultivierte Rotweinrebsorte, daß sie 1990 mit 17 000 ha in Italien die neuntmeist angebaute Traubensorte war (unmittelbar hinter dem in Apulien noch verbreiteteren NEGROAMARO). Primitivo erbringt tiefdunklen, fest strukturierten, würzigen Wein, der im Alkoholgehalt nur wenig hinter dem Negroamaro zurücksteht. In das internationale Scheinwerferlicht geriet er, als gegen Ende der

1970er Jahre eine Ähnlichkeit mit dem populären ZINFANDEL Kaliforniens entdeckt wurde. DNS-Tests haben inzwischen die Theorie bestätigt, es gibt aber bislang keinen schlüssigen Beweis dafür, daß der Ursprung der Rebsorte wirklich in Apulien liegt. Die kellertechnischen Methoden (und Ausrüstungen) sind in Süditalien zwar nicht so ausgefeilt wie in Nordkalifornien, dennoch kann die Traube aufregend charaktervolle Weine hervorbringen.

PRINÇ In Mähren gelegentlich gebrauchtes Synonym für TRAMINER.

PROCANICO In Umbrien heimische bessere Variante von TREBBIANO.

PROKUPAC Eine in ganz Serbien, vorwiegend südlich von Belgrad, verbreitete robuste Rebsorte, die nach Meinung einiger Fachleute mit SYRAH verwandt ist. Der starke Wein, den sie in großen Mengen erbringt, wird oft mit international bekannteren Sorten verschnitten. Der Anbau erstreckt sich auch auf Kosovo und Mazedonien. In ihrer Heimat wird sie außerdem oft zu einem dunklen Rosé verarbeitet.

PROSECCO In der Region Friaul in Nordostitalien heimische spätreifende Rebsorte; sie liefert den populären gleichnamigen, manchmal als Prosecco di Conegliano Valdobbiadene bezeichneten Wein, der einen leicht adstringierenden oder bitteren Nachgeschmack aufweist. Insgesamt belief sich die Prosecco-Anbaufläche in Italien zu Beginn der 1990er Jahre auf 7000 ha.

In Argentinien ist die Rebsorte in sehr geringem Umfang ebenfalls anzutreffen.

PROVECHON In Aragón angebaute spanische Rebsorte.

PRUGNOLO GENTILE In Montepulciano (im Vino-Nobile-Bereich) in der Toskana schon seit dem 18. Jh. bekannter Klon von SANGIOVESE.

PX Gebräuchliche Abkürzung für die spanische Rebsorte PEDRO XIMÉNEZ.

R

🍇 **RABO DE OVELHA** In ganz Portugal angebaute Rebsorte; der Name leitet sich von der an einen «Lämmerschwanz» erinnernden Form der Traube her. Ihr Wein zeichnet sich mehr durch Alkoholstärke als durch Subtilität aus.

🍇 **RABOSO** In der Region Veneto (Nordostitalien) vor allem in der Piave-Ebene angebaute dickschalige Traubensorte mit ausgezeichneter Resistenz gegen Krankheiten und Fäule. Der Name leitet sich angeblich von dem italienischen Wort *rabbioso*, rabiat, her und spielt möglicherweise auf den Ärger über den sauren und herben Geschmack der Traube und des Weins an. Leider hat Raboso dieser strengen Art keinen hohen Alkoholgehalt entgegenzusetzen und schmeckt daher in der Jugend ungeheuer adstringierend. Standhafte Befürworter der Sorte behaupten, daß durch feinfühlige Verarbeitung markante Weine hervorgebracht werden können, gewissermaßen als Antwort des Veneto auf den NEBBIOLO aus Piemont oder den SANGIOVESE aus der Toskana. Allerdings lassen die Reputation und der Preis von Raboso-Weinen aufwendige Investitionen nicht rentabel erscheinen, und in der Bewertung spiegelt sich dementsprechend die derzeitige Realität. Bei der italienischen Weinbauerhebung von 1990 stellte es sich heraus, daß die Anbaufläche der Rebsorte **Raboso Piave** seit 1982 fast um die Hälfte zurückgegangen war und nur noch 2000 ha betrug.

Auch in Argentinien wird Raboso angebaut, allerdings in geringem Umfang; vermutlich wurde er von italienischen Einwanderern mitgebracht.

RAFFIAT Anderer Name für ARRUFIAC.

🍇 **RAISIN BLANC** Wenig bekannte südafrikanische Spezialität; sie hat nur geringen Anteil an der Gesamtrebfläche und erbringt sehr schlichte Weine.

RAJNAI RIZLING Ungarischer Name für RIESLING.

🍇 **RAMISCO** Die Rebsorte des stetig schrumpfenden portugiesischen Weinbaugebiets Colares ist dank des dortigen die Reblaus abwehrenden Sandbodens wahrscheinlich die einzige *Vinifera*-Sorte, die nie gepfropft worden ist. Auf den verbliebenen wenigen hundert Hektar erbringt sie wahrhaft charaktervolle, in der Jugend jedoch sehr tanninherbe Weine.

RANINA Slowenisches Synonym für BOUVIER.

🍇 **RÄUSCHLING** Die heute am häufigsten in der deutschsprachigen Schweiz angebaute Traubensorte erbringt dort oft feine, frische Weine. Im Mittelalter wurde sie in Deutschland, vor allem in Baden, verbreitet kultiviert. Die im Elsaß noch anzutreffende KNIPPERLÉ-Traube ist eine früh reifende Subvarietät.

REBULA Slowenischer Name für RIBOLLA.

🍇 **REFOSCO** Die Rebsorte liefert in Friaul (Nordostitalien) erfreulich kräftigen Wein. Die feinste Subvarietät heißt ihrer roten Stiele wegen **Refosco dal Peduncolo Rosso**; sie wird in Friaul vermutlich seit klassischen Zeiten kultiviert. Ihr Wein ist dunkel, lebendig, mit Pflaumenwürze und einer Spur Mandelgeschmack, mittlerem bis kräftigem Körper und ausgeprägter, oft nur schwer zu mäßigender Säure. Refosco reift ausgesprochen spät und zeigt gute Widerstandsfähigkeit gegen Herbstnässe und Fäule.

In den 1980er Jahren lebte das Interesse an Refosco in größerem Umfang auf, woraufhin der Kultivierung und Weinbereitung wieder größere Sorgfalt gewidmet wurde, um die Qualität des Weins anzuheben; u. a. wurden mit unterschiedlichem Erfolg auch Experimente mit kleinen Fässern durchgeführt. Das Gebiet der Colli Orientali ist für Refosco am aussichtsreichsten; angebaut wird die Rebe jedoch auch in den Bereichen Grave del Friuli, Latisana, Aquileia und Carso, wo der Lokalname **Terrano** lautet, und außerhalb Friauls in Lison-Pramaggiore. Unter dem Namen **Teran** liefert die Sorte auch jenseits der Grenze in Slowenien und Kroatien ähnliche Weine.

Burton Anderson nennt Cagnina als Synonym in der Romagna, wo die Traube möglicherweise von den Byzantinern eingeführt wurde. Manche Ampelographen halten Refosco für identisch mit der MONDEUSE NOIRE in Savoyen (Frankreich); diese Ansicht wird von einigen französischen Rebschulen jedoch nicht geteilt. In Kalifornien wird die Sorte unter dem Namen Refosco in geringem Umfang kultiviert.

REGNER Zunehmend populäre deutsche Neuzüchtung, eine Kreuzung Seidentraube × GAMAY aus dem Jahr 1929. 1990 betrug die Anbaufläche knapp 170 ha, vorwiegend in Rheinhessen. Die Sorte treibt sehr früh aus und reift auch sehr früh, und sie kann eindrucksvolle Mostgewichte erreichen, allerdings auf Kosten der Säure. Für sortenreine Weine eignet sich die Traube offensichtlich nicht, obwohl in England erfolgreiche Versuche durchgeführt wurden.

REICHENSTEINER Deutsche Neuzüchtung; ihr Schöpfer Helmut Becker bezeichnete sie als «erste europäische Gemeinschaftskreuzung», denn sie hat französische, italienische und deutsche Vorfahren. 1978 züchtete er die Sorte durch Kreuzung von MÜLLER-THURGAU einerseits mit einer Kreuzung aus der französischen Tafeltraube MADELEINE ANGEVINE mit der italienischen Traube Früher Calabreser andererseits. Alle diese Vorfahren gehören jedoch nicht zu den nobelsten Rebsorten, und so ähneln die Rebe und ihr Wein vor allem dem wenig ausdrucksvollen deutschen Elternteil; immerhin ist der Reichensteiner dank seiner locker aufgebauten Trauben weniger fäulenfällig, und bei geeignetem Rebschnitt besteht die Chance, daß sie in guten Jahren voll ausreifen. Die Anbaufläche belief sich 1990 in Deutschland auf über 300 ha, davon mehr als die Hälfte – wie so oft bei Neuzüchtungen – in Rheinhessen. Der wie der EHRENFELSER nach einer Burg am Rhein benannte Reichensteiner hat sich in England mit einigem Erfolg bewährt und ist dort die drittmeist angebaute Rebsorte. Auch in Neuseeland hat er bei Erzeugern in feuchteren Gegenden seine Anhänger.

RÈZE Die sehr rare Schweizer Spezialität erbringt den Sherry-ähnlichen *vin des glaciers*. Bei Sierre gibt es noch kleinere Bestände der Sorte.

RHEINRIESLING, RHEIN-RIESLING In deutschsprachigen Ländern gebräuchliches Synonym für den Weißen RIESLING.

RHINE RIESLING Vielgebrauchtes Synonym für den Weißen RIESLING, vor allem in Australien auch umgangssprachlich auf **Rhine** verkürzt.

RIBOLLA Die zum Unterschied von der weniger interessanten **Ribolla Verde** auch als **Ribolla Gialla** bezeichnete Rebsorte ist in Friaul (Nordostitalien) am bekanntesten geworden, wird aber auf einigen tausend Hektar auch in Slowenien als **Rebula** angebaut und ist mit ziemlich großer Gewißheit die ROBOLA auf der griechischen Insel Kephalonia. In Friaul ist sie mindestens seit dem 13. Jh. belegt, verlor aber zu Anfang des 20. Jh. an Boden, als französische Rebsorten mit Enthusiasmus gepflanzt wurden. Um die Mitte der 1990er Jahre entfiel nur noch knapp 1% der DOC-Weißweine in Friaul auf Ribolla. Rosazzo und Oslavia gelten als die zwei klassischen Anbaugegenden für Ribolla Gialla. Der Wein ist leicht, zart, blumig und hat manchmal eine Zitronennote im Duft. In den letzten Jahren wurden vor allem in Oslavia etliche Versuche mit Ausbau in neuen Eichenfässern unternommen.

Bei **Ribolla Nera** handelt es sich um die SCHIOPPETTINO-Traube.

RIESLANER Die Kreuzung SILVANER × RIESLING wird im deutschen Anbaugebiet Franken in sehr geringem Umfang angebaut und erbringt dort, wenn sie voll zur Reife gelangt, Weine mit Rasse und Johannisbeerfrucht. 1990 belief sich die Anbaufläche auf knapp 40 ha, und die späte Reife der Sorte dürfte wahrscheinlich zu einer weiteren Verminderung Anlaß geben.

RIESLER Verwirrendes österreichisches Synonym für WELSCHRIESLING.

RIESLING, WEISSER RIESLING Die große weiße Traubensorte ist nicht ausschließlich mit Deutschland verknüpft. Sie kann aufgrund der Langlebigkeit ihrer Weine und ihrer Fähigkeit, die Charakteristiken einer Weinberglage zum Ausdruck zu bringen, ohne den eigenen unnachahmlichen Riesling-Stil dabei aufzugeben, den Anspruch erheben, die feinste Weißweinrebsorte der Welt zu sein. Allerdings wurde ihr Name dadurch stark herabgesetzt, daß er pauschal auf eine weite Palette von Weißweinrebsorten in unterschiedlicher, manchmal auch zweifelhafter Qualität übertragen wurde – ein Kompliment, das sich schließlich in sein Gegenteil verkehrte.

Um die Wende vom 19. zum 20. Jh. waren deutsche Rieslingweine ebenso hoch geschätzt und erzielten auch ebenso hohe Preise wie die großen Rotweine Frankreichs. Kenner wußten, daß diese Weine dank ihrer magischen Kombination von Säure und Extrakt imstande waren, sich unabhängig von ihrer (oft nur geringen) Alkoholstärke über Jahrzehnte hinweg in der Flasche weiter zu entfalten. Riesling wird in allen Süßegraden produziert; es ist nicht zu bezweifeln, daß gegen Ende des 20. Jh. der hohe Anteil an deutschen Weinen, die viel zuwenig Extrakt und für viele Liebhaber viel zuviel Restsüße aufwiesen, der Reputation des Rieslings geschadet hat. Inzwischen geht beim Riesling überall die Restsüße zurück, doch schließlich ist es stets ein besonderes Kennzeichen dieser Traube, daß sie großartige süße Weine hervorbringen kann, ob es sich dabei nun um die Spezialität Eiswein oder um die unter Ausnützung der Edelfäule gewonnenen Beerenauslesen und Trockenbeerenauslesen sowie ihre Pendants außerhalb Deutschlands handelt. Dank ihres von Natur aus hohen Gehalts an Weinsäure besitzt die Rieslingtraube ein weit verläßlicheres Gegengewicht gegen ausgeprägte Süße als beispielsweise die SÉMILLON-Traube in Sauternes.

Rieslingwein, wo immer er auch entsteht, ist darüber hinaus für sein kräftiges, scharfgeschliffenes Aroma bekannt, das einmal als blumig, ein andermal als stahlig oder honigwürzig oder mit verschiedensten mineralischen Elementen beschrieben wird, wie die Weinberglage sie ihm gerade verleiht. Dieses markante Aroma (das im Alter Nuancen von Benzin annehmen kann) geht mit der natürlichen rassig-herben Art des Rieslings einher und beruht auf einem besonders hohen Gehalt an Monoterpenen (stark aromatischen Geschmacksstoffen) – 10- bis 15mal mehr als beispielsweise beim WELSCHRIESLING, einer weit weniger noblen, mit dem echten Riesling nicht verwandten Weißweinrebsorte, die in Mitteleuropa verbreitet angebaut wird und sich sehr zum Ärger deutscher Rieslinganhänger den guten Namen auch für viele seiner Synonyme (z. B. für RIESLING ITALICO) ausgeborgt hat.

Der echte Weiße Riesling (in anderen Weltgegenden auch **White**, **Rhine** oder **Johannisberg Riesling** genannt) zeichnet sich durch die Härte seines Holzes aus, das ihm besonders große Frosthärte verleiht. Er ist deshalb auch für relativ kühles Klima geeignet, braucht aber doch geschützte, günstige Lagen, wenn er voll zur Reife kommen und wirtschaftliche Erträge bringen soll. Er ist so frosthart, daß der Winterschnitt bei ihm früher beginnen kann als bei anderen Rebsorten; er wächst kräftig und aufrecht und ist alles in allem eine Spitzenrebsorte, die Erträge von 60–70 hl/ha bringen kann, ohne merkliche Qualitätseinbußen zu zeigen. Die kompakten Trauben mit kleinen Beeren sind relativ fäuleanfällig, und auch durch Verrieseln kann es Probleme geben, doch vor allem sind der späte Austrieb und die für deutsche Verhältnisse späte Reife charakteristisch. (Zwar reift Riesling im Vergleich mit anderen internationalen Traubensorten eigentlich recht früh, aber eben sehr viel später als MÜLLER-THURGAU und als die meisten in Deutschland verbreiteten Neuzüchtungen.)

In kühlen Gegenden der nördlichen Hemisphäre wird Riesling oft erst Mitte Oktober oder Anfang November gelesen (wenn süße Weine entstehen sollen, sogar noch später). In wärmeren Gegenden wird die Reife oft beschleunigt, dann aber kann Riesling stumpf schmecken. Es scheint, daß eine lange, langsam verlaufende Reifeperiode dem Riesling besser bekommt und ein Maximum an Geschmacksfülle bei schön bewahrter Säure in ihm erzeugt. Demzufolge wachsen viele der meistbewunderten Rieslinge Deutschlands (und daher auch der Welt) in besonders günstigen Lagen in kühlen Gegenden, z. B. an Mosel, Saar und Ruwer.

ELBLING, SILVANER und RÄUSCHLING können in Deutschland zwar auf eine längere Geschichte zurückblicken, aber Riesling wird hier doch schon seit mindestens 400 Jahren kultiviert.

Riesling

Heute hat der deutsche Winzer, zum Teil aufgrund der Bemühungen eines speziellen Zentrums für Riesling-Klonenselektion in Trier, die Auswahl zwischen mehr als 60 Klonen. Einer davon mit umstrittener Duftnote ist der von innovativen Erzeugern wie Müller-Catoir und Lingenfelder in der Pfalz kultivierte N90. (In Frankreich gab es dagegen 1990 nur einen zertifizierten Rieslingklon, die Nummer 49.)

Immerhin braucht Riesling in Deutschland sorgsame Pflege und eine gute Lage, um zu voller Reife zu gelangen. Deshalb wurde er das ganze 20. Jh. hindurch von Müller-Thurgau und vielen neueren, glanzvolleren Züchtungen hart bedrängt. Um 1980 verfügte Riesling mit 18 900 ha noch über einen Anteil von knapp 19% an der deutschen Rebfläche. Seither allerdings ist die Erkenntnis wieder gewachsen, daß Riesling besondere Güte zu bieten hat; ihm kamen einige strenge Winter zu Hilfe, die dem Müller-Thurgau stark zusetzten. 1990 belief sich die Riesling-Anbaufläche im gerade wiedervereinigten Deutschland bereits wieder auf über 21 000 ha und damit auf rund 21% der Gesamtrebfläche.

Diesem Trend entgegen läuft die Entwicklung im Anbaugebiet Mosel-Saar-Ruwer, dem Schaufenster des Rieslings, wo etwa ein Drittel des deutschen Rieslingbestands steht. Dort hatte der Riesling im Jahr 1964 einen Anteil von 80% an der Gesamtrebfläche, 1990 aber nur noch 54% – vermutlich hängt das mit der Einstellung der großen Abfüllfabriken in der Region zusammen, daß Quantität vor Qualität gehen müsse. Aber die besseren Weingüter widmen sich hier ausnahmslos dem Riesling, und ausschließlich er steht in ihren besten Lagen. Es heißt oft, daß der Riesling seinen schönsten Ausdruck an der Mosel und ihren Nebenflüssen Saar und Ruwer auf Steilhängen mit einer Steigung von 30% erlangt, weil diese ideal dazu geeignet sind, ein Höchstmaß an reifewirksamem Sonnenlicht sowohl direkt als auch vom Wasserspiegel reflektiert aufzufangen. Aus demselben Grund sind alle Spitzenlagen an der Mosel nach Süden gerichtet (es liegt an den vielen Windungen des Flusses, daß solche Spitzenlagen auf beiden Seiten der Mosel vorkommen). Gute Lagen sollen überdies windgeschützt sein, und die reifsten Trauben kommen in den meisten Fällen weder von Reben, die so dicht am Fluß stehen, daß Frühnebel den Reifevorgang verlangsamt, noch von Reben in Höhen über 200 m. Der für die Region typische, sich rasch erwärmende Schieferboden hilft auch beim Reifevorgang spät in der Saison. Auf diese Weise entstehen Weine, die mit ihrer Kombination aus niedrigem Alkoholgehalt (manchmal lediglich 8%), markantem Aroma, hohem Extraktgehalt und zartem Gefüge in der Welt einmalig sind. Keine hier angebaute andere Rebsorte kann ein gleiches Maß an Subtilität erlangen.

In der Pfalz dagegen, dem für Riesling zweitbedeutendsten Anbaugebiet Deutschlands, hat sich die Riesling-Anbaufläche von 3000 ha im Jahr 1980 auf 4300 ha im Jahre 1990 stark vergrößert. Wie im benachbarten Rheinhessen ist auch in der Pfalz die Palette an Rebsorten besonders bunt, doch das milde Klima der Mittelhaardt bietet dem Riesling derartigen Schutz und so günstige Lagen, daß er in vielen Jahren voll ausreift und körperreiche, trockene Weine – vor allem trockene Spätlesen – mit echt würzigem, üppigem Charakter hervorbringt, wobei eine ausreichend lange Wachstumsperiode zur Verfügung steht, um Säure und Subtilität anregend reich ausfallen zu lassen.

1990 hatte Württemberg gerade den Rheingau als drittgrößtes Riesling-Anbaugebiet überholt; allerdings wird der größte Teil des hier erzeugten trockenen, körperreichen Rieslings im Land getrunken. Der Rheingau, wo die Riesling-Anbaufläche 1990 ebenfalls etwas über 2500 ha betrug, gilt als die traditionelle Heimat dieser Traube, und sie stellt hier tatsächlich 80% des gesamten Rebenbestands dar. Die besten Rheingauer Rieslinge – auch hier entstehen immer mehr trockene Weine als Begleiter zu Speisen – verleihen ihrer Herkunft getreuen Ausdruck. Im Rheingau soll übrigens der Ursprung des durch Edelfäule geprägten süßen Rieslingweins gelegen haben.

Auch in den kleineren Anbaugebieten Mittelrhein und Hessische Bergstraße ist Riesling die meistangebaute Rebsorte, und an der Nahe, wo am Oberlauf die feinsten, spritzigsten Weine wachsen, hat er sich in der Anbaufläche nun wieder gegen den Müller-Thurgau durchgesetzt. Weitere rund 1000 ha Riesling wachsen in Baden, wo die Traube allerdings auf wärmeren Böden nicht so schön zur Geltung kommt wie Spät-, Weiß- und Grauburgunder. Auf der reichbesetzten Weinpalette Rheinhessens hat der Riesling keinen besonders prominenten Platz, doch die Qualität mancher Weine von der berühmten Rheinterrasse und aus der Umgebung von Bingen und Ingelheim gibt das Potential dieser Gegenden sehr wohl zu erkennen. Im vorwiegend dem Rotwein gewidmeten Anbaugebiet Ahr ist der Riesling ebenso selten wie in Franken, das im allgemeinen treu zum Silvaner steht, aber doch auch charaktervolle, erdige trockene Rieslinge vorweisen kann.

Für viele Weinliebhaber ist Riesling nur akzeptabel, wenn er aus dem Elsaß kommt, dem einzigen Weinbaugebiet Frankreichs, wo die Rebsorte offiziell zugelassen ist (allerdings kultivieren Erzeuger in verschiedenen Appellationen wie Pouilly-Fumé und Barsac hie und da probehalber eine Zeile). Im Elsaß ist die Anbaufläche von Riesling, der dort als die edelste Rebsorte gilt, stetig gewachsen und hat Ende der 1980er Jahre die 3000-ha-Marke überschritten. Der größte Teil des Elsässer Rieslings wird in den besseren Lagen des Département Haut-Rhin angebaut, wo aber der GEWÜRZTRAMINER eine noch größere Fläche einnimmt. Im flacheren Teil des Département Bas-Rhin sind Boden und Klima nicht viel anders als in den entsprechenden Nachbargegenden der Pfalz, und die dort entstehenden Weine fallen gelegentlich dünn und ausdrucksschwach aus. Was für Elsässer Riesling von echter Klasse gebraucht wird, ist wie in Deutschland eine günstige Lage, wie sie viele der berühmten Elsässer Grands Crus aufweisen.

Für das Elsaß charakteristisch sind trockene Weine von aromatischen Traubensorten, und die große Mehrzahl der Elsässer Rieslinge entspricht mit verlockendem Duft, kräftigem Alkohol (ohne weiteres 12%) und knochentrockener Art sicherlich dieser Vorstellung. Im trockenen Elsässer Klima besteht nur sehr wenig Fäulegefahr, und es sind ausgedehnte Reifeperioden möglich, die dann zu den hochgepriesenen Spätlesen in verschiedenen Süßegraden Anlaß geben.

In Luxemburg sind etwa 10% der Rebfläche mit Riesling besetzt; er erbringt dort trockene, recht körperreiche Weine, die dem Elsässer Stil näher sind als dem jenseits der deutschen Grenze an Mosel, Saar und Ruwer üblichen.

In Österreich, wo oft zur Unterscheidung vom WELSCHRIESLING die Bezeichnungen Rheinriesling oder Weißer Riesling gebraucht werden, ist die Rebsorte quantitativ nicht von großer Bedeutung – die Anbaufläche beträgt etwas über 1000 ha –, in guten Lagen kommen aber Weine zustande, die zu den feinsten des Landes gezählt werden. Die meistgepriesenen österreichischen Rieslinge sind trocken, reintönig, konzentriert und aromatisch; sie kommen zum großen Teil von den Weinbergterrassen der Wachau sowie aus dem Kremstal und Kamptal in Niederösterreich. Guter Riesling wächst auch in den Weinbergen um Wien.

Es überrascht auch nicht, daß Riesling im kontinentalen Klima der Slowakei unmittelbar nördlich der Weinbaugebiete Österreichs gut gedeiht und leichte Weine voll Spritzigkeit und Rasse liefert. In der Schweiz ist es in den meisten Gegenden zu kühl, so daß der Riesling nicht zur Reife gelangt; eine Ausnahme bilden lediglich die Schieferböden in den wärmsten Lagen des Wallis um Sion.

Auf der Iberischen Halbinsel ist Riesling zwar weitgehend unbekannt, aber in den äußersten Nordosten Italiens ist er eingedrungen. In den hohen Lagen Südtirols wird er voll Enthusiasmus kultiviert und erbringt zarte, aromatische Gewächse, die ganz anders sind als die meisten italienischen Weißweine. Guten Erfolg hat er auch in Friaul als **Riesling Renano** sowie jenseits der Grenze in Slowenien, wo er oft den Namen **Rheinriesling** trägt. In Kroatien kennt man ihn als **Rizling Rajinski** und unter mancherlei Varianten dieses Namens, ebenso in der Woiwodina, wo er weniger markante Ergebnisse zeitigt.

Überall im übrigen Osteuropa, so in Ungarn, Bulgarien und in sehr viel kleinerem Umfang in Rumänien, wird Riesling kultiviert; doch in diesen Ländern ist das Klima zu warm, als daß aus der Traube viel Aufregendes werden könnte, und so herrscht hier der Welschriesling vor.

In der ehemaligen Sowjetunion war die Riesling-Anbaufläche vielleicht sogar größer als in Deutschland, denn die letzte amtliche Statistik aus der Mitte der 1980er Jahre besagt, daß es dort vor Gorbatschows Rebenrodungsprogramm 25 000 ha echten Riesling gab. Es ist in Anbetracht der kalten Winter dort leicht einzusehen, daß die Rebsorte in Rußland wie auch in der Ukraine, wo der größte Teil der Anbaufläche liegt, recht populär sein muß. Rheinriesling wird auch in Moldova und in den meisten zentralasiatischen Republiken angebaut.

In der Neuen Welt wird der echte Riesling am stärksten in Australien kultiviert; dort war er die meistangebaute Weißweinrebsorte, bis seine Rebfläche von knapp 4000 ha im Jahr 1990 von Chardonnay eingeholt wurde. Unter dem Namen **Rhine Riesling** genießt er jedoch wenig von dem Respekt, den er verdient, und zwar eben weil er so stark verbreitet ist (und vielleicht auch, weil die Australier früher so gut wie alle Weißweinrebsorten kurzerhand Riesling nannten). Am engsten ist er mit Südaustralien verknüpft, wo er in kühleren Lagen im Clare Valley feine, dichte, limonenduftige und im hohen Eden Valley eher blumige Weine hervorbringt, die sich mit der Zeit herrlich entfalten und zum Teil Toastwürze annehmen; auch Spätleseausführungen sind schon mit Erfolg produziert worden.

Neuseeland begann gegen Ende der 1980er Jahre von 300 ha Riesling überzeugende Weine hervorzubringen, insbesondere als einige Erzeuger sich auf funkelnde süße Spätlesen spezialisierten.

In Südamerika wird Riesling viel verbreiteter angebaut, als man es für klug halten sollte. Argentinien verfügt über 1300 ha vorwiegend in den heißen, bewässerten Weinfeldern der Provinz Mendoza. In Chile gibt es ein wenig Riesling (die Kellerei Santa Monica hat damit gute Erfolge), und weitere Anpflanzungen sind über den ganzen Kontinent verstreut – oft in Gegenden, wo der Riesling viel zu schnell reift.

In Nordamerika ist das Fortkommen der Rebsorte vor allem dadurch behindert, daß der Verbraucher so gut wie alles, nur keinen Riesling verlangt. Die kalifornische Anbaufläche an **Johannisberg Riesling** bzw. **White Riesling** hielt sich durch die 1980er Jahre bei 1600 ha (während die Chardonnay-Anbaufläche in 10 Jahren bis 1992 von 8800 ha auf 22 500 ha anschwoll). In Kalifornien wird Riesling nur selten trocken ausgebaut; es ist mit ihm nur dann ein anständiger Preis zu erzielen, wenn er sehr süß ist und als Select Late Harvest oder dergleichen bezeichnet wird.

Der Staat Washington beansprucht für sich besondere Eignung für Riesling und hat sogar die erste wirklich internationale Konferenz zu diesem Thema veranstaltet; dennoch ging die Anbaufläche dort zurück und betrug 1991 nur noch knapp über 800 ha. Hier wie in Oregon leidet die Traube mehr unter der Passion des Verbrauchers für andere Rebsorten und weniger unter irgendwelchen Anbauschwierigkeiten; in Washington entstehen sogar wahrhaft delikate Beispiele.

Infolge seiner Winterhärte ist der Riesling in den kühlsten Weinbauregionen Nordamerikas hoch geschätzt. In Kanada wird er mit besonderem Erfolg in Ontario – ganz in der Nähe der Finger Lakes im Staat New York – nicht zuletzt deshalb gern angebaut, weil er den kommerziell interessanten Eiswein zu erbringen vermag. Erst 1993 wurde er in Ontario vom CHARDONNAY als meistangebaute *Vinifera*-Rebe überholt. Auch British Columbia hat kleine Rieslingbestände.

RIESLING ITALICO, auch **RIESLING ITALIANSKI.** Synonyme für WELSCHRIESLING. Aus deutscher Sicht wäre es vorzuziehen, wenn Riesling in Rizling umgewandelt würde, um die Sorte von dem echten RIESLING zu unterscheiden.

RIESLING-SYLVANER In der Schweiz und in Neuseeland gebräuchlicher schmeichelhafter Name für MÜLLER-THURGAU.

RIVANER In Luxemburg und gelegentlich auch in Slowenien gebräuchliches Synonym für MÜLLER-THURGAU.

RIZLING In verschiedenen Wortverbindung, z.B. Olasz Rizling und Laski Rizling, in Ungarn bzw. Slowenien gebrauchtes Synonym für WELSCHRIESLING, der in Tschechien und der Slowakei auch **Rizling Vlassky** heißt.

RKATSITELI Russische Weißweinrebsorte, die wahrscheinlich sehr viel verbreiteter angebaut wird, als sich der Weinliebhaber im Westen vorstellt. Sie war bei weitem die meistangebaute Rebsorte der ehemaligen Sowjetunion und damit (hinter AIRÉN und GRENACHE) die drittmeist verbreitete Weintraube der Welt, bis Präsident Gorbatschow in der Mitte der 1980er Jahre sein Rebenrodungsprogramm durchführte. Da Rkatsiteli in allen weinbautreibenden Republiken außer in Turkmenistan angebaut wurde, fiel sie diesem Programm am stärksten zum Opfer, sie ist aber mit schätzungsweise 262 000 ha allein in der GUS eine der vier meistangebauten Weißweinrebsorten der Welt geblieben. Besondere Bedeutung kommt ihr in Georgien zu, wo sie mit 52 000 ha die meistangebaute Rebsorte ist, während sie in Moldova und der Ukraine den zweiten Rang einnimmt. Als gut an Winterkälte angepaßte Sorte ist sie auch in Rußland sehr beliebt. Dort wird ihr viel abverlangt, und sie leistet auch viel, denn sie liefert mit ihren durch kräftige Säure und hohe Süßegrade gekennzeichneten Weinen die Grundlage für eine breite Palette an Weinstilen, darunter auch alkoholangereicherte und Branntweine.

Auch in Bulgarien wird Rkatsiteli verbreitet kultiviert; dort war sie 1993 mit 22 000 ha die bei weitem meistangebaute Weißweinrebsorte. Rumänien verfügt ebenfalls über gewisse Bestände, und sogar in den USA hat Rkatsiteli einige Nischen gefunden.

In China liefert sie unter dem Namen **Baiyu** in großem Umfang neutralen Weißwein für die noch junge chinesische Weinverarbeitungsindustrie.

ROBOLA Spezialität der ionischen Insel Kephalonia in Griechenland; ihr ausgesprochen kraftvoller, trockener, zitronenduftiger sortenreiner Wein zeichnet sich durch kräftige Säure und hohen Extraktgehalt aus und ist einer der feinsten und angesehensten griechischen Weißweine. Es handelt sich bei der frühreifenden Rebsorte mit großer Wahrscheinlichkeit um dieselbe, die als Rebula in Slowenien und als RIBOLLA schon seit dem 13. Jh. in Friaul (Nordostitalien) kultiviert wird; vermutlich kam sie von dort durch venezianische Kaufleute nach Kephalonia.

RODITIS, RHODITIS Insbesondere vor dem Reblausbefall auf dem Peloponnes traditionell angebaute hellrötliche griechische Traubensorte. Sie ist für Echten Mehltau stark anfällig, reift relativ spät, behält aber selbst in warmen Gegenden wie bei Ankíalos in Thessalien (Mittelgriechenland) kräftige Säure und gelangt überdies auch in hochgelegenen Weinbergen noch gut zur Reife, wo sie weit interessanteren Wein erbringt. Oft wird sie insbesondere für Retsina mit der milderen Sorte SAVATIANO verschnitten.

ROLLE Die ursprünglich am meisten mit Bellet bei Nizza verknüpfte provenzalische Rebsorte wird nun auch zunehmend im Languedoc und vor allem im Roussillon angebaut. Die Traube ist aromatisch und für warme Weinbaugegenden willkommen frisch, und sie wird von französischen Experten als identisch mit dem auf Korsika, Sardinien und in Süditalien angebauten VERMENTINO angesehen. Italienische Fachleute vertreten die Ansicht, daß sie mit der **Rollo** in Ligurien nichts zu tun hat.

ROMAN MUSCAT Oft gebrauchter Name für MUSCAT OF ALEXANDRIA, der vermutlich von den Römern um das Mittelmeer verbreitet wurde.

ROMORANTIN Rebsorte aus der Gegend östlich der Loire; sie stirbt in französischen Weinbergen rasch aus. Cour Cheverny ist ein speziell für Romorantin westlich von Blois geschaffener Bereich.

RONDINELLA Im Veneto speziell für Valpolicella angebaute italienische Rotweinrebsorte. Sie ist sehr ertragreich und daher bei den Erzeugern höchst beliebt, doch ihr Wein ist meist nicht ausdrucksvoll genug, um Weinliebhabern zuzusagen. Zum Glück war die Sorte 1990 mit 2800 ha nicht so verbreitet wie CORVINA.

RORIZ, auch **Tinta Roriz.** Der gebräuchlichste von mehreren portugiesischen Namen für die spanische Rotweinrebsorte TEMPRANILLO, die insbesondere im Douro-Tal eine der meistangebauten Trauben für die Portweinproduktion ist. Weitere Synonyme sind **Aragonez** und **Tinto de Santiago.**

ROSENMUSKATELLER Südtiroler Name der mit hellrötlichen Beeren ausgestatteten Variante von MUSCAT BLANC À PETITS GRAINS.

ROSETTE, auch **Seibel 1000.** Alte französische Hybridrebe; sie wurde früher im Staat New York angebaut und erbrachte helle Rotweine.

Rotgipfler

ROSIOARA Siehe PAMID.

ROSSESE Hochgeschätzte Rebsorte mit markanten sortenreinen Weinen in der nordwestitalienischen Region Ligurien. Die Traube hat hier eine lange Geschichte und verfügt in Dolceacqua im Westen von Ligurien über einen eigenen DOC-Bereich, dessen Weine zwar unterschiedlich, aber sehr beliebt sind.

ROSSIGNOLA Im Valpolicella-Rezept zugelassene herbe Zutat.

ROTGIPFLER Nach dem ZIERFANDLER die zweite, um eine Spur weniger noble traditionelle Weißweinrebsorte für den überaus körperreichen, langlebigen, würzigen Gumpoldskirchner aus der Gegend südlich von Wien. Am Ende der 1980er Jahre belief sich die Anbaufläche auf etwa 200 ha. Der Rotgipfler reift spät, jedoch früher als der Zierfandler, und erbringt ausgesprochen extraktreichen, alkoholstarken Wein mit kräftigem Bukett.

ROUCHALIN, ROUCHELIN In Südwestfrankreich gelegentlich gebrauchter Name für CHENIN BLANC.

ROUCHET Italienische Rotweinrebsorte; siehe RUCHÈ.

ROUPEIRO Vor allem im Alentejo angebaute portugiesische Rebsorte; sie erbringt schlichten, möglichst jung zu trinkenden Weißwein. Am Douro heißt sie **Códega**, manchmal auch **Alva**.

ROUSSANNE Die Rebsorte, die ihren Namen sicherlich der rostroten *(roux)* Färbung ihrer Trauben verdankt, ist die eine von zweien, die in der weißen Version der klassischen Rotwein-Appellationen Hermitage, Crozes-Hermitage und St-Joseph sowie im ausschließlich weißen, aber oft schäumenden St-Péray zugelassen sind. In allen diesen Bereichen wird die MARSANNE-Rebe, der Verschnittpartner von Roussanne, weit verbreiteter angebaut. Sie erbringt zwar nicht ganz so feinen Wein, dafür aber bessere Erträge. Die unregelmäßigen Erträge der Roussanne, ihre Anfälligkeit für Echten Mehltau und Fäule sowie ihre geringe Windfestigkeit haben sie an der nördlichen Rhône fast aussterben lassen, bis schließlich bessere Klone selektiert wurden, so daß sie heute von einigen Erzeugern, u.a. Jaboulet, bevorzugt wird. Inzwischen wird sie verstärkt zur Belebung von Weißweinen an der südlichen Rhône, im Languedoc und im Roussillon angepflanzt, wo die Neigung der Roussanne zu später Reife weniger problematisch ist als weiter nördlich.

Das wichtigste Merkmal der Roussanne ist ihr nachhaltiges Aroma, das an einen besonders erfrischenden Kräutertee erinnert, daneben eine kräftige Säure, die ihr anmutigere Entfaltung sichert als der Marsanne, die ihrerseits nützlichen Körper in den Verschnitt einbringt. Allerdings muß Roussanne voll zur Reife gelangen, damit sie sich elegant zur Geltung bringen kann. An der südlichen Rhône ist Roussanne (ohne Marsanne) eine der vier im weißen Châteauneuf-du-Pape zugelassenen Rebsorten; Château de Beaucastel beweist hier, daß Roussanne, mit Sorgfalt behandelt, gut auf Eichenfaßausbau anspricht. Auch in der Provence wird die Traube angebaut (jedoch ist die dort verbreitetere, für Vin de Pays und Tafelwein genutzte hellrötliche **Roussanne du Var** nicht mit ihr verwandt). Sie wird zwar in den Appellationsbestimmungen häufig mit Marsanne und VERMENTINO zusammengetan, kann aber auch für den körperreicheren CHARDONNAY einen guten Verschnittpartner abgeben. Unter Dürre leidet sie oft.

Verlockend fein und aromatisch erweist sich die Traube auch in Chignin in Savoyen, wo sie den Namen **Bergeron** führt und nicht mit ROUSSETTE verwechselt werden darf. In geringem Umfang wird sie in Ligurien und der Toskana angebaut und stellt dort im Montecarlo Bianco einen zugelassenen Bestandteil dar, und schließlich ist sie auch in Australien anzutreffen, wohin sie als Partner von der nördlichen Rhône für den viel erfolgreicheren SHIRAZ gelangt sein dürfte.

ROUSSETTE Die interessanteste Weißweinrebsorte Savoyens, auch als Altesse bekannt (dieser Name vermittelt den Eindruck einer hohen Reputation). Ihre Herkunft ist in geheimnisvolles Dunkel gehüllt. Im Mittelalter war der Einfluß des Hauses Savoyen so weit verbreitet, daß diese Gegend über ganz eigene Rebsorten verfügt, die möglicherweise weit über die heutigen Grenzen Frankreichs hinaus mit anderen verknüpft sind (siehe MONDEUSE, TROUSSEAU, SAVAGNIN, POULSARD). Lange wurde angenommen, die Altesse stamme aus Zypern, doch Galet berichtet, daß sie, wenn sie neben der berühmten ungarischen FURMINT-Traube steht, von dieser praktisch nicht zu unterscheiden ist.

Roussette trägt schwach und reift spät, ist aber widerstandsfähig gegen Fäule, und ihr Wein ist wie der von Furmint von relativ exotischem Duft gekennzeichnet, hat kräftige Säure und lohnt längere Alterung. In Anerkenntnis dessen, daß Roussette der verbreiteteren JACQUÈRE überlegen ist, verfügt sie über eine eigene Appellation Roussette de Savoie. Auch in Bugey wird Roussette angebaut, und an der Rhône ist ihr Name ein Synonym für ROUSSANNE.

ROYALTY, auch **ROYALTY 1390.** Rotfleischige Hybridrebe, gezüchtet in Kalifornien durch Kreuzung der Urahnin aller TEINTURIER-Trauben, Alicante Ganzin, mit der Jura-Rebsorte TROUSSEAU und 1958 zusammen mit der ähnlichen, aber erfolgreicheren RUBIRED herausgebracht. Viel Königliches hat die im Anbau schwierige Rebsorte freilich nicht an sich, dennoch verfügt sie noch über einen Bestand von 320 ha, fast ausschließlich im Central Valley.

RUBIRED Die populäre rotfleischige kalifornische Hybridrebe ist das Ergebnis einer Kreuzung der Urahnin aller TEINTURIER-Reben, Alicante Ganzin, mit der Portweinrebsorte TINTO CÃO. Sie kam gleichzeitig mit der weniger erfolgreichen ROYALTY im Jahr 1958 heraus. Dank guter Erträge und tiefer Farbe ist sie als Verschnittsorte für Wein, kalifornischen Port und Traubensaft sehr beliebt, so daß sie Anfang der 1990er Jahre über 2500 ha Anbaufläche im Central Valley verfügte. Anders als Royalty läßt sie sich bequem kultivieren und ist auch in Australien erprobt worden.

RUBY CABERNET Die eine Zeitlang sehr populäre kalifornische Züchtung wurde 1949 von Dr. H. P. Olmo von der University of California in Davis (siehe auch EMERALD RIESLING und CARNELIAN) geschaffen. Er versuchte durch Kreuzung von Carignan mit Cabernet Sauvignon die Charakteristik des letzteren mit dem Ertragreichtum und der Hitzeverträglichkeit des ersteren zu kombinieren. In den 1960er Jahren erlebte Ruby Cabernet den Höhepunkt seiner Beliebtheit; sie ließ dann aber für sortenreinen Wein wieder nach. Die Sorte hätte ein besseres Schicksal verdient, denn obwohl sie dazu bestimmt war, in warmen Regionen Bordeaux-ähnlichen Wein hervorzubringen, bewährte sie sich auch in kühleren Gegenden überraschend gut. Die Gesamtanbaufläche ist in Kalifornien seit den 1970er Jahren mit knapp 2800 ha, größtenteils im südlichen San Joaquin Valley, praktisch unverändert geblieben. Auch in Südafrika wird sie von einigen Erzeugern angebaut; dort erbringt sie unter gleichen Bedingungen gelegentlich fünfmal so hohe Erträge wie Cabernet Sauvignon. In Australien verfügt sie ebenfalls über geringfügige Bestände.

RUCHÈ, ROUCHET, gelegentlich auch **ROCHE.** Relativ wenig bekannte Rebsorte in Piemont; sie erfährt derzeit eine gewisse Wiederbelebung und verfügt um Castagnole Monferrato über einen eigenen DOC-Bereich. Der Wein ist wie der von NEBBIOLO stark duftig, und seine Tannine verleihen ihm einen fast bitteren Nachgeschmack. Gleave zufolge soll die Sorte im 18. Jh. aus Burgund eingeführt worden sein.

RUFETE Frühreifende Portweintraube; sie erbringt im Douro-Becken sowohl in Spanien als auch in Portugal recht leichten Wein, der zum Oxidieren neigt. Mayson zufolge ist sie möglicherweise identisch mit der in der Dão-Region angebauten TINTA PINHEIRA.

RUFFIAC Synonym für ARRUFIAC.

RULÄNDER Der in Deutschland weithin gebräuchliche Name des Graubrgunders (PINOT GRIS), der zu Beginn des 18. Jh. in der Pfalz durch den Weinkaufmann Johann Seger Ruland vermehrt wurde. Seit der Mitte der 1980er Jahre benutzen manche Weinerzeuger in Deutschland diesen Namen zur Unterscheidung süßerer, oft von edelfaulen Trauben gewonnener Weine von trocken ausgebauten, die sie als Graubrgunder bezeichnen. Ruländer braucht eine gute Lage mit tiefgründigem Boden, um den massiven Extraktgehalt zu erreichen, den er zuwege bringen kann. Er erlangt in gleicher Lage ohne weiteres viel höhere Mostgewichte als RIESLING, allerdings steht er nur selten in Lagenkonkurrenz mit diesem. Ruländer wird in den meisten deutschen Anbaugebieten kultiviert und hat besondere Bedeutung im Osten und im Süden; an der Mosel kommt er selten vor. Über die Hälfte der deutschen Ruländer-Anbaufläche befindet sich im relativ warmen Anbaugebiet Baden; in Rheinhessen und der Pfalz gibt es ebenfalls einige hundert Hektar. Seiner fetten Art wegen ist er als trockener Wein in Deutschland recht erfolgreich.

In den meisten deutschsprachigen Gebieten – Deutschland, Österreich und Südtirol – gilt der Ruländer jedoch allgemein als nicht so vornehm wie der Weißburgunder (PINOT BLANC), obwohl er ohne weiteres höhere Reifegrade erreicht. In Österreich, wo seine Weine meist noch erdiger und voller ausfallen als in Deutschland, heißt er ebenfalls Ruländer und ist weniger stark verbreitet als Weißburgunder; auf ihn entfällt nur 1% der Gesamtrebfläche, vorwiegend in der Steiermark und im Burgenland.

Auch für den in Rumänien verbreitet angebauten Pinot Gris ist dort zum Teil der Name Ruländer gebräuchlich.

RUSA In Rumänien gelegentlich gebrauchter Name für GEWÜRZTRAMINER.

RUZICA Anderer Name für DINKA.

S

SACY Die heute vor allem im Département Yonne bei Chablis angebaute Rebsorte drohte einmal edlere Trauben aller Art aus Ostfrankreich zu verdrängen, insbesondere den CHARDONNAY im 18. Jh. aus dem südlichen Burgund und zu Beginn des 20. Jh. aus Chablis. Das Hauptattribut der Rebe ist ihre Ertragsstärke, die bemerkenswerteste Charakteristik ihres Weins ist Säure, die Herstellern von Schaumweinen bestens zustatten kommt. In den Weißweinen von St-Pourçain bildet die Traube unter dem Namen **Tresallier** noch einen Hauptbestandteil.

SAGRANTINO Lebendige, manchmal sehr tanninreiche Rotweinrebsorte; sie wird in Umbrien (Mittelitalien), vor allem in der Gegend von Montefalco, angebaut. Sagrantino di Montefalco wurde um die Mitte der 1990er Jahre in den DOCG-Rang erhoben. Die Sorte ist oft auch Bestandteil in Wein aus rosinierten Trauben, erweist sich heute aber bei sorgfältiger Verarbeitung – manchmal im Verschnitt mit SANGIOVESE – auch für trockenen Rotwein als sehr vielversprechend.

ST-ÉMILION Im Cognac-Gebiet üblicher Name für UGNI BLANC.

ST GEORGE Anglisierter Name der griechischen Rebsorte AGIORGITIKO.

ST. LAURENT Quantitativ wie qualitativ bedeutende, v.a. in Niederösterreich und in Osteuropa stark verbreitete Rebsorte. Sie hat viele Charakteristiken – wie saftige Frucht und relativ schwaches Tannin – mit dem Blauburgunder (PINOT NOIR) gemeinsam; einige Fachleute vermuten, daß sie mit diesem verwandt ist. Sie reift jedoch sehr viel früher als der Blauburgunder und läßt sich in viel unterschiedlicheren Lagen kultivieren. Dank der dickeren Traubenschalen zeigt sie auch geringere Fäuleanfälligkeit, nur Verrieseln stellt manchmal ein Problem dar. Ihr einziger Nachteil im Anbau ist der gefährlich frühe Austrieb, obschon dieser im Burgenland, in der warmen Südostecke Österreichs, nicht ins Gewicht fällt. Dort erbringt St. Laurent tiefdunkle, samtige Rotweine mit – bei entsprechend beschränkten Erträgen – so großer Konzentration, daß sie längeren Ausbau im Eichenfaß und anschließend in der Flasche durchaus lohnen. Einfachere Versionen sind oft schlicht und süffig süß. Im Verschnitt mit modischen Rebsorten wie CABERNET SAUVIGNON, Blauburgunder und mit dem lebendigeren BLAUFRÄNKISCH vor allem am Neusiedlersee bewährt sich die Traube gut.

Auch in Ostfrankreich und in der Pfalz ist sie bekannt, wird aber viel umfangreicher in der Slowakei und der tschechischen Republik, und zwar unter den Namen **Vavrinecke** oder **Svatovavrinecke**, angebaut.

ST-MACAIRE Noch nicht näher bestimmte Rebsorte in Kalifornien; sie erbringt recht schlichten Tischwein.

STE-MARIE Rarität in der Gascogne.

ST-PIERRE DORÉ Fast ausgestorbene, sehr ertragreiche Rebsorte in Mittelfrankreich; sie ist gelegentlich in St-Pourçain anzutreffen.

SALVADOR Rotfleischige kalifornische Hybridrebe; sie wird durch RUBIRED ersetzt und befindet sich im Rückgang.

SALVAGNIN (NOIR) Der im Jura gebräuchliche Name für PINOT NOIR lautet verwirrend ähnlich wie der Name der im Jura heimischen Rebsorte SAVAGNIN.

SÄMLING 88 In Österreich gebräuchliches Synonym für die SCHEUREBE, die sich dort nicht besonders bewährt, aber dennoch über eine Anbaufläche von einigen hundert Hektar, vorwiegend in den südösterreichischen Weinbauregionen Burgenland und Steiermark, verfügt.

St. Laurent

Samsó In Penedès gebräuchlicher Name für CARIGNAN.

Samtrot Siehe MÜLLERREBE.

🍇 **Sangiovese** Überaus variable Rotweinrebsorte, die meistangebaute Italiens und besonders stark in Mittelitalien vertreten. 1990 waren mehr als 100 000 ha, also rund 10% der italienischen Gesamtrebfläche, mit Sangiovese der einen oder anderen Form besetzt.

Ihre Weine weisen ausgesprochen viel Tannin und Säure, aber nicht immer sehr tiefe Farbe auf und zeigen in der Geschmackscharakteristik je nach Qualität und Reifegrad Noten von Bauernhof und Leder bis hin zu Pflaumen.

Wie PINOT neigt Sangiovese zu Mutationen. In verschiedenen Klonvarianten und unter verschiedenen Namen (**Sangioveto, Brunello, Prugnolo Gentile, Morellino** u. a. m.) gibt der Sangiovese für viele feine Rotweine der Toskana den Hauptbestandteil ab: Er ist als einzige Traube für den Brunello di Montalcino zulässig und bildet die Grundlage für Chianti, Vino Nobile di Montepulciano und die überwiegende Mehrzahl aller Supertoskaner (meist hochpreisige, raffinierte Verschnitte). In Umbrien wird er verbreitet angebaut und liefert dort im Torgiano und Montefalco seine besten Resultate. In den Marken bildet er die Grundlage für Rosso Piceno und einen wichtigen Bestandteil für Rosso Conero. Überdies wird er in Latium viel kultiviert, und auch in der Lombardei und in Valpolicella im Norden sowie in Kampanien im Süden ist Sangiovese anzutreffen.

Heimisch ist die Rebe wahrscheinlich in der Toskana. Sie geht – nach der Bedeutung des Namens («Blut Jupiters») zu schließen – auf sehr alte Ursprünge zurück; es wird vermutet, daß sie schon den Etruskern bekannt war. Namentlich erwähnt wird die Sorte jedoch erst zu Beginn des 18. Jh. Sie stellte den Hauptbestandteil in Baron Ricasolis Chiantirezept aus dem 19. Jh. dar, in dem ihre von Natur aus harte Art durch Beimischung von CANAIOLO gemildert wird. MAMMOLO und COLORINO und die weißen Traubensorten MALVASIA und vor allem TREBBIANO kamen erst später hinzu.

Herkömmliche ampelographische Beschreibungen von Sangiovese auf der Basis der Pionierarbei-

Sangiovese

ten von Molon aus dem Jahr 1906 teilen die Rebsorte in zwei Familien auf: die bessere Form **Sangiovese Grosso** – hierzu gehören Brunello, Prugnolo Gentile und Sangiovese di Lamole (aus Greve in Chianti) – sowie **Sangiovese Piccolo** in anderen Zonen der Toskana. Diese Einteilung dürfte jedoch allzu stark vereinfacht sein, da eine so große Anzahl von Klonen die Weinberge der Region bevölkert, daß eine Qualitätsbeurteilung weder auf der Größe der Trauben noch der Beeren beruhen kann. Endlich werden nun ernsthafte Anstrengungen unternommen, um die besseren Klone herauszufinden und zu vermehren.

Die Rebsorte paßt sich leicht an unterschiedliche Böden an; dabei scheint das Vorhandensein von Kalk die eleganten, kräftigen Aromen zu erhöhen, die vielleicht das schönste Merkmal dieser Traube darstellen. Sangiovese reift spät und erbringt in warmen Jahren vollen, alkoholstarken und langlebigen Wein, schafft dagegen in kühlen Jahren Probleme durch viel Säure und hartes Tannin. Überträge betonen den Säuregehalt der Weine und führen zu hellerer Farbe, die in relativ jungen Jahren in Braun umschlagen kann. Die ziemlich dünnen Schalen der Traube sind in kühlen, feuchten Jahren recht fäuleanfällig, was in Ge-

genden, in denen Herbstregen häufig vorkommt, einen Nachteil bedeutet. Nur allzu oft wird Sangiovese in der Toskana ohne große Rücksicht auf Himmelsrichtung und Höhenlage angepflanzt.

Überall wird Sangiovese heute in der Toskana mit einem gewissen Anteil CABERNET SAUVIGNON verschnitten, ob im Chianti (hierbei darf die Ergänzungssorte 10% nicht überschreiten) oder in einem Supertoskaner. Die erfolgreiche Mischung, in der sich die intensive Frucht und Farbe des Cabernet schön mit der charaktervollen einheimischen Traube vermählt, wurde erstmals von den Weinbaubehörden in Carmignano sanktioniert.

Quantitativ, dagegen nicht qualitativ, hat die Rebsorte in der Romagna größte Bedeutung; dort ist der Sangiovese di Romagna so verbreitet wie LAMBRUSCO in der Emilia – ein leichter, jung zu trinkender Rotwein. Allerdings scheint die in der Romagna angebaute Art von Sangiovese mit den so hochgeschätzten Sorten der Toskana nicht viel gemein zu haben, doch auch hier gibt es inzwischen Anzeichen für eine Besserung. Im Süden Italiens wird ebenfalls etwas Sangiovese angebaut und meist in Verschnitten mit Lokalrebsorten verwendet, und der Erfolg der Supertoskaner hat natürlich auch nördlich der Toskana zu allerhand Experimenten mit der Traube Anlaß gegeben.

Die Rebsorte NIELLUCCIO auf Korsika ist nichts anderes als Sangiovese, und wie andere italienische Rebsorten, vor allem solche für Rotwein, ist auch der Sangiovese von italienischen Auswanderern nach Westen – nach Nord- und Südamerika – verpflanzt worden. In Südamerika ist er in Argentinien am meisten verbreitet – dort bringen mehrere tausend Hektar Anbaufläche, vorwiegend in der Provinz Mendoza, Wein hervor, den nur wenige Experten aus der Toskana am Geschmack als Sangiovese erkennen würden.

In Kalifornien dagegen verursachte die internationale Anerkennung der Supertoskaner (und eine modische Vorliebe für alles Italienische) Ende der 1980er und Anfang der 1990er Jahre einen plötzlichen Zuwachs in der Popularität des Sangiovese. 1991 näherte sich seine Anbaufläche 80 ha – etwa soviel wie CABERNET SAUVIGNON 1961 innehatte. Die größten Bestände befinden sich im Napa Valley, kleinere aber auch im Sonoma County, in San Luis Obispo und in den Sierra Foothills. Die ersten Resultate zeigen große Unterschiedlichkeit, offenbar aber doch besseren Erfolg, als er den kalifornischen Versionen des NEBBIOLO aus Piemont beschieden ist.

SANTARÉM In Ribatejo gebräuchliches Synonym für die portugiesische Rebsorte CASTELÃO FRANCÊS.

SAPERAVI Russische Rotweinrebsorte mit bemerkenswerter Farbkraft und Säure; sie bewährt sich in Verschnitten; sortenrein ausgebaut verträgt und verlangt sie lange Flaschenalterung. Das Fruchtfleisch der dunkelhäutigen Traube ist kräftig hellrot. Sie reift spät, bringt relativ hohe Erträge und ist an die russischen Winter gut angepaßt, allerdings wiederum nicht so gut, daß sich das Weinbauforschungsinstitut Potapenko nicht veranlaßt gesehen hätte, die 1947 herausgegebene **Saperavi Severny** als Hybride von SEVERNY und Saperavi zu züchten, die nicht nur über die *Vinifera*-Gene der Saperavi-Rebe, sondern auch über solche der frostharten *Vitis amurensis* verfügt.

Die Saperavi-Rebe selbst wird in fast allen Weinbauregionen der ehemaligen Sowjetunion angebaut, insbesondere in Rußland, der Ukraine, in Moldova, Georgien, Kasachstan, Usbekistan, Tadschikistan, Kirgistan und Turkmenistan. In kühleren Gegenden kann die Säure allerdings so ausgeprägt hervortreten, daß trotz relativ hoher Zuckerkonzentration nur die Verwendung in Verschnitten übrigbleibt. Eine Zeitlang wurde die Sorte auch in Bulgarien angebaut.

Das Weinbauforschungszentrum Magaratch auf der Krim hat durch Kreuzung von Cabernet Sauvignon mit Saperavi die vielversprechende Sorte MAGARATCH RUBY gezüchtet.

SÁRFEHÉR Schlichte und ertragreiche ungarische Rebsorte; sie wird auf den Sandböden der Großen Tiefebene als Tafeltraube und für die Schaumweinherstellung angebaut.

SARGAMUSKOTALY Gelegentlich gebrauchter ungarischer Name für MUSCAT BLANC À PETITS GRAINS.

SAUVIGNON BLANC Die französische Rebsorte ist alleinverantwortlich für stark aromatische, sprit-

Sauvignon Blanc

zig frische trockene Weißweine, die zu den populärsten und charaktervollsten der Welt zählen – Sancerre, Pouilly-Fumé und eine Menge Sauvignons und Fumé Blancs, die außerhalb Frankreichs entstehen. Aber die Traube verleiht auch ihrem häufigsten Verschnittpartner SÉMILLON in vielen großen Weißweinen der trockenen und der süßen Art Saft und Kraft. Wie bei dem berühmten, durchaus nicht mit ihm verwandten dunklen CABERNET SAUVIGNON scheinen auch die Ursprünge des Sauvignon Blanc in Bordeaux zu liegen, wo seine Popularität eine Wiederbelebung erfährt.

Die Traubensorte wird oft, vor allem auf Etiketten, auch kurz und bündig **Sauvignon** genannt, dabei gibt es ihn auch – je nach Beerenfarbe – als **Jaune, Noir, Rose** und **Violet**. **Sauvignon Gris** ist ein anderer Name für Sauvignon Rose, eine Variante mit deutlich rosafarbenen Beeren, die manchmal gehaltvollere Weine erbringen kann als Sauvignon Blanc und in Bordeaux und an der Loire eine gewisse Anhängerschaft hat. Siehe auch FIÉ und SAUVIGNON VERT.

Das am leichtesten zu erkennende Merkmal des Sauvignon Blanc ist sein überaus kräftiges, unverkennbares Aroma, das meist als grasig, kräuterhaft, moschusartig oder als an grüne Früchte (vor allem Stachelbeeren), Nesseln und sogar Katzen erinnernd beschrieben wird. Forschungen über Geschmacksstoffe haben ergeben, daß Methoxypyrazine dafür verantwortlich sind. Auf schweren Böden bringt Sauvignon, zu Übererträgen angeregt, Weine hervor, die kaum etwas hiervon spüren lassen, doch bei bedachtsamer Kultivierung in Weinbergen der mittleren Loire und ohne Maskierung durch Eichenholz kann er in trockenen Weißweinen auf den Gipfel der Sauvignon-Frucht gelangen und einige der saubersten, höchst erfrischend geschmackskräftigen Weine der Welt hervorbringen. Die besten Sancerres und Pouilly-Fumés dienten als Vorbilder für die ersten Sauvignon-Blanc-Weine der Neuen Welt, wobei dann in den 1980er Jahren schließlich umgekehrt die Winzer von der Loire in Nachahmung ihrer Kollegen aus Kalifornien, Australien und Neuseeland (die mit dieser Rebsorte raschen Ruhm erlangt hatten) mit Gärung und Ausbau in Eichenfässern experimentierten. Eichenfaßgereifte Exemplare brauchen ge-

Sauvignon Blanc

wöhnlich ein bis zwei Jahre länger, bis sie ihre Bestform erreichen, doch fast ausnahmslos ist trockener, unverschnittener Sauvignon für baldigen Verbrauch gedacht. Allerdings gibt es sowohl an der Loire als auch in Bordeaux Beispiele, die bis zu 15 Jahre in der Flasche haltbar bleiben, wenn sie sich dabei auch selten weiter entfalten. Als Bestandteil neben Sémillon, manchmal auch MUSCADELLE, im großen süßen Sauternes, einem der langlebigsten Weißweine der Welt, spielt der Sauvignon dagegen eine untergeordnete, aber doch bedeutende Rolle.

Die Rebe ist überaus wuchskräftig, was in manchen Gegenden an der Loire und in Neuseeland zu Problemen Anlaß gibt. Nimmt ihre Wuchskraft überhand, dann erreichen die Trauben nicht die volle Reife, und der resultierende Wein fällt oft aggressiv krautig, fast aufdringlich scharf aus. (Unreifer Sémillon zeigt häufig eine ähnliche Charakteristik – so wie unreifer Cabernet Sauvignon oft wie CABERNET FRANC riecht.) Eine schwachwüchsige Veredelungsunterlage und gute Laubpflege können dieses Problem beheben helfen.

Sauvignon treibt später aus, blüht aber früher als Sémillon, mit dem er in Bordeaux meist und anderswo zunehmend verschnitten wird. Bis geeignete Klone, beispielsweise 297 und 316, selektiert und Spritzmittel zur Überwindung der Anfälligkeit für Pilzkrankheiten entwickelt wurden, zeigten die Erträge unwirtschaftliche Ungleichmäßigkeit. Noch 1968 stand Sauvignon unter den meistangebauten Rebsorten Frankreichs an 13. Stelle, innerhalb von 20 Jahren aber ist er auf den 4. Platz aufgestiegen.

Neben seinem üblichen Verschnittpartner Sémillon wird Sauvignon Blanc in ganz Südwestfrankreich kultiviert, insbesondere in Bergerac. In Bordeaux verfügt der Sémillon noch über eine größere Anbaufläche als Sauvignon Blanc, dessen Bestände vor allem auf Entre-Deux-Mers, Graves und die Süßweinbereiche in und um Sauternes konzentriert sind. Es ist vielleicht kein Zufall, daß der durchschnittliche Sauvignon von der Loire mehr sortentypischen Charakter hat als der durchschnittliche sortenreine Sauvignon von Bordeaux, wenn man bedenkt, daß der zulässige Höchstertrag für den ersteren um 10 hl/ha niedriger liegt als die 65 hl/ha für den letzteren.

An der Loire begegnet man Sauvignon in seiner reinsten, unverfälschtesten Form. In den häufig auf Kalksteinboden gelegenen Weinbergen von Sancerre, Pouilly-sur-Loire (wo die Sauvignon-Weine aus dem feuersteinhaltigen Boden eine als *fumé*, rauchig, bezeichnete Note erhalten) und deren östlichen Nachbarbereichen Quincy, Reuilly und Menetou-Salon liefert er ein klares Argument für die Abstimmung einer Rebsorte auf ein geeignetes *terroir*. Übrigens hat die hier oft Blanc Fumé genannte Traube inzwischen die meisten minderen Rebsorten verdrängt, die früher in dieser Gegend verbreitet waren, v.a. weitgehend den CHASSELAS in Pouilly-sur-Loire. Die meisten Weine dieses Gebiets trinken sich jung und kühl innerhalb von zwei Jahren am besten.

Von dieser Anbaugegend aus, die ohne weiteres als das Kernland des Sauvignon in der Welt bezeichnet werden könnte (obwohl die Bewohner von Marlborough auf der Südinsel Neuseelands hiergegen durchaus Einspruch erheben dürften), strahlt der Einfluß der Traube in die Umgebung aus: nordostwärts in Richtung Chablis im Sauvignon-de-St-Bris, südwärts nach St-Pourçain-sur-Sioule, nord- und westwärts nach den Coteaux du Giennois und Cheverny und schließlich in Richtung vieler Weine östlich der Loire, die meist unter der Bezeichnung Touraine laufen. Diese Sauvignons sind vielfach leicht, rassig und selbstverständlich aromatisch. Zusammen mit Chardonnay ist die Traube auch in den Weinbergen von Anjou zugelassen, wo sie gelegentlich mit dem dort einheimischen CHENIN BLANC verschnitten wird.

Im Languedoc wird Sauvignon Blanc gern, wenn auch nicht immer mit Erfolg, von Erzeugern verwendet, die international marktgängige Weine produzieren wollen (hier sind die Erträge oft zu hoch angesetzt, als daß die Rebe genügend Sortencharakter hervorbringen könnte); kleine Sauvignon-Blanc-Bestände sind auch in einigen Appellationen in der Provence anzutreffen.

Jenseits der Alpen in Italien ist Sauvignon vor allem im Nordosten in der Region Friaul erfolgreich; einige Beispiele aus Südtirol und dem Collio zeigen außerordentlich feine Frucht und Reintönigkeit. In den 1980er Jahren verdoppelte sich die Sauvignon-Anbaufläche in Italien auf fast 3000 ha. Auch in Slowenien und in der Steiermark entstehen meisterliche Sauvignons, in denen sich Frucht mit schönem Aroma vereint. In Deutschland heißt die Traube «Muskat-Silvaner», sie wird dort aber nur sehr selten angebaut, weil mit Recht darauf verwiesen werden kann, daß junger RIESLING einen ähnlich frischen, aromatischen Weißwein darstellt. Weiter im Osten wird Sauvignon Blanc ebenfalls in gewissem Umfang angebaut, jedoch fallen dort die Weine zunehmend schwerer und süßer aus. In Teilen Serbiens, im Distrikt Fruska Gora in der Woiwodina und in der Slowakei ist eindeutiges Potential vorhanden. Rumänien verfügte zu Beginn der 1990er Jahre über fast 5000 ha Sauvignon Blanc. In der ehemaligen Sowjetunion verfügen sowohl die Ukraine und vor allem Moldova über größere Bestände der Sorte.

Auf der Iberischen Halbinsel wird Sauvignon Blanc nur von besonders hingebungsvollen Internationalisten gepflegt; allerdings gibt es sowohl in Portugal als auch in Nordwestspanien keinen Mangel an einheimischen Rebsorten, die Weine in ganz ähnlichem Stil erbringen können. In zu warmem Klima neigt Sauvignon Blanc oft zu öligem Geschmack, und das geschieht gelegentlich auch in Israel und in anderen mediterranen Weinbaugebieten, wo die Rebe mit Blick auf den Exportmarkt auf jede Weise forciert wird.

Auch die ersten Versuche mit dieser Sorte in Australien verliefen nicht anders, doch zu Anfang der 1990er Jahre hatte sich die Erkenntnis durchgesetzt, daß dem Sauvignon die kühleren Lagen im Land, z. B. die Adelaide Hills, vorbehalten werden müssen. Allerdings übertreffen die CHARDONNAY-Bestände die von Sauvignon Blanc um das Vierfache.

In Neuseeland dagegen nehmen nur MÜLLER-THURGAU und Chardonnay mehr Raum ein, und der relativ kleine Weinbau des Landes kann sich rühmen, eine fast ebenso große Sauvignon-Anbaufläche (800 ha in 1992) zu besitzen wie Australien. Mit dieser Rebsorte führte sich der neuseeländische Wein in der Welt ein, und zwar mit einem ganz eigenen Stil: intensiv duftig, pikant, eindeutiger fruchtig als das Vorbild von der Loire und mit einer Spur Spritzigkeit und Süße. Dieser Sauvignon-Stil ist heute in Südamerika, in kühleren Gegenden Nordamerikas, in Südfrankreich und zweifellos bald auch noch in anderen Weltgegenden anzutreffen.

«Sauvignon» heißt Chiles meistexportierter Weißwein; allerdings besagte die amtliche Statistik am Anfang der 1990er Jahre, daß auf Sauvignon Blanc nicht einmal 5% der Gesamtweinerzeugung des Landes entfielen (dagegen trug Sémillon über 26% bei). Ein großer Teil des chilenischen Sauvignon ist Sauvignon Vert, doch immerhin werden große Anstrengungen unternommen, um ihn durch den echten Sauvignon Blanc zu ersetzen, der sich in der vom Ozean gekühlten Region Casablanca offenbar sehr wohl fühlt. So sind in Chile kalifornische Sauvignon-Blanc-Klone verbreitet angepflanzt worden, doch ihre übermäßige Wüchsigkeit macht ihnen zu schaffen.

In anderen als «Sauvignon» bezeichneten südamerikanischen Gewächsen drücken hohe Erträge auf die wesentlichen Aromacharakteristiken der Traube. Das gilt insbesondere auch für die Weine aus der argentinischen Anbaufläche von 600 ha Sauvignon Blanc (gegenüber 800 ha TOCAI FRIULANO und 2000 ha Semillon laut Zählung von 1989). Übrigens bringen in Argentinien am Export interessierte Firmen dem Sauvignon inzwischen mehr Interesse entgegen. Brasiliens «Sauvignon» ist Galet zufolge in der Hauptsache SEYVAL.

Dank Robert Mondavi, Kaliforniens kosmopolitischstem Weinerzeuger, der den Namen Fumé Blanc für ihn erfand, verbuchte Sauvignon Blanc in den 1980er Jahren in Kalifornien enorme Erfolge. 1994 belief sich die Anbaufläche dort auf 4800 ha, davon ein Drittel in Napa, wo gegen Ende der 1980er Jahre das Problem der übermäßigen Wüchsigkeit gemeistert werden konnte. Der Wein wird gelegentlich süß und mit Edelfäule erzeugt – gewissermaßen als Sémillon-freier Sauternes. Wie anderswo in der Neuen Welt wird auch hier zunehmend versucht, durch Beimischen von etwas Sémillon das Aroma und die Säure des trockenen Sauvignon mit Gewichtigkeit und Frucht zu ergänzen. Auch im Staat Washington entsteht nach kalifornischem Vorbild sowohl Sauvignon Blanc als auch Fumé Blanc von der Sauvignon-Anbaufläche von 360 ha (in 1994) – an dritter Stelle weit abgeschlagen hinter Chardonnay und Riesling. Von den anderen Staaten der USA verzeichnet insbesondere Texas besonderen Erfolg mit der Rebsorte.

Seinen sicher größten Erfolg feiert der Sauvignon Blanc jedoch in Südafrika. Vielleicht weil der echte Chardonnay nicht zu haben war (siehe auch AUXERROIS), stürzten sich die Weinliebhaber am Kap auf die ersten gut gelungenen Sauvignons als Vertreter eines international anerkannten und modischen Weinstils. 1994 belief sich die Sauvignon-Blanc-Anbaufläche Südafrikas auf 4000 ha, die dem Standardrezept der Neuen Welt eine eigene, etwas weichere, vom Meer beeinflußte Note hinzufügt. Außerdem verschneiden die Südafrikaner gern Sauvignon Blanc mit Chardonnay (eine oft überraschend gute Mischung) und anderen mehr oder minder begrüßenswerten Sorten.

SAUVIGNON VERT, auch **Sauvignonasse.** Die mit dem berühmteren SAUVIGNON BLANC nicht verwandte, rustikalere Traubensorte ist der in Chile am meisten angebaute Sauvignon; er bringt dort oft Weine hervor, die wie Sauvignon Blanc aus hohen Erträgen schmecken, jedoch nicht viel Extrakt und Haltbarkeit besitzen. Galet vertritt die Auffassung, daß Sauvignon Vert mit dem in Nordostitalien beheimateten TOCAI FRIULANO identisch sei, doch diese Theorie wird von italienischen Fachleuten nicht einhellig unterstützt. Galet behauptet ferner, die in Kalifornien als Sauvignon Vert bezeichnete Sorte sei eigentlich die MUSCADELLE aus Bordeaux.

🍇 **SAVAGNIN** Eine feine, aber eigenartige Rebsorte mit kleinen, runden, hellen Beeren. Im französischen Jura bildet sie ebensosehr eine Kuriosität wie der Wein, der von ihr allein entsteht, der *vin jaune*. Vermutlich ist es nur die Verlockung durch die hohen Preise, die mit dem *vin jaune* zu erzielen sind, welche die Weinerzeuger dazu bringt, dieser in ihren Erträgen so knauserigen Rebe die Treue zu halten.

Sie wird in begrenztem Umfang im ganzen Jura angebaut und darf in allen Weißweinappellationen der Region mitverarbeitet werden. In der Praxis jedoch bleibt sie in der Regel ganz dem Sherry-ähnlichen *vin jaune* vorbehalten. Sie hat sich in den alten Westlagen im Jura gut eingewöhnt, es herrscht aber weithin die Überzeugung, daß sie am besten in den noch verbliebenen Weinbergen von Château-Chalon gedeiht, wo die Trauben oft bis in den Dezember hinein am Stock reifen.

Unter dem Namen Gringet bildet sie außerdem einen kleineren Bestandteil im Schaumwein von Ayse in Savoyen.

Galet behauptet, Savagnin sei identisch mit dem früher in Deutschland, im Elsaß, in Österreich und Ungarn verbreitet angebauten TRAMINER, und beim GEWÜRZTRAMINER handle es sich um die roséfarbene MUSQUÉ-Mutation des Savagnin. Auf jeden Fall ist in Österreich der Traminer – wie der Savagnin im Jura – berühmt für starkes Aroma und große Langlebigkeit, und ein Savagnin Rosé, der keine *Musqué*-Variante darstellt, wird in sehr geringem Umfang noch im Elsaß angebaut und heißt dort KLEVNER de Heiligenstein.

SAVAGNIN NOIR Im Jura gebräuchlicher Name für PINOT NOIR.

🍇 **SAVATIANO** Meistangebaute Weintraube Griechenlands; die Bestände umfassen rund 20 000 ha in Attika und Mittelgriechenland. Die Rebe mit ihrer ausgezeichneten Widerstandsfähigkeit gegen Dürre liefert den Hauptbestandteil für Retsina, allerdings werden oft RODITIS und ASSYRTICO hinzugezogen, um die Säurearmut von Savatiano auszugleichen. In besonders günstigen Lagen bringt Savatiano bei relativ früher Lese und sorgfältiger Verarbeitung schön ausgewogene trockene Weißweine hervor.

🍇 **SCHEUREBE** Die einzige nach dem erfolgreichen Rebenzüchter und damaligen Leiter der Weinbauforschungsanstalt Alzey in Rheinhessen, Dr. Georg Scheu, benannte deutsche Neuzüchtung aus der ersten Hälfte des 20. Jh. verdient die Aufmerksamkeit eines jeden Weinkenners. Wie KERNER und EHRENFELSER kann sie erstklassige Weine hervorbringen. Riesling-Gene bilden die Voraussetzung für solche Qualität, und die Scheurebe ist eine Kreuzung SILVANER × RIESLING, doch sie ist weit mehr als nur eine vollere und ertragreichere Riesling-Nachahmung. Vorausgesetzt, daß die Trauben zu voller Reife gelangen (wie BACCHUS und ORTEGA bekommt es der Scheurebe ausgesprochen schlecht, wenn sie zu früh gelesen wird), hat ihr Wein ein eigenständiges, überschäumendes, rassiges Aroma von schwarzen Johannisbeeren oder sogar reifer Grapefruit. Manche Beispiele aus der Pfalz sind besonders interessant. Die Scheurebe ist eine der wenigen von qualitätsbewußten deutschen Weinerzeugern hoch geschätzten neuen Sorten, nicht nur weil sie hohe Mostgewichte erreichen kann, sondern weil die Süße so delikat durch nervige Säure ausgewogen ist – vielleicht nicht ganz so sehr wie bei einem gleichwertigen Riesling, jedoch ausreichend, um ihrem Wein ein jahrelanges Leben in der Flasche zu sichern.

Die Scheurebe reift aber nicht nur zuverlässig voller aus als Riesling, sondern sie erbringt mit 100 hl/ha auch höhere Erträge. Sie ist jedoch nicht so überaus ertragreich wie KERNER, BACCHUS und MORIO-MUSKAT. In den 1980er Jahren wurde sie von Kerner eindeutig überholt, verfügte aber 1990 in Deutschland noch immer über eine Anbaufläche von fast 4000 ha, vorwiegend in Rheinhessen und in geringerem Umfang in der Pfalz. Sie verlangt relativ gute Lagen, in denen sonst auch Riesling stehen kann. In der Jugend ist die Scheurebe stark frostgefährdet, später aber zeigt sie sich zuverlässig frosthart, und in guten Jahren entwickelt sie gern Edelfäule. Sie kann dann äußerst feine Beerenauslesen und Trockenbeerenauslesen erbringen, die zwar vielleicht nicht so viele Jahrzehnte haltbar

Scheurebe

bleiben wie entsprechende Rieslingweine, dafür aber nicht so rar und deshalb preisgünstiger sind.

Auch im Süden Österreichs wird die Sorte angebaut; sie heißt dort SÄMLING 88.

SCHIAVA Italienischer Name der schlichten Rotweinrebsorte Vernatsch aus Südtirol; in Württemberg wird sie verbreitet als TROLLINGER kultiviert. Der Name Schiava (zu deutsch «Sklavin») wird so gedeutet, daß die Sorte slawischen Ursprungs sei.

Am meisten wird sie im Trentino-Alto Adige angebaut, wo sie in mehreren Formen bekannt ist: Am häufigsten kommt **Schiava Grossa** (Großvernatsch) vor, eine sehr ertragreiche Variante, die allerdings keine besonders charaktervollen oder konzentrierten Weine hervorbringt. Die Gesamtanbaufläche von Schiava Grossa in Italien ging in den 1980er Jahren um etwa ein Viertel auf 3400 ha zurück. Dagegen erbringt **Schiava Gentile** (Kleinvernatsch) mit ihren kleineren Beeren aromatische Weine in besserer Qualität; ihre Gesamtanbaufläche war 1990 auf 1200 ha gefallen. Die meistgepriesene und ertragsschwächste Subvarietät ist Tschaggele.

Die Trauben sind in den meisten nicht sortenreinen leichten Rotweinen aus Südtirol und dem Trentino anzutreffen.

SCHIOPPETTINO In der Region Friaul in Nordostitalien heimische Rebsorte. Sie stammt vermutlich aus dem Grenzgebiet zwischen Prepotto und Slowenien, wo Wein von Schioppettino erstmals 1282 anläßlich einer Hochzeitsfeier erwähnt wird. Trotz offizieller Bemühungen um die Wiederanpflanzung wurde die Sorte nach der Reblaus-Epidemie am Ende des 19. Jh. zugunsten aus Frankreich importierter Rebsorten weitgehend vernachlässigt. Sie schien zum Aussterben verurteilt, bis ein Dekret der EG im Jahr 1978 ihren Anbau in der Provinz Udine autorisierte (siehe auch PIGNOLO). Der Wein der Sorte ist dunkel und mittelschwer und zeigt attraktiv aromatische Fülle, die an Veilchen erinnert und eine gewisse pfefferige Note aufweist. Anbau und Produktion sind zwar noch begrenzt und auf die Colli Orientali konzentriert, das Potential der Rebsorte ist aber beachtlich.

SCHÖNBURGER Die 1979 entstandene deutsche Neuzüchtung zählt Spätburgunder (PINOT NOIR), CHASSELAS Rosé und MUSKAT HAMBURG zu ihren Vorfahren und hat sich für den Weinbau Englands als brauchbarer erwiesen als in ihrer Heimat. 1990 belief sich die deutsche Anbaufläche dieser äußerst zuverlässig zur Reife gelangenden Rebsorte auf knapp 60 ha, zumeist im experimentierfreudigen Rheinhessen und in der Pfalz, dagegen stellte sie in England mit 80 ha die fünftmeist angebaute Traubensorte dar. Sie verfügt über gute Krankheitsresistenz, bringt recht reichliche Erträge an relativ körperreichem Weißwein, und ihre Neigung zu Säurearmut erweist sich so weit vom Äquator wie in Kent und Somerset durchaus nicht als nachteilig.

SCHWARZRIESLING In Deutschland gebräuchliches Synonym für Pinot MEUNIER.

SCIACARELLO auch **Sciaccarello**. Eine Rebsortenspezialität auf Korsika. Die Traube bringt Rotweine mit großer Geschmackstiefe, jedoch nicht unbedingt sehr tiefer Farbe, sowie feine Roséweine hervor, deren Duft an das kräuterreiche Wildgestrüpp der Insel erinnert. Die Rebe treibt spät aus, reift spät, verfügt über gute Krankheitsresistenz und gedeiht vor allem auf den Granitböden im Südwesten Korsikas um Ajaccio und Sartène. Sie wurde vermutlich von den Römern hierhergebracht, doch bisher konnte eine verwandte Rebsorte in Italien noch nicht festgestellt werden. Zwischen 1979 und 1988 ging die Anbaufläche der charaktervollen Sorte von über 700 auf unter 400 ha zurück und ist inzwischen viel kleiner als die von NIELLUCCIO.

SCUPPERNONG Die bekannteste Sorte der Gattung Muscadinia; sie wird in den Südstaaten der USA als Tafel- und Weintraube kultiviert. Wie bei anderen Sorten dieser Gattung haben die (in ihrem Fall bronzefarbenen) Beeren und der Saft ausgeprägt eigentümlichen Geschmack. Die Traube wird zu fest strukturierten, süßen, dunkelgoldenen Weinen verarbeitet.

SÉGALIN Eine neuere Kreuzung JURANÇON Noir × PORTUGAIS Bleu; die in Farbe, Struktur und

Geschmack gute Sorte ist in Südwestfrankreich zugelassen (siehe auch CALADOC, CHASAN, PORTAN).

SEIBEL Gemeinsamer Name vieler französischer Hybridreben, die in manchen Fällen aber auch durch eine eingängigere Bezeichnung unterschieden werden. So heißt Seibel 5455 beispielsweise oft PLANTET, Seibel 4986 Rayon d'Or und Seibel 9549 De Chaunac. Die im Staat New York als CHANCELLOR und in Frankreich einfach als Seibel bekannte Rebsorte ist Seibel 7053. Gegen Ende der 1960er Jahre verfügte sie in Frankreich über eine Anbaufläche von 70 000 ha, inzwischen aber ist sie aus den französischen Weinbergen so gut wie ganz verschwunden. Kleinere Bestände von Seibel-Hybriden gibt es in kühleren Weinbaugegenden überall in der Welt.

Sémillon

SÉMILLON (vorwiegend in der Neuen Welt auch **Semillon**) Die goldgelbe Traube aus Südwestfrankreich ist eine der großen Sorten in der Weißweinproduktion der Welt. Im Verschnitt mit ihrem traditionellen Partner SAUVIGNON BLANC bildet sie einen wichtigen Bestandteil in den großen trockenen und süßen Weißweinen von Bordeaux, vor allem im Sauternes, dem unbestreitbar langlebigsten nicht aufgespriteten Wein, und in den feinsten Gewächsen von Graves bzw. Pessac-Léognan. Unverschnitten erbringt sie im Hunter Valley in Australien einen sehr eigenwilligen, exklusiv nur in der Neuen Welt vorkommenden Weintyp. Dank ihrer weiten Verbreitung in Bordeaux und großen Teilen der südlichen Hemisphäre ist Sémillon die meistangebaute Spitzenqualität erbringende Weißweinrebsorte der Welt, aber sie ist nicht in Mode und daher im Rückgang.

Offenbar ist es das Geschick des Sémillon, die zweite Geige zu spielen. Sein Wein neigt zu fetter Art; er ist zwar langlebig, hat aber in der Jugend wenig Aroma. Der Sauvignon Blanc mit seinem international anerkannten Namen, seinem starken Aroma und seiner kräftigen Säure bei einem gewissen Mangel an Substanz füllt jedenfalls alle offenbaren Lücken auf. Obschon Sémillon seit jeher mit Sauvignon verschnitten wurde, so hat er doch in jüngerer Zeit einen neuen Verschnittpartner gefunden, wenn auch aus ganz anderen Gründen: Den Chardonnay ergänzt Sémillon zwar nicht gerade besonders gut und verschafft ihm allenfalls eine neutrale Auspolsterung, aber in einer auf Chardonnay geradezu versessenen Welt muß Sémillon die Rolle des passiven Partners in kommerziell motivierten Verschnitten ausfüllen, die – vor allem in Australien – manchmal sogar Sem-Chard genannt werden. Hier wie in anderen Gegenden der Neuen Welt liefert Sémillon mit seiner gewichtigen Art und seinem hohen Ertrag die populäre Basis für derartige Verschnitte.

Im Anbau ist die Sémillon-Rebe bequem. Sie wächst fast so kräftig wie Sauvignon Blanc, hat besonders tiefgrünes Laub, blüht aber etwas später und ist nicht besonders empfindlich für Verrieseln. Sie ist meist empfänglich für Edelfäule, gegen Krankheiten aber resistent. Alles das macht Sémillon besonders ertragreich, was durchaus zu seiner Beliebtheit bei Weinerzeugern beigetragen haben dürfte.

Über die stärkste Konzentration verfügt er noch immer in Bordeaux. Dort ist zwar seine Anbaufläche von 1968 (als er die meistangebaute Rebsorte überhaupt war) bis 1988 um die Hälfte zurückgegangen, trotzdem war Sémillon 1992 mit 12 000 ha noch immer die meistangebaute weiße Traubensorte. Auf dem linken Ufer der Garonne in Graves, Sauternes und Barsac überwiegt Sémillon weiterhin gegenüber Sauvignon Blanc im traditionellen Verhältnis von 4:1, während Sémillon in Entre-Deux-Mers, wo er am stärksten verbreitet ist, nun doch von Sauvignon (und kommerziell rentableren Rotweinrebsorten) rasch verdrängt wird.

In den großen, langlebigen trockenen Weißweinen von Graves und Pessac-Léognan herrscht Sémillon meist vor und läßt reichhaltige, goldene, vollmundige, honigwürzige Weine entstehen, die ganz anders sind als Sémillons aus anderen Gegenden. Niedrige Erträge, alte Reben, Eichenfaßausbau und ein Schuß Sauvignon tragen ihr Teil dazu bei. In Sauternes liegt der große Wert von Sémillon in seiner Empfänglichkeit für Edelfäule. Der einzigartige Schimmelpilz *Botrytis cinerea* konzentriert in den Trauben Süße und Säure und läßt die Mostausbeute so sehr schrumpfen, daß die besten auf diese Weise entstehenden Weine sich über Jahrhunderte hinweg entfalten können. Auch hier wird durch Eichenfaßausbau die schon verhältnismäßig tiefgoldene Farbe des Sémillon noch tiefer (voll ausgereifte Trauben zeigen fast rötlichen Schimmer). Auf diese Weise wird ein Nachteil von Sémillon, nämlich die Tendenz zu Übererträgen, wieder ausgeglichen. Ähnliche, meist aber nicht gar so interessante süße Weißweine – die schlichtesten entstehen einfach durch Abstoppen der Gärung oder Zusetzen von süßem Traubenmost – bringt Sémillon auch in den nahegelegenen Appellationen Cadillac, Cérons, Loupiac und Ste-Croix-du-Mont hervor.

In quantitativer Hinsicht ist die gängigste Ausdrucksform, die der Sémillon findet (außer als einfacher Wein in Chile), Hauptbestandteil im einfachen weißen Bordeaux zu sein. Die besten der Art bestehen üblicherweise aus Sémillon mit einem gewissen Anteil der beiden anderen «edlen» Traubensorten Sauvignon Blanc und MUSCADELLE, formal aber darf der Verschnitt bis zu 30% von dem wenig charaktervollen UGNI BLANC (TREBBIANO) sowie COLOMBARD und auch die nicht so verbreiteten Sorten MERLOT Blanc, Ondenc und Mauzac enthalten. Mit wenig Sorgfalt bereiteter Sémillon aus Bordeaux zeigt sich freilich bei hohen Erträgen und viel Schwefelung, aber wenig Charakter, Säure und Fülle recht nichtssagend.

Wie Sauvignon Blanc ist Sémillon in vielen Appellationen für trockenen und süßen Weißwein in Südwestfrankreich zugelassen, in qualitativer Hinsicht macht sich das jedoch am stärksten in Monbazillac bemerkbar. Im Département Dordogne ist Sémillon dank seiner (allerdings zurückgehenden) Verbreitung in Bergerac noch immer die meistangebaute Rebsorte; er führt vor Merlot fast im Verhältnis von 2:1. In den meisten Appellationen der Provence ist Sémillon formell zugelassen; in den Weinbaugebieten des Midi, wo es auf kräftige Säure ankommt, ist er dagegen nicht stark vertreten.

Eine weitere große Einflußsphäre hat Sémillon in Südamerika im allgemeinen und in Chile im besonderen, wo er auf einer Anbaufläche von über 2700 ha einfachen Wein erbringt, der allerdings nur selten über die Landesgrenzen hinausgelangt. In Argentinien verfügt Sémillon zwar über mehr als 2000 ha, hat aber gegenüber anderen Weißweinrebsorten relativ geringe Bedeutung.

In Nordamerika wird Sémillon eher über die Schulter angesehen; ihm fehlt das Image des Sauvignon Blanc, und doch benutzen ihn viele Erzeuger, um diesem mehr Gewicht zu verleihen. In Kalifornien werden auf 800 ha meist hohe Sémillon-Erträge angestrebt, und in einigen Fällen sind mit der Sorte Experimente zur Erzeugung edelsüßer Weine nach dem Vorbild von Sauternes gemacht worden. Eine gewisse Chance hat Sémillon dadurch, daß er dem Sauvignon in Meritage-Verschnitten nach dem Muster von weißem Bordeaux einiges Gewicht verleiht. Seit jeher liefert das Livermore Valley die beste Frucht, aber auch in Napa und Sonoma und im Santa Ynez Valley gedeiht Sémillon stellenweise durchaus gut. Darüber hinaus ist er auch im Staat Washington relativ stark vertreten, wo er oft Sauvignon-ähnliches grasiges Aroma zeigt.

In Osteuropa (v.a. in Kroatien) ist die Sorte zwar verbreitet, hat aber keine große Bedeutung. Eine besonders glorreiche Vergangenheit hatte Sémillon dagegen in Südafrika und Australien. 1822 waren 93% der südafrikanischen Rebfläche mit der aus Bordeaux importierten Rebe besetzt. So stark war der Sémillon damals hier verbreitet, daß er einfach Wyndruif (Weintraube) genannt wurde. Später trug er dann seines auffallend grünen Laubs wegen den Namen Green Grape, doch inzwischen ist seine Bedeutung so stark zurückge-

Sémillon

gangen, daß auf **Semillion**, wie er nun gelegentlich auch genannt wird, nur noch knapp 1% der Rebfläche am Kap entfällt.

In Australien wird Sémillon auch heute noch relativ stark angebaut, obwohl ihn gegen Ende der 1980er Jahre sowohl Chardonnay als auch Sauvignon Blanc überholt haben. Er scheint sich im australischen Weinbau ziemlich früh etabliert zu haben; möglicherweise gelangte er von Südafrika aus hierher. Sein Hauptanbaugebiet liegt in Neusüdwales, wo er einerseits im Hunter Valley außerordentlich haltbare, körperreiche trockene Weißweine oder andererseits in den Bewässerungsgebieten im Inneren des Landes eher kommerzielle Gewächse, darunter aber auch hier und dort eine wundervolle süße Version, hervorbringt. Nur die besten Flaschen aus dem Hunter Valley und aus Bordeaux verleihen der Fähigkeit des Sémillon, sich über lange Zeit zu entfalten und dabei oft eine Farbe von tiefem Orange zu erreichen, den rechten Ausdruck. Allerdings stellte es sich erst in den 1980er Jahren heraus, daß den größten Weinen aus dem Hunter Valley tatsächlich Sémillon zugrunde lag. Bis dahin wurden sie – je nachdem, welcher Stil am besten dazu paßte – «Hunter Riesling», «Chablis» oder «White Burgundy» genannt.

In kühleren Gegenden Australiens, beispielsweise in Tasmanien und im Süden Westaustraliens, zeigt Sémillon dagegen oft dieselbe Grasigkeit wie im US-Staat Washington. In Neuseeland verfügt die Sorte über eine Anbaufläche von etlichen hundert Hektar, und in Gisborne sind dem Sémillon inzwischen einige interessante Süßweine abgewonnen worden.

Am Ende des 19. Jh. wurde Sémillon auch in das heutige Israel gebracht und leistete dort seinen Beitrag zur Einrichtung des Weinbaus.

SERCIAL Anglisierter Name der portugiesischen Weißweinrebsorte CERCEAL, die früher auf der Insel Madeira verbreitet angebaut wurde. Der Ausdruck bezeichnet inzwischen eher den leichtesten, trockensten, zartesten Madeira-Stil als die Rebsorte, von der er ursprünglich stammt. Die Traube reift ziemlich spät und behält auch im Reifezustand gute Säure (sortenreiner Sercial-Madeira – eine Rarität – braucht oft viele Jahrzehnte Reifezeit). Nach der Reblaus-Epidemie war die Sorte unter dem Namen ESGANA CÃO eher im portugiesischen Mutterland anzutreffen als auf der Insel, inzwischen aber wird sie wieder stärker angepflanzt. Die Bewertung bezieht sich auf Madeira.

SERVANIN Alte, im Aussterben begriffene Rebsorte an der Isère.

SEVERNY Russische Rebsorte, gezüchtet am Potapenka-Institut auf der Grundlage eines Malengra-Sämlings und eines Mitglieds der berühmt frostharten, in der Mongolei heimischen Spezies *Vitis amurensis*. Siehe auch SAPERAVI Severny und CABERNET SEVERNY.

In Kanada, wo die Winter ebenso streng sind wie in Rußland, werden in kleinerem Rahmen Versuche mit einer Severny-Rebsorte gemacht.

SEYVAL BLANC, SEYVE VILLARD 5276 Die bedeutendste der vielen von Bertille Seyve und seinem Partner und Schwiegervater Victor Villard in Frankreich zu Beginn des 20. Jh. gezüchteten Hybridreben. Es handelt sich um eine Kreuzung zwischen zwei SEIBEL-Hybriden, die früh austreibt und reift, was besonders in kühlen Gegenden, z. B. in England und im Staat New York, als vorteilhaft empfunden wird. In England ist sie nach MÜLLER-THURGAU die zweitmeist angebaute Rebsorte, und im Staat New York hat sie ihren Platz in allen Weinbaugegenden. Ihr Wein kann im Eichenfaß ausgebaut und durch malolaktische Säureumwandlung gemildert werden oder zur Erzielung eines sauberen, fruchtigen Stils im Edelstahltank reifen. Die Traube ist ziemlich neutral im Geschmack, weist aber nicht die geringste *Vinifera*-fremde Note auf.

SEYVE-VILLARD Eine Serie französischer Hybriden, die von dem Züchter Villard auf der Grundlage der Hybride Joannes Seyve entwickelt wurde. In Frankreich gab es gegen Ende der 1980er Jahre eine Anbaufläche von über 3000 ha mit verschiedenen Seyve-Villard-Sorten, meist für roten Vin de Table. Die vielleicht berühmteste ist jedoch SEYVAL BLANC.

🍇 **SHIRAZ** Der australische (und südafrikanische) Name der SYRAH-Traube ist dem Verbraucher inzwischen wahrscheinlich vertrauter als der ursprüngliche von der Rhône (in Italien wird sortenreiner Syrah manchmal aus rein kommerziellen Gründen als Shiraz bezeichnet), denn französische Weinerzeuger üben mit der Angabe der Rebsorte, so edel sie auch sein mag, bekanntlich große Zurückhaltung.

Shiraz wurde, seinerzeit unter dem Namen Scyras, vermutlich 1832 von James Busby nach Australien gebracht, und zwar möglicherweise von Montpellier aus. Er gedieh so großartig, daß er in Neusüdwales bereitwillige Aufnahme fand und sich von dort aus wie ein Buschbrand ausbreitete.

Die weite Verbreitung von Shiraz in Australien (mit 7000 ha verfügte er 1994 über fast ein Drittel der australischen Anbaufläche für Rotweinrebsorten) trug allerdings nicht dazu bei, ihm den Respekt zu verschaffen, der ihm als Syrah in seiner Heimat entgegengebracht wird, und in den 1970er Jahren war CABERNET SAUVIGNON sehr viel höher angesehen. Eine wiederentdeckte Wertschätzung der Weine alter Shiraz-Reben aus unbewässerten Weinbaugegenden hat inzwischen Shiraz wieder ins Rampenlicht gerückt. Besonders gut bewährt sich die Sorte im Barossa Valley in Südaustralien, im Hunter Valley in Neusüdwales und in einer Reihe von Weinbaubereichen in Victoria, wo kühlere Wachstumsbedingungen einen pfefferigen Stil begünstigen. Heute trifft man australischen Shiraz in allen Varianten, vom braunen, sonnengedörrten und doch dünnen Alltagsrotwein bis hin zu glorreicher, fast portweinähnlicher Konzentration, wie sie der berühmteste australische Wein, Penfolds Grange, aufweist. Wie Hermitage der Spitzenklasse kann auch dieses auf Syrah beruhende Gewächs nach 20 Jahren Flaschenreife erstaunlich stark einem Bordeaux ähneln.

Als Rebe ist Shiraz mit Syrah identisch. Die von diesen beiden gewonnenen Weine unterscheiden sich jedoch beträchtlich: Die australischen Versionen sind viel süßer und reifer im Geschmack und erinnern eher an Schokolade als an die mit Syrah-Weinen von der Rhône verknüpften Nuancen von Pfeffer und anderen Gewürzen.

Der Name Shiraz erscheint auf der großen Mehrzahl aller australischen Rotweinetiketten, einmal in sortenreinem Glanz, ein andermal in Verbindung mit (meist) Cabernet Sauvignon – entweder als Cabernet Shiraz oder als Shiraz Cabernet, je nachdem, welche der beiden Sorten den größeren Anteil an dem betreffenden Wein hat.

SHIROKA MELNISHKA Siehe MELNIK.

🍇 **SIDERITIS** In begrenztem Umfang bei Patra angebaute griechische Rebsorte. Sie wird oft mit RODITIS verschnitten.

🍇 **SIEGERREBE** Eine deutsche Neuzüchtung, die ihrem Namen insofern Ehre macht, als sie alle Reifegradrekorde schlagen kann, doch der eher säurearme Weißwein, den sie hervorbringt, ist so vollmundig und starkwürzig, daß es manchmal schwerfällt, ihn zu trinken. Die Sorte ist eine Kreuzung zwischen GEWÜRZTRAMINER und einer roten Tafeltraube und hat nachweislich schon doppelt soviel Öchslegrade erreicht, wie für eine Trockenbeerenauslese erforderlich ist. Die Siegerrebe ist wegen ihrer Anfälligkeit für Verrieseln allerdings eine der wenigen nicht besonders ertragreichen deutschen Neuzüchtungen («nur» 40–50 hl/ha). Brauchbar ist sie eigentlich nur als bereichernde Zutat in Verschnitten, wobei auf sparsame Beimischung geachtet werden muß – ihr auffälliger Geschmack ist so stark, daß ein Riesling schon von 10% Siegerrebe völlig erschlagen wird. Die deutsche Anbaufläche der Sorte belief sich 1990 noch auf über 200 ha, vorwiegend in Rheinhessen und der Pfalz, es wird jedoch mit weiterem Rückgang gerechnet. In England hat sich die Siegerrebe als Polster für Verschnitte einigermaßen bewährt.

🍇 **SILVANER** In Mitteleuropa, v.a. in Deutschland verbreitete Rebsorte. Der Name deutet auf Herkunft aus den Wäldern hin; die Geschichte der Rebe reicht in Osteuropa, wo sie vermutlich zunächst als Wildrebe wuchs, weit in die Vergangenheit zurück. Möglicherweise lagen die Ursprünge im heutigen Österreich (allerdings wird die Rebe dort kaum noch angebaut), und mit Gewißheit kam sie von den Ufern der Donau nach Deutschland (früher lautete ein gebräuchliches Synonym «Österreicher»). Es wird jedoch auch vermutet,

Grüner Silvaner

daß die Rebe aus Siebenbürgen stammen könnte. Auf jeden Fall kam sie von Osten her nach Deutschland; eine Rebe namens Silvaner war in den ausgedehnten mittelalterlichen Weinbaugebieten Deutschlands stark verbreitet. Aus dem Jahr 1659 ist ihr Eintreffen von Österreich her in Franken belegt, und noch heute bildet Silvaner die zweitmeist angebaute Rebsorte dieses Anbaugebiets. Die größte Popularität erreichte der Silvaner in der ersten Hälfte des 20. Jh., als er den ELBLING als meistangebaute Rebsorte Deutschlands verdrängte; später mußte er die Führungsstellung dann allerdings an den ertragreicheren, noch früher reifenden und an die Lage nicht so hohe Ansprüche stellenden MÜLLER-THURGAU abgeben, kann aber viel rassigeren Wein hervorbringen als dieser. In Deutschland heißt die Traube offiziell **Grüner Silvaner,** in Frankreich und in Österreich dagegen SYLVANER.

Die wuchskräftige Rebe treibt einige Tage früher aus als der RIESLING und ist daher für Frühjahrsfröste empfindlich. Als besonders krankheitsresistent ist Silvaner zwar nicht bekannt, wohl aber für gute Erträge. Das Hauptmerkmal seines Weins besteht in kräftiger Säure, die zwar allgemein etwas weniger ausdrucksstark ist als bei Riesling, durch den Mangel an Körper und Struktur beim Silvaner aber mehr in Erscheinung tritt. (Bezeichnenderweise lautet der deutsche Name für den insbesondere wegen seines starken Aromas und seiner kräftigen Säure bemerkenswerten SAUVIGNON BLANC «Muskat-Silvaner».) Wenn die Erträge nicht zu hoch getrieben werden, kann der Silvaner eine neutrale Grundlage bieten, auf der geographisch bedingte Geschmackscharakteristiken gut zur Geltung kommen, doch die Sorte zeichnet sich weder durch Langlebigkeit noch durch besonders hohe Mostgewichte aus.

Die feinsten, erdigsten und spritzigsten deutschen Silvaner kommen größtenteils aus Franken, wo der Riesling nur mit Schwierigkeiten zur Reife gelangt. Hier hat sich der in Deutschland wie in Kalifornien auch gelegentlich als Franken-Riesling bezeichnete Silvaner seine Popularität bewahrt und bringt erregende Konzentration und sogar hochinteressante liebliche Spätlesen zustande. In anderen Gegenden wird er systematisch durch modischere Rebsorten ersetzt. Etwa die Hälfte der deutschen Silvaner-Bestände befindet sich in Rheinhessen (hier gibt es im Norden des Anbaugebiets einige besonders gut geeignete Lagen), die andere Hälfte steht größtenteils in Franken und der Pfalz.

In Anbetracht der verläßlich frühen Reife und guter Erträge ist der Silvaner auch als Grundlage vieler deutscher Neuzüchtungen herangezogen worden, u. a. BACCHUS, EHRENFELSER, MORIO-MUSKAT, OPTIMA, RIESLANER und SCHEUREBE. Er ist gut an das deutsche Klima angepaßt, in seinen Lagenansprüchen aber weniger vielseitig als Riesling, dafür in vielen Fällen rentabler als dieser.

Außerhalb Deutschlands kommt dem Silvaner in Slowenien relativ große Bedeutung zu, und er ist über ganz Osteuropa verbreitet. Als **Sylvaner Verde** wird er auch in Südtirol kultiviert und erbringt leichte, säuerliche Weine, die jung getrunken sein wollen.

Im Schweizer Kanton Wallis, wo der Silvaner die zweitmeist angebaute Rebsorte darstellt, heißt er **Johannisberg** oder **Gros Rhin** oder kurz **Grüner**. Hier erscheinen seine Weine im Vergleich mit dem in der französischen Schweiz so stark verbreiteten, früher reifenden CHASSELAS ausgesprochen üppig.

Trotz ihres so nützlich hohen Säuregehalts wird die Sorte in der Neuen Welt nicht oft angebaut; zu Beginn der 1990er Jahre gab es in Kalifornien noch 75 ha «Sylvaner», hauptsächlich in Monterey, und in Australien betrug die «Sylvaner»-Anbaufläche knapp 120 ha.

Der **Blaue Silvaner**, eine Lokalspezialität in Württemberg, stellt eine Mutation mit dunklen Beeren dar.

SIRAH Manchmal fälschlich gebrauchtes Synonym für PETITE SIRAH in Südamerika; nicht zu verwechseln mit der echten SYRAH von der nördlichen Rhône.

SMEDEREVKA Im Süden des ehemaligen Jugoslawien quantitativ bedeutsame Rebsorte; dort stand sie vor dem Kriegsausbruch 1991 hinter dem WELSCHRIESLING an zweiter Stelle unter den Weißweinrebsorten. Ihren Namen hat sie von der Stadt Smederevo südlich von Belgrad; sie ist vor allem in Serbien und der Woiwodina stark verbreitet. Die Weine dieser Traube sind meist trocken, relativ alkoholstark und säurereich und werden oft mit anderen Sorten verschnitten. In viel geringerem Umfang wird Smederevka auch in Ungarn angebaut.

SOUSÃO oder **SOUZÃO** Im Douro-Tal (Portugal) verbreitet angebaute Rebsorte; sie gilt wegen ihrer Farbkraft und ihres in der Jugend vordergründigen Fruchtcharakters als brauchbare, allerdings etwas rustikale Zutat zum Portwein. Auch von Erzeugern von Weinen im Port-Stil in Kalifornien und Australien wird sie mit einigem Erfolg angebaut.

SOUSÓN Wenig verbreitete Traube in Galicien.

SPAGNOL Alte, um Nizza angebaute provenzalische Rebsorte.

SPANNA Lokalbezeichnung für NEBBIOLO im östlichen Piemont (Nordwestitalien), insbesondere um Gattinara.

SPÄTBURGUNDER In Deutschland gebräuchlichstes Synonym für PINOT NOIR.

SPÄTROT Synonym für ZIERFANDLER.

SPERGOLA In der Emilia (Oberitalien) gelegentlich gebrauchter Name für SAUVIGNON BLANC.

STEEN Der in Südafrika gebräuchliche Name für die dort verbreitet angebaute Variante von CHENIN BLANC.

STRACCIA CAMBIALE Synonym für BOMBINO BIANCO.

SUBIRAT PARENT In Penedès gebräuchliches Synonym für MALVASIA Riojana; dort erbringt sie auf 300 ha duftstarke Zutaten für Verschnittweine.

SULTANA Außerhalb Kaliforniens gebräuchlicher Name für THOMPSON SEEDLESS. Die vielseitige Sorte wird vor allem im Nahen Osten (woher sie stammt) und in Australien verbreitet kultiviert und liefert u. a. als **Sultanine** und **Sultanina** oder Kismis insbesondere Rosinen und Tafeltrauben; in Australien und Kalifornien wird bei Traubenknappheit ein Teil ihres Ertrags auch für die Weingewinnung abgezweigt. Sie erbringt zwar keinen interessanten, bei sorgfältiger Verarbeitung aber durchaus brauchbaren neutralen Tischwein. In Südafrika wird Sultana ebenfalls viel kultiviert und ist dort nach CHENIN BLANC die zweitmeist angebaute Rebsorte. Ein großer Teil des Ertrags geht in die Destillation oder wird zu Traubenkonzentrat verarbeitet.

SUMOLL Wenig verbreitete, im Bereich Conca de Barberá angebaute spanische Traube.

SUSUMAIELLO Lebendige, tiefdunkle Rotweintraube; sie ist über die Adria an den Absatz des italienischen Stiefels gelangt.

SVATOVAVRINECKE Tschechischer Name für ST. LAURENT.

SYLVANER Die in Frankreich übliche Schreibweise für SILVANER. Dort ist die Rebe allerdings praktisch nur im Elsaß bekannt, wo sie in den tiefergelegenen, flacheren, fruchtbareren Weinbergen im Département Bas-Rhin noch immer die meistangebaute Rebsorte darstellt (obwohl RIESLING und in geringerem Umfang auch GEWÜRZTRAMINER inzwischen stark aufholen). Die mit Sylvaner besetzte Anbaufläche von 2700 ha gehört im Elsaß des 20. Jh. zu den wenigen Konstanten.

Sylvaner ist zwar eine altehrwürdige Rebsorte und hatte zumindest in Deutschland früher überaus große Bedeutung, der Wein, den er im Elsaß hervorbringt, ist aber entschieden ausdrucksschwach, allerdings oft durchaus körperreich und mit guter Säure versehen, aber außer aus ganz besonders geeigneten Lagen (in denen vermutlich noch besserer RIESLING zustande käme) doch ohne große spezifische Geschmacksnuancen. Längere Aufbewahrung lohnt er nur, wenn er in schlankstem Stil bereitet wird wie vom Haus Trimbach.

SYMPHONY In Davis (Kalifornien) von Dr. H. P. Olmo gezüchtete Kreuzung zwischen GRENACHE Gris und MUSCAT OF ALEXANDRIA. Zu Beginn der

1990er Jahre kam sie in den Genuß einer gewissen Beliebtheit als halbtrockener Tischwein ähnlich wie MALVASIA Bianca sowie als Schaumwein. Von der kalifornischen Anbaufläche von insgesamt 80 ha befinden sich die erfolgreichsten Anpflanzungen im Sonoma County.

🍇 **SYRAH** Eine der edelsten Rotweinrebsorten, sofern Langlebigkeit ein Merkmal für Adel darstellt. Die Ursprünge der großartigen Rhône-Traube Syrah bilden den Gegenstand vieler Debatten und Hypothesen. Die Rebe ist relativ ertragreich und krankheitsresistent, empfindlich für Verrieseln, jedoch erfreulich spät im Austrieb und nicht zu spät in der Reife. Die tiefen, dunklen, dichten Qualitäten ihres charakteristisch nach schwarzem Pfeffer und verbranntem Gummi duftenden Weins werden stark beeinträchtigt, wenn die Erträge zu hoch getrieben werden, und sie neigt zu raschen Einbußen an Aroma und Säure, wenn sie zu lange am Weinstock bleibt.

Viele *vignerons* an der nördlichen Rhône unterscheiden zwischen einer kleinbeerigen, höherwertigeren Version, die sie Petite Syrah nennen (es besteht jedoch keine Verwandtschaft mit der in Nord- und Südamerika angebauten PETITE SIRAH) und einer mit größeren Beeren ausgestatteten Grosse Syrah, deren Weine eine geringere Konzentration an Phenolen aufweisen. Die Ampelographen allerdings lehnen eine solche Unterscheidung ab, den Weinliebhabern aber kann sie im Grunde nur recht sein. Die Gesamtkonzentration an Pigmenten kann in Syrah-Trauben bis zu 40 % höher liegen als bei der strengen, dunklen CARIGNAN; das bedeutet, daß ihr Wein im allgemeinen für lange Reifezeit geeignet ist und gut auf Eichenfaßausbau anspricht – bei höchster Reife können es sogar neue Eichenfässer sein.

Die berühmtesten, mustergültigsten Syrah-Weine – Hermitage und Côte Rôtie – zeichnen sich durch Langlebigkeit oder bei den neueren Erzeugern durch Ambition aus. Von allen Syrahs von der nördlichen Rhône können nur der St-Joseph und der Crozes-Hermitage mit Sinn und Genuß schon in den ersten fünf Jahren getrunken werden; die besseren Weine von Cornas lohnen längere Flaschenreife sogar noch schöner als mancher Hermitage. Syrah-Wein von nicht voll ausgereiften

Syrah

Trauben ist oft nichts weiter als dünn, sauer und adstringierend. In den Randbezirken der Rhône, beispielsweise an der Ardèche, entgeht Syrah diesem Geschick oft nur in den reifsten Jahren.

Bis in die 1970er Jahre wurde Syrah in Frankreich nur in den sehr begrenzten Bereichen an der nördlichen Rhône angebaut und stand der Fläche nach weit hinter den Syrah-Beständen in ihrer zweiten Heimat, Australien, zurück, wo sie den Namen SHIRAZ trägt. Inzwischen hat Syrah jedoch in ganz Südfrankreich einen derartigen Zuwachs an Popularität erlebt, daß sich die Anbaufläche von 2700 ha im Jahr 1968 in 20 Jahren genau verzehnfacht hat. Die Zunahme war überall an der südlichen Rhône erkennbar, vor allem im Bereich Châteauneuf-du-Pape, wo Syrah immer mehr geschätzt wird, weil sie Grenache höhere Lebenserwartung verleiht. Noch spektakulärer aber war der Zuwachs weiter westlich im Languedoc, insbesondere in den Départements Gard und Hérault, wo Syrah geradezu enthusiastisch als offiziell anerkannte «Verbesserungsrebsorte» begrüßt worden ist, die sowohl dem Coteaux du Languedoc als

auch vielen Vins de Pays zu festerer Struktur verhilft. 1993 belief sich die Anbaufläche von Syrah im Languedoc-Roussillon allein auf 24 000 ha, wodurch sie hinter CARIGNAN, GRENACHE, CINSAUT und ARAMON die fünftmeist angebaute Rebsorte war. Oft ist Syrah für die erfolgreichsten sortenreinen Weine aus dem Midi – meist als Vin de Pays d'Oc – verantwortlich. Weit höhere Erträge, als sie am trockenen Hermitage-Berg üblich sind, sorgen jedoch dafür, daß die von der nördlichen Rhône her vertraute Charakteristik einigermaßen verwässert wird. Auch bleibt Syrah an der nördlichen Rhône meist für sich, höchstens wird etwas VIOGNIER beigemischt, während sie im Süden gewöhnlich mit Grenache, vielleicht auch MOURVÈDRE und Cinsaut verschnitten wird. In der Provence tritt die eher australische Mischung von Syrah mit CABERNET SAUVIGNON immer häufiger in Erscheinung, und auf Korsika bewährt sich Syrah auf einer Rebfläche von über 200 ha als eine der besten importierten Edelreben.

Eine weitere Stelle, an der die Syrah-Traube ganz unerwartet mit reifem, konzentriertem Wein hervortritt, ist das Wallis, insbesondere um den sonnenverwöhnten Ort Chamoson am Oberlauf der Rhône. Hier werden mit manchmal großartigem Erfolg die klassischen Techniken der nördlichen Rhône angewendet. Spaniens erster kommerzieller Syrah kam 1995 aus Weinbergen bei Toledo. Auch Italien hat seinen Flirt mit Syrah – am erfolgreichsten bisher in Isola e Olena in der Toskana.

Syrah verlangt, um voll zur Reife gelangen zu können, ein warmes Klima, und das setzt ihrer Verbreitung von vornherein Grenzen, doch in Kalifornien bewährt sie sich an manchen Stellen überaus gut. Es hat lange gedauert, bis die Kalifornier zwischen der echten Syrah und der Petite Sirah unterschieden, und noch länger dauerte es, bis geeignetes Pflanzengut importiert wurde. So belief sich die Rebfläche, ungeachtet der Tatsache, daß die Traube wie alles von der Rhône inzwischen groß in Mode ist, im Jahr 1992 auf lediglich 160 ha. Eindeutiges Potential besteht für Syrah auch im Staat Washington.

In Südafrika betrug die Anbaufläche der Sorte im Jahr 1992 knapp 900 ha, v.a. in Paarl und Stellenbosch; die Ergebnisse sind vielversprechend, sofern die Erträge im Zaum gehalten werden. Kleine Bestände bewähren sich auch in Chile und Argentinien, wo die Sorte den Namen **Balsamina** trägt – kein unpassendes Synonym für diese starkduftige Traube.

SZÜRKEBARÁT In Ungarn gebräuchlicher Name für den dort verbreitet angebauten PINOT GRIS. Mit seiner schwach entwickelten Säure bringt er allerdings insbesondere in der Großen Tiefebene oft etwas flaue Weine hervor. Das höchste Ansehen genießt er als Badacsonyi Szürkebarát, ein voller, schwerer Wein vom Nordufer des Plattensees. In den Ausläufern des Mátra-Gebirges kommen dagegen lebendigere Weine von dieser Sorte zustande.

T

TALIA Siehe THALIA.

TAMAREZ In Portugal gebräuchlicher Name für eine ganze Reihe Weißweinrebsorten, um die es noch einige Verwirrung gibt.

TĂMÎIOASĂ Rumänischer Name für MUSCAT. So steht **Tamîioasa Alba** für MUSCAT BLANC À PETITS GRAINS, **Tamîioasa Hamburg** oder **Tamîioasa Neagra** für MUSCAT HAMBURG und **Tamîioasa Ottonel** für MUSCAT OTTONEL.

TĂMÎIOASĂ ROMÂNEASCĂ Alte Rebsorte in Rumänien; sie hatte Anfang der 1990er Jahre dort eine Rebfläche von über 1000 ha inne. Sie zeichnet sich durch aristokratische, starkduftige Art aus und eignet sich hervorragend für süße Weißweine mit echter Eigenständigkeit. In Bulgarien wird sie als **Tamianka** angebaut, und in Deutschland trägt sie den aufschlußreichen Namen **Weihrauchtraube**.

TAMINGA Eine von A. J. Antcliff speziell für die Verhältnisse in Australien gezüchtete, relativ neue Rebsorte (siehe auch TARRANGO). Taminga gelangt in ganz unterschiedlichen Lagen gut zur Reife und erbringt große Erträge an Wein in annehmbarer Qualität.

TAMYANKA Russisches Synonym für den hochfeinen MUSCAT BLANC À PETITS GRAINS.

TANNAT Die strenge Rotweinrebsorte ist vor allem als Bestandteil des Madiran bekannt; ihre adstringierende Art wird durch Beimischungen von CABERNET FRANC, etwas CABERNET SAUVIGNON sowie FER und durch mindestens 20monatigen Faßausbau gemildert. Tannat-Wein ist in der Jugend oft so dunkel und tanninreich, daß er an NEBBIOLO erinnert, er ist aber stets würzig, vollmundig und hochinteressant. Die Sorte wird auch im Côtes de St-Mont, Irouléguy, Béarn sowie in den raren Rot- und Roséweinen von Tursan mitverarbeitet, und in manchen anderen Weinen, z. B. Côtes du Brulhois, ist Tannat ein kleinerer Bestandteil im Mischungsrezept.

Die Anbaufläche der Sorte befindet sich in Frankreich insgesamt im Rückgang und belief sich 1988 noch auf knapp 3000 ha. Der französische Name mag vielleicht dem hohen Tanningehalt zuzuschreiben sein, die Rebe ist jedoch mit größter Wahrscheinlichkeit baskischen Ursprungs und wurde zusammen mit MANSENG von baskischen Auswanderern im 19. Jh. nach Uruguay mitgenommen. Dort hat sie unter dem Namen **Harriague** (vermutlich nach dem ersten Anbauer) heute noch eine Rebfläche von mehreren tausend Hektar inne. Von hier aus gelangte sie auch nach Argentinien, wo sie allerdings nur in sehr geringem Umfang kultiviert wird.

TARRANGO In den 1960er Jahren in Australien gezüchtete Kreuzung TOURIGA × SULTANA; mit ihr sollte eine langsam reifende Traubensorte geschaffen werden, die sich für die Produktion von leichten, milden, früh trinkreifen, relativ frischen Rotweinen etwa im Beaujolais-Stil eignet. Doch die Traube kommt nur in den heißen Bewässerungsgebieten ausreichend zur Reife. Das Haus Brown Brothers in Milawa befaßt sich besonders nachhaltig mit ihr. Weitere von A. J. Antcliff für die australischen Verhältnisse gezüchtete Sorten sind Carina und Merbein Seedless für die Rosinenproduktion sowie Tulillah, Goyura und TAMINGA für die Weißweinerzeugung.

TAZZELENGHE Zungenbeißend herbe Spezialität im äußersten Nordosten Italiens, besonders in den Colli Orientali.

TEINTURIER Französische Bezeichnung für jede rotfleischige Färbertraube. Das spanische Pendant ist **Tintorera**.

TEMPRANILLO Die Rebsorte, die vielen spanischen Rotweinen ein kräftiges Rückgrat verleiht, ist gewissermaßen Spaniens Antwort auf den CABERNET SAUVIGNON. Die Trauben haben dickschalige Beeren und können dunkle, langlebige Weine hervorbringen, die – für spanische Verhältnisse ungewöhnlich – nicht übermäßig alkoholstark sind.

Das spanische Wort *temprano* bedeutet früh; so verdankt der Tempranillo seinen Namen vermutlich der Eigenschaft, früh zu reifen, nämlich bis zu zwei Wochen vor Garnacha (GRENACHE), mit der er in seinem bedeutendsten Wein, dem Rioja, fast stets verschnitten wird. Der relativ kurze Wachstumszyklus (Tempranillo ist im Austrieb weder früh noch spät) ermöglicht seinen Anbau im oft strengen Klima der höhergelegenen, vom Atlanik her klimatisch stärker beeinflußten Bereiche Rioja Alta und Rioja Alavesa, wo bis zu 70% des gesamten Rebenbestands auf Tempranillo entfallen. Seit jeher wird er in weit voneinander entfernten Büschen gezogen; da er aber kräftig und aufrecht wächst, spricht er gut auf neuere Versuche an, ihn strenger an Drähten zu erziehen.

Tempranillo-Weine aus relativ kühlen Gegenden, wo die Tendenz zu etwas säurearmen Mosten sich vorteilhaft auswirkt, sind oft lange haltbar. An Geschmacksnuancen sind Tabakblätter, Gewürze und Leder zu entdecken, und viele auf Tempranillo beruhende Weine sind mindestens ebensosehr von Eichenholznoten bestimmt wie von Frucht. Zum großen Teil wird Tempranillo mit saftigen Traubensorten verschnitten: in Rioja mit GARNACHA, Mazuelo (CARIGNAN) und Viura (MACABEO). In Penedès dient Tempranillo unter dem katalonischen Namen **Ull de Llebre** bzw. dem spanischen Namen **Ojo de Liebre** zur Kräftigung und Dunkelfärbung des dortigen Monastrell (MOURVÈDRE). In Valdepeñas, wo Tempranillo als **Cencibel** die dominierende Rebsorte darstellt, wird der hier nicht gerade noble und langlebige, oft mit Eichenspänen versetzte Wein meist durch Beimischung von weißen Traubensorten gemildert. Darüber hinaus wird Tempranillo auch in La Mancha, Costers del Segre, Utiel-Requena und zunehmend in Navarra und Somontano kultiviert. Die ideale Gegend für die Sorte scheint allerdings der kühle Bereich Ribera del Duero nördlich von Madrid zu sein, wo sie als Tinto Fino die bei weitem meistangebaute Rebe ist. Hier bringt sie Weine voll tiefer Farbe, Tannin, Säure und großer Geschmacksfülle hervor, kann aber dennoch mit Cabernet Sauvignon, Grenache und ALBILLO gewürzt werden.

In Nord- und Zentralspanien hat Tempranillo derart festen Fuß gefaßt, daß seine Anbaufläche Anfang der 1990er Jahre insgesamt 87 800 ha betrug; damit nahm er nach Garnacha, Monastrell und BOBAL den vierten Platz unter den meistangebauten Rotweinrebsorten Spaniens ein.

Der Erfolg des Vega Sicilia und des Pesquera aus Ribera del Duero ist so groß, daß nun auch Weinerzeuger außerhalb Spaniens von Tempranillo Notiz nehmen. Jenseits der Pyrenäen, wo er im Languedoc-Roussillon, vor allem im Département Aude, offiziell empfohlen wird (allerdings nicht für Appellation-Contrôlée-Weine), betrug seine Rebfläche am Ende der 1980er Jahre bereits 2500 ha.

Tempranillo ist eine der wenigen spanischen Rebsorten, die auch in Portugal Fuß gefaßt haben – dort ist er als **(Tinta) Roriz** bekannt und bildet einen geschätzten, wenn auch nicht übermäßig ausdrucksstarken Bestandteil in Portweinverschnitten. Am Douro, flußabwärts von Ribera del Duero, beweist die Traube ebenfalls ihre Stärke für Tischwein, und sie wird auch am Dão – dort oft als **Tinta Aragonez** – zunehmend kultiviert.

In Argentiniens Weinbau spielt die Traube als **Tempranilla** mit wahrscheinlich wegen Überbewässerung recht leichten Rotweinen eine ziemlich bedeutende Rolle, verliert aber inzwischen gegenüber marktgängigeren Sorten an Boden, so daß sich 1990 die hauptsächlich in Mendoza gelegene Anbaufläche nur noch auf 7500 ha belief.

In Kalifornien steckt mit größter Wahrscheinlichkeit Tempranillo hinter der durchaus nicht in Mode befindlichen säurearmen Traubensorte Valdepeñas, von der es 1992 vor allem im Central Valley noch 200 ha gab.

Selbstverständlich gehört der Tempranillo dank seiner Starrolle im Rioja, einem der berühmtesten und markantesten Weine der Welt, zum festen Bestand aller Versuchsrebschulen. Deshalb ist auch damit zu rechnen, daß sich die wirtschaftliche Bedeutung dieser Sorte ausweiten wird.

TÉOULIER Alte Rebsorte in Südostfrankreich; ihren Synonymen nach zu schließen dürfte sie aus

Manosque stammen. Heute ist sie nur noch selten anzutreffen.

TERAN Name einer Subvarietät der in Friaul als REFOSCO bekannten Rotweinrebsorte.

TERMENO AROMATICO Siehe GEWÜRZTRAMINER.

TEROLDEGO ROTALIANO, manchmal kurz **Teroldego**. Die fast ausschließlich auf der Rotaliano-Ebene im Trentino (Norditalien) heimische Rebsorte erbringt dort tiefdunkle, seriöse, aber lebendige, fruchtige Rotweine mit relativ wenig Tannin, die jung getrunken sein wollen.

TERRANO Anderer Name für Teran bzw. REFOSCO.

TERRANTEZ Eine heute leider fast ausgestorbene, früher hochgeschätzte Madeira-Rebsorte mit vollen, duftigen Weinen.

TERRET Die Rebsorte, eine der ältesten im Languedoc, hat wie der PINOT im Lauf der Zeit zahlreiche Mutationen in verschiedenen Farben hervorgebracht, die oft an einem einzigen Weinstock vorzufinden sind. Galet behauptet sogar, in einer einzigen Traube verschiedenfarbige Beeren angetroffen zu haben. Terret treibt erfreulich spät aus und bewahrt seine Säure gut.

TERRET GRIS Im Languedoc weitverbreitete Rebsorte; dort betrugen ihre Bestände 1988 über 5000 ha. Terret erbringt ziemlich körperreichen, manchmal mineralduftigen, von Natur aus frischen sortenreinen Wein, doch dem Namen der Rebe fehlt es international am magischen Klang. Obwohl die (nur selten einer amtlichen Anerkennung gewürdigten) hellen Terret-Sorten im Rückgang befindlich sind, stellten sie zusammen am Ende der 1980er Jahre noch immer die neuntmeist angebaute Rebsorte Frankreichs dar und hatten 1993 im Languedoc dieselbe Verbreitung wie CHARDONNAY. Zugelassen sind sie in den Weißweinen des Minervois, von Corbières und in geringerem Maß der Coteaux du Languedoc.

Terret Blanc wurde früher in der Gegend von Sète speziell für die dort ansässige Branntwein- und Wermutindustrie angebaut (auch diese Sorte war wegen ihrer kräftigen Säure geschätzt).

TERRET NOIR Die Rotweinvariante von TERRET GRIS wird sehr viel weniger angebaut (1988 gab es nur noch knapp 800 ha). Im roten Châteauneuf-du-Pape ist sie eine von vielen zugelassenen Trauben und bringt brauchbare Struktur und interessante Art ein.

THALIA Portugiesischer Name der weitverbreiteten Rebsorte UGNI BLANC.

THINIATIKO Die auf der griechischen Insel Kephalonia gelegentlich anzutreffende, vielleicht mit MAVRODAPHNE verwandte Rebsorte liefert gehaltvolle Weine.

THOMPSON SEEDLESS Der in Kalifornien gebräuchliche Name der kernlosen weißen Traubensorte SULTANA, die mehr für die Rosinenproduktion als für die Weinerzeugung genutzt wird. Einer der ersten Anbauer der Sorte war William Thompson in der Nähe von Yuba City. In Kalifornien war Thompson Seedless im Jahr 1994 mit 110 000 ha die eindeutig meistangebaute Rebsorte und stellte CHARDONNAY (27 800 ha) weit in den Schatten. Fast der gesamte kalifornische Bestand an Thompson Seedless befindet sich im heißen, trockenen Central Valley, davon fast zwei Drittel allein im Fresno County, der Zentrale der kalifornischen Rosinenproduktion. In den 1970er Jahren erwies sich Thompson Seedless für den kalifornischen Weinbau als besonders nützlich, weil sie dazu beitrug, den Vorrat an billigem weißem Konsumwein zu strecken, als die Nachfrage dem Angebot an besseren Weißweintrauben davonlief.

TIBOUREN Die fast als die provenzalische Rebsorte schlechthin zu bezeichnende Traube hat dort eine lange Geschichte und bringt Weine hervor, die in Form von erdigen Rosés mit dem Duft des Wildgestrüpps *garrigue* geradezu die Quintessenz dieser Landschaft darstellen. Sie wird allerdings nur in beschränktem Umfang angebaut, ist empfindlich für Verrieseln und erbringt daher unregelmäßige Erträge. Die tief eingeschnittene Blattform erinnert Galet an Rebsorten des Nahen Ostens; möglicherweise wurde Tibouren von den Griechen über Marseille ins Land gebracht.

❦ **Timorasso** Rarität in Piemont; sie wird zu aromatischem, haltbarem Wein und zu Grappa verarbeitet.

tinta, Tinto Das Wort bedeutet im Spanischen und Portugiesischen eigentlich «gefärbt», steht bei Trauben und Wein aber für «rot».

❦ **Tinta Amarela** Ertragreiche portugiesische Rebsorte, früher am Douro und heute noch in der Region Dão verbreitet angebaut. Sie erbringt ansprechenden duftigen Wein, gilt aber nicht als eine der feinsten Portweintraubensorten und ist recht fäuleanfällig.

Tinta Bairrada Gelegentlich gebrauchter Name für BAGA.

❦ **Tinta Barroca** Die robuste Portweintraubensorte eignet sich besonders für das strenge Klima im Douro-Tal in Portugal. Die Erträge sind relativ gut, und die Rebe bringt zuverlässig auch bei Dürre brauchbare dunkle Trauben. Vielleicht aus diesem Grund ist sie auch in Südafrika für Port-ähnliche Weine besonders beliebt. Trockener Rotwein sortenrein von Tinta Barroca (auch **Tinta Barrocca**) ist eine südafrikanische Spezialität. Am Douro ist ihr Wein wegen seiner Delikatesse und seines süßen, sanft fruchtigen Aromas beliebt.

❦ **Tinta Carvalha** Ihrer reichen Erträge wegen verbreitet angebaute portugiesische Rebsorte; sie erbringt sehr dünne, einfache Rotweine.

Tinta de Toro Anderer Name für TEMPRANILLO.

❦ **Tinta Francisca** Eine Portweintraubensorte; ihr Wein ist oft ausgeprägt süß, aber nicht besonders konzentriert.

❦ **Tinta Madeira** Eine in den heißesten Gegenden Kaliforniens für Port-ähnliche Weine angebaute Traubensorte.

❦ **Tinta Negra Mole** Die bei weitem am häufigsten angebaute Rebsorte der Insel Madeira; ihre Herkunft ist zwar nicht bekannt, es handelt sich aber um eine echte *Vinifera*-Sorte (im Gegensatz zu den anderen Traubensorten, die nach den Verheerungen durch den Echten Mehltau und die Reblaus im 19. Jh. die Edelrebsorten SERCIAL, VERDELHO, BUAL und MALVASIA verdrängten). Sie erbringt relativ große Mengen an süßem Rotwein, der unter dem Einfluß der Madeira-Erzeugungsmethoden bernsteinbraun und später mit der Zeit gelbgrün wird. Unter dem gleichen Namen wird eine möglicherweise ganz andere Rebsorte auf dem portugiesischen Festland in der Algarve und als Negramoll in Spanien angebaut.

❦ **Tinta Pinheira** Sehr einfache portugiesische Rotweinrebsorte für die Produktion von rotem Dão.

Tinta Roriz Siehe RORIZ.

❦ **Tinto Cão** Hochwertige Portweinrebsorte; sie war aus den Weinbergen im Douro-Tal in Nordportugal (trotz ihrer langen Geschichte dort) schon fast verschwunden, wird nun aber wieder als eine der fünf wertvollsten Portweintrauben gepflegt. Sie liefert würzigen, aber nicht sehr dunklen Wein und neigt zur Oxidation. Am besten gedeiht sie an kühleren Stellen. In Davis in Kalifornien gibt es Versuchspflanzungen der Sorte.

Tinto del Pais Synonym für TEMPRANILLO.

Tinto Fino Im spanischen Bereich Ribera del Duero gebräuchlicher Name für die dort gut eingewöhnte TEMPRANILLO-Rebe.

❦ **Tocai** oder **Tocai Friulano** Die populärste und meistangebaute Weißweinrebsorte in der Region Friaul (Nordostitalien) ist nicht verwandt mit dem TOKAY D'ALSACE (dem Elsässer Synonym für PINOT GRIS, der als PINOT GRIGIO neben dem Tocai in Friaul wächst), und sie hat vermutlich auch nichts mit dem berühmten Tokajer aus Ungarn zu tun. In Italien hielt der Tocai im Jahr 1990 eine Anbaufläche von 7000 ha besetzt.

In Friaul erbringt die früh austreibende ertragreiche Rebe den einfachen Wein, der in jeder Trattoria ausgeschenkt wird. Über 2000 ha stehen in den DOC-Bereichen Colli Orientali, Collio, Grave del Friuli und Isonzo in Ertrag. Der Wein ist hell und leicht, blumig frisch und zeigt in Duft und Geschmack eine ausgeprägte Mandelnote; er will stets jung getrunken sein.

Im Veneto wird ebenfalls Tocai angebaut, der aber nicht mit Tocai Friulano identisch ist.

Italienische Autoritäten, insbesondere Gaetano Perusini, versichern, die Tocai-Rebe sei mit der ungarischen FURMINT-Rebe verwandt und von dem Grafen Ottelio di Ariis im Jahr 1863 ins Land gebracht worden, als Friaul noch zum österreichisch-ungarischen Kaiserreich gehörte. Dagegen behauptet der Historiker Coronini aus Friaul, der Patriarch von Aquileia, Bertoldo di Andechs, habe im 13. Jh. dem ungarischen König Bela IV. Stecklinge der Tocai-Rebe gesandt. Der Widerspruch ist bis heute nicht aufgelöst, doch unter ungarischem Druck haben sich die Italiener nun doch bereit erklärt, den Namen Tocai nicht mehr länger zu benutzen.

Galet zufolge ist die Sorte mit dem in Chile verbreitet angebauten SAUVIGNON VERT oder Sauvignonasse identisch. In beschränktem Umfang wird auch in Argentinien eine Rebsorte namens Tocai Friulano kultiviert, und in der Ukraine wird Sauvignon Vert angebaut.

TOKAY D'ALSACE oder kurz **TOKAY** So lautete im Elsaß lange Zeit der Name für PINOT GRIS; auf ungarischen Druck hin soll er jedoch aufgegeben werden. Tokay ist an anderen Stellen Frankreichs sowie in Australien auch ein Synonym für MUSCADELLE.

TORBATO Nicht weit verbreitete Spezialität auf Sardinien. Wie bei dem auf Sardinien als Cannonau bekannten GRENACHE Noir ist auch der Ursprung von Torbato umstritten, was auf die frühere Ausdehnung der Königreiche Mallorca und Aragón zurückzuführen ist. Viele Fachleute glauben, daß es sich um eine vor Jahrhunderten importierte spanische Rebsorte handelt. Besonders gute Ergebnisse liefert sie um Alghero; ihr Wein ist oft starkduftig und ziemlich körperreich.

Im Roussillon, wo sie als TOURBAT oder Malvoisie du Roussillon bekannt ist, wurde sie früher recht verbreitet angebaut, jedoch weitgehend aufgegeben, bevor in den 1980er Jahren neueres und gesünderes Pflanzengut aus Sardinien verfügbar wurde.

TORONTEL, TORONTÉS, TORRONTÉS Mehrere in der Spanisch sprechenden Welt zunehmend Anerkennung findende Weißweinrebsorten.

Torrontés ist der Name einer in Galicien (Nordwestspanien) heimischen Traube mit ausgeprägtem Eigengeschmack, die vor allem in den Weißweinen von Ribeiro eine große Rolle spielt. Dieselbe Sorte ist auch um Córdoba anzutreffen. Weit größere Bedeutung kommt dagegen mehreren Weißweinrebsorten zu, die in Argentinien unter dem Namen Torrontés im Jahr 1990 eine Rebfläche von 39 500 ha innehatten. Obwohl viele Einwanderer aus Galicien nach Argentinien kamen, ist eine definitive Verwandtschaft zwischen der spanischen und der argentinischen Torrontés nicht festgestellt worden. Bei vielen Fachleuten gilt die argentinische Torrontés als die aussichtsreichste Weißweinrebsorte des Landes. Bei sorgfältiger Verarbeitung erbringt sie früh trinkreife, nicht zu schwere Weine mit kräftiger Säure und interessantem Aroma, das an Muskateller erinnert, ihm aber doch nicht gleicht. Allerdings geht ein großer Teil der Erzeugung in Verschnitte ein. Die Traube hat sich offenbar besonders gut an die trockenen Anbaubedingungen Argentiniens angepaßt, wo sie sich durch kräftige natürliche Säure und eigenständigen Geschmack vorteilhaft von PEDRO GIMÉNEZ und UGNI BLANC abhebt, die beide immer noch eine größere Rebfläche als sie einnehmen.

Torrontés Riojano ist der Name der wichtigsten argentinischen Subvarietät; sie ist benannt nach der im Norden des Landes gelegenen Provinz La Rioja, wo sie die bei weitem meistangebaute Rebsorte darstellt. Die Heimat von **Torrontés Sanjuanino** ist dagegen die argentinische Provinz San Juan – diese Variante wird weit weniger kultiviert. Sie hat größere Beeren und kompaktere Trauben, ist aber nicht so stark aromatisch. In Chile trägt sie den Namen MOSCATEL DE AUSTRIA. Außerdem wird in den argentinischen Weinbaustatistiken noch eine relativ seltene Variante namens **Torrontés Mendocino**, auch **Torrontés Mendozino**, geführt, die in der Provinz Río Negro im Süden am stärksten verbreitet ist und kein Muskatelleraroma aufweist.

In Chile sind einige hundert Hektar Rebfläche mit einer Sorte namens **Torontel** besetzt.

TOURBAT Im Roussillon gebräuchlicher Name für TORBATO.

TOURIGA Australisches Synonym für TOURIGA NACIONAL; bei der in Kalifornien angebauten Touriga handelt es sich dagegen wahrscheinlich um TOURIGA FRANCESA.

TOURIGA FRANCESA Die robuste und feine Traube wird im Douro-Tal und in der Region Trás-os-Montes in Portugal verbreitet angebaut. Ungeachtet des Namens dürfte sie portugiesischen und nicht französischen Ursprungs sein. Sie gilt als eine der besten Portweinsorten, obwohl ihr Wein nicht ganz so konzentriert ist wie der von TOURIGA NACIONAL und nicht so geschätzt wie der von TINTA BARROCA und RORIZ, dafür aber durch Duftigkeit und nachhaltige Frucht besticht. Sie sollte nicht mit der weit weniger wertvollen portugiesischen Rebsorte TINTA FRANCISCA verwechselt werden.

TOURIGA NACIONAL Die für die Portweinproduktion am höchsten geschätzte Rebsorte erbringt im Douro-Tal und zunehmend auch in der Region Dão (Portugal) kleine Erträge an Trauben mit sehr kleinen Beeren, aus denen dunkle, tanninreiche, hochkonzentrierte Weine mit großer Geschmacksintensität entstehen. Die Rebe ist wuchskräftig und robust, aber ein Stock trägt nicht mehr als 300 g Frucht. Es gibt inzwischen ertragreichere neue Klone, die noch höhere Zuckergehalte erreichen. Touriga Nacional muß mindestens 20% der Mischung für den roten Dão ausmachen, doch eignet sich die Sorte offensichtlich besser für Vintage Port als für Tischwein. In geringem Umfang wird sie auch in Australien angebaut, wo sie lediglich **Touriga** genannt und dazu benutzt wird, aufgespriteten Weinen Finesse zu verleihen.

TRAJADURA Delikate, duftige Rebsorte in Portugal; sie bringt in den Vinho Verde Körper und Alkohol ein und wird oft mit LOUREIRO und gelegentlich mit ALVARINHO verschnitten. Jenseits der spanischen Grenze in Galicien heißt sie TREIXADURA.

TRAMINER, TRAMINI, TRAMINAC Der nicht ganz so aromatische, mit hellerer Beerenhaut versehene Vorläufer der rötlich überhauchten Weißweinrebsorte GEWÜRZTRAMINER hat seinen Namen von dem Weinort Tramin in Südtirol. In Mähren in der Tschechischen Republik wird die Sorte unter der Bezeichnung **Princ** angebaut. In verschiedenen Ländern, z. B. Deutschland, Italien, Österreich, Rumänien und in vielen Teilen der GUS sowie in Australien, wird Traminer auch als Synonym für Gewürztraminer gebraucht. Siehe auch SAVAGNIN.

TRBLJAN Im ehemaligen Jugoslawien, v. a. an der kroatischen Küste nördlich von Zadar relativ stark verbreitete Rebsorte mit einer Anbaufläche von insgesamt 3000 ha. Gelegentlich trägt sie auch den Namen **Kuć**.

TREBBIANO Der in Italien gebräuchliche Name der dort bei weitem meistangebauten Weißweinrebsorte UGNI BLANC. Kommt Trebbiano im Namen eines Weins vor, dann bedeutet dies fast stets ein leichtes, schlichtes, frisches, aber ausdrucksschwaches Gewächs. Die Rebsorte mit ihren goldenen, ja sogar bernsteinfarbenen Beeren trägt so reich und wird in Frankreich und Italien, den beiden größten Weinbaunationen der Welt, so verbreitet angebaut, daß sie vermutlich mehr Wein hervorbringt als irgendeine andere Rebsorte, obwohl AIRÉN und Garnacha (GRENACHE) aus Spanien jeweils eine größere Rebfläche innehaben. Trebbiano in seinen vielen Formen nimmt in Italien sogar eine größere Anbaufläche ein als SANGIOVESE. Er kommt in mehr DOC-Regeln (etwa 80) vor als irgendeine andere Traube und erbringt sicherlich allein über ein Drittel der gesamten italienischen Produktion an DOC-Weißweinen.

In Frankreich, wohin die Sorte auf den Wegen des mediterranen Handels gelangte, der im 14. Jh. zwischen italienischen und französischen Häfen florierte, ist sie als Ugni Blanc die meistangebaute Weißweinrebsorte. Die Tatsache, daß sie dort vor allem Grundwein für die Weinbrandherstellung liefert, bildet schon einen Hinweis auf den Charakter des Weins, den Trebbiano hervorbringt. Wie die meisten in Überfülle produzierten Weine ist auch er schwach in Extrakt und Ausdruckskraft, hat relativ geringen Alkoholgehalt, dafür aber brauchbar kräftige Säure.

Die ausnehmend wuchskräftige Rebe treibt spät aus und geht daher Spätfrösten meist aus dem Weg, was wiederum ihren hohen Erträgen zugute kommt, die ohne weiteres 150 hl/ha erreichen können. Sie besitzt gute Resistenz gegen Echten Mehltau und Fäule, nicht aber gegen Falschen Mehltau. Da die Traube relativ spät reift, in manchen Teilen Italiens erst im Oktober, ist ihrer Kultivierung eine natürliche geographische Grenze gesetzt. An der Charente jedoch findet die Lese ganz einfach vor der vollen Reife statt, und so wird es auch in Süditalien gehandhabt, damit die Säure gut erhalten bleibt.

Es gibt über die Herkunft des Trebbiano fast ebenso viele Berichte, wie er Subvarietäten aufweist. **Trebbiano Toscano** und **Trebbiano Giallo** (gelb) reifen ziemlich viel früher als die meisten anderen Varianten.

Heute wird Trebbiano überall in Italien (außer im kühlen äußersten Norden) in solchem Maß angebaut, daß wahrscheinlich in fast jedem einfachen *vino bianco* zumindest ein wenig Trebbiano steckt, und wenn auch nur zu dem Zweck, frische Säure einzubringen und das Volumen zu strecken. Seine Hochburg ist allerdings Mittelitalien. Der Trebbiano Toscano war 1990 mit 60 000 ha Rebfläche die drittmeist angebaute Rebsorte in Italien; hinzu kamen über 20 000 ha **Trebbiano Romagnolo**, fast 12 000 ha **Trebbiano d'Abruzzo**, knapp 5000 ha Trebbiano Giallo und über 2000 ha **Trebbiano di Soave**.

In der Weißweinproduktion der Emilia-Romagna dominiert der Trebbiano di Romagna; er wird vorwiegend von Trebbiano Romagnolo und der fast bernsteinfarbenen Variante **Trebbiano della Fiamma** erzeugt. Eine gute Vorstellung davon, wie weit verbreitet Trebbiano tatsächlich ist, ergeben schon einige wenige Weine, in denen er einen Bestandteil bildet: Verdicchio, Orvieto, Frascati, außerdem Soave (von Trebbiano di Soave) und Lugana (von **Trebbiano di Lugana**). Immerhin hat die Rebsorte viele Jahrhunderte Zeit gehabt, sich an die jeweiligen örtlichen Verhältnisse anzupassen. In Umbrien – zwischen der Toskana und Rom – trägt die Traube den Namen **Procanico**, und manche Fachleute glauben, daß es sich dabei um eine bessere Variante mit kleineren Beeren handelt. Nur die strikt auf sortenreine Weine eingestellte Nordostecke Italiens ist praktisch frei von diesem nichtssagenden Ballast.

Der ungute Einfluß des Trebbiano machte sich über weite Teile des 20. Jh. vor allem in der Mitte der Toskana bemerkbar, wo er so tief verwurzelt war, daß die Vorschriften für den Chianti und den Vino Nobile di Montepulciano seine Beimischung zu diesen Rotweinen sanktionierten, so daß nicht nur deren Farbe und Qualität verwässert, sondern auch ihre Reputation geschädigt wurde. Heute bildet der Trebbiano nur noch einen erlaubten Bestandteil, der aber von den qualitätsbewußten Erzeugern in der Toskana meist weggelassen wird.

Das heute immer noch in der Toskana entstehende Meer von Trebbiano wird inzwischen hauptsächlich in kühl vergorene, nichtssagende trockene Weißweine wie den Galestro abgeleitet. Wie in Spanien die Viura-Traube (MACABEO) die interessantere MALVASIA aus Rioja verdrängt hat, so hat auch der ertragsstarke Trebbiano die Malvasia-Traube weitgehend aus der Toskana vertrieben, obwohl die letztere doch eine seriösere Basis für Vin Santo liefert.

Der vielleicht aufregendste Trebbiano Italiens – der Trebbiano d'Abruzzo von Valentini – ist in Wahrheit kein Trebbiano, vielmehr wird er von BOMBINO BIANCO erzeugt. Nichtsdestoweniger hat es in den 1980er Jahren einen dramatischen Zuwachs bei der als Trebbiano d'Abruzzo bezeichneten Rebsorte gegeben.

Auch in die so sehr von Nationalrebsorten beherrschten Weinberge Portugals hat sich der Trebbiano unter dem Namen **Thalia** eingeschlichen, und in Bulgarien sowie in Teilen von Griechenland und Rußland wird er ebenfalls angebaut. Nicht nur bildet Trebbiano in Mexiko die Grundlage für die bedeutende Brandy-Produktion, er hat sich auch in der südlichen Hemisphäre, wo seine hohen Erträge und seine kräftige Säure allgemein begrüßt werden, festgesetzt. In Argentinien gab es am Ende der 1980er Jahre über 4000 ha «Ugni Blanc», und auch in Brasilien und Uruguay waren größere Bestände anzutreffen.

In Südafrika laufen die allerdings nicht sehr großen Trebbiano-Pflanzungen ebenfalls unter dem Namen Ugni Blanc, doch hier ist für die Branntweinproduktion und für billiges, säurereiches Verschnittmaterial eher der COLOMBARD zuständig. Dasselbe gilt für Kalifornien, wo nur noch im Central Valley vielleicht rund 100 ha «St-Emilion» anzutreffen sind. Australien dagegen verfügt über doppelt soviel Trebbiano wie Colombard, vor allem in den Bewässerungsgebieten, wo die Sorte eine brauchbar säuerliche Zutat für einfache Weißweinverschnitte liefert, manchmal auch destilliert wird und gelegentlich sogar – wie ab und zu in Kalifornien – zu einem körperreichen Wein mit Substanz gestaltet werden kann.

Sicherlich wird die Bedeutung von Trebbiano/Ugni Blanc zurückgehen, da der Weinverbraucher mit wachsender Entschiedenheit kräftigeren Geschmack verlangt.

TREIXADURA In Galicien gebräuchlicher Name für die duftige, zarte TRAJADURA aus Portugal. Sie wird auf ähnliche Weise verarbeitet und bildet vor allem in Ribeiro die Haupttraube, wo sie oft mit TORRONTÉS und LADO verschnitten wird.

TREPAT In den Bereichen Conca de Barberá und Costers del Segre (Nordostspanien) heimische Spezialität; sie erbringt auf 1500 ha vor allem leichte Roséweine.

TRESALLIER Die im Département Allier vorwiegend für den St-Pourçain angebaute Rebsorte ist eng mit der SACY-Traube an der Yonne verwandt. Sie hat dort Tradition, findet aber heute nicht mehr einmütigen Beifall.

TRESSOT In Burgund gebräuchlicher Name der im Jura heimischen Rebsorte TROUSSEAU.

TRINCADEIRA PRETA In Portugal verbreitet gebrauchtes Synonym für TINTA AMARELA.

TRIOMPHE (D'ALSACE) Von Kuhlmann im Elsaß gezüchtete Hybridrebe, eine Kreuzung zwischen KNIPPERLÉ und der Amerikaner Rebe *riparia-rupestris*. Bei guter Mehltauresistenz zeigt sie ein auffälliges Aroma mit Fuchston.

TROLLINGER In Deutschland gebräuchlicher Name der schlichten Rotweinrebsorte, die in Italien SCHIAVA, in Südtirol VERNATSCH und im Tafeltraubenhandel Black Hamburg heißt. Ihre ursprüngliche Heimat ist mit größter Wahrscheinlichkeit Tirol – der Name Trollinger entstand als Verkürzung aus Tirolinger. Die Traube wird in Deutschland fast ausschließlich in Württemberg angebaut, wo sie schon seit dem 14. Jh. nachgewiesen ist. Von den in der deutschen Weinbaustatistik von 1991 verzeichneten 2300 ha Anbaufläche befinden sich nur 10 ha außerhalb des von kleinen Weinbergbesitzungen geprägten Anbaugebiets in Süddeutschland, wo der hellrote Wein dieser Traube eine populäre Spezialität ist. Trollinger-Wein gelangt selten über die Grenzen seiner engeren Heimat hinaus; er wird meist lieblich bereitet und will möglichst jung (am besten innerhalb eines Jahres) getrunken sein. Die württembergischen Weingärtner gewinnen dem von ihnen angebauten großbeerigen Klon (Großvernatsch = Schiava Grossa) überaus hohe Erträge ab. Die Popularität der Sorte bleibt in Württemberg, wo sie jede dritte Rebe stellt, weiterhin ungebrochen, in anderen Gegenden Deutschlands aber ist sie wegen ihrer extrem späten Reife (später als Riesling) nicht beliebt.

TROUSSEAU Name einer der beiden wichtigsten Rotweinrebsorten im Jura; sie ist robuster und dunkler als POULSARD, beide befinden sich jedoch in starkem Rückgang und werden vom PINOT NOIR allmählich verdrängt. Trousseau treibt spät aus und ist deshalb durch Spätfröste wenig gefährdet, erbringt aber nur unregelmäßige Erträge. Im 19. Jh. behauptete der französische Ampelograph Comte A. Odart, Trousseau sei identisch mit der portugiesischen Rebsorte BASTARDO und mit einer lange Zeit Cabernet Gros und manchmal irrtümli-

Trollinger

cherweise Touriga genannten Sorte in Australien. In beiden Ländern wird sie meist zu süßen Dessertweinen verwendet, und sie gedeiht dort unter ganz anderen Bedingungen als im heimatlichen Jura. Galet ist darüber hinaus der Auffassung, daß es sich bei der im Département Lot als Malvoisie Noire bekannten relativ seltenen Sorte ebenfalls um Trousseau handelt.

Der mit helleren Beeren ausgestattete **Trousseau Gris** ist möglicherweise dieselbe Sorte, die in Kalifornien unter dem Namen Gray Riesling im Jahr 1991 noch eine Anbaufläche von 120 ha – vorwiegend in kühleren Lagen – innehatte. Wie allerdings diese relativ obskure Traube um die halbe Welt dorthin gelangt sein soll, bleibt ein Rätsel, selbst wenn man berücksichtigt, daß sie wie andere Rebsorten schließlich auch in Form von Stecklingen von Portugal nach Australien gebracht wurde.

TSAOUSSI Spezialität der griechischen Insel Kephalonia; sie wird dort gelegentlich mit der ausdrucksvollen ROBOLA verschnitten.

TSOLIKAURI In Georgien relativ stark verbreitete Rebsorte, wo ihre Anbaufläche jedoch nur etwa ein Zehntel dessen ausmacht, was die populäre RKATSITELI innehat.

U

🍇 **UGNI BLANC** Diese Rebsorte, Frankreichs «graue Eminenz», ist identisch mit der in Italien weitverbreiteten TREBBIANO-Traube. Zwar erscheint ihr Name nur selten auf einem Weinetikett, doch stellt sie in Frankreich die bei weitem meistangebaute Weißweinrebsorte dar und hatte am Ende der 1980er Jahre beispielsweise eine fünfmal so große Rebfläche wie CHARDONNAY inne. Wie in Spanien AIRÉN als meistgebaute Weißweinrebsorte des Landes die unersättlichen Brandybrennereien speist, so versorgt der reichlich strömende dünne, säuerliche Wein der Ugni-Blanc-Traube die Brennblasen der Regionen Cognac und Armagnac. In der Cognac-Region nimmt Ugni Blanc – dort St-Emilion genannt – 95% der Rebfläche ein, dagegen tragen zum Armagnac außer ihm auch BACO BLANC und COLOMBARD bei. Wegen seiner guten Resistenz gegen Echten Mehltau und Fäule ersetzte der Ugni Blanc die FOLLE BLANCHE, die vor der Reblauszeit den Hauptbestandteil der französischen Weinbrandproduktion gebildet hatte.

Ugni Blanc wurde vermutlich im 14. Jh., als sich der päpstliche Hof in Avignon niedergelassen hatte, aus Italien importiert. Wahrscheinlich wurden damals auch andere italienische Rebsorten hierher verpflanzt, doch die überaus hohen Erträge und die kräftige Säure des Trebbiano haben bestimmt dazu beigetragen, ihm im Süden Frankreichs, wo er auch heute verbreitet angebaut wird, einen festen Platz zu verschaffen. Oft unter dem Namen **Clairette Ronde** (allerdings ohne mit CLAIRETTE verwandt zu sein) gehörte er an der südlichen Rhône und in der Provence, in deren Appellationen er fast überall in einer Nebenrolle zulässig ist, zu den fünf meistangebauten Traubensorten. Auf Korsika gibt es ebenfalls noch kleinere Bestände, und in Bordeaux hat Ugni Blanc erst am Ende der 1980er Jahre den zweiten Rang unter den meistangebauten Weißweinrebsorten an Sauvignon Blanc abgeben müssen. Im Nordwesten des Département Gironde, wo er wie Colombard einen Bestandteil von 30% im Bordeaux Blanc ausmachen darf, wird er noch viel angebaut und trägt dort den verräterischen Namen **Muscat Aigre**, «saurer Muskateller».

In Südamerika wird die Rebe, die insgesamt in der Welt wohl mehr Wein hervorbringt als irgendeine andere, ebenfalls verbreitet kultiviert (siehe TREBBIANO).

ULL DE LLEBRE Wörtlich «Hasenauge»; der in Katalonien gebräuchliche Name für TEMPRANILLO.

UVA ABRUZZI In Italien gelegentlich für MONTEPULCIANO gebrauchtes Synonym.

🍇 **UVA DI TROIA** Qualitätsvolle süditalienische Rebsorte, deren Popularität bei den Winzern allerdings rasch im Schwinden begriffen ist. Was die Traube mit Troja zu tun hat, bleibt ein Rätsel. Ihre Anbaufläche in Italien ist von 5000 ha im Jahr 1982 auf 3000 ha in 1990 zurückgegangen.

🍇 **UVA RARA** Die im Oltrepò Pavese in der Lombardei (Norditalien) heimische Rotweinrebsorte wird dort eigentlich zu verbreitet angebaut, als daß ihr Name («seltene Traube») wirklich gerechtfertigt wäre. Unter dem irreführenden Namen BONARDA Novarese wird sie auch in den Novara-Bergen kultiviert und dient oft dazu, die hier ebenfalls angebaute SPANNA-Traube in verschiedenen duftigen Rotweinen mildernd zu ergänzen.

🍇 **Vaccarèse** Im Châteauneuf-du-Pape theoretisch zugelassene, aber wenig verbreitete großbeerige Traubensorte an der südlichen Rhône. Sie wird von Château de Beaucastel als Verwandte von CINSAUT angesehen und gepflegt.

VALDEPEÑAS In Kalifornien nicht übermäßig stark verbreitete Rebsorte; vermutlich Spaniens TEMPRANILLO.

🍇 **VALDIGUIÉ** Die manchmal auch **Gros Auxerrois** genannte Rebsorte hatte am Lot (Südwestfrankreich) ihre große Zeit gegen Ende des 19. Jh., als sie wegen ihres Ertragreichtums und ihrer Resistenz gegen den Echten Mehltau besonders geschätzt war. Zu Beginn des 20. Jh. wurde sie dann wegen ihrer Ertragsstärke bei bescheidener Qualität «ARAMON des Südwestens» genannt. Inzwischen ist sie in Frankreich fast vollständig ausgerottet; laut der Zählung von 1988 gibt es nur einige hundert Hektar dieser Sorte.

Acht Jahre zuvor hatte der französische Ampelograph Galet die USA besucht und erkannte dort in der mit recht gutem Erfolg als Napa Gamay angepriesenen Sorte nichts anderes als den ausdrucksschwachen Valdiguié aus Südwestfrankreich, der in Kalifornien damals über 1600 ha Anbaufläche verfügte. In den 1990er Jahren war er dann aus den offiziellen Statistiken verschwunden (der Weinbaugigant Gallo spielte dennoch mit dem Gedanken, einen sortenreinen Valdiguié herauszubringen).

VAVRINECKE Tschechischer Name für ST. LAURENT.

VELTLINER, VELTLIN ZELENE, VELTLINSKE ZELENÉ, VELTLINI Gebräuchliche Synonyme für die in Österreich stark verbreitete Weißweinrebsorte GRÜNER VELTLINER. Es gibt außerdem die Mutationen **Roter Veltliner**, der in reifen Jahren charaktervolle Weine hervorbringt, sowie gelegentlich **Brauner Veltliner**. Ebenfalls vorwiegend in Österreich verbreitet ist die Weißweinrebsorte FRÜHROTER VELTLINER, die im äußersten Nordosten Italiens kurz Veltliner genannt wird.

🍇 **VERDEA** Spezialität in den Colli Piacentini (Oberitalien).

🍇 **VERDECA** Die in Apulien sehr populäre, aber im Rückgang befindliche Weißweinrebsorte bringt neutralen, für die Wermutindustrie geeigneten Wein hervor. Die Anbaufläche ging von 1982 bis 1990 um 2000 ha zurück und betrug noch 4000 ha.

🍇 **VERDEJO** Charaktervolle, auffällig blaugrün überhauchte Traube, der Stolz des Weinbaubereichs Rueda in Spanien; sie hat den Vormachtanspruch der ausländischen Sorte SAUVIGNON BLANC, mit der sie oft verschnitten wird, erfolgreich abgewehrt. Ihre Weine sind aromatisch, kräuterwürzig (mit entfernt an Lorbeer erinnerndem Duft) und verfügen über viel Substanz und Extrakt, der sich mit der Zeit zu nußwürzigem Charakter wandelt. Die Rebe wird auch in Cigales und Toro angebaut.

🍇 **VERDELHO** Portugiesische Rebsorte; der Name ist vor allem mit der Insel Madeira verknüpft, wo diese Traube in der Zeit nach der Reblaus jedoch sehr selten geworden ist. Ihr Name aber blieb als Bezeichnung für einen zwischen SERCIAL und BUAL liegenden Weinstil in Gebrauch. Die wenigen auf Madeira noch vorhandenen Verdelho-Reben bringen kleine, harte Trauben und ziemlich säurereiche Moste hervor. Es handelt sich wahrscheinlich um dieselbe Traubensorte wie GOUVEIO am Douro und möglicherweise dieselbe wie VERDELLO in Italien. Ihre größten Erfolge feiert sie in lebendigen, zitronenfruchtigen, körperreichen Tischweinen in Australien, insbesondere in wärmeren Gegenden von Westaustralien.

Auf Madeira ist auch eine dunkle Variante namens **Verdelho Tinto** bekannt.

Roter Veltliner

- **VERDELLO** In Umbrien und Sizilien bekannter Rebsortenname. Eine Verbindung mit VERDELHO scheint auf der Hand zu liegen, ist aber nicht nachgewiesen.

- **VERDESSE** Wenig verbreitete Rebsorte in Bugey (Ostfrankreich) mit oft kraftvollen und starkwürzigen Weinen.

- **VERDICCHIO** Mittelitalienische Rebsorte mit vielen Subvarietäten; sie liefert an der Adriaküste klassische sortenreine Weine. Die besten Beispiele bieten zitronenfruchtige Säure und Mandelaroma, die schlichtesten stellen sich als säuerlich-frische trockene Weißweine dar. Die Verdicchio-Anbaufläche belief sich zu Anfang der 1990er Jahre auf knapp 4000 ha.

- **VERDIL, VERDOSILLA** Rebsorte in Südostspanien; sie liefert in Yecla und im südlichen Teil von Valencia ziemlich neutralen Wein. Mitte der 1990er Jahre gab es noch knapp 10 ha dieser Sorte.

- **VERDISO** Lebendige Spezialität von Treviso in Nordostitalien.

- **VERDONCHO** Ausdrucksschwache Traubensorte in La Mancha.

- **VERDOT** Die unter diesem Namen in Chile 1991 auf ein paar hundert Hektar angebaute Rebsorte ist vermutlich PETIT VERDOT aus Bordeaux, dagegen handelt es sich bei der in der argentinischen Provinz Mendoza kultivierten Verdot-Rebe, die dort 1989 über 100 ha verfügte, wahrscheinlich um die nicht mit Petit Verdot verwandte rauhere Sorte GROS VERDOT.

- **VERDUZZO, VERDUZZO FRIULANO** Historische Rebsorte in Nordostitalien. Sie wird hauptsächlich in Friaul (jedoch nicht in Piave) angebaut). Ihre Weine – die besten kommen aus den Colli Orientali – sind in trockener und süßer Ausführung erhältlich, allerdings ist die letztere, die durch späte Lese oder durch Eintrocknen der Trauben gewonnen wird, oft eher lieblich als üppig süß zu nennen. Dieser süße Verduzzo ist zwar seltener als der trockene, aber als Wein interessanter: golden in der Farbe, vielfach mit köstlicher Fülle und honigwürzigem Aroma, auch wenn er nicht die für einen herausragenden Dessertwein nötige Komplexität besitzt. Ramandolo gilt als die Classico-Zone für feinen süßen Verduzzo. In der trokkenen Version tritt die von Natur aus herbe Art der Traube stärker in Erscheinung.

   Die Weinbaustatistik von 1990 verzeichnet 1800 ha Anbaufläche für Verduzzo Friulano und 2600 ha für **Verduzzo Trevigiano**, eine weit weniger charaktervolle Spielart, die im Veneto recht neutrale trockene Weißweine erbringt.

- **VERMENTINO** Attraktive, aromatische Rebsorte; sie wird verbreitet in Sardinien, Ligurien, in geringerem Umfang in Korsika und zunehmend im Languedoc-Roussillon angebaut, wo sie in vielen Appellationen, u.a. im weißen Côtes du Roussillon, neuerdings als Zutat zugelassen ist. Es wird angenommen, daß sie mit der im Osten der Provence seit langem unter dem Namen ROLLE kultivierten Traubensorte identisch ist. Auf Korsika heißt sie gelegentlich auch **Malvoisie de Corse,** und manche Experten vermuten, daß sie mit der MALVASIA-Familie verwandt ist. Zwar produziert Korsika vorwiegend Rotwein, doch ist Vermentino dort die meistangebaute Weißweinrebsorte und beherrscht die AC-Weißweine der Insel; Ende der 1980er Jahre betrug die Anbaufläche nur 400 ha.

   In Italien gibt es dagegen 4000 ha Vermentino, vorwiegend auf Sardinien und in den Weinbaubereichen Liguriens um Genua. In Sardinien wird die Traube mit Absicht früh gelesen, damit eine kräftige Säure erhalten bleibt; sie bringt trotzdem lebendige, charaktervolle Weine hervor, deren Kennzeichen – Körper, Säure und Duftigkeit – eine schöne Kombination ergeben.

VERNACCIA Name für mehrere, nicht miteinander verwandte italienische Rebsorten, meist für Weißwein, manche aber auch für Rotwein. Es gibt sie im Norden des Landes (VERNATSCH ist die deutsche Form von Vernaccia), in den Marken für den perlenden roten **Vernaccia di Serrapetrona** und auf Sardinien für den fast Sherry-ähnlichen süßen **Vernaccia di Oristano**. Die am höchsten angesehene Form ist VERNACCIA DI SAN GIMIGNANO, eine Sorte, die wiederum nicht mit **Vernaccia di Cagliari** in Sardinien verwandt ist, wie die Studien von Professor Liuzzi in Cagliari Anfang der 1930er Jahre ergeben haben.

Der Name ist so verbreitet, weil er auf denselben Ursprung wie das Wort *vernaculus* (einheimisch) zurückgeht. Im Mittelalter kommen Weine mit der Bezeichnung Vernaccia, manchmal auch «Vernage», in den Büchern von Londoner Kaufleuten vor, womit allerdings so gut wie jede beliebige Art von Wein gemeint gewesen sein kann – zu jener Zeit war Latein auch im Handel noch eine gemeinsame Sprache. Vernaccia wurde damals in Ligurien und der Toskana verbreitet produziert.

VERNACCIA DI SAN GIMIGNANO Lokalvariante von VERNACCIA; sie wächst auf den auf Sandstein basierenden Böden um die vieltürmige Stadt San Gimignano. In den dortigen Archiven finden sich urkundliche Belege über Vernaccia bereits aus dem Jahr 1276. Nach dem 2. Weltkrieg drohten TREBBIANO und MALVASIA die Gegend zu überschwemmen, doch die eigenständige, fast an Lack erinnernde, sehr frische, körperreiche Qualität des Vernaccia setzte sich schließlich doch durch; es werden inzwischen Versuche unternommen, ihn durch Faßausbau noch interessanter zu machen.

Eine dunkle Variante **Vernaccia Nera**, manchmal auch als **Vernaccia di Serrapetrona** bezeichnet, hat sich an der Adriaküste Italiens erhalten.

VERNATSCH Deutscher Name der schlichten Rotweinrebsorte SCHIAVA.

VESPAIOLA In der Region Veneto (Nordostitalien) angebaute Rebsorte; ihr Name geht angeblich darauf zurück, daß sie mit ihren süßen Trauben die Wespen anlockt. Der berühmteste Wein der Sorte ist der süße Torcolato von Maculan aus Breganze, in dem sie jedoch mit TOCAI FRIULANO und GARGANEGA verschnitten wird.

VESPOLINA In der Gegend um Gattinara (Nordpiemont) heimische Rebsorte. Sie wird gewöhnlich mit dem wuchtigeren NEBBIOLO verschnitten. Anderson zufolge wird sie auch als Ughetta in der Lombardei angebaut.

VIDAL Französische Hybridrebe, besser bekannt als **Vidal Blanc** oder **Vidal 256**, eine Kreuzung zwischen UGNI BLANC und einer SEIBEL-Elternrebe von SEYVAL BLANC. Sie wird besonders in Kanada angebaut, wo sie wegen ihrer Winterhärte geschätzt ist, und in kleinerem Umfang auch im Osten der USA. Ihr Wein hat wie der von Seyval keinen auffallenden Fuchston, sondern duftet attraktiv nach Johannisbeerlaub. Die langsam und gleichmäßig reifenden dickschaligen Früchte eignen sich besonders für süße Spätlesen (ohne Edelfäule) und Eiswein, für den die Sorte neben RIESLING in Kanada berühmt ist. Allerdings besitzen auf Vidal beruhende Weine nicht die Langlebigkeit von Riesling. Die Vidal-Anbaufläche beläuft sich auf insgesamt 1000 ha.

VIEN DE NUS Spezialität der Stadt Nus im Valle d'Aosta (Italien).

VILANA Auf der Insel Kreta beheimatete Spezialität. Sie erbringt um Peza lebendige, recht zarte Weine, die jung getrunken sein wollen.

VILLARD Sammelname für ein französisches Rätsel im Weinbau, die meistangebauten Hybridreben aus der umfangreichen SEYVE-VILLARD-Gruppe; sie beruhen wie der in England verbreitete SEYVAL BLANC meist auf Mitgliedern der SEIBEL-Familie.

Villard Noir entspricht Seyve-Villard 18.315, der in ganz Frankreich von der nördlichen Rhône bis Bordeaux angebauten und wegen ihrer Widerstandsfähigkeit gegen Falschen Mehltau geschätzten Rebsorte. **Villard Blanc** oder Seyve-Villard 12.375 erbringt etwas schmackhafteren Wein (allerdings ist der Most oft schwer zu verarbeiten). Beide Sorten sind sehr ertragreich und waren früher so beliebt, daß ihre Bestände in Frankreich 1968 rund 30 000 ha Villard Noir und 21 000 ha Villard Blanc umfaßten. Dank der Bemühungen der Behörden sowie großzügiger Prämien für die Rodung dieser Sorten gingen die Bestände in 20 Jahren auf 2500 ha bzw. 4600 ha zurück, und bis zur Jahrhundertwende werden die Villards beider Farbschattierungen fast ganz ausgerottet sein.

Weitere in Frankreich früher stark verbreitete Hybridreben waren BACO, CHAMBOURCIN, COU-

DERC, PLANTET und weitere Mitglieder der Rebenfamilien Seibel und Seyve-Villard.

VIOGNIER Die französische Rebsorte kam zu Beginn er 1990er Jahre groß in Mode, teils weil ihr berühmtester Wein, der Condrieu, ausgesprochen markant ist, aber noch mehr, weil er Seltenheitswert hat.

Die Rebe ist sehr widerstandsfähig gegen Trokkenheit, aber anfällig für Echten Mehltau. Ihre Trauben sind tiefgelb; der daraus entstehende Wein hat kräftige Farbe, hohen Alkoholgehalt, insbesondere aber einen ganz eigenen Duft, der stark an Aprikosen, Pfirsiche und Blumen erinnert. Der Condrieu ist einer der wenigen ausgesprochen teuren Weißweine, die jung getrunken sein wollen, wenn ihr Duft noch am kräftigsten ausgebildet und die etwas schwache Säure noch nicht verblichen ist.

Die Rebe war früher in der Gegend südlich von Lyon ziemlich stark verbreitet und wächst auch seit Jahrhunderten auf den unfruchtbaren Terrassen an der nördlichen Rhône, doch ihrer schwachen Erträge wegen gingen die Bestände nach und nach so stark zurück, daß sie in der französischen Weinbauerhebung von 1968 mit nur noch 14 ha verzeichnet waren – der größte Teil befand sich in den drei Appellationen an der nördlichen Rhône, in denen die Traube zugelassen ist: Condrieu, Château Grillet und in noch geringerem Umfang Côte Rôtie, wo sie in dem von SYRAH dominierten Wein zu 20 % mitverarbeitet werden darf und ihren Duft einbringen soll.

Die französischen Rebschulen verzeichneten ab der Mitte der 1980er Jahre eine zunehmende Nachfrage nach Viognier-Edelreisern (als auch die Rotweine von der Rhône eine Renaissance ihrer Popularität erlebten) und verkauften um 1988 jährlich eine halbe Million Stück. Anfang der 1990er Jahre hatte der Weinliebhaber die Auswahl zwischen einer ganzen Reihe deutlich duftiger, wenn auch etwas leichter sortenreiner Viognier-Weine aus Südfrankreich, von denen manche bereits mit ziemlich hohen Erträgen produziert wurden, und zwar aus Beständen, die von weniger groß in Mode befindlichen Rebsorten umveredelt worden waren. Im Languedoc-Roussillon gab es vor 1989 nicht eine einzige Viognier-Rebe, aber 1993 betrug die Anbaufläche bereits 140 ha, und sie ist inzwischen weiter gewachsen. Oft wird Viognier mit anderen, im Languedoc-Roussillon relativ neuen Sorten wie MARSANNE und ROLLE verschnitten. Aber nicht nur hier und im Département Ardèche wird Viognier verbreitet angebaut, er erfreut sich auch in Kalifornien wegen seiner modischen Verknüpfung mit der Rhône großer Beliebtheit. Bis auf ein Drittel waren jedoch die dortigen bisher recht bescheidenen Viognier-Bestände 1992 noch zu jung und standen nicht in Ertrag. Auch in Australien gibt es eine wachsende Viognier-Anbaufläche. Außerdem berichtet Galet von Viognier-Pflanzungen in Garibaldi in Brasilien.

VIOSINHO Angenehm säuerliche nordportugiesische Traubensorte; sie wird am Douro und in Trás-os-Montes angebaut.

VITAL Westportugiesische Rebsorte mit etwas flauen, nichtssagenden Weinen. Mayson zufolge heißt sie im Norden Portugals Malvasia Corado.

VIURA In Spanien und vor allem in Rioja für die dort meistangebaute Weißweinrebsorte MACABEO gebräuchliches Synonym.

VLASSKY RIZLING Tschechischer Name für WELSCHRIESLING.

VOLIDZA Interessante griechische Rarität aus derselben Gegend wie MAVROUDI.

VRANAC Kraftvolle Spezialität von Montenegro im ehemaligen Jugoslawien. Ihr Wein hat tiefe Farbe, ist oft extraktreich und spricht außerordentlich gut auf Ausbau in Eichenfässern an. Im Nachgeschmack findet sich ein erfrischendes bitteres Element, das eine Verwandtschaft mit italienischen Traubensorten von jenseits der Adria nahelegt. Vranac ist einer der wenigen Namen einheimischer Rebsorten, die auch im Export auf Flaschenetiketten erscheinen. Die Sorte wird außerdem, allerdings mit weniger Erfolg, in Mazedonien kultiviert, wo ihre Anbaufläche nur einige hundert Hektar beträgt.

WÄLSCHER In Österreich gelegentlich gebrauchtes Synonym für CHASSELAS.

WÄLSCHRIESLING Siehe WELSCHRIESLING.

WALTHAM CROSS Gelegentlich gebrauchte Bezeichnung für die Tafeltraube DATTIER.

WEIHRAUCHTRAUBE Deutsches Synonym für TAMÎIOASA ROMANEASCA.

WEISS Alle Trauben mit heller Beerenhaut werden als weiße Trauben bezeichnet, obwohl ihre Farbe nicht wirklich weiß ist, sondern von hellgrün über golden bis hellrötlich schwankt.

WEISSBURGUNDER, WEISSER BURGUNDER Deutsche Synonyme für PINOT BLANC; dadurch wird die Rebsorte fälschlich mit Burgund verknüpft, wo sie heute so gut wie nicht mehr vorkommt.

WEISSER RIESLING Offizieller Name der deutschen RIESLING-Traube.

WELDRA Südafrikanische Kreuzung CHENIN BLANC × TREBBIANO; sie zeigt kräftigen Säuregehalt, aber keine große Geschmacksfülle. Siehe auch CHENEL.

WELSCHRIESLING oder **Wälschriesling** Die in Mitteleuropa stark verbreitete Rebsorte ist, wie von deutscher Seite stets betont wird, mit der echten RIESLING-Traube in keiner Weise verwandt. Daher sollte nach der in Deutschland vorherrschenden Ansicht auch der Name Riesling nicht im Zusammenhang mit dieser geringerwertigen Sorte gebraucht, sondern durch «Rizling» ersetzt werden, wie es in vielen der zahlreichen Synonyme, z.B. **Welsch Rizling, Welschrizling**, bereits der Fall ist.

In Österreich ist jedoch der Name Welschriesling am gebräuchlichsten, während die Sorte in Bulgarien Welschrizling, in Ungarn (wo sie die meistangebaute Rebsorte ist) OLASZ RIZLING, in Slowenien und der Woiwodina LASKI RIZLING (auch im ehemaligen Jugoslawien war sie die meistangebaute Rebe) und in der ehemaligen Tschechoslowakei **Rizling Vlassky** genannt wird. Nur in Kroatien hat sie den eigenständigen Namen **Grasevina**. In Italien ist die Bezeichnung **Riesling Italico** üblich, und zwar als Gegensatz zu Riesling Renano, dem echten Riesling. Varianten hiervon sind in ganz Osteuropa, vor allem in Rumänien, verbreitet (in der ehemaligen Sowjetunion wird jedoch vorwiegend der echte deutsche Riesling angebaut). In Albanien ist Welschriesling als eine der wenigen dortigen weißen Rebsorten ebenso verbreitet wie in China.

Die Ursprünge der alten Rebsorte liegen im dunkeln. Unwahrscheinlich ist die vermutete Herkunft aus Frankreich, denn in Frankreich (und in Deutschland) ist die Sorte nicht verbreitet, da sie vor allem in trockenem Klima und wärmeren Böden gedeiht und in kühlem Klima überaus saure Weine erbringt.

Welsch bedeutet in germanischen Sprachen «fremd, ausländisch», aber auch hieraus lassen sich kaum Hinweise auf den Ursprung entnehmen. Da jedoch Vlaska der slawische Name für die Walachei in Rumänien ist, wo die Rebe sehr gut gedeiht, läßt sich ohne weiteres die Theorie aufstellen, daß sie dort ihren Ursprung hatte und Laski lediglich eine veränderte Form von Vlassy, «walachisch», ist.

Obwohl Welschriesling wie schon erwähnt nichts mit Riesling zu tun hat, reift auch er spät, und seine Trauben behalten ihre Säure gut. Die Weine sind leicht im Körper und verhältnismäßig aromatisch. Welschriesling kann ohne weiteres zu noch höheren Erträgen veranlaßt werden als Riesling. Wahrscheinlich verdankt er dieser Tatsache und seiner kräftigen Säure die starke Verbreitung in ganz Osteuropa und zum Teil auch die wenig markante Art vieler Weine dieser Sorte (allerdings spielte wohl auch der damals im Osten niedrige

Standard der Kellertechnik eine Rolle, der sich beispielsweise im slowenischen Exportschlager unseligen Angedenkens, Lutomer Laski Riesling, niederschlug.)

Seinen Höhepunkt erreicht der Welschriesling dagegen in Österreich, insbesondere in fein ausgewogenen, gehaltvollen spätgelesenen Weinen vom Ufer des Neusiedlersees im Burgenland, wo sich etwa zwei Drittel des gesamten österreichischen Bestands von 5000 ha dieser Sorte befinden. In günstigen Jahren bildet sich dort Edelfäule und ermöglicht Weine bis zur Trockenbeerenauslese, in denen doch die charakteristische Säure des Welschrieslings schön zum Ausdruck kommt. Manche Erzeuger mischen die Sorte mit CHARDONNAY, um mehr Finesse zu erzielen. Dem Welschriesling mangelt zwar die aromatische Art des echten Rieslings, da aber das Aroma bei sehr süßen Weinen nur eine geringere Rolle spielt, bedeutet dies für den Welschriesling in diesem Fall einen kleineren Nachteil, als Riesling-Anhänger zuzugeben bereit sind. Dagegen weisen österreichische Trockenbeerenauslesen nur selten die große Langlebigkeit der deutschen Pendants auf. Der größte Teil des österreichischen Welschriesling-Ertrags geht allerdings in leichte, eher trockene, jung trinkreife Weine aus dem Burgenland und der Steiermark ein. In Österreich ist übrigens auch das Synonym **Riesler** gebräuchlich.

In Rumänien war zu Anfang der 1990er Jahre «Riesling Italico» die drittmeist angebaute Rebsorte; ihr Ertrag wird oft mit anderen Sorten, z. B. MUSCAT OTTONEL, verschnitten. In Italien kommt die Traube im äußersten Nordosten, im Slowenien benachbarten Friaul, am häufigsten vor, und wenn ihre Tendenz zu Übererträgen gebremst wird, kann sie dort, vor allem im Collio, zarte, frische, sanft blumige Weine hervorbringen. In geringem Umfang wird sie auch in Südtirol und mit mehr Erfolg in der Lombardei angebaut. 1990 belief sich die Anbaufläche von Riesling Italico in Italien auf 2400 ha, während der echte Riesling nur knapp 1000 ha innehatte.

WHITE FRENCH Gelegentlich in Südafrika gebrauchter Name für PALOMINO.

WHITE RIESLING Im angelsächsischen Sprachraum gebräuchliches Synonym für den deutschen Weißen RIESLING.

WILDBACHER oder **BLAUER WILDBACHER** Spezialität der westlichen Steiermark im Süden Österreichs, wo sich zu Beginn der 1990er Jahre fast die gesamte Anbaufläche von 230 ha befand. Die Traube erfreut sich bei den Winzern zunehmender Beliebtheit und wird fast ausnahmslos zu Schilcher, einer lokalen Roséweinspezialität, verarbeitet, der sie mit ihrer kräftigen Säure und ihrem markanten Duft lebendige Art verleiht.

WÜRZER Eine 1932 in der Weinbauversuchsstation Alzey entstandene deutsche Neuzüchtung, eine Kreuzung GEWÜRZTRAMINER × MÜLLER-THURGAU. In größerem Umfang wurde sie erst in den 1980er Jahren angebaut; am Ende des Jahrzehnts verfügte die Sorte über eine Anbaufläche von rund 100 ha vorwiegend in Rheinhessen. Die Erträge sind kräftig, doch die Traube besitzt so überwältigend starke Würze, daß schon kleine Mengen sehr weit reichen.

XANTE, XANTE CURRANT Siehe CURRANT.

XAREL-LO Eine katalanische Kuriosität; sie spielt in der Produktion des Schaumweins Cava eine bedeutende Rolle, dem sie eine fast an Kohl erinnernde, eindeutig vegetabile Note verleiht. Sehr stark verbreitet ist sie in Alella unter dem Namen **Pansa Blanca.** Am meisten wird sie jedoch in Penedès angebaut, wo sie mit PARELLADA und MACABEO zusammen in fast alle Cava-Verschnitte eingeht. Die Rebe ist starkwüchsig und ertragreich; sie treibt früh aus und ist daher für Frühjahrsfröste empfindlich. Der Rebschnitt erfordert große Sorgfalt, und die Weine, die aus dieser Traube entstehen, können sehr geschmacksintensiv sein.

XYNISTERI Die auf Zypern meistangebaute Weißweinrebsorte wird bei der Erzeugung des gehaltvollen Dessertweins Commandaria, der den Ruhm des Weinbaus der Insel ausmacht, der dunklen MAVRO-Traube vorgezogen.

XYNOMAVRO Die meistangebaute griechische Rotweinrebsorte ist in ganz Nordgriechenland und nach Süden hin bis zum Fuß des Olymps verbreitet, wo sie den Rapsani erbringt. Der Name bedeutet «saurer Schwarzer», und wahrhaftig zeigt sich der Wein dieser Traube in der Jugend sehr streng, er mildert sich aber mit der Zeit sehr schön, wie das Beispiel reifer Naoussa-Weine beweist. Die Sorte, eine der wenigen in Griechenland, die in ungünstigen Jahren nicht voll zur Reife gelangen, wird oft mit einem kleineren Anteil der Lokalrebe NEGOSKA zu Goumenissa verschnitten und in dem sehr kühlen, hochgelegenen Weinbaugebiet von Amindeo zu Grundwein für die Schaumweinherstellung verarbeitet. Im allgemeinen sind die Weine relativ mild, haben aber ausreichend Säure und attraktiven Biß.

Z

🍇 **Zala Gyöngye** In Ungarn verbreitete, muskatellerähnliche Tafeltrauben-Neuzüchtung, eine Kreuzung einer in Eger heimischen Traube mit der Perle von Csaba; gelegentlich wird sie zu schlichtem Wein verarbeitet. In Italien, Kroatien, Rumänien, Israel und anderswo wird sie meist unter einem Namen, der eine Übersetzung von «Königin der Weinberge» in die jeweilige Landessprache darstellt, als Tafeltraube angebaut.

🍇 **Zalema** Die spanische Rebsorte wird vor allem im Bereich Condado de Huelva im Süden angebaut; ihr Most und Wein neigen zum Oxidieren. Inzwischen wird sie durch höherwertige Sorten wie PALOMINO verdrängt.

🍇 **Zefir** Frühreifende ungarische Neuzüchtung von 1983, eine Kreuzung LEÁNYKA × HÁRSLEVELŰ; sie erbringt milden, würzigen Wein.

🍇 **Zenit** Ungarische Züchtung von 1951, eine Kreuzung BOUVIER × EZERJÓ. Sie reift erfreulich früh und liefert frische, fruchtige, aber nicht übermäßig aromatische Weine.

Zibibbo Auf Sizilien gebräuchlicher Name für MUSCAT OF ALEXANDRIA; die Traube wird gelegentlich zu Wein, v.a. zu Moscato di Pantelleria – verarbeitet, kommt jedoch meist als Tafeltraube auf den Markt. 1990 wurde bei der italienischen Weinbauerhebung eine Anbaufläche von knapp 1800 ha gegenüber 13 500 ha für Moscato Bianco (MUSCAT BLANC À PETITS GRAINS) festgestellt.

🍇 **Zierfandler** Die edlere der beiden Traubensorten im Gumpoldskirchner, dem dramatisch körperreichen, würzigen, langlebigen Weißwein aus der Thermenregion in Österreich (die andere Traube ist der ROTGIPFLER). Am Ende der 1980er Jahre verfügte der Zierfandler über eine Anbaufläche von 120 ha. Wie das Synonym **Spätrot** erkennen läßt, reift die Sorte sehr spät; sie behält aber ihre Säure besser als der Rotgipfler. Für sich allein hat der – allerdings meistens zusammen mit Rotgipfler verarbeitete – Zierfandler genügend Substanz für Spätlesen, die sich über viele Jahre hinweg in der Flasche entfalten. In Ungarn wird die Sorte unter dem Namen **Cirfandli** kultiviert.

🍇 **Zilavka** Relativ erfolgreiche Rebsorte in Bosnien. Sie vereint große Alkoholstärke mit kräftiger Säure und einer gewissen Nußwürze im Geschmack. Der um die Stadt Mostar produzierte Zilavka-Wein ist besonders hoch geschätzt. Auch in Mazedonien wird die Sorte zunehmend angebaut.

🍇 **Zinfandel** Eine durch eigenständige Art gekennzeichnete Rotweinrebsorte, die überwiegend in Kalifornien kultiviert wird und die wechselnden Moden des amerikanischen Weingeschäfts spiegelt.

Zierfandler

Zierfandler

Der kalifornische Historiker Charles Sullivan weist darauf hin, daß Zinfandel, oder zumindest eine Rebe namens «Zinfindal», bereits in der ersten Hälfte des 19. Jh. an der Ostküste Amerikas bekannt war und 1834 auf einer Ausstellung der Massachusetts Horticultural Society in Erscheinung trat; auch wurde sie in der landwirtschaftlichen Fachpresse der 1840er und 1850er Jahre häufig erwähnt. 1858 zeigte ein Rebschulbesitzer aus Sacramento auf der California State Fair eine Rebsorte, die er «Zeinfindall» nannte, und bis 1860 waren in Kalifornien bereits mehrere Weine dieser Sorte entstanden. Es ist sehr wahrscheinlich, daß Stecklinge von der Ostküste herübergebracht worden waren, allerdings stellte ein Rebschulbesitzer in San José nachträglich die unüberprüfbare Behauptung auf, er habe seinen Zinfandel 1852 unter dem Namen «Black St Peters» direkt aus Frankreich nach Kalifornien eingeführt.

Da der Zinfandel in Frankreich nicht sehr interessierte, entging die Rebe der eingehenden Untersuchung durch das Weltzentrum der Ampelographie Montpellier, und so beruhte ihr vermuteter europäischer Ursprung auf lokalen Hypothesen und nicht auf international anerkannten Fakten, bis zu Anfang der 1990er Jahre die DNS-Erkennungsmethode auf sie angewendet wurde. Erst dadurch wurde unbezweifelbar festgestellt, daß Zinfandel mit der PRIMITIVO-Rebe in Apulien (Süditalien) identisch ist. Das Verwandtschaftsverhältnis war schon in den 1980er Jahren von italienischer Seite dadurch bekräftigt worden, daß manche Primitivo-Weine von dort aus unter dem Namen Zinfandel exportiert wurden, um auf dem amerikanischen Markt besonderen Eindruck zu machen. Möglicherweise besteht auch eine Verbindung zu der Rebsorte PLAVAC MALI in Dalmatien. Es wird anderseits aber auch behauptet, die Rebe sei in Kalifornien früher bekannt gewesen als in Apulien.

Zinfandel fand in den 1880er Jahren, als vor allen übrigen Eigenschaften seine Fähigkeit, große Erträge zu erbringen, besonders hoch geschätzt wurde, einen festen Platz im amerikanischen Weinbau und bildete das Alltagsgetränk vieler Goldgräber und anderer Nutznießer des kalifornischen Goldrauschs. Um die Jahrhundertwende galt Zinfandel als der kalifornische «Claret», und er hatte einige der erlesensten Weinberglagen an der Nordküste inne. Während der Prohibition genoß er die Vorliebe vieler Hobby-Kellermeister, seitdem aber ist ihm seine Popularität zum Verhängnis geworden.

Im 20. Jh. nahm der kalifornische Zinfandel so ziemlich dieselbe Stellung ein wie der SHIRAZ (Syrah) in Australien, und es ist ihm wie diesem derselbe Mangel an Respekt widerfahren, nur weil er die meistangebaute Rotweinrebsorte darstellte. Obendrein war er oft in ungeeignet warmen Lagen angepflanzt worden, und es wurden ihm höhere Erträge abverlangt, als für ihn gut ist. Nun mag der Zinfandel zwar als Rebsorte nicht so edel sein wie Syrah, sicherlich aber kann er feinen Wein hervorbringen, wenn die Erträge knapp gehalten werden und die Witterung so kühl ist, daß sich der Wachstumsverlauf ausreichend lang hinzieht.

Die Nachteile der Sorte liegen darin, daß die Trauben oft ungleichmäßig ausreifen, so daß saure grüne Beeren mit vollreifen in einem Fruchtstand stehen, und daß die Trauben im Gegensatz zu denen des großen Rivalen Cabernet Sauvignon sich, sobald sie reif sind, rasch in Rosinen verwandeln, wenn sie nicht sofort geerntet werden. Zinfandel leistet deshalb sein Bestes unter warmen, aber nicht heißen Bedingungen, wobei Lagen in großer Höhe sich oft am besten bewähren.

Zwar ist der Zinfandel schon in alle möglichen Stile und Farben gepreßt worden, am besten aber eignet er sich wahrscheinlich doch für trockenen, robusten, nicht besonders subtilen, aber kraftvollen Rotwein mit einer optimalen Lebensdauer von vier bis acht Jahren. Diese Weine sind nur selten Verschnitte, allein Ridge Vineyards befürwortet das Einmischen von etwas PETITE SIRAH in Zinfandel. Das Dry Creek Valley in Sonoma zeigt besonders gute Eignung für diese unterschätzte Rebsorte.

Mitte bis Ende der 1980er Jahre wurden die Überschüsse an Zinfandel-Trauben mit großem Geschick dafür genutzt, die offenbar unstillbare Nachfrage des amerikanischen Publikums nach frischem, leichtem, fruchtigem Wein zu befriedigen. So entstand der White Zinfandel (ein sehr heller Rosé, der durch ganz kurzes Einmaischen der Traubenschalen gewonnen wird), und er wurde zu einem unerhörten kommerziellen Erfolg.

Dank der enormen Popularität des White Zinfandel wuchs die längst im Schwinden begriffene Anbaufläche am Ende der 1980er Jahre vor allem im Central Valley wieder jährlich um 1200 ha, so daß sich 1994 der Gesamtbestand auf 15 800 ha bezifferte, womit er knapp vor CABERNET SAUVIGNON, der zweitmeist angebauten Rotweinrebsorte Kaliforniens, lag.

In geringem Umfang wird Zinfandel auch in wärmeren Lagen anderer Staaten im Westen der USA angebaut, und auch manche Erzeuger in Südafrika haben entdeckt, daß sich ihr Klima für diese Sorte eignet. Australien ist ebenfalls ein günstiger Standort für die ungewöhnliche Traube; besonderen Erfolg hat mit ihr Cape Mentelle in Westaustralien.

ZWEIGELT, ZWEIGELTREBE, BLAUER ZWEIGELT

Die Rotweinrebsorte ist die populärste in Österreich, obwohl sie erst 1922 von Dr. Zweigelt in der Weinbauforschungsanstalt Klosterneuburg gezüchtet wurde. Es handelt sich um eine Kreuzung BLAUFRÄNKISCH × ST. LAURENT, die in Bestform den Biß der ersteren mit dem Körper der zweiten Sorte vereint; leider werden der Rebe jedoch manchmal zu hohe Erträge abverlangt, so daß ihr Wein dünn ausfällt. Bei den Winzern ist sie beliebt, weil sie früher reift als Blaufränkisch, aber später austreibt als St. Laurent und meist gute Erträge bringt. Daher wird sie in allen österreichischen Weinbauregionen verbreitet angebaut und bringt an manchen Stellen seriösen, alterungswürdigen Wein hervor; die meisten Weine dieser Traube wollen jedoch jung getrunken sein.

Der Erfolg in Österreich ist so groß, daß Zweigelt auch in Deutschland und England versuchsweise angebaut wird. Die Exportchancen des Weins werden jedoch leider auch durch den für fremde Zungen schwer auszusprechenden Namen gedämpft. Hätte der Züchter doch besser Dr. Pinot Noir geheißen!

DIE TRAUBEN HINTER DEN NAMEN

Oft ist es nicht möglich, aus den Etiketten von Weinen mit rein geographischer Bezeichnung die darin enthaltenen Traubensorten zu entnehmen. Nachfolgend deshalb ein bisher einzigartiger Leitfaden zu den in den verschiedensten Appellationen zugelassenen Traubensorten, und zwar in einem nach Ländernamen alphabetisch geordneten Verzeichnis, wobei nötigenfalls eine Untergliederung in ebenfalls alphabetisch geordnete Regionen erfolgt; innerhalb dieser Gliederung werden wiederum in alphabetischer Reihenfolge die Namen der Appellationen aufgeführt.

In *Kursivdruck* angegebene Rebsorten haben an dem jeweiligen Wein nur geringfügigen Anteil.

Die Abkürzungen R, W, Rs, und S bedeuten Rotwein, Weißwein, Roséwein bzw. Schaumwein.

FRANKREICH

BORDEAUX

Blaye
(R) Cabernet Sauvignon, Cabernet Franc, Merlot, Malbec, *Prolongeau (Bouchalès), Béquignol, Petit Verdot*
(W) Merlot Blanc, Folle Blanche, Colombard, *Pineau de la Loire (Chenin Blanc), Frontignan, Sémillon, Sauvignon Blanc, Muscadelle*

Bordeaux, Bordeaux Clairet, Merlot, Bordeaux Supérieur
(R, Rs) Cabernet Sauvignon, Cabernet Franc, Carmenère, *Malbec, Petit Verdot*

Bordeaux Sec
(W) Sémillon, Sauvignon Blanc, Muscadelle, *Merlot Blanc, Colombard, Mauzac, Ondenc, Ugni Blanc*

Bordeaux Côtes de Francs
(R) Cabernet Sauvignon, Cabernet Franc, Merlot, *Malbec*
(W) Sémillon, Sauvignon Blanc, *Muscadelle*

Bordeaux Haut-Benauge
(W) Sémillon, Sauvignon Blanc, *Muscadelle*

Bordeaux Mousseux
(R, S) Cabernet Sauvignon, Cabernet Franc, Merlot, *Carmenère, Malbec, Petit Verdot*
(W, S) Sémillon, Sauvignon Blanc, Muscadelle, *Ugni Blanc, Merlot Blanc, Colombard, Mauzac, Ondenc*

Bourg, Côtes de Bourg, Bourgeais
(R) Cabernet Sauvignon, Cabernet Franc, Merlot, Malbec, *Gros Verdot, Prolongeau (Bouchalès)*
(W) Sauvignon Blanc, Sémillon, *Mucadelle, Merlot Blanc, Colombard*

Côtes de Blaye
(W) Sémillon, Sauvignon Blanc, Muscadelle, *Merlot Blanc, Folle Blanche, Colombard, Pineau de la Loire (Chenin Blanc)*

Côtes de Castillon
(R) Cabernet Sauvignon, Cabernet Franc, Merlot, *Malbec (Côt)*

Crémant de Bordeaux
(R, S) Cabernet Sauvignon, Cabernet Franc, Merlot, *Carmenère, Malbec, Petit Verdot, Ugni Blanc, Colombard*
(W, S) Sémillon, Sauvignon Blanc, Muscadelle, *Ugni Blanc, Colombard*
(Rs, S) Cabernet Sauvignon, Cabernet Franc, Merlot, *Carmenère, Malbec, Petit Verdot*

Entre-Deux-Mers, Entre-Deux-Mers Haut-Benauge
(W) Sémillon, Sauvignon Blanc, Muscadelle, *Merlot Blanc, Colombard, Mauzac, Ugni Blanc*

Fronsac, Canon Fronsac, Côtes Canon Fronsac
(R) Cabernet Sauvignon, Cabernet Franc (Bouchet), Merlot, *Malbec (Pressac)*

Graves
(R) Cabernet Sauvignon, Cabernet Franc, Merlot, *Malbec, Petit Verdot*

Graves Supérieur
(W) Sémillon, Sauvignon Blanc, Muscadelle

Graves de Vayres
(R) Cabernet Sauvignon, Cabernet Franc, Merlot, *Petit Verdot*
(W) Sémillon, Sauvignon Blanc, Muscadelle, *Merlot Blanc*

Margaux, Listrac-Médoc, Pessac-Léognan, Premières Côtes de Bordeaux
(R) Cabernet Sauvignon, Cabernet Franc, Merlot, *Carmenère, Malbec (Côt), Petit Verdot*

Pauillac, St-Estèphe, St-Julien, Médoc, Haut-Médoc, Moulis
(R) Cabernet Sauvignon, Cabernet Franc, Merlot, *Carmenère, Malbec, Petit Verdot, Gros Verdot*

Pomerol, Lalande-de-Pomerol, Néac, Lussac-St-Emilion, Montagne-St-Emilion, Parsac-St-Emilion, Puisseguin-St-Emilion, St-Georges-St-Emilion
(R) Cabernet Sauvignon, Cabernet Franc (Bouchet), Merlot, *Malbec (Pressac)*

Premières Côtes de Blaye
(R) Cabernet Sauvignon, Cabernet Franc, Merlot, *Côt*
(W) Sémillon, Sauvignon Blanc, Muscadelle, *Merlot Blanc, Colombard, Ugni Blanc*

St-Emilion
(R) Merlot, Cabernet Sauvignon, Cabernet Franc, *Carmenère, Malbec (Côt)*

Ste-Foy-Bordeaux
(R) Cabernet Sauvignon, Cabernet Franc, Malbec, *Petit Verdot*
(W) Sémillon, Sauvignon Blanc, Muscadelle, *Merlot Blanc, Colombard, Mauzac, Ugni Blanc*

Sauternes, Barsac, Ste-Croix-du-Mont, Loupiac, Cadillac, Cérons, Premières Côtes de Bordeaux, Pessac-Léognan, Côtes de Bordeaux-St-Macaire
(W) Sémillon, Sauvignon Blanc, *Muscadelle*

BURGUND
REGIONALE APPELLATIONEN
Bourgogne Grand Ordinaire
(R) Pinot Noir, Gamay, *César, Tressot*
(Rs) *Pinot Gris, Pinot Blanc, Chardonnay*
(W) Chardonnay, Aligoté, Pinot Blanc, Melon de Bourgogne, *Sacy*

Bourgogne Passetoutgrain
(R) Gamay, *Pinot Noir, Pinot Blanc, Pinot Gris, Chardonnay*

Bourgogne Mousseux
(S) Chardonnay, Pinot Blanc, Pinot Noir, Pinot Beurot, Pinot Liébault, *César, Tressot*

Bourgogne, Bourgogne Clairet, Bourgogne Rosé, Bourgogne Hautes Côtes de Beaune, Bourgogne Rosé Hautes Côtes de Beaune, Bourgogne Clairet Hautes Côtes de Beaune, Bourgogne Irancy, Bourgogne Hautes Côtes de Nuits, Bourgogne Rosé Hautes Côtes de Nuits, Bourgogne Clairet Hautes Côtes de Nuits, Bourgogne Côte Chalonnaise, Bourgogne Rosé Côte Chalonnaise, Bourgogne Clairet Côte Chalonnaise
(R, Rs) Pinot Noir, Pinot Liébault, *César, Tressot, Pinot Blanc, Pinot Gris, Chardonnay*
(W) Chardonnay, *Pinot Blanc*

Bourgogne Aligoté, Bourgogne Aligoté Bouzeron
(W) Aligoté, *Chardonnay*

Crémant de Bourgogne
(S) Pinot Noir, Chardonnay, Pinot Gris, Pinot Blanc, *Gamay, Aligoté, Melon de Bourgogne, Sacy*

BEAUJOLAIS
Beaujolais, Beaujolais Supérieur, Beaujolais-Villages
(R, Rs) Gamay, *Pinot Noir, Pinot Gris, Chardonnay, Aligoté, Melon de Bourgogne*
(W) Chardonnay, Aligoté

Brouilly, Chénas, Chiroubles, Fleurie, Juliénas, Morgon, Moulin-à-Vent, St-Amour
(R) Gamay, *Chardonnay, Aligoté, Melon de Bourgogne*

Côte de Brouilly
(R) Gamay, *Pinot Noir, Pinot Gris, Pinot Blanc, Chardonnay*

Régnié
(R) Gamay

CHABLIS
Petit Chablis, Chablis, Chablis Premier Cru, Chablis Grand Cru
(W) Chardonnay

CÔTE CHALONNAISE
Anm.: In die mit * bezeichneten Orte fallen Premier-Cru-Lagen.
Givry
(R) Pinot Noir, *Pinot Beurot, Pinot Liébault, Chardonnay*
(W) Chardonnay, *Pinot Blanc*

Mercurey*, Rully*
(R) Pinot Noir, *Pinot Beurot, Pinot Liébault, Chardonnay*
(W) Chardonnay

Montagny*
(W) Chardonnay

CÔTE D'OR
Anm.: In die mit * bezeichneten Orte fallen Premier-Cru-Lagen.
Côte de Beaune, Côte de Beaune-Villages, Côte-de-Nuits-Villages, Auxey-Duresses*, Beaune*, Blagny, Chassagne-Montrachet*, Chorey-lès-Beaune, Fixin*, Ladoix, Meursault*, Monthélie, Nuits-St-Georges*, Pernand-Vergelesses*, Puligny-Montrachet*, St-Aubin*, St-Romain, Santenay*, Savigny-lès-Beaune*, Vins Fins de la Côte de Nuits, Vougeot*
(R) Pinot Noir, *Pinot Liébault, Chardonnay, Pinot Blanc, Pinot Gris*
(W) Chardonnay, *Pinot Blanc*

Aloxe-Corton*, Maranges*, Morey St-Denis*
(R) Pinot Noir, *Pinot Liébault, Chardonnay, Pinot Blanc, Pinot Gris*
(W) Chardonnay

Chambolle-Musigny*, Gevrey-Chambertin*, Pommard*, Volnay*, Volnay Santenots*, Vosne-Romanée*
(R) Pinot Noir, *Pinot Liébault, Chardonnay, Pinot Blanc, Pinot Gris*

Marsannay
(R) Pinot Noir, *Pinot Gris, Chardonnay*
(W) Chardonnay, *Pinot Blanc*

Marsannay Rosé
(Rs) Pinot Noir, Pinot Gris

CÔTE D'OR – GRANDS CRUS
Bonnes-Mares, Chambertin, Chambertin-Clos-de-Bèze, Chapelle-Chambertin, Charmes-Chambertin, Griotte-Chambertin, Latricières-Chambertin, Mazis-Chambertin, Mazoyères-Chambertin, Ruchottes-Chambertin, Clos des Lambrays, Clos de la Roche, Clos St-Denis, Clos de Tart, Clos de Vougeot, Echézeaux, Grands Echézeaux, La Grande Rue, Richebourg, Romanée-Conti, Romanée-St-Vivant, La Romanée, La Tâche
(R) Pinot Noir, *Pinot Liébault, Pinot Blanc, Pinot Gris, Chardonnay*

Musigny, Corton
(R) Pinot Noir, *Pinot Liébault, Pinot Blanc, Pinot Gris, Chardonnay*
(W) Chardonnay

Corton-Charlemagne, Montrachet, Bâtard-Montrachet, Bienvenues-Bâtard-Montrachet, Chevalier-Montrachet, Criots-Bâtard-Montrachet
(W) Chardonnay

Charlemagne
(W) Chardonnay, *Aligoté*

MÂCONNAIS

Mâcon, Mâcon Supérieur, Mâcon-Villages oder Mâcon mit anschließendem Ortsnamen
(z. B. Mâcon Chardonnay, Mâcon Viré, Mâcon Lugny)
(W) Chardonnay, *Pinot Blanc*

Mâcon, Mâcon Supérieur oder Mâcon mit anschließendem Ortsnamen
(z. B. Mâcon Chardonnay, Mâcon Viré, Mâcon Lugny)
(R, Rs) Gamay, Pinot Noir, Pinot Gris

Pouilly-Fuissé, Pouilly-Vinzelles, Pouilly-Loché, St-Véran
(W) Chardonnay

CHAMPAGNE

Champagne, Coteaux Champenois
(S) Pinot Noir, Pinot Meunier, Chardonnay

Rosé de Riceys
(Rs) Pinot Noir

ELSASS UND DER NORDOSTEN

Crémant d'Alsace
(S) Riesling, Pinot Blanc, Pinot Noir, Pinot Gris, Auxerrois, Chardonnay

Vin d'Alsace Edelzwicker
(W) Gewürztraminer, Riesling, Pinot Gris, Muscat Blanc à Petits Grains, Muscat Ottonel, Pinot Blanc, Pinot Noir, Sylvaner, Chasselas
Alle sonstigen Elsässer Weine tragen Sortenbezeichnungen

Côtes de Toul
(R) Pinot Meunier, Pinot Noir (Rs) Gamay, Pinot Meunier, Pinot Noir, *Aligoté, Aubin, Auxerrois*
(W) Aligoté, Aubin, Auxerrois

Vins de Moselle
Auxerrois, Gewürztraminer, Pinot Meunier, Müller-Thurgau, Pinot Noir, Pinot Blanc, Pinot Gris, Riesling, *Gamay*

JURA

Arbois
(R) Poulsard Noir, Trousseau, Pinot Noir
(W) Savagnin Blanc, Chardonnay, Pinot Blanc
Anm.: Pinot Noir und Pinot Blanc sind für die Erzeugung von *vin de paille* nicht zugelassen; sonstige Trauben wie oben.
Arbois Rosé ist ein Verschnitt von dunklen und hellen Trauben.

Château-Chalon
(W) Savagnin Blanc

Côtes du Jura Vin Jaune
(W) Savagnin Blanc

Côtes du Jura
(R) Poulsard Noir, Trousseau, Pinot Noir
(W) Savagnin Blanc, Chardonnay, Pinot Blanc

Côtes du Jura Mousseux
(S) Trauben wie oben
Anm.: Côtes du Jura Rosé ist ein Verschnitt von dunklen und hellen Trauben.

L'Etoile
(W) Chardonnay, Poulsard, Savagnin Blanc

L'Etoile Mousseux
(S) Trauben wie oben

L'Etoile Vin Jaune
(W) Savagnin Blanc
Anm: Pinot Noir und Pinot Blanc sind für die Erzeugung von *vin de paille* nicht zugelassen; sonstige Trauben wie oben.

KORSIKA Siehe Provence

LANGUEDOC-ROUSSILLON

Cabardès, Côtes du Cabardès VDQS
(R, Rs) Grenache, Syrah, Cinsaut, *Cabernet Sauvignon, Merlot, Cabernet Franc, Côt, Fer, Carignan, Aubun Noir*

Clairette de Bellegarde, Clairette du Languedoc
(W) Clairette

Collioure
(R) Grenache, Mourvèdre, *Carignan, Cinsaut, Syrah*

Die Trauben hinter den Namen

(Rs) Grenache, Mourvèdre, *Carignan, Cinsaut, Syrah, Grenache Gris*

Corbières
(R, Rs) Carignan, Grenache, Cinsaut, *Lladoner Pelut, Mourvèdre, Piquepoul Noir, Terret Noir, Syrah, Maccabeu, Bourboulenc, Grenache Gris*
(W) Bourboulenc, Clairette Blanche, Grenache Blanc, Maccabeu, Muscat Blanc à Petits Grains, Piquepoul Blanc, Terret Blanc, Marsanne, Roussanne, Vermentino Blanc

Costières de Nîmes
(R, Rs) Carignan, Grenache, Mourvèdre, Syrah, Cinsaut
(W) Clairette Blanche, Grenache Blanc, Bourboulenc Blanc, Ugni Blanc

Coteaux du Languedoc
(R) Carignan, Grenache, Lladoner Pelut, *Counoise (Aubun), Grenache Rosé, Terret Noir, Picpoul Noir*
(Rs) Carignan, Grenache, Lladoner Pelut, *Counoise (Aubun), Grenache Rosé, Terret Noir, Picpoul Noir, Bourboulenc, Carignan Blanc, Clairette, Maccabéo, Picpoul, Terret, Ugni Blanc*

Côtes de la Malepère, VDQS
(R) Merlot, Côt, Cinsaut, *Cabernet Sauvignon, Cabernet Franc, Grenache, Lladoner Pelut Noir, Syrah*
(Rs) Cinsaut, Grenache, Lladoner Pelut Noir, *Merlot, Côt, Cabernet Sauvignon, Cabernet Franc, Syrah*

Côtes de Millau, VDQS
(R) Gamay, Syrah, *Cabernet Sauvignon, Fer Servadou, Duras*
(Rs) Gamay, *Syrah, Cabernet Sauvignon, Fer Servadou, Duras*
(W) Chenin Blanc, Mauzac

Côtes du Roussillon
(R, Rs) Carignan, Cinsaut, Grenache, Lladoner Pelut Noir, Syrah, Mourvèdre, Maccabeu Blanc
(W) Grenache Blanc, Maccabeu Blanc, Tourbat Blanc/Malvoisie du Roussillon, Marsanne, Roussanne, Vermentino

Côtes du Roussillon-Villages
(R) Carignan, Cinsaut, Grenache, Lladoner Pelut Noir, Syrah, Mourvèdre, Maccabéo

Faugères
(R, Rs) Carignan, Cinsaut, Grenache, Mourvèdre, Syrah, Lladoner Pelut Noir

Fitou
(R) Carignan, Grenache, Mourvèdre, Syrah, Lladoner Pelut Noir, *Cinsaut, Maccabéo Blanc, Terret Noir*

Minervois
(R, Rs) Grenache, Syrah, Mourvèdre, Lladoner Pelut Noir, Carignan, *Cinsaut, Picpoul Noir, Terret Noir, Aspiran Noir*
(W) Grenache Blanc, Bourboulenc Blanc (Malvoisie), Maccabeu Blanc, Marsanne Blanche, Roussanne Blanche, Vermentino Blanc (Rolle), *Picpoul Blanc, Clairette Blanche, Terret Blanc, Muscat Blanc à Petits Grains*

St-Chinian
(R, Rs) Carignan, Cinsaut, Grenache, Lladoner Pelut Noir, Mourvèdre, Syrah

LOIRE UND MITTELFRANKREICH

Anjou, Anjou Gamay, Anjou pétillant, Rosé d'Anjou pétillant, Saumur, Saumur Champigny, Saumur pétillant
(R) Cabernet Franc, Cabernet Sauvignon, Pineau d'Aunis (P) Cabernet Franc, Cabernet Sauvignon, Pineau d'Aunis, Gamay, Côt, Groslot
(W) Chenin Blanc, *Chardonnay, Sauvignon Blanc*

Anjou Coteaux de la Loire
(W) Chenin Blanc

Anjou Mousseux
(W, S) Chenin Blanc, *Cabernet Sauvignon, Cabernet Franc, Côt, Gamay, Groslot, Pineau d'Aunis*
(Rs, S) Cabernet Sauvignon, Cabernet Franc, Côt, Gamay, Groslot, Pineau d'Aunis

Anjou-Villages
(R) Cabernet Sauvignon, Cabernet Franc

Bourgueil, St-Nicolas-de-Bourgueil
(R) Cabernet Franc, *Cabernet Sauvignon*

Bonnezeaux
(W) Chenin Blanc

Cabernet d'Anjou, Cabernet de Saumur
(Rs) Cabernet Sauvignon, Cabernet Franc

Châteaumeillant
(R, W, Rs) Gamay, Pinot Gris, Pinot Noir

Cheverny
(R) Gamay, Pinot Noir, *Cabernet Franc, Cabernet Sauvignon, Côt*
(Rs) Gamay, Pinot Noir, *Cabernet Franc, Cabernet Sauvignon, Côt, Pineau d'Aunis*
(W) Sauvignon Blanc, *Chardonnay, Arbois (Menu Pineau), Chenin Blanc*

Chinon
(W) Chenin Blanc (Pineau de la Loire)
(R, Rs) Cabernet Franc (Breton), *Cabernet Sauvignon*

Coteaux d'Ancenis
(W) Chenin Blanc, Pinot Gris (Malvoisie)
(R, Rs) Cabernet Sauvignon, Cabernet Franc, Gamay, *Gamay de Chaudenay, Gamay de Bouze*

Coteaux de l'Aubance
(W) Chenin Blanc (Pineau de la Loire)

Coteaux du Layon, Coteaux du Layon Chaume
(W) Chenin Blanc (Pineau de la Loire)

Coteaux du Loir
(W) Chenin Blanc (Pineau de la Loire)
(R) Pineau d'Aunis, Cabernet Franc, Cabernet Sauvignon, Gamay, Côt
(Rs) Pineau d'Aunis, Cabernet Franc, Cabernet Sauvignon, Gamay, Côt, Groslot

Coteaux de Saumur
(W) Chenin Blanc (Pineau de la Loire)

Coteaux du Vendômois
(W) Chenin Blanc, *Chardonnay*
(R) Pineau d'Aunis, *Gamay, Pinot Noir, Cabernet Franc, Cabernet Sauvignon*
(Rs) Pineau d'Aunis, *Gamay*

Côtes d'Auvergne
(R, Rs) Gamay, Pinot Noir
(W) Chardonnay

Côtes de Gien, Coteaux du Giennois
(R, Rs) Gamay, Pinot Noir
(W) Sauvignon Blanc

Cour-Cheverny
(W) Romorantin Blanc

Crémant de Loire
(W, Rs, S) Chenin Blanc, Cabernet Franc, Cabernet Sauvignon, Pineau d'Aunis, Pinot Noir, Chardonnay, Menu Pineau, *Grolleau Noir, Grolleau Gris*

Fiefs Vendéens
(R, Rs) Gamay, Pinot Noir, *Cabernet Franc, Cabernet Sauvignon, Négrette, Gamay Chaudenay*
(W) Chenin Blanc, *Sauvignon Blanc, Chardonnay*

Gros Plant du Pays Nantais
(W) Gros Plant (Folle Blanche)

Haut Poitou
(W) Sauvignon Blanc, Chardonnay, Chenin Blanc, *Pinot Blanc*
(R, Rs) Pinot Noir, Gamay, Merlot, Côt, Cabernet Franc, Cabernet Sauvignon, *Gamay de Chaudenay, Grolleau*

Jasnières
(W) Chenin Blanc (Pineau de la Loire)

Menetou-Salon
(W) Sauvignon Blanc (R, Rs) Pinot Noir

Montlouis
(W) Chenin Blanc (Pineau de la Loire)

Muscadet, Muscadet Côtes de Grand Lieu, Muscadet des Coteaux de la Loire, Muscadet de Sèvre et Maine
(W) Melon

Pouilly-Fumé, Blanc Fumé de Pouilly
(W) Blanc Fumé (Sauvignon Blanc)

Pouilly-sur-Loire
(W) Chasselas, Blanc Fumé (Sauvignon Blanc)

Quart de Chaume
(W) Chenin Blanc (Pineau de la Loire)

Quincy
(W) Sauvignon Blanc

Reuilly
(W) Sauvignon Blanc (R, Rs) Pinot Noir, Pinot Gris

Rosé de Loire
(Rs) Cabernet Franc, Cabernet Sauvignon, Pineau d'Aunis, Pinot Noir, Gamay, Grolleau

St-Pourçain
(R) Gamay, Pinot Noir, *Gamay Teinturier*
(W) Tressallier, St-Pierre-Doré, Aligoté, Chardonnay, Sauvignon Blanc

Sancerre
(W) Sauvignon Blanc
(R, Rs) Pinot Noir

Saumur Mousseux
(W, S) Chenin Blanc, Chardonnay, Sauvignon Blanc, Cabernet Franc, Cabernet Sauvignon, Côt, Gamay, Grolleau, Pineau d'Aunis, Pinot Noir
(Rs, S) Cabernet Franc, Cabernet Sauvignon, Côt, Gamay, Grolleau, Pineau d'Aunis, Pinot Noir

Savennières
(W) Chenin Blanc (Pineau de la Loire)

Touraine, Touraine Azay-le-Rideau, Touraine Amboise, Touraine Mesland, Touraine Pétillant
(W) Chenin Blanc (Pineau de la Loire), Arbois (Menu Pineau), Sauvignon Blanc, *Chardonnay*
(R) Cabernet Franc (Breton), Cabernet Sauvignon, Côt, Pinot Noir, Pinot Meunier, Pinot Gris, Gamay Noir à Jus Blanc, Pineau d'Aunis
(Rs) Cabernet Franc (Breton), Cabernet Sauvignon, Côt, Pinot Noir, Pinot Meunier, Pinot Gris, Gamay Noir à Jus Blanc, Pineau d'Aunis, Grolleau, *Gamay de Chaudenay, Gamay de Bouze, Gamay à Jus Coloré*

Touraine Mousseux
(W, S) Chenin Blanc (Pineau de la Loire), Arbois (Menu Pineau), *Chardonnay, Cabernet Franc (Breton), Cabernet Sauvignon, Pinot Noir, Pinot Meunier, Pinot Gris, Pineau d'Aunis, Côt, Grolleau*
(R, S) Cabernet Franc (Breton)
(Rs, S) Breton, Côt, Noble, Gamay, Grolleau

Valençay
(R, Rs) Cabernet Franc, Cabernet Sauvignon, Côt, Gamay, Pinot Noir, *Gascon, Pineau d'Aunis, Gamay de Chaudenay, Grolleau*
(W) Arbois, Chardonnay, Sauvignon Blanc, *Chenin Blanc, Romorantin*

Vouvray
(W) Gros Pinot (Pineau de la Loire, Chenin Blanc), Petit Pinot (Menu Pinot)

Vins de l'Orléanais
(R, Rs) Pinot Noir, Pinot Meunier, Cabernet
(W) Auvernat Blanc (Chardonnay), Auvernat Gris (Pinot Meunier)

Vins du Thouarsais
(W) Chenin Blanc, *Chardonnay*
(R, Rs) Cabernet Franc, Cabernet Sauvignon, Gamay

Anm.: Bei Gamay handelt es sich, soweit nicht anders angegeben, um Gamay Noir à Jus Blanc.

LOIRE-RANDBEREICH
Côte Roannaise
(R, Rs) Gamay
Côtes du Forez
(R, Rs) Gamay

PROVENCE UND KORSIKA
Ajaccio
(P) Barbarossa, Nielluccio, Sciacarello, Vermentino Blanc, *Carignan, Cinsaut, Grenache*
(W) Ugni Blanc, Vermentino Blanc

Bandol
(R) Mourvèdre, Grenache, Cinsaut, *Syrah, Carignan, Tibouren, Calitor (Pécoui Touar)*
(Rs) Mourvèdre, Grenache, Cinsaut, *Syrah, Carignan, Tibouren, Calitor (Pécoui Touar), Bourboulenc, Clairette, Ugni Blanc, Sauvignon Blanc*
(W) Bourboulenc, Clairette, Ugni Blanc, *Sauvignon Blanc*

Bellet, Vin de Bellet
(R) Braquet, Folle Noire (Fuella), Cinsaut, *Grenache, Rolle, Roussanne, Spagnol (Mayorquin), Clairette, Bourboulenc, Chardonnay, Pignerol, Muscat Blanc à Petits Grains*
(Rs) Braquet, Folle Noire (Fuella), Cinsaut, *Grenache, Roussanne, Rolle, Spagnol (Mayorquin), Clairette, Bourboulenc, Pignerol*
(W) Rolle, Roussanne, Spagnol (Mayorquin), *Clairette, Bourboulenc, Chardonnay, Pignerol, Muscat Blanc à Petits Grains*

Cassis
(R, Rs) Grenache, Carignan, Mourvèdre, Cinsaut, Barberoux, *Terret, Aramon*
(W) Ugni Blanc, Sauvignon Blanc, Doucillon (Bourboulenc), Clairette, Marsanne, Pascal Blanc

Coteaux d'Aix-en-Provence, Les Baux-de-Provence
(R, Rs) Cabernet Sauvignon, Carignan, Cinsaut, Counoise, Grenache, Mourvèdre, Syrah
(W) Bourboulenc, Clairette, Grenache Blanc, Sauvignon Blanc, Sémillon, Ugni Blanc, Vermentino Blanc

Coteaux de Pierrevert, VDQS
(R, Rs) Carignan, Cinsaut, Grenache, Mourvèdre, Œillade, (Petite) Syrah, Terret Noir
(W) Clairette, Marsanne, Picpoul, Roussanne, Ugni Blanc

Coteaux Varois
(R) Grenache, Syrah, Mourvèdre, *Carignan, Cinsaut, Cabernet Sauvignon*
(Rs) Grenache, Cinsaut, *Syrah, Mourvèdre, Carignan, Tibouren*
(W) Clairette, Grenache Blanc, Rolle, Sémillon, Ugni Blanc

Coteaux Varois, VDQS
(R) Grenache, Syrah, Mourvèdre, *Carignan, Cinsaut, Cabernet Sauvignon*
(Rs) Grenache, Cinsaut, *Syrah, Mourvèdre, Carignan, Tibouren, Bourboulenc Blanc, Clairette Blanche, Grenache Blanc, Ugni Blanc*
(W) Clairette Blanche, Grenache Blanc, Rolle, Sémillon, Ugni Blanc

Muscat du Cap Corse
(W) Muscat Blanc à Petits Grains

Palette
(R, Rs) Mourvèdre, Grenache, Cinsaut (Plant d'Arles), *Téoulier (Manosquin), Durif, Muscat Noir de Provence, Muscat de Marseille/d'Aubagne, Muscat de Hamburg, Carignan, Syrah, Castets, Brun Fourca, Terret Gris, Petit Brun, Tibouren, Cabernet Sauvignon*
(W) Clairette à Gros Grains/Clairette à Petits Grains/Clairette de Trans/Picardan/Clairette Rose, *Ugni Blanc, Ugni Rosé, Grenache Blanc, Muscat de Frontignan, Pascal, Terret-Bourret, Piquepoul, Aragnan, Colombard, Tokay*

Patrimonio
(R, Rs) Nielluccio, *Grenache, Sciacarello, Vermentino Blanc*
(W) Vermentino Blanc, *Ugni Blanc*

Côtes de Provence
(R, Rs) Carignan, Cinsaut, Grenache, Mourvèdre, Tibouren, *Barberoux, Cabernet Sauvignon, Calitor (Pécoui Touar), Clairette, Roussanne du Var, Sémillon, Ugni Blanc, Vermentino Blanc (Rolle)*
(W) Clairette, Sémillon, Ugni Blanc, Vermentino Blanc (Rolle)

Vin de Corse
(R, Rs) Nielluccio, Sciacarello, Grenache, *Cinsaut, Mourvèdre, Barbarossa, Syrah, Carignan, Vermentino (Malvoisie de Corse)*
(W) Vermentino (Malvoisie de Corse), *Ugni Blanc (Rossola)*

RHÔNE

Châteauneuf-du-Pape
(R) Grenache Noir, Cinsaut, Syrah, Mourvèdre, *Picpoul, Terret Noir, Counoise, Muscardin, Picardan, Vaccrèse, Clairette, Roussanne, Bourboulenc*
(W) Grenache Blanc, Bourboulenc, Roussanne, *Clairette, Picpoul*

Châtillon-en-Diois
(R, Rs) Gamay, *Syrah, Pinot Noir*
(W) Aligoté, Chardonnay

Clairette de Die
(S) Muscat Blanc à Petits Grains, *Clairette Blanche*

Condrieu, Château Grillet
(W) Viognier

Cornas
(R) Syrah

Côte Rôtie
(R) Syrah, *Viognier*

Coteaux de Die
(W) Clairette Blanche

Coteaux de Pierrevert, VDQS
(R, Rs) Carignan, Cinsaut, Grenache Noir, Mourvèdre, (Petite) Syrah, *Œillade, Terret Noir*
(W) Clairette Blanche, Marsanne, Picpoul Blanc, Roussanne, Ugni Blanc

Coteaux du Tricastin
(R, Rs) Grenache Noir, Cinsaut, Mourvèdre, Syrah, Picpoul, *Carignan, Grenache Blanc, Picpoul Blanc, Clairette Blanche, Bourboulenc, Ugni Blanc, Marsanne, Roussanne, Viognier*
(W) Grenache Blanc, Picpoul Blanc, Clairette Blanche, Bourboulenc, Ugni Blanc, Marsanne, Roussanne, Viognier

Côtes du Lubéron
(R, Rs) Grenache Noir, Syrah, Mourvèdre, Cinsaut, Carignan, *Counoise, Picpoul Noir, Gamay, Pinot Noir*

(W) Grenache Blanc, Clairette Blanche, Bourboulenc, Ugni Blanc, Rolle, *Roussanne, Marsanne*

Côtes-du-Rhône, Côtes-du-Rhône-Villages
(R) Grenache Noir, Cinsaut, Syrah, Mourvèdre, *Terret Noir, Carignan, Counoise, Muscardin, Vaccarèse, Pinot Noir, Calitor, Gamay, Camarèse*
(Rs) Grenache Noir, Camarèse, Cinsaut, Carignan machen zusammen 90% des Verschnitts aus, die restlichen 10% können auf eine oder mehrere der folgenden Sorten entfallen:
(W) Clairette, Roussanne/Roussette, Bourboulenc, *Viognier, Picpoul, Marsanne, Grenache Blanc, Picardan, Mauzac, Pascal Blanc*

Côtes du Ventoux
(R, Rs) Grenache Noir, Syrah, Cinsaut, Mourvèdre, Carignan, *Picpoul Noir, Counoise, Clairette, Bourboulenc, Grenache Blanc, Roussanne*
(W) Clairette, Bourboulenc, Grenache Blanc, *Roussanne*

Côtes du Vivarais
(R) Grenache Noir, Syrah, *Cinsaut, Carignan*
(Rs) Grenache Noir, Cinsaut, *Syrah*
(W) Clairette Blanche, Grenache Blanc, Marsanne

Crémant de Die
(S) Clairette Blanche

Gigondas
(R) Grenache Noir, *Syrah, Mourvèdre*
(Rs) Grenache Noir 80%, der Rest darf von den unter Côtes-du-Rhône genannten Traubensorten beigesteuert werden.

Haut-Comtat, VDQS
(R, Rs) Grenache, *Carignan, Cinsaut, Mourvèdre, Syrah*

Hermitage, Crozes-Hermitage, St-Joseph
(R) Syrah, *Marsanne, Roussanne*
(W) Marsanne, Roussanne

Lirac
(R, Rs) Grenache Noir, Cinsaut, Mourvèdre, Syrah, *Carignan*
(W) Clairette Blanche, Grenache Blanc, Bourboulenc, *Ugni Blanc, Picpoul, Marsanne, Roussanne, Viognier*

St-Péray
(W) Roussanne (Roussette), Marsanne
(S) Roussanne (Roussette), Marsanne

Tavel
(Rs) Grenache Noir, Cinsaut, Clairette Blanche, Clairette, Picpoul, Calitor, Bourboulenc, Mourvèdre, Syrah, Carignan

Vacqueyras
(R) Grenache Noir, Syrah, Mourvèdre
(Rs) Grenache Noir, *Mourvèdre, Cinsaut.* Alle übrigen im Côtes-du-Rhône zugelassenen Traubensorten, ausgenommen Carignan, dürfen ebenfalls mitverarbeitet werden.
(W) Grenache Blanc, Clairette Blanche, Bourboulenc, *Marsanne, Roussanne, Viognier*

RHÔHNE-RANDBEREICH
Coteaux du Lyonnais
(R) Gamay
(Rs) Gamay
(W) Chardonnay, Aligoté

SAVOYEN UND BUGEY
Crépy
(W) Chasselas

Vin de Bugey, Vin de Bugey Mousseux, Vin de Bugey Pétillant, Vin de Bugey mit anschließendem Ortsnamen
(R, Rs) Gamay, Pinot Noir, Poulsard, Mondeuse sowie bis zu 20% der nachstehenden Weißweintrauben
(W) Chardonnay, Roussette, Aligoté, Mondeuse Blanche, Jacquère, Pinot Gris, Molette

Roussette de Bugey
(W) Roussette, Chardonnay

Vins de Bugey-Cerdon
(W, R) Gamay, Poulsard, Pinot Noir, Pinot Gris

Anm.: Sortenbezeichnungen werden bei allen Bugey-Appellationen dann angewandt, wenn der betreffende Wein rein aus einer Sorte besteht.

Für den Ort **Chignin-Bergeron**
(W) Roussanne

Für die Orte **Marignan** und **Ripaille**
(W) Chasselas

Für den Ort **Ste-Marie d'Alloix**
(Rs, R) Gamay, Persan, Etraire de la Dui, Servanin, Joubertin
(W) Verdesse, Jacquère, Aligoté, Chardonnay
Anm.: In den Rotweinen dürfen bis zu 20% Weißweintrauben mitverarbeitet werden.

Roussette de Savoie
(W) Roussette, *Chardonnay*
Anm.: Folgt der Bezeichnung Roussette de Savoie ein Ortsname, dann muß der Wein rein von Roussette gekeltert sein.

Seyssel Mousseux
(S) Chasselas, *Roussette*

Vin de Savoie
(Rs, R) Gamay, Mondeuse, Pinot Noir, *Persan, Cabernet Sauvignon, Cabernet Franc, Etraire de la Dui, Servanin, Joubertin*
(W) Aligoté, Roussette, Jacquère, Chardonnay, Malvoisie, Mondeuse Blanche, *Chasselas, Gringet, Roussette d'Ayze, Marsanne, Verdesse*
Anm.: Eine Beimischung von 20% der vorstehend genannten Weißweintrauben ist bei rotem Vin de Savoie zulässig.

Vin de Savoie Pétillant
(W) Weißweintrauben wie Vin de Savoie plus Molette

Vin de Savoie Mousseux
(S) Molette
Steht nach der Bezeichnung Vin de Savoie ein Ortsname, sind die zulässigen Traubensorten wie folgt:
Für die Orte Abymes, Apremont, Arbin, Ayze, Charpignat, Chautagne, Chignin, Cruet, Montmélian, St-Jean-de-la-Porte, St-Jeoire-Prieuré: R, W und Rs wie Vin de Savoie

Vin de Savoie Ayze (Pétillant und S)
(W) Gringet, Roussette, Mondeuse Blanche, *Roussette d'Ayze*

SÜDWESTFRANKREICH

Béarn
(R, Rs) Tannat, *Cabernet Franc (Bouchy), Cabernet Sauvignon, Fer (Pinenc), Manseng Noir, Courbu Noir*
(W) Petit Manseng, Gros Manseng, *Courbu, Lauzet, Camaralet, Raffiat,* Sauvignon Blanc

Bergerac, Bergerac sec
(W) Sémillon, Sauvignon Blanc, Muscadelle, Ondenc, Chenin Blanc, *Ugni Blanc*

Bergerac, Côtes de Bergerac
(R, Rs) Cabernet Sauvignon, Cabernet Franc, Merlot, *Malbec (Côt), Fer Servadou, Merille (Périgord)*

Blanquette de Limoux Mousseux, Crémant de Limoux
(W, S) Mauzac, Chardonnay, Chenin Blanc

Blanquette Méthode Ancestrale Mousseux
(W, S) Mauzac

Buzet
(R, Rs) Merlot, Cabernet Sauvignon, Cabernet Franc, Malbec (Côt)
(W) Sémillon, Sauvignon Blanc, Muscadelle

Cahors
(R) Malbec (Côt), Merlot, Tannat, Jurançon Noir

Côtes du Brulhois
(R, Rs) Cabernet Sauvignon, Cabernet Franc, Merlot, Fer, Côt, Tannat

Côtes de Duras
(W) Sauvignon Blanc, Sémillon, Muscadelle, Mauzac, *Rouchelin, Pineau de la Loire (Chenin Blanc), Ondenc, Ugni Blanc*
(R, Rs) Cabernet Sauvignon, Cabernet Franc, Merlot, Malbec (Côt)

Côtes du Frontonnais/Fronton/Villaudric
(R, Rs) Négrette, *Côt, Mérille, Fer,* Syrah, Cabernet Franc, Cabernet Sauvignon, Gamay, Cinsaut, Mauzac

Côtes du Marmandais
(R, Rs) Cabernet Franc, Cabernet Sauvignon, Merlot, *Abouriou, Malbec (Côt), Fer,* Gamay, Syrah
(W) Sauvignon Blanc, *Muscadelle,* Ugni Blanc, Sémillon

Côtes de Montravel, Haut-Montravel
(W) Sémillon, Sauvignon Blanc, Muscadelle

Côtes de St-Mont, VDQS
(R, Rs) Tannat, *Cabernet Sauvignon, Cabernet Franc, Merlot, Fer*
(W) Arrufiac, Clairette, *Courbu,* Gros Manseng, Petit Manseng

Gaillac
(R, Rs) Duras, Fer Servadou, Gamay, Syrah, *Cabernet Sauvignon, Cabernet Franc, Merlot*
(W) Len de l'El, Mauzac, Mauzac Rosé, Muscadelle, Ondenc, Sauvignon Blanc, Sémillon

Gaillac Premières Côtes
(W) Len de l'El, Mauzac, Mauzac Rosé, Muscadelle, Ondenc, Sauvignon Blanc, Sémillon

Gaillac Mousseux (doux)
(W) Len de l'El, Mauzac, Mauzac Rosé, Muscadelle, Ondenc, Sauvignon Blanc, Sémillon
(Rs) Duras, Fer Servadou, Gamay, Syrah, *Cabernet Sauvignon, Cabernet Franc, Merlot*

Irouléguy
(R, Rs) Cabernet Sauvignon, Cabernet Franc, Tannat
(W) Courbu, Manseng

Jurançon, Jurançon sec
(W) Petit Manseng, Gros Manseng, *Courbu, Camaralet, Lauzet*

Limoux
(W) Chardonnay

Madiran
(R) Tannat, *Cabernet Sauvignon, Cabernet Franc (Bouchy), Fer (Pinenc)*

Marcillac
(R, Rs) Fer Servadou, *Cabernet Sauvignon, Cabernet Franc, Merlot*

Monbazillac, Rosette
(W) Sémillon, Sauvignon Blanc, Muscadelle

Montravel
(W) Sémillon, Sauvignon Blanc, Muscadelle, Ondenc, Chenin Blanc, *Ugni Blanc*

Pacherenc du Vic Bilh
(W) Arrufiac, Courbu, Gros Maneng, Petit Manseng, *Sauvignon Blanc, Sémillon*

Pécharmant
(R) Cabernet Sauvignon, Cabernet Franc, Merlot, Malbec (Côt)

Saussignac
(W) Sémillon, Sauvignon Blanc, Muscadelle, Chenin Blanc

Tursan, VDQS
(R, Rs) Tannat, Cabernet Sauvignon, Cabernet Franc (Bouchy), Fer Servadou (Pinenc)
(W) Baroque, *Sauvignon Blanc, Petit Manseng, Gros Manseng, Claverie, Cruchinet, Raffiat, Claret de Gers, Clairette*

Vins d'Entraygues et du Fel, VDQS
(R, Rs) Cabernet Franc, Cabernet Sauvignon, Fer, Gamay Noir à Jus Blanc, Jurançon Noir, Mouyssaguès, Négrette, Pinot Noir
(W) Chenin Blanc, Mauzac

Vins d'Estaing, VDQS
(R, Rs) Fer Servadou, Gamay Noir à Jus Blanc, Jurançon Noir, Abouriou, Merlot, Cabernet Franc, Cabernet Sauvignon, Mouyssaguès, Négrette, Pinot Noir, Duras, Castets
(W) Chenin Blanc, Roussellou (St-Pierre Doré), Mauzac

Vins de Lavilledieu, VDQS
(R) Négrette, Mauzac, Bordelais, Morterille (Cinsaut), Chalosse (Béquignol), *Syrah, Gamay, Jurançon Noir, Picpoul, Milgranet, Fer*

(W) Mauzac, Sauvignon Blanc, Sémillon, Muscadelle, Blanquette, Ondenc, Chalosse Blanche (Claverie)

DEUTSCHLAND

Liebfrauenmilch
(W) Müller-Thurgau, Silvaner, Kerner und/oder Riesling (kommt selten vor) müssen 70% der Mischung ausmachen.

GRIECHENLAND

Amindeo
(R) Xynomavro

Anhialos
(W) Roditis, *Savatiano*

Archanes
(R) Kotsifali, Mandelaria

Dafnes
(R) Liatiko

Goumenissa
(R) Xynomavro, *Negoska*

Limnos
(W) Muscat of Alexandria

Mantinia
(W) Moscophilero

Côtes de Meliton
(R) Limnio, Cabernet Sauvignon, Cabernet Franc
(W) Athiri, Roditis, Assyrtico, *Sauvignon Blanc, Ugni Blanc*

Naoussa
(R) Xynomavro

Nemea
(R) Aghiorghitiko

Paros
(R) Monemvasia (Malvasia), *Mandelaria*

Patras
(W) Roditis

Peza
(R) Kotsifali, Mandelaria
(W) Vilana

Rapsani
(R) Xynomavro, Krassato, Stavroto

Rhodos
(R) Mandelaria
(W) Athiri

Samos
(W) Muscat Blanc à Petits Grains

Santorini, Santorini Vissanto
(W) Assyrtiko, *Athiri, Aidini*

Sitia
(R) Liatiko

Zitsa
(W) Debina

ITALIEN

ABRUZZEN
Alle DOC-Weine mit Sortenbezeichnung

APULIEN
Alezio
(R, Rs) Negroamaro, *Malvasia Nera, Sangiovese, Montepulciano*

Brindisi
(R, Rs) Negroamaro, *Susumaniello, Malvasia Nera, Sangiovese, Montepulciano*

Cacc'e Mmitte di Lucera
(R) Montepulciano, Uva di Troia, Sangiovese, Malvasia Nera, Trebbiano Toscano, Bombino Bianco, Malvasia del Chianti

Castel del Monte
(W) Pampanuto (Pampanino), Chardonnay
(R) Uva di Troia, Aglianico
(Rs) Bombino Nero, Aglianico

Copertino
(R, Rs) Negroamaro, *Malvasia Nera di Brindisi, Malvasia Nera di Lecce, Sangiovese, Montepulciano*

Gioia del Colle
(R, Rs) Primitivo, Montepulciano, Sangiovese, Negroamaro, Malvasia Nera
(W) Trebbiano Toscano

Gravina
(W) Malvasia del Chianti, Greco di Tufo, Bianco d'Alessano, *Bombino Bianco, Trebbiano Toscano, Verdeca*

Leverano
(Rs, R) Negroamaro, *Malvasia Nera di Lecce, Sangiovese, Montepulciano, Malvasia Nera*
(W) Malvasia Bianca, *Bombino Bianco, Trebbiano Toscano*

Lizzano
(Rs, R) Negroamaro, *Bombino Nero, Pinot Nero, Malvasia Nera di Lecce, Sangiovese, Montepulciano, Malvasia Nera*
(W) Trebbiano Toscano, Chardonnay, Pinot Bianco, *Malvasia, Lunga Bianca (Malvasia), Sauvignon Blanc, Bianco d'Alessano*

Locorotondo
(W) Verdeca, Bianco d'Alessano, *Fiano, Bombino, Malvasia Toscana*

Martina
(W) Verdeca, Bianco d'Alessano, *Fiano, Bombino, Malvasia Toscana*

Matino
(Rs, R) Negroamaro, *Malvasia Nera, Sangiovese*

Nardò
(Rs, R) Negroamaro, *Malvasia Nera di Lecce, Montepulciano*

Orta Nova
(Rs, R) Sangiovese, *Uva di Troia, Montepulciano, Lambrusco Maestri, Trebbiano Toscano*

Ostuni
(W) Francavilla, *Bianco d'Alessano, Verdeca*

Rosso Barletta
(R) Montepulciano, Sangiovese, *Malbec*

Rosso Canosa
(R) Uva di Troia, *Montepulciano, Sangiovese*

Rosso di Cerognola
(R) Uva di Troia, Negroamaro, *Sangiovese, Barbera, Montepulciano, Malbec, Trebbiano*

Salice Salentino
(Rs, R) Negroamaro, *Malvasia Nera di Lecce, Malvasia Nera di Brindisi*

San Severo
(W) Bombino Bianco, Trebbiano Toscano, *Malvasia Bianca*
(Rs, R) Montepulciano, Sangiovese

Squinzano
(Rs, R) Malvasia Nera di Brindisi, Malvasia Nera di Lecce, Sangiovese

BASILIKATA
Nur DOC-Weine mit Sortenbezeichnung

EMILIA-ROMAGNA
Bianco di Scandiano
(W) Sauvignon Blanc (Spergola)

Bosco Eliceo
(W) Trebbiano Romagnolo, Sauvignon Blanc, Malvasia Bianca di Candia

Bosco Eliceo Sauvignon
(W) Sauvignon Blanc, *Trebbiano Romagnolo*

Cagnina di Romagna
(R) Refosco (Terrano)

Colli Bolognesi
(W) Albana, Trebbiano Romagnolo

Colli di Parma
(R) Barbera, Bonarda Piemontese, Croatina

Colli di Parma Malvasia
(W) Malvasia di Candia Aromatica, *Moscato Bianco*

Colli Piacentini Gutturnio
(R) Barbera, Croatina (Bonarda)

Colli Piacentini Monterosso Val d'Arda
(W) Malvasia di Candia Aromatica, Moscato Bianco, Trebbiano Romagnolo, Ortrugo, *Beverdino, Sauvignon Blanc*

Colli Piacentini Trebbiano Val Trebbia
(W) Ortrugo, Malvasia di Candia Aromatica, Moscato Bianco, Trebbiano Romagnolo

Colli Piacentini Val Nure
(W) Malvasia di Candia Aromatica, Trebbiano Romagnolo, Ortrugo

Lambrusco di Sorbara
(R, Rs) Lambrusco di Sorbara, Lambrusco Salamino

Lambrusco Grasparossa
(R, Rs) Lambrusco Grasparossa, *Fortana (Uva d'Oro)*

FRIAUL-JULISCH VENETIEN
Aquileia
(Rs) Merlot, Cabernet Franc, Cabernet Sauvignon, Refosco Nostrano, Rofosco dal Peduncolo Rosso

Carso Terrano
(R) Terrano, *Piccola Nera, Pinot Nero*

Collio Goriziano/Collio
(W) Ribolla Gialla, Malvasia Istriana, Tocai Friulano, *Chardonnay, Pinot Bianco, Pinot Grigio, Riesling Italico, Riesling Renano, Sauvignon Blanc, Müller-Thurgau, Traminer Aromatico*

(R) Merlot, Cabernet Franc, Cabernet Sauvignon, *Pinot Nero*

Grave del Friuli
(W) Chardonnay, Pinot Bianco
(Rs, R) Cabernet Franc, Cabernet Sauvignon
(W, S) Chardonnay, Pinot Bianco, Pinot Nero

Isonzo
(W) Tocai Friulano, Malvasia Istriana, Pinot Bianco, Chardonnay
(R) Merlot, Cabernet Franc, Cabernet Sauvignon, *Refosco dal Peduncolo Rosso, Pinot Nero*
(S) Pinot Bianco, *Chardonnay, Pinot Nero*

Latisana
(Rs) Merlot, Cabernet Franc, Cabernet Sauvignon, Refosco Nostrano, Refosco dal Peduncolo Rosso
(W, S) Chardonnay, Pinot Bianco, Pinot Nero

KALABRIEN
Cirò
(Rs, R) Gaglioppo, *Trebbiano Toscano*

Donnici
(Rs, R) Gaglioppo, Mantonico Nero, Greco Nero, Malvasia Bianco, Mantonico Bianco, *Pecorello*

Lamezia
(W) Greco, Trebbiano, Malvasia
(Rs, R) Nerello Mascalese, Nerello Cappuccio, Gaglioppo, Magliocco, Greco Nero, Marsigliana (Greco Nero)

Melissa
(W) Greco Bianco, Trebbiano Toscano, Malvasia Bianca
(R) Gaglioppo, Greco Nero, Greco Bianco, Trebbiano Toscano, Malvasia

Pollino
(R) Gaglioppo, Greco Nero, Malvasia Bianca, Montonico Bianco, Guarnaccia Bianca

Sant'Anna di Isola Capo Rizzuto
(R, Rs) Gaglioppo, Nerello Mascalese, Nerello Cappuccio, Malvasia Nera, *Nocera*

San Vito di Luzzi
(W) Malvasia Bianca, Greco, Trebbiano Toscano
(R, Rs) Gaglioppo, *Malvasia, Greco Nero, Sangiovese*

Savuto
(R, Rs) Gaglioppo, Greco Nero, Nerello Cappuccio, Magliocco Canino, Sangiovese, Malvasia Bianca, Pecorino

Scavigna
(W) Trebbiano Toscano, Chardonnay, Greco Bianco, Malvasia
(Rs, R) Gaglioppo, Nerello Cappuccio, Aglianico

KAMPANIEN
Campi Flegrei
(W) Falanghina, Biancolella, Coda di Volpe
(R) Piedirosso, Aglianico, *Sciascinoso*

Capri
(W) Falanghina, Greco, *Biancolella*
(R) Piedirosso

Casel San Lorenzo
(R) Barbera, Sangiovese
(W) Trebbiano, Malvasia

Cilento
(R) Aglianico, Piedirosso, Barbera
(Rs) Sangiovese, Aglianico, Primitivo, Piedirosso
(W) Fiano, Trebbiano Toscano, Greco Bianco, Malvasia

Falerno del Massico
(W) Falanghina
(R) Aglianico, Piedirosso, *Primitivo, Barbera*

Guardia Sanframondi/Guardiolo
(W) Malvasia Bianca di Candia, Falanghina
(R) Sangiovese

Ischia
(W) Forastera Bianca, Biancolella
(R) Guarnaccia, Piedirosso

Penisola Sorrentina
(W) Falanghina, Biancolella, Greco
(R) Piedirosso, Sciascinoso, Aglianico

Solopaca
(W) Trebbiano Toscano, Falanghina, Malvasia, Coda di Volpe
(R) Sangiovese, Aglianico, *Piedirosso, Sciascinoso*

Taburno Bianco
(W) Trebbiano Toscano, Falanghina
(R) Sangiovese, Aglianico
(S) Coda di Volpe, Falanghina

Taurasi
(R) Aglianico

Vesuvio
(W) Coda di Volpe, Verdeca, *Falanghina, Greco*
(R) Piedirosso, Sciascinoso, *Aglianico*

LATIUM
Bianco Capena
(W) Trebbiano, Malvasia, *Bellone, Bombino*

Cerveteri
(W) Trebbiano, Malvasia, *Verdicchio, Tocai, Bellone, Bombino*
(R) Sangiovese, Montepulciano, Cesanese, *Canaiolo Nero, Carignano, Barbera*

Colli Albani
(W) Malvasia, Trebbiano

Colli Lanuvini
(W) Malvasia, Trebbiano

Cori
(W) Malvasia, Trebbiano, *Bellone*
(R) Montepulciano, *Nero Buono di Cori, Cesanese*

Est!Est!!Est!!! di Montefiascone
(W) Malvasia, Trebbiano

Frascati
(W) Malvasia, Trebbiano, *Greco*

Genazzano
(W) Malvasia, Bellone, Bombino, Trebbiano, Pinot Bianco
(R) Sangiovese, Cesanese

Marino
(W) Malvasia, Trebbiano

Montecompatri Colonna
(W) Malvasia, Trebbiano, *Bellone, Bonvino*

Velletri
(W) Malvasia, Trebbiano
(R) Sangiovese, Montepulciano, Cesanese, *Bombino Nero*

Vignanello
(W) Malvasia, Trebbiano
(R) Sangiovese, Ciliegiolo

Zagarolo
(W) Malvasia, Trebbiano

LIGURIEN
Cinqueterre
(W) Bosco, Albarola, Vermentino

Colli di Luni
(R) Sangiovese, Canaiolo, Pollera Nera, Ciliegiolo Nero
(W) Vermentino, Trebbiano Toscano

Riviera Ligure di Ponente Ormeasco
(R) Dolcetto

LOMBARDEI
Botticino
(R) Barbera, Schiava Gentile, Marzemino, Sangiovese

Capriano del Colle
(R) Sangiovese, Marzemino, Barbera, *Incrocio Terzi No. 1*
(W) Trebbiano di Soave, *Trebbiano Toscano*

Cellatica
(R) Schiava Gentile, Barbera, Marzemino, Incrocio Terzi No. 1

Colli Morenici Mantovani del Garda
(R) Merlot, Rossanella (Molinara), *Negrara, Sangiovese*
(W) Trebbiano Giallo, Trebbiano Toscano, Trebbiano di Soave, Pinot Bianco, *Riesling Italico, Malvasia di Candia*

Franciacorta
(R) Cabernet Franc, Barbera, Nebbiolo, Merlot
(W) Pinot Bianco, Chardonnay (S) Pinot Bianco, Chardonnay, Pinot Grigio, Pinot Nero

Lambrusco Mantovano
(R) Lambrusco Viadanese, Lambrusco Maestri, Lambrusco Marani, Lambrusco Salamino, *Ancellotta, Fortana, Uva d'Oro*

Lugana
(W) Trebbiano di Lugana

Oltrepò Pavese (ohne Sortenbezeichnung)
(R, Rs) Barbera, Croatina, Uva Rara, Ughetta (Vespolina) Pinot Nero

Riviera del Garda Bresciano/Garda Bresciano
(W) Riesling Italico, Riesling Renano
(R, Rs) Groppello, Sangiovese, Marzemino, Barbera

San Colombano al Lambro
(R) Croatina, Barbera, Uva Rara

San Martino della Battaglia
(W) Tocai Friulano

Valcalepio
(R) Merlot, Cabernet Sauvignon
(W) Pinot Bianco, Chardonnay, Pinot Grigio

Valtellina
(R) Chiavennasca, *Pinot Nero, Merlot, Rossola, Pignola Valtellinese*

MARKEN
Colli Maceratesi
(W) Maceratino, *Trebbiano Toscano, Verdicchio, Malvasia Toscana, Chardonnay*

Colli Pesaresi
(R) Sangiovese
(W) Trebbiano

Falerio dei Colli Ascolani
(W) Trebbiano, Passerina, Verdicchio, Malvasia Toscana

Focara Rosso
(R) Sangiovese, *Pinot Nero*

Roncaglia Bianco
(W) Trebbiano, Pinot Nero

Rosso Conero
(R) Montepulciano, *Sangiovese*

Rosso Piceno
(R) Montepulciano, Sangiovese, *Trebbiano, Passerina*

MOLISE
Biferno
(R, Rs) Montepulciano, Trebbiano, Aglianico
(W) Trebbiano Toscano, Bombino Bianco, Malvasia

Pentro di Isernia
(W) Trebbiano Bianco, Bombino Bianco

PIEMONT
Asti
(W, S) Moscato

Barbaresco
(R) Nebbiolo Michet, Nebbiolo Lampia, Nebbiolo Rosé

Barbera d'Asti, Barbera del Monferrato
(R) Barbera, *Freisa, Grignolino, Dolcetto*

Barolo
(R) Nebbiolo Michet, Nebbiolo Lampia, Nebbiolo Rosé

Boca
(R) Nebbiolo (Spanna), Vespolina, Bonarda Novarese

Brachetto d'Acqui
(R) Brachetto, *Aleatico, Moscato Nero*

Bramaterra
(R) Nebbiolo (Spanna), Croatina, Vespolina

Carema
(R) Nebbiolo

Casalese
(W) Cortese

Colli Tortonesi
(R) Barbera, *Freisa, Bonarda Piemontese, Dolcetto*
(W) Cortese

Fara
(R) Nebbiolo (Spanna), *Vespolina, Bonarda*

Gabiano
(R) Barbera, Freisa, Grignolino

Gattinara
(R) Nebbiolo (Spanna), Vespolina, Bonarda di Gattinara

Gavi
(W) Cortese

Ghemme
(R) Nebbiolo (Spanna), *Vespolina, Bonarda*

Grignolino d'Asti
(R) Grignolino, *Freisa*

Grignolino del Monferrato Casalese
(R) Grignolino, *Freisa*

Lessona
(R) Nebbiolo (Spanna), *Vespolina, Bonarda*

Loazzolo
(W) Moscato

Monferrato Ciaret
(R) Barbera, Bonarda, Cabernet Franc, Cabernet Sauvignon, Dolcetto, Freisa, Grignolino, Pinot Nero, Nebbiolo

Piemonte Spumante
(S) Chardonnay, Pinot Bianco, Pinot Grigio, Pinot Nero

Roero
(R) Nebbiolo, *Arneis*
(W) Arneis

Rubino di Cantavenna
(R) Barbera, *Grignolino, Freisa*

Ruchè di Castagnole Monferrato
(R) Ruchè, *Barbera, Brachetto*

Sizzano
(R) Nebbiolo, *Vespolina, Bonarda*

SARDINIEN
Campidano di Terralba
(R) Bovale Sardo, Bovale di Spagna, *Pascal di Cagliari, Greco Nero, Monica*

Mandrolisai
(Rs, R) Bovale Sardo, Cannonau, Monica

SIZILIEN
Alcamo
(W) Catarratto Bianco Comune, Catarratto Bianco Lucido, *Damaschino, Grecanico, Trebbiano Toscano*

Cerasuolo di Vittoria
(R) Frappato, Calabrese, *Grosso Nero, Nerello Mascalese*

Contessa Entellina
(W) Ansonica, *Catarratto Bianco Lucido, Grecanico, Chardonnay, Sauvignon Blanc, Müller-Thurgau*

Eloro
(Rs, R) Nero d'Avola, Frappato, Pignatello

Etna
(W) Carricante, Catarratto Bianco Comune, *Trebbiano, Minnella Bianca*
(Rs, R) Nerello Mascalese, Nerello Mantellato (Nerello Cappuccio)

Faro
(R) Nerello Mascalese, Nerello Cappuccio, *Calabrese, Gaglioppo, Sangiovese, Nocera*

Marsala
(W) Grillo, Catarratto, Pignatello, Calabrese, Nerello Mascalese, Inzolia, Nero d'Avola, *Damaschino*

TOSKANA
Bianco della Valdinievole
(W) Trebbiano Toscano, Malvasia del Chianti, Canaiolo Bianco, Vermentino

Bianco dell'Empolese
(W) Trebbiano Toscano

Bianco di Pitigliano
(W) Trebbiano Toscano, Greco, Malvasia Toscana, Verdello, Grechetto, *Chardonnay, Sauvignon Blanc, Pinot Bianco, Riesling Italico*

Bianco Pisano di San Torpe
(W) Trebbiano

Bianco Vergine Valdichiana
(W) Trebbiano

Bolgheri
(W) Trebbiano, Vermentino, Sauvignon Blanc
(R, Rs) Cabernet Sauvignon, Merlot, Sangiovese

Candia dei Colli Apuani
(W) Vermentino, Albarola

Carmignano
(R) Sangiovese, Canaiolo Nero, Cabernet Franc, Cabernet Sauvignon, Trebbiano Toscano, Canaiolo Bianco, Malvasia del Chianti

Carmignano/Barco Reale di Carmignano
(R) Sangiovese, Canaiolo Nero, *Cabernet Franc, Cabernet Sauvignon, Trebbiano Toscano, Canaiolo Bianco, Malvasia*

Chianti
(R) Sangiovese, Canaiolo Nero, Trebbiano, Malvasia del Chianti

Colli dell'Etruria Centrale
(R) Sangiovese, *Canaiolo Nero, Trebbiano, Malvasia, Cabernet Franc, Cabernet Sauvignon, Merlot*
(W) Trebbiano Toscano, *Malvasia del Chianti, Pinot Bianco, Pinot Grigio, Chardonnay, Sauvignon Blanc*

Colline Lucchese
(R) Sangiovese, Canaiolo, Ciliegiolo, Colorino, Trebbiano, Vermentino
(W) Trebbiano Toscano, Greco, Grechetto, Vermentino Bianco, Malvasia

Elba
(W) Trebbiano (Procanico)
(R) Sangiovese (Sangioveto)

Montecarlo
(B) Trebbiano, Sémillon, Pinot Grigio, Pinot Bianco, Vermentino, Sauvignon Blanc, Roussanne
(R) Sangiovese, Canaiolo Nero, Ciliegiolo, Colorino, Malvasia Nera, Syrah, Cabernet Franc, Cabernet Sauvignon, Merlot

Monteregio di Massa Marittima
(R) Sangiovese
(W) Trebbiano, Vermentino, Malvasia, Ansonica

Montescudaio
(W) Trebbiano, Vermentino, Malvasia
(R) Sangiovese, Trebbiano Toscano, Malvasia

Parrina
(R, Rs) Sangiovese
(W) Trebbiano, Ansonica, Chardonnay

Pomino
(R) Sangiovese, Canaiolo, Cabernet Sauvignon, Cabernet Franc, Merlot
(W) Pinot Bianco, Chardonnay, Trebbiano

Rosso di Montalcino
(R) Sangiovese

Rosso di Montepulciano
(R) Sangiovese, Canaiolo Nero

Sassicaia
(R) Cabernet Sauvignon

Val d'Arbia
(W) Trebbiano, Malvasia, Chardonnay

Val di Cornia
(W) Trebbiano, Vermentino, *Malvasia, Ansonica, Biancame, Clairette, Pinot Bianco, Pinot Grigio*
(R) Sangiovese, *Canaiolo, Ciliegiolo, Cabernet Sauvignon, Merlot*

Vino Nobile di Montepulciano
(R) Sangiovese, Canaiolo Nero

Vino Santo Occhio di Pernice
(Rs) Sangiovese, Merlot

TRENTINO-SÜDTIROL
Caldaro/Lago di Caldaro
(R) Schiava, Pinot Nero, Lagrein

Casteller
(R) Schiava, Merlot, Lambrusco

Klausner Leitacher
(R) Schiava, *Portoghese, Lagrein*

Sorni
(R) Schiava, Teroldego, Lagrein
(W) Nosiola, Müller-Thurgau, Sylvaner, Pinot Bianco

Trentino
(W) Chardonnay, Pinot Bianco
(R) Cabernet Franc, Cabernet Sauvignon, Merlot
(Vin Santo), Nosiola

Trento
(W oder Rs, S) Chardonnay, Pinot Bianco, Pinot Nero, Pinot Meunier

Valdadige
(W) Pinot Bianco, Pinot Grigio, Riesling Italico, Müller-Thurgau, Chardonnay, Bianchetta Trevigiana, Trebbiano Toscano, Nosiola Vernaccia, Garganega
(R) Schiava, Lambrusco, Merlot, Pinot Nero, Lagrein, Teroldego, Negrara

UMBRIEN
Colli Altotiberini
(W) Trebbiano Toscano, Malvasia del Chianti
(R) Sangiovese, Merlot, Trebbiano Toscano, Malvasia Nera del Chianti

Colli Amerini
(W) Trebbiano Toscano, Grechetto, Verdello, Garganega, Malvasia Toscana
(R) Sangiovese

Colli del Trasimeno
(R) Sangiovese, Ciliegiolo, Gamay, Malvasia del Chianti, Trebbiano Toscano
(W) Trebbiano Toscano, Malvasia del Chianti, Verdicchio Bianco, Verdello, Grechetto

Colli Perugini
(R) Sangiovese, Montepulciano, Ciliegiolo, Barbera, Merlot
(W) Trebbiano Toscano, Verdicchio, Grechetto, Garganega, Malvasia del Chianti

Montefalco
(W) Grechetto, Trebbiano Toscano
(R) Sangiovese, Sagrantino

Orvieto
(W) Trebbiano Toscano (Procanico), Verdello, Grechetto, Canaiolo Bianco (Drupeggio), Malvasia Toscana

Torgiano
(W) Trebbiano Toscano, Grechetto
(R) Sangiovese, Canaiolo, *Trebbiano Toscano, Ciliegiolo, Montepulciano*
(S) Chardonnay, Pinot Nero

Torgiano Riserva
(R) Sangiovese, Canaiolo, *Trebbiano Toscano, Ciliegiolo, Montepulciano*

VALLE D'AOSTA
Arnad-Montjovet
(R) Nebbiolo, *Dolcetto, Vien de Nus, Pinot Nero, Neyret, Freisa*

Chambave
(R) Petit Rouge, *Dolcetto, Gamay, Pinot Nero*
(W) Moscato

Donnaz
(R) Nebbiolo (Picutener), *Freisa, Neyret*

Enfer d'Arvier
(R) Petit Rouge, *Vien de Nus, Neyret, Dolcetto, Pinot Nero, Gamay*

Nus
(R) Vien de Nus, *Petit Rouge, Pinot Nero*
(W) Malvoisie

Torrette
(R) Petit Rouge, *Gamay, Pinot Nero, Fumin, Vien de Nus, Dolcetto, Mayolet, Premetta*

Valle d'Aosta
(W) Müller-Thurgau, Pinot Grigio, Petite Arvine, Chardonnay, Blanc de Morgex
(R) Petit Rouge, Chambave, Dolcetto, Gamay, Pinot Nero, *Premetta, Fumin*

VENETIEN
Bardolino
(R) Corvina, Rondinella, Molinara, Negrara, *Rossignola, Barbera, Sangiovese, Garganega*

Bianco di Custoza
(W) Trebbiano Toscano, Garganega, Tocai Friulano, Cortese, Malvasia, Pinot Bianco, Chardonnay, Riesling Italico

Breganze
(W) Tocai, *Pinot Bianco, Pinot Grigio, Riesling Italico, Sauvignon Blanc, Vespaiolo*
(R) Merlot, *Groppello Gentile, Cabernet Franc, Cabernet Sauvignon, Pinot Nero, Freisa*

Colli Berici Chardonnay
(W) Chardonnay, *Pinot Bianco*

Colli Berici Garganega
(W) Garganega, *Trebbiano di Soave (Trebbiano Nostrano)*

Colli Berici Pinot Bianco
(W) Pinot Bianco, *Pinot Grigio*

Colli Berici Sauvignon
(W) Sauvignon Blanc, *Garganega*

Colli Berici Spumante
(S) Garganega, *Pinot Bianco, Pinot Grigio*

Colli Berici Tocai Italico
(W) Tocai Italico, *Garganega*

Colli Berici Tocai Rosso
(R) Tocai Rosso, *Garganega*

Colli di Conegliano
(W) Incrocio Manzoni 6.0.13., Pinot Bianco, Chardonnay, *Sauvignon Blanc, Riesling Renano*
(R) Cabernet Franc, Cabernet Sauvignon, Marzemino, Merlot, *Incrocio Manzoni 2.15*

Colli Euganei
(W) Garganega, Prosecco (Serprina), Tocai Friulano, Sauvignon Blanc, *Pinella, Pinot Bianco, Riesling Italico, Chardonnay*
(R) Merlot, Cabernet Franc, Cabernet Sauvignon, Barbera, Raboso Veronese

Gambellara
(W) Garganega

Lessini Durello
(W) Durella, *Garganega, Trebbiano di Soave, Pinot Bianco, Pinot Nero, Chardonnay*

Fior d'Arancio
(W) Moscato Giallo

Montello e Colli Asolani
(R) Merlot, Cabernet Franc, Cabernet Sauvignon

Montello e Colli Asolani Cabernet
(R) Cabernet Franc, Cabernet Sauvignon, *Malbec*

Montello e Colli Asolani Chardonnay
(W) Chardonnay, *Pinot Bianco, Pinot Grigio*

Montello e Colli Asolani Merlot
(R) Merlot, *Cabernet Sauvignon, Cabernet Franc*

Montello e Colli Asolani Pinot Bianco
(W) Pinot Bianco, *Chardonnay, Pinot Grigio*

Montello e Colli Asolani Pinot Grigio
(W) Pinot Grigio, *Chardonnay, Pinot Bianco*

Montello e Colli Asolani Prosecco
(W) Prosecco, *Chardonnay, Pinot Bianco, Pinot Grigio, Riesling Italico, Bianchetta Trevigiana*

Prosecco di Conegliano-Valdobbiadene/ Prosecco di Conegliano/Prosecco di Valdobbiadene
(W) Prosecco, *Verdiso, Pinot Bianco, Pinot Grigio, Chardonnay*

Refrontolo Passito
(R) Marzemino

Soave
(W) Garganega, Pinot Bianco, Chardonnay, Trebbiano

Torchiato di Fregona
(W) Prosecco, Verdiso, *Boschera*

Valpolicella
(R) Corvina Veronese, Rondinella, Molinara

KROATIEN

Hvar
(W) Trbljan

Pelješac, Postup, Dingač, Prošek, Faros, Potomje
(R) Plavac Mali

ÖSTERREICH

Gumpoldskirchner
(W) Rotgipfler, Zierfandler

Schilcher (Steiermark)
(Rs) Blauer Wildbacher

PORTUGAL

Alcobaça (IPR)
(R) Periquita, Baga, Trincadeira
(W) Vital, Tamarez, Fernão Pires, Malvasia, Arinto

Alenquer (IPR)
(R) Camarate, Mortágua, Periquita, Preto Martinho, Tinta Miúda
(W) Vital, Jampal, Arinto, Fernão Pires

Almeirim (IPR)
(R) Castelão Nacional, Poeirinha (Baga), Periquita, Trincadeira Preta
(W) Fernão Pires, Arinto, Rabo de Ovelha, Talia, Trincadeira das Pratas, Vital

Arrábida (IPR)
(R) Castelão Francês (Periquita), Alfrocheiro, Cabernet Sauvignon
(W) Fernão Pires, Arinto, Moscatel de Setúbal, Rabo de Ovelha, Roupeiro

Arruda (IPR)
(R) Camarate, Trincadeira, Tinta Miúda
(W) Vital, Jampal, Fernão Pires

Bairrada
(R) Baga, Castelão Francês, Tinta Pinheira
(W) Maria Gomes, Bical, Rabo de Ovelha

Biscoitos (IPR)
(W) Arinto, Terrantez, Verdelho

Borba
(R) Aragonez, Periquita, Trincadeira
(W) Perrum, Rabo de Ovelha, Roupeiro, Tamarez

Bucelas
(W) Arinto, Esgana Cão

Carcavelos
(R, W) Galego Dourado, Boal, Arinto, Trincadeira Torneiro, Negra Mole

Cartaxo (IPR)
(R) Castelão Nacional, Periquita, Preto Martinho, Trincadeira Preta
(W) Fernão Pires, Talia, Trincadeira das Pratas, Vital, Arinto

Castelo Rodrigo (IPR)
(R) Bastardo, Marufo, Rufete, Touriga Nacional
(W) Codo, Arinto do Dão, Arinto Gordo, Fonte-Cal

Chamusca
(R) Castelão Nacional, Periquita, Trincadeira Preta
(W) Fernão Pires, Talia, Arinto, Trincadeira das Pratas, Vital

Chaves (IPR)
(R) Tinta Amarela, Bastardo, Tinta Carvalha
(W) Gouveio, Malvasia Fina, Códega, Boal

Colares
(R) Ramisco
(W) Arinto, Jampal, Galego Dourado, Malvasia

Coruche (IPR)
(R) Periquita, Preto Martinho, Trincadeira Preta
(W) Fernão Pires, Talia, Trincadeira das Pratas, Vital

Cova da Beira (IPR)
(R) Jaén, Marufo, Periquita, Rufete, Tinta Amarela
(W) Pérola, Rabo de Ovelha, Arinta de Dão, Arinto Gordo

Dão
(R) Alfrocheiro Preto, Bastardo, Jaén, Tinta Pinheira, Tinta Roriz, Touriga Nacional
(W) Encruzado, Assario Branco, Barcelo, Borrado das Moscas, Cerceal, Verdelho

Douro
(R) Touriga Nacional, Touriga Francesa, Tinta Roriz, Tinta Barroca, Tinto Cão, Tinta Amarela, Mourisco Tinto, Bastardo
(W) Gouveio, Viosinho, Rabigato, Malvasia Fina, Donzelinho

Encostas d'Aire (IPR)
(R) Periquita, Baga, Trincadeira Preta
(W) Fernão Pires, Arinto, Tamarez, Vital

Encostas de Nave (IPR)
(R) Touriga Nacional, Touriga Francesa, Tinta Barroca, Mourisco Tinto
(W) Malvasia Fina, Folgosão, Gouveio

Evora (IPR)
(R) Periquita, Trincadeira, Aragonez, Tinta Caida
(W) Arinto, Rabo de Ovelha, Roupeiro, Tamarez

Graciosa (IPR)
(W) Arinto, Boal, Fernão Pires, Terrantez, Verdelho

Granja-Amareleja (IPR)
(R) Moreto, Periquita, Trincadeira
(W) Mantuedo, Rabo de Ovelha, Roupeiro

Lafões (IPR)
(R) Amaral, Jaén
(W) Arinto, Cerceal

Lagoa
(R) Negra Mole, Periquita
(W) Crato Branco

Lagos
(R) Negra Mole, Periquita
(W) Boal Branco

Madeira
(R) Tinta Negra Mole, Bastardo, Malvasia Roxa, Verdelho Tinto
(W) Sercial, Verdelho, Boal, Malvasia, Terrantez

Moura (IPR)
(R) Alfrocheiro, Moreto, Periquita, Trincadeira
(W) Antão Vaz, Fernão Pires, Rabo de Ovelha, Roupeiro

Óbidos (IPR)
(R) Periquita, Bastardo, Camarate, Tinta Miúda
(W) Vital, Arinto, Fernão Pires, Rabo de Ovelha

Palmela (IPR)
(R) Periquita, Alfrocheiro, Espadeiro
(W) Fernão Pires, Arinto, Rabo de Ovelha, Moscatel de Setúbal, Tamarez

Pico (IPR)
(W) Arinto, Terrantez, Verdelho

Pinhel (IPR)
(R) Bastardo, Marufo, Rufete, Touriga Nacional
(W) Codo, Arinto do Dão, Fonte-Cal

Planalto Mirandês (IPR)
(R) Touriga Nacional, Touriga Francesa, Tinta Amarela, Mourisco Tinto, Bastardo
(W) Gouveio, Malvasia Fina, Rabigato, Viosinho

Portalegre (IPR)
(R) Aragonez, Grand Noir, Periquita, Trincadeira
(W) Arinto, Galego, Roupeiro, Assário, Manteudo, Fernão Pires

Portimão
(R) Negra Mole, Periquita
(W) Crato Branco

Port
(R) Touriga Francesa, Touriga Nacional, Bastardo, Mourisco, Tinto Cão, Tinta Roriz, Tinta Amarela, Tinta Barroca
(W) Gouveio (Verdelho), Malvasia Fina, Rabigato (Rabo di Ovelha), Viosinho, Donzelinho, *Códega*

Redondo
(R) Aragonez, Moreto, Periquita, Trincadeira
(W) Fernão Pires, Rabo de Ovelha, Manteudo, Roupeiro, Tamarez

Reguengos
(R) Aragonez, Moreto, Periquita, Trincadeira
(W) Manteudo, Perrum, Rabo de Ovelha, Roupeiro

Santarém (IPR)
(R) Castelão Nacional, Periquita, Preto Martinho, Trincadeira Preta
(W) Fernão Pires, Arinto, Rabo de Ovelha, Talia, Trincadeira das Pratas, Vital

Setúbal
(W) Moscatel de Setúbal (Muscat of Alexandria), Moscatel Roxo, Tamarez, Arinto, Fernão Pires

Tavira
(R) Negra Mole, Periquita
(W) Crato Branco

Tomar (IPR)
(R) Castelão Nacional, Baga, Periquita
(W) Fernão Pires, Arinto, Malvasia, Rabo de Ovelha, Talia

Torres Vedras (IPR)
(R) Camarate, Mortágua, Periquita, Tinta Miúda
(W) Vital, Jampal, Rabo de Ovelha, Arinto, Fernão Pires, *Seara Nova*

Valpaços (IPR)
(R) Touriga Nacional, Touriga Francesa, Tinta Roriz, Tinta Amarela, Tinta Carvalha, Mourisco Tinto, Cornifesto, Bastardo
(W) Códega, Fernão Pires, Gouveio, Malvasia Fina, Boal, Rabigato

Varosa
(R) Alvarelhão, Tinta Barroca, Tinta Roriz, Touriga Francesa, Touriga Nacional
(W) Malvasia Fina, Arinto, Borrado das Moscas, Cerceal, Gouveio, Fernão Pires, Folgosão

Vidigueira (IPR)
(R) Alfrocheiro, Moreto, Periquita, Trincadeira
(W) Antão Vaz, Mantuedo, Perrum, Rabo de Ovelha, Roupeiro

Vinho Verde
(R) Vinhão (Sousão), Espadeiro, Azal Tinto, Borraçal, Brancelho, Pedral
(W) Loureiro, Trajadura, Padernã, Azal, Avesso, Alvarinho

Rumänien

Cotnari
(W) Grasa, Tamîioasa, Francusa, Feteasca Alba

Spanien

Alella
(W) Pansá Blanca (Xarel-lo), Garnacha Blanca, Macabeo, *Chardonnay, Pansá Rosado, Chenin Blanc*
(R) Ull de Llebre (Tempranillo) Garnacha Tinta, Garnacha Peluda

Alicante
(R) Monastrell, Garnacha Tinta, Bobal
(W) Merseguera, Moscatel Romano, Verdil

Almansa
(R) Monastrell, Cencibel, Garnacha Tintorera
(W) Merseguera

Ampurdán-Costa Brava
(R) Garnacha Tinta, Cariñena, Cabernet Sauvignon, Merlot, Tempranillo, Garnacha, Syrah
(W) Macabeo, Garnacha Blanca, Chenin Blanc, Riesling, Muscat, Gewürztraminer, Macabeo, Chardonnay, Parellada, Xarel-lo

Bierzo
(R) Mencía, Garnacha Tintorera
(W) Godello, Doña Blanca, Malvasía, Palomino

Binissalem
(R) Manto Negro, Callet, Tempranillo, Monastrell
(W) Moll, Parellada, Macabeo

Bizkaiko Txakolina/Chacolí de Vizcaya
(W) Hondarrabi Zuri, Folle Blanche (Gros Plant)
(R) Hondarrabi Beltza

Bullas
(R) Monastrell, Tempranillo
(W) Macabeo, Airén

Calatayud
(R) Garnacha Tinta, Tempranillo, Cariñena, Juan Ibáñez, Monastrell
(W) Viura, Garnacha Blanca, Moscatel Romano, Malvasía

Campo de Borja
(R) Garnacha, Tempranillo
(W) Macabeo

Cariñena
(R) Garnacha, Tempranillo, Cariñena, Juan Ibáñez, Monastrell, Cabernet Sauvignon
(W) Viura, Garnacha Blanca, Parellada, Moscatel Romano

Cava
(S) Xarel-lo, Parellada, Macabeo, Chardonnay

Chacolí de Guetaria
(W) Hondarrabi Zuri
(R) Hondarrabi Beltza

Cigales
(R) Tempranillo, Garnacha
(W) Verdejo, Viura, Palomino, Albillo
Anm. Beim Rosé dürfen alle Weißweintraubensorten mitverarbeitet werden.

Conca de Barberá
(W) Macabeo, Parellada
(R) Trepat, Garnacha, Ull de Llebre (Tempranillo), Cabernet Sauvignon

Condado de Huelva
(W) Zalema, Palomino, Garrido Fino, Moscatel

Costers del Segre
(W) Chardonnay, *Macabeo, Parellada, Xarel-lo, Garnacha Blanca*
(R) Tempranillo, Cabernet Sauvignon, Merlot, *Monastrell, Trepat, Mazuelo (Cariñena), Garnacha Tinta*

Jumilla
(R) Monastrell, Garnacha Tintorera, Cencibel
(W) Merseguera, Airén, Pedro Ximénez

Lanzarote
(W) Burrablanca, Breval, Diego, Listán Blanco, Malvasía, Moscatel, Pedro Ximénez
(R) Listán Negro, Negramoll

La Mancha
(R) Cencibel, *Garnacha, Moravia*
(W) Airén, *Pardillo, Verdoncho, Macabeo*

Méntrida
(R) Garnacha, Tinto Madrid, Cencibel

Montilla-Moriles
(W) Pedro Ximénez, Lairén (Airén), *Baladi, Torrontés, Moscatel*

Navarra
(R) Tempranillo, Garnacha Tinta, Cabernet Sauvignon, Merlot, *Mazuelo, Graciano*
(W) Viura, *Moscatel de Grano Menudo (Muscat de Frontignan), Malvasía Riojana, Chardonnay, Garnacha Blanca*

La Palma
(W) Albillo, Bastardo Blanco, Bermejuela, Bujariego, Burrablanca, Forastera Blanca, Bual, Listán Blanco, Malvasía, Moscatel, Pedro Ximénez, Sabro, Torrotés, Verdello
(R) Almúneco (Listán Negro), Bastardo Negro, Malvasía Rosada, Moscatel Negro, Negramoll, Tintilla

Penedès
(R) Tempranillo, Garnacha Tinta, Cabernet Franc, Merlot, Pinot Noir, Cabernet Sauvignon, Monastrell, Cariñena, Samsó
(W) Parellada, Xarel-lo, Macabeo, Subirat Parent, Gewürztraminer, Muscat d'Alsace, Chardonnay, Sauvignon, *Chenin Blanc, Riesling*

Priorato
(R) Garnacha Tinta, *Garnacha Peluda, Cariñena, Cabernet Sauvignon*
(W) Garnacha Blanca, *Macabeo, Pedro Ximénez, Chenin Blanc*

Rías Baixas
(W) Albariño, *Treixadura, Loureira Blanca, Caíño Blanco, Torrontés*
(R) Brancellao, Caíño Tinto, Espadeiro, Loureira Tinta, Mencía, Sousón

Ribeira Sacra
(W) Albariño, Loureira, Godello, Doña Blanca, Torrontés, *Palomino*
(R) Mencía, Brancellao, Sousón, Merenzao

Ribeiro
(W) Treixadura, Loureira, Albariño, *Jerez (Palomino), Torrontés, Godello, Macabeo, Albillo*
(R) Caíño, Garnacha (Alicante), Ferrón, Sousón, Mencía, Tempranillo, Brancellao

Ribera del Duero
(R) Tinto Fino/Tinta del País, *Garnacha Tinta (Tinto Aragonés), Cabernet Sauvignon, Merlot, Malbec, Albillo*

Rioja
(R) Tempranillo, Garnacha, *Graciano, Mazuelo* sowie Cabernet Sauvignon (experimentell)
(W) Viura, *Malvasía Riojana, Garnacha Blanca*

Rueda
(W) Verdejo, Viura, *Sauvignon Blanc, Palomino Fino*

Somontano
(R) Moristel, Tempranillo, Cabernet Sauvignon, Merlot
(W) Viura, Alcañón, Chardonnay, Pinot Noir, Chenin Blanc, Gewürztraminer

Tacoronte-Acentejo
(R) Listán Negro, Negramoll
(W) Malvasía, Moscatel Blanco, Listán (Palomino)

Tarragona
(R) Garnacha Tinta, Cariñena, Ull de Llebre (Tempranillo), *Cabernet Sauvignon, Merlot*
(W) Macabeo, Xarel-lo, Parellada, Garnacha Blanca, *Chardonnay, Muscat*

Terra Alta
(W) Garnacha Blanca, Macabeo, *Chardonnay, Colombard*
(R) Cariñena, Garnacha Tinta, Garnacha Peluda, *Pinot Noir, Pinot Meunier, Cabernet Sauvignon, Merlot*

Toro
(R) Tinto de Toro (Tempranillo), *Garnacha Tinta, Cabernet Sauvignon*
(W) Malvasia, Verdejo Blanco

Utiel-Requena
(R) Tempranillo, Bobal, Garnacha Tinta, *Cabernet Sauvignon*
(W) Macabeo, Merseguera, *Planta Nova, Chardonnay*

Valdeorras
(R) Mencía, Garnacha, Gran Negro, María Ordoña (Merenzao)
(W) Godello, Palomino, Valenciana (Doña Blanca), Lado

Valdepeñas
(R) Cencibel
(W) Airén

Valencia
(W) Merseguera, Malvasia Riojana, Planta Fina, Pedro Ximénez, Moscatel Romano, Macabeo, Tortosí (Bobal Blanco)
(R) Monastrell, Garnacha Tintorera, Garnacha Tinta, Tempranillo, Forcayat

Vinos de Madrid
(R) Tinto Fino, Garnacha
(W) Malvar, Airén, Albillo

Ycoden-Daute-Isora
(W) Bastardo Blanco, Bermejuela, Forastera Blanca, Bual, Listán Blanco, Malvasía, Moscatel, Pedro Ximénez, Sabró, Torrontés, Verdello, Vijariego
(R) Bastardo Negro, Listán Negro, Malvasía Rosada, Mocatel Negro, Negramoll, Tintilla, Vijariego Negro

Yecla
(R) Monastrell, Garnacha, *Cabernet Sauvignon, Tempranillo*
(W) Merseguera, Verdil

SCHWEIZ

Dôle
(R) Pinot Noir, *Gamay*

Goron (Valais), **Salvagnin** (Vaud)
(R) Pinot Noir, Gamay

Œil-de-Perdrix de Neuchâtel
(Rs) Pinot Noir

UNGARN

Egri Bikaver (Erlauer Stierblut)
(R) Kékfrankos, Cabernet Sauvignon, Merlot, *Kékoporto*

Tokaji
(W) Furmint, Hárslevelü, *Orémus*

Tokaji Aszú Muscat
(W) Furmint, Hárslevelü, Muscat Blanc à Petits Grains

ZYPERN

Commandaria
(R) Mavro, Xynisteri

DANK UND QUELLENANGABEN

Einen überaus wichtigen Beitrag zu diesem Buch hat Patrick W. Fegan von der Chicago Wine School geleistet. Er ist der einzige Mensch, den ich kenne, der über Weinbaustatistiken ebensosehr in Begeisterung geraten kann wie ich, und er hatte die Freundlichkeit, mir Zugang zu seinen mit größter Sorgfalt gesammelten Daten zu gestatten. Das bedeutet aber nicht etwa, daß er für eventuelle Fehler oder Irrtümer verantwortlich wäre, denn ich habe manche seiner Daten neu interpretiert.

Wer immer über Rebenkunde schreibt, schuldet Pierre Galet in Montpellier, der mehr als irgendein anderer Autor unserer Zeit zum Thema Ampelographie veröffentlicht hat, tiefsten Dank. Erfreulicherweise wird sein Werk von einer wachsenden Gruppe von Experten in Frankreich und in der ganzen, stetig expandierenden Weinwelt weitergeführt.

Aber auch andere haben ihr Wissen in selbstloser und höchst hilfreicher Weise beigesteuert, u. a. Victor de la Serna über Spanien, Daniel Thomases über Italien, Nico Manessis über Griechenland und wie üblich Richard Smart über allgemeine Fragen des Weinbaus.

Das Londoner Büro des Wine & Spirit Education Trust hat mit der Erstellung des Abschnitts «Die Trauben hinter den Namen» eine erstklassige Leistung vollbracht und dabei DOC- und IPR-Bereiche zutage gefördert, die den Augen internationaler Beobachter bislang verborgen geblieben waren.

Außerdem habe ich die nachstehenden Quellen, manchmal sehr ausführlich, zu Rate gezogen:

ALCALDE, ALBERTO J., *Cultivares Viticolas Argentinas* (Mendoza, 1989).
AMBROSI, H., DETTWEILER, E., RÖHL, E. H. R., SCHMID, J. S., und SCHUMANN, F. S., *Farbatlas Rebsorten* (Ulmer, 1994).
ANDERSON, B., *Atlas der italienischen Weine* (Bern, 1990).
BOUCHARD, A., «Notes ampélographiques rétrospectives sur les cépages de la généralité de Dijon», *Bulletin de la Société des Viticulteurs de France* (Paris, 1899).
DAUREL, J., *Les raisins de cuve de la Gironde et du Sud-Ouest de la France* (Bordeaux, 1892).
ENJALBERT, H., *Les Grands Vins de St-Emilion, Pomerol et Fronsac* (Paris, 1983).
FEGAN, P. W., *The Vineyard Handbook* (Chicago, 1992).
GALET, P., *Cépages et vignobles de France* (2. Aufl., Montpellier, 1990).
– «La culture de la vigne aux Etats-Unis et au Canada», *France viticole* (Sept./Okt. 1980 und Jan./Feb. 1981).
– *A Practical Ampelography,* übers. und bearb. von L. T. Morton (Ithaca, N. Y., 1979).
GLEAVE, D., *Die Weine Italiens* (Stuttgart, 1990).
LIVINGSTONE-LEARMONTH, J., *The Wines of the Rhône* (3. Aufl., London, 1992).
MANESSIS, N., *The Greek Wine Guide* (2. Aufl., Korfu, 1994).
MAYSON, R., *Portugal's Wines and Wine Makers* (London, 1992).
ODART, A., *Traité des cépages* (3. Aufl., Paris, 1854).
PLATTER, J., *South African Wine Guide* (Stellenbosch, jährl.).
RADFORD, J., *The Wines from Spain/Guide to the Wines from Spain* (London, 1993).
ROBINSON, J., *Das Oxford Weinlexikon* (Bern, 1995).
– *Reben, Trauben, Weine* (Bern, 1987).
SLOAN, JOHN C., *The Surprising Wines of Switzerland* (London, 1995).
SULLIVAN, C. L., «A Viticultural Mystery Solved», *California History,* 57 (Sommer 1978), 115–29.